Main Idea로 푸는 시편 1~75

HOLMAN Old Testament Commentary

Psalms 1~75

General Editor Max Anders | Author Steven J. Lawson

Main Idea로 푸는

시편 1~75

맥스 앤더스(Max Anders) 책임 편집 | 스티븐 J. 로슨(Steven J. Lawson) 지음 | 김진선 옮김

디모데

복음주의적 대의에 대한 흔들림 없는 입장과
남침례교 신학교 총장으로서 불굴의 지도력을 행사함으로
하나님의 온전한 경륜을 전파하기 위해
새로운 헌신의 불을 지핀
R. 앨버트 몰러(R. Albert Mohler)에게 이 책을 바친다.

추천의 글

요즘, 여러 사람들에게 읽히며 회자되는 목사님들의 설교나 글을 읽어보며 많은 생각을 하게 됩니다. 그 글들의 대부분은 성경보다는 성경 이후의 얘기나 성경보다 더 멋지게 말하려는 흔적들로 가득 차 있습니다. 그러한 글들이 처음에 쓰여질 때는 물론 성경에 근거를 두었겠지만 그 글에 영향을 입은 사람들은 성경은 없고 텍스트가 된, 성경과는 전혀 다른 모습의 인간상들을 만들어낼 가능성이 높아집니다.

변하지 않는 것이 있습니다. 사람은 변하지 않습니다. 그리고 하나님은 변하지 않습니다. 그러나 주위를 보면 변화되는 것들을 센스 있게 기록해놓은 것들로만 가득해서 변하지 않는 인간의 영혼, 그 깊숙한 곳의 문제들이 전혀 해결되지 않은 채 남아 있습니다.

영혼을 찔러 쪼개는 유일한 도구는 하나님의 말씀입니다. 그러므로 교회가 다시 성경의 근거를 마련하고 그 토대 위에 말씀을 세우는 작업을 놓쳐서는 안 됩니다. 이것은 이미 했다고 해서 무관심할 것이 아닌, 중단없이 계속되어져야 하는 것입니다. 제 이야기를 하자면, 제 속에 변하지 않는 모습을 봅니다. 하나님 말씀에 불순종하는 데 익숙한 제 모습입니다. 신앙 생활을 시작할 때 말씀 공부를 충분히 하면 어느 날엔가는 하나님의 말씀으로 풍성한 삶을 살 것이라 기대하며 오늘까지 달려왔습니다. 그러나 요즘 하나님 말씀에 불순종하는 변하지 않는 제 모습을 보며 경악합니다. 이런 제게 오직 주의 말씀이 은혜로 임할 때, 제가 그 말씀 앞에 순종하는 모습을 봅니다.

우리는 다시 성경을 보아야 합니다. 그 말씀이 무엇을 말하고 있는지 깊이 추적해야 합니다. 이 책, 「Main Idea 시리즈」는 하나님의 말씀에 순종하고자 하는 사람들에게 바른 길잡이이자, 말씀을 깊이 사랑하는 사람들에게 좋은 영향을 줄 책이라고 생각합니다. 또한 성경을 자신의 생각과 형편에 맞추어 해석하려는 것이 아니라 성경이 말하는 진정한 뜻을 찾는 사람들에게 큰 도움이 될 것입니다.

홍정길(남서울은혜교회)

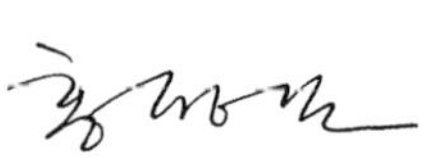

추천의 글

우리 시대는 정보의 홍수 시대라고 할 만합니다.
문제는 이 홍수 속에서 우리가 향방 없이 떠밀려 내려가고 있다는 것입니다.
정보의 부재가 문제가 아니라 정보의 향방이 문제입니다.
우리 시대의 설교와 성경 공부가 동일한 위기에 직면해 있습니다.
이 책은 이런 위기를 돌파하는 예지를 제공합니다.
성경 텍스트의 메인 아이디어는 바로 메시지의 향방이어야 합니다.
저는 그래서 이 책이 모든 진지한 성경학도들과 설교자들을 위한
다윗의 물맷돌이기를 기도하며 추천하는 바입니다.

이 책은 명료한 요약, 명료한 주석, 명료한 적용, 명료한 결론이 명료하게 나타나 있습니다.
거기에 명료한 예문은 설교자의 구미를 돋구기에 가히 매력적입니다.
이 책의 매력에 중독되는 것이 오히려 한국교회 강단의 축복일 것을 예언하고 싶습니다.

감사와 기대를 담아
***이동원**(지구촌교회)*

이동원

Contents
차 례

Main Idea로 푸는 시편 1~75

Contents
차 례

Main Idea로 푸는 시편 1~75

Contents
차 례

Main Idea 로 푸는 시편 1~75

하나님의 말씀과 하나님의 백성들과의 관계는 물과 물고기의 관계만큼이나 절실하고 심각한 관계다. 하나님을 사랑하는 사람들은 성경을 통해 말씀하시는 하나님의 음성을 듣기를 갈망한다. 그 이름이 목사든, 전도사든, 선교사든, 교사든 하나님의 말씀을 가르치는 모든 일꾼들 또한 영적으로 굶주린 사람들에게 하나님의 말씀으로 풍성한 양식을 공급함으로 그들이 영적인 활력을 갖게 되기를 갈망한다. 그래서 하나님의 말씀을 보다 쉽게, 보다 재미있게, 보다 분명하게 가르칠 수 있도록 인도해줄 자료를 구하지만 쉽게 찾아볼 수 없는 것이 현실이다. 성경을 가르치는 사람에게는 책임이 있다. 누구를 가르치든, 어느 본문을 가르치든 성경

본문 구성

들어가는 글_ 대표적인 크리스천 저술가들이 쓴 주옥같은 글을 인용함으로 각 개인과 그룹 모임을 하나님의 말씀으로 끌어들이는 토론으로 유도한다.

본문 이해_ 한 절 한 절을 쉽고 명쾌하게 해설한다.

메인 아이디어_ 각 장의 내용과 가르침을 요약하여 한눈에 파악하도록 돕는다.

결론_ 성경의 원리를 요약하고 그것이 삶과 연결되도록 다리를 놓는다.

에 대한 흥미를 자극하고, 성경에 대한 지식을 확대하며, 구체적으로 순종할 수 있는 성경의 원리를 발견하고, 발견한 진리를 삶에 적용함으로 그들의 삶에 변화가 일어나도록 해야 한다.

본서는 구약 성경을 공부해가는 동안 이러한 역동적인 결과를 얻어낼 목적을 가지고 특별한 틀로 구성하였다.

이 작은 도구가 성경을 보다 더 쉽게, 더 분명하게, 더 정확하게 배우고 가르치기를 원하는 모든 하나님의 종들의 손에 들려짐으로 성경에서 막 튀어나온 듯한 건강한 하나님의 백성들을 세우는 성령의 도구로 쓰여지길 기도한다.

발행인 고종률

삶의 적용_ 현재의 삶과 성경의 진리를 연결하도록 돕는다.

기도_ 각 장에서 발견한 원리와 적용의 실행을 위해 기도할 수 있도록 돕는다.

티칭 가이드

티칭 가이드_ 성경 교사들을 돕기 위한 성경 교수 계획을 제시한다.

심층 연구_ 더 깊은 지식을 원하는 사람들을 위해 낱말과 어구와 주제에 대한 보다 깊은 연구로 인도한다.

시편 서문

성경에서 시편이라고 알려지고 영감에 찬 이 거룩한 찬양 모음집처럼 경이로운 책은 없다. 많은 사람들에게 가장 사랑받는 성경으로 인식되고 있는 시편은 인생의 온갖 경험 속에서 성도들에게 위안을 주는 견고한 반석이요 힘의 요새가 되어주었다. 이 장엄한 찬송들은 영혼을 감동케 하는 찬양의 높은 언덕에서 가슴이 찢어지는 듯한 절망의 심연에 이르기까지 인간의 모든 감정들을 포착해 드러내고 있다. 약 3천 년 전 고대 이스라엘 시절에 기록된 시편은 처음에 기록되었을 때의 생동감과 신선함을 오늘날까지 잃지 않고 마음으로 하나님을 찬양하도록 모든 성도들을 이끌고 있다. 시편을 읽는 독자들마다 하나님께서 정하신 가장 지고한 이 목적에 이르게 되기 때문에 이 시 모음집은 성경 정경에서 특별한 위치를 차지한다.

지혜로운 사람들과 찬양 인도자들이 홀로 찬양 받으시기에 합당하신 분의 이름을 하나님의 백성들이 찬양하도록 인도하는 영감 어린 이 찬양집에는 하나님을 향한 시편 기자들의 열정적인 헌신이 담겨 있다. 시편은 수세기 동안 성경의 다른 어떤 부분보다 하나님 백성들의 공적 예배와 개인의 헌신에 지대한 영향을 미쳤고, 하나님을 더욱 열심히 구하고 더 깊이 사랑하며 온전하게 신뢰하도록 그들을 인도해왔다.

그러나 시편을 올바로 이해하기 위해서는 각 시편의 역사적 배경과 문체, 비유적 표현에 대한 기본적인 경향을 반드시 이해할 필요가 있다. 이 짧은 서문은 시편 연구에 중요한 서론 기능을 한다.

시편만의 고유한 특징

시편은 성경에서 가장 특이한 책이라고 할 수 있다. 흥미로운 특징들이 많이 있어 특별한 책 한 권으로도 사실상 손색이 없다. 아래의 몇 가지 특별한 요소들을 주목해서 보라.

- 시편은 150편의 시로 구성되어 있으며 성경에서 가장 분량이 많은 책이다.
- 각 시편을 하나의 장으로 인정할 경우 150개의 시로 이루어진 시편은 성경에서 가장 많은 장을 가지고 있는 셈이다. 이사야서가 그 뒤를 잇지만 시편에는 크게 미치지 못한다.
- 시편 119편은 성경에서 가장 긴 장으로서 176개의 절로 되어 있고 이는 성경에 나오는 많은 짧은 책들보다 더 많은 수이다.
- 시편 117편은 성경에서 가장 짧은 장이며 고작 두 절로 되어 있다.
- 시편 117편은 창세기에서 요한계시록까지 총 1,189장 중 한가운데 위치한 장이다.
- 시편 118편 8절은 전체 성경의 총 31,173절 중 가장 중앙에 위치한 절이다.
- 시편은 성경의 어느 책보다도 많은 저자들이 기록했다. 다윗, 아삽, 고라의 자손들, 솔로몬, 모세, 헤만과 에단, 그 밖의 인물 등 많은 저자들이 공동 저작권을 주장하는 문학 모음집이다.
- 시편은 완성되기까지 약 900년에서 1천 년이 소요된 장기 프로젝트였고 기록되는 데 모든 정경들 중 가장 오래 시간이 걸렸다.
- 시편은 신약에서 가장 많이 인용된 구약 성경이다. 신약에 나오는 360번의 구약 인용문 또는 언급 중에 112번이 시편에서 가져온 것이다.

• 시편은 이사야서를 제외하고 다른 어떤 구약 성경보다 많은 메시아의 예언을 담고 있다. 메시아를 하나님의 아들(시 2편), 사람의 아들(시 8편)로 계시하며 그의 순종(시 40:6-8), 배신당함(시 41:9), 십자가 처형(시 22편), 부활(시 16편), 승천(시 68:18), 보좌에 앉으심(시 110편)에 대해 계시하고 있다.

책 제목

시편(psalms)이라는 단어는 '현악기의 연주'를 의미하는 헬라어에서 유래한다. 이 단어는 하프나 수금과 같은 현악기의 반주에 맞춰 부르는 노래라는 의미다. 그러므로 시편은 이스라엘 백성들이 악기를 반주하며 하나님께 불러드린 찬양 모음집이다. 150편의 시를 모아놓은 이 책은 하나님의 백성들이 하나님을 예배하는 것을 돕기 위해 기록되고 편찬된 최초의 찬송가 모음집이다. 노래들이 워낙 폭넓고 다양하다보니 처음에는 이 찬송가집을 가리키는 이름이 따로 없었지만, 결국 고대 히브리인들이 이것을 가리켜 '찬양의 책' 혹은 줄여서 '찬양'이라고 불렀다. 이 제목에는 이 책의 주된 목적, 즉 성도들이 하나님을 올바로 예배하는 것을 돕는다는 목적이 반영되어 있다.

저자

대부분의 다른 성경책들은 한 저자가 기록을 했고 그 중 일부는 여러 명의 저자들이 기록했는데, 잠언이 그러한 예 중 하나이다. 시편은 성경에서 여러 저자들이 기록한 몇 안 되는 책 중 하나로서 많은 저자들이 인생의 다양한 경험을 토대로 기록한 합작품이다. 그러므로 시편의 여러 저자들에 대해 알아보는 것이 중요하다.

• 이스라엘의 두 번째 왕이며 "이스라엘의 노래 잘하는 자"(삼하 23:1)인 다윗은

시편의 주된 저자이다. 그는 150편의 시편 중 75편, 즉 시편의 정확히 절반을 기록한 인물이라는 인정을 받고 있다(3-9, 11-32, 34-41, 51-65, 68-70, 86, 101, 103, 108-110, 122, 124, 131, 138-145편, 또한 사도행전 4장 25절은 시편 2편을 다윗이 기록했다고 확인하고 있으며 히브리서 4장 7절은 시편 95편도 다윗이 기록한 것이라고 확인하고 있다).

- 고대 이스라엘의 예배 인도자로 섬긴 제사장인 아삽은 열두 편의 시편을 기록했다(50, 73-83편).
- 가수와 음악 작곡가들의 조합이었던 고라의 아들들은 열 편의 시편을 쓴 것으로 인정받고 있다(42, 44-49, 84-85, 87편).
- 이스라엘의 제3대 왕이며 다윗의 아들인 솔로몬은 두 편의 시편을 썼다(72, 127편).
- 이스라엘의 선지자이며 출애굽을 주도한 강력한 지도자 모세는 한 편의 시편을 기록했다(90편).
- 현자이며 음악가, 에스라인, 고라의 자손이며 고라 찬양대의 창설자(대하 5:12, 35:15)인 헤만은 한 편의 시편을 썼다(88편).
- 현자이며 에스라인이자 레위 가수로 추정되는(대상 6:42, 15:17, 19) 에단은 한 편의 시편을 썼다(89편).
- 나머지 마흔여덟 편의 시는 작자 미상이다.
- 서기관이며 이스라엘의 제사장인 에스라가 무명의 시편 중 일부의 저자라는 추정을 받고 있다.

기록된 시기

많은 저자들이 시편을 썼기 때문에 이 거룩한 노래들은 다양한 시기에 기록되었고 그 기간은 약 900년에서 1천 년에 걸쳐 있다. 시편이 기록된 시기는 첫 시편이 기록된 때인 주전 약 1410년에서 마지막 시편이 기록된 때인 대략 주전 500년에서 주전 430년까지 아우르는데, 이는 마지막 시편인 126편의 저자가 누구냐에 따라 달라진다.

- 기록된 최초의 시편인 90편은 이스라엘이 40년 광야 생활을 하는 동안 모세가 작성한 것으로서, 아마도 가혹한 시련을 겪던 이 시기(주전 1445-1405) 말엽으로 추정되는 주전 1410년경에 기록되었을 것이다.
- 거의 대부분의 시편은 다윗의 통치기(주전 1020-970)와 솔로몬의 통치기(주전 970-931)에 쓰였다.
- 마지막으로 쓰인 시편 126편은 이스라엘이 바벨론 포로 생활을 하고 나서 유대 땅으로 귀환하던 시기인 주전 약 500년경에 기록되었을 것이다. 에스라가 저자일 경우 훨씬 더 이른 시기인 주전 약 430년경에 기록된 것으로 추측된다.

기록 목적

한 개인의 신앙생활이 침체기든, 성장기든, 어떤 상태에 있든 그의 영적인 상태에 직접 와 닿는 시편 한 편은 있게 마련이다. 시편은 성도들이 하나님을 올바로 예배하도록 인도하기 위해 기록되었다. 그러므로 제대로 사용하기 위해서는 그것을 신령한 노래로 드리고(엡 5:19, 골 3:16), 열정적인 기도로 드리고(행 4:25-26), 복음 전도 시에 선포하고(행 2:25-28, 31, 34-35, 13:33, 35), 해석함으로 가르쳐야 한다(눅 24:44, 롬 3:10-14, 18, 고전 15:27, 엡 4:8, 히 1:5). 시편의 가장 중요한 목적은 삶의 모든 경험 속에서 우리 마음이 하나님을 향하도록 그분께 철저히 초점을 맞춘 사실에서 드러난다.

표제와 표기

시편의 4분의 3 이상, 정확히 말해 116편의 시편은 시작 부분에 추가된 표제가 있어 그 시편의 저자와 역사적 배경, 그리고 그 시편을 노래하는 방법을 편집자의 설명처럼 밝히고 있다. 시편 중 서른네 편을 제외하고 모든 시편에 그러한 제목이 달려있다. 이러한 표제들은 예배 지도자들과 회중들이 찬양을 이해하고 부르는 것을 돕기 위해 시편이 쓰인 이후에 추가되었다. 이 표제들은 원본에는 없다 하더라도 정확하고 신뢰할 수 있는 자료로 인정받고 있다. 편집상 추가된 내용들이 제공하는 다양한 정보들은 아래와 같다.

- **역사적 정보**: 대부분의 표제들은 저작권, 역사적 상황, 개인의 헌신에 대한 배경을 제공하며 이 모든 내용은 시편을 해석하고 적용하는 데 유익하다. 역사적 표기의 예를 시편 3편에서 볼 수 있다. "다윗이 그 아들 압살롬을 피할 때에 지은 시."
- **음악적 지시**: 일부 표제들은 예배 인도자를 위해 기록되어 그 시편이 어떤 종류의 노래이고 어떻게 불러야 하는지를 알려준다. 마흔다섯 편의 시편이 이런 음악적 표기들을 제공하고 있으며 아마도 특별한 경우에 사용되도록 돕기 위한 것으로 보인다. 이러한 예를 시편 4편에서 볼 수 있다. "(음악 지도자를 위한 것) 다윗의 시, 영장으로 현악에 맞춘 노래."
- **중요한 멈춤 표시**: 셀라(Selah)라는 단어는 시편에서 71번 사용되었는데, 음악 반주가 변화된다는 의미로서, 또는 잠시 멈추고 이제 막 언급된 진리를 묵상하라는 의미로서 현악기로 막간을 알리거나 새로운 단원이 시작됨을 알리기 위해 후대 편집자가 추가한 것이다. 대부분의 학자들은 셀라가 음악적 표기의 한 형태라는 데 동의한다. 그 예가 시편 3편 4절에 나온다. "내가 나의 목소리로 여호와께 부르짖으니 그 성산에서 응답하시는도다(셀라)."

문학적 유형

다양한 시편들은 주제에 따라, 다양한 문체에 따라 여러 가지 문학 유형으로 분류될 수 있다. 이러한 구분은 시편을 올바로 해석하는 데 매우 유용하고 필수적인 일이 기도 하다. 시편의 기본 유형은 아래와 같다.

- **지혜시**: 이러한 교훈적인 시들은 경건한 삶에 대한 실제적인 지침을 제공하고, 하나님의 뜻을 추구하며 경건한 생활을 하도록 확실한 방향을 제시한다(1, 37, 119편).
- **제왕시**: 그리스도의 메시아적 통치가 도래함을 묘사하는 제왕시들은 그를 하늘과 땅을 다스리는 확실한 주권적 왕으로 묘사한다(2, 18, 20, 21, 45, 47, 68, 72, 89, 101, 110, 118, 132, 144편).
- **탄식시**: 감정이 아주 고조되어 있는 탄식시들은 저자가 고통과 시련 속에서 하나님의 건져주심을 바라며 부르짖는 마음을 담고 있다(3-7, 12-13, 22, 25-28, 35, 38-40, 42-44, 51, 54-57, 59-61, 63-64, 69-71, 74, 79-80, 83, 85-86, 88, 90, 102, 109, 120, 123, 130, 140-143편).
- **저주시**: 하나님의 영광에 맹렬하게 열심을 내며 도전적이고 때로는 논쟁적이기까지 한 이 시들은 하나님의 원수이자 저자의 적인 이들에 대해 하나님의 진노와 심판을 간구한다. 저자는 여호와께서 악인들을 심판하시고 박해자들 속에서 하나님의 일을 수행하는 자신을 보호해달라고 요청한다(7, 35, 40, 55, 58-59, 69, 79, 109, 137, 139, 144편).
- **감사시**: 개인적이든, 민족적이든 하나님께서 내려주신 풍성한 축복에 대한 심오한 자각과 깊은 감사를 표현하는 시들이다(8, 18, 19, 29, 30, 32-34, 36, 40, 41, 66, 103-106, 111, 113, 117, 124, 129, 135-136, 138-139, 146-148, 150편).
- **순례시**: 이 절기 시편들은 이스라엘이 연중 절기를 지키기 위해 예루살렘으로 올라가면서 그들을 향한 하나님의 선하심을 회상할 때 그분을 찬양하도록 축제 분위기를 내고 있다(43, 46, 48, 76, 84, 87, 120-134편).
- **즉위시**: 경외감을 불러일으키는 이 장엄한 시들은 만물에 대한 하나님의 주권적 통치의 장엄함과 그분이 만드신 모든 것을 유지하고 통제하며 인도하는 섭리적 돌보심을 묘사하고 있다(48, 93, 96-99편).

책의 구분

종종 살터(the Psalter)라고 불리기도 하는 150편의 전체 시편 모음집은 오랜 기간 동안 점진적인 단계를 걸치며 정리되었다. 다시 말해, 시편은 본래 고대 편집자들이 모두 다섯 권으로 된 소규모 책들을 연속으로 배열한 것으로서 기존의 자료에 다음 책을 다시 추가하는 식으로 이루어졌다. 시편 72편 20절은 "이새의 아들 다윗의 기도가 필하다"라는 진술을 통해서 이 점을 명확히 하고 있다. 이 절은 의심할 여지없이 한때 이 부분에서 끝났던 기존의 소규모 시편 편집 판의 끝을 표시한 것이며, 후대에 가서 여기에 시편 73-150편이 추가 보완된 것이다.

각 단원이 절정에 이르는 송영(시 41:13, 72:18-19, 89:52, 106:48, 150:6)으로 마무리되기 때문에 이 다섯 권의 책은 쉽게 구분할 수 있다. 일부 해석가들은 이 다섯 권의 책이 창세기에서 신명기에 이르는 성경의 첫 다섯 권과 상응한다고 주장해왔다. 그렇듯 시편은 모세오경으로 알려진 율법의 책들을 반영한다고 생각하여 '다윗 오경'(The Pentateuch of David)이라고 불리기도 했다. 시편에 대한 이 다섯 권은 다음과 같이 분류된다.

- 제1권: 1-41편. 첫 41개의 시편은 초기 유대 왕정 시대에 다윗이나 솔로몬이 하나로 엮었을 것이다. 시편 1편은 무명의 저자가 쓴 시로서 시편 전체의 논리적 서론 역할을 한다. 시편 2편은 다윗의 시로 추정된다(행 4:25). 시편 9편과 10편은 하나의 시편이었을 것이라고 생각되고 시편 33편은 70인역에서 다윗의 시로 인정하고 있다. 이러한 사실들은 1권 전체의 내용이 기본적으로 다윗과 관련된 것임을 암시하는 듯 보인다. 시편 1-41편으로 이루어진 이 첫 권은 창조 세계에 나타난 하나님의 권능을 강조하며(8, 19편) 주요 주제가 죄와 구속이기 때문에 창세기와 어떤 식으로 연관되는지 쉽게 알 수 있다.
- 제2권: 42-72편. 이 31개의 시편들은 후대에 수집되고 정리되어 제2권으로 완성되었으며, 이 작업은 아마 제1권이 편찬된 지 300년 후로 추정되는 유다 제13대 왕 히스기야의 통치기(주전 약 715-686)에 이루어졌을 것으로 추측된다. 그렇다면 솔로몬의 많은 잠언들(잠 25:1)을 수집하는 데 적극적이었던 성경위원회 '히

스기야의 사람들' 이 이 시편들을 문학적 단위로 체계화하여 제1권에 추가했을 것이다. 이것은 잊혀진 다윗과 솔로몬의 지혜를 높이면서(대하 29:30-31, 30:26) 유다를 부흥시키고자 했던 히스기야의 노력과 분명히 일치한다(대하 29:30, 32:26). 이 시편들은 요시아 왕 통치기(주전 640-609)에 수집되었을 가능성도 있다. 학자들은 이 두 번째 시편 모음집이 이스라엘의 파멸과 구속에 초점을 맞추고 있으므로 애굽의 폭정으로부터 이스라엘이 구속받은 일을 기록한 출애굽기와 상관성이 있을 수 있음을 지적했다.

- **제3권**: 73-89편. 이 17개의 시편은 이후에 제3권으로 편찬되었으며, 아마도 앞에서 제2권에 대해 언급된 것처럼 '히스기야의 사람들' 이나 남 왕국의 열여섯 번째 왕인 요시아(주전 640-609)에 의해 동일한 시기에 편찬되었을 것이다. 이 세 번째 책은 성전 성가대를 이끌었던 레위인 아삽이 쓴 11개의 시로 시작하며(73-83편) 다윗이 쓴 몇 편의 시를 포함하고 있다(86, 101, 103편). 이러한 시편들은 주로 이스라엘 성소의 거룩성에 집중하며, 따라서 성막과 성결에 대한 레위기서의 관심사와 일치한다.
- **제4권**: 90-106편. 17개의 시편으로 이루어진 이 네 번째 시편 모음집은 약 200년 내지 300년 후에 정리되었으며, 아마도 이스라엘이 에스라(주전 458)와 느헤미야의 지도 아래(주전 445) 고국으로 귀환한 포로기 이후에 추가되었을 것이다. 이 시편 모음집은 광야에서 이스라엘이 타락하고 회복한 일에 초점을 맞추어 민수기의 주제를 반향하고 있다. 마침 제4권은 이스라엘의 40년 광야 생활 동안 모세가 쓴 유일한 시편인 시편 90편으로 시작하고 있다. 이때는 민수기에 기록되어 있듯이 혹독한 시련의 시기였다. 제4권은 민수기가 이스라엘과 주변 국가들의 관계를 기록하고 있는 것처럼 열방의 왕국들을 통치하시는 하나님의 주권적 왕국에 대한 주제를 반복적으로 담고 있다.
- **제5권**: 107-150편. 마지막 44개의 시편이 제5권을 구성한다. 제4권처럼 이 시편 모음집은 제1권이 만들어진 지 거의 600년 후인 에스라의 포로기 이후 시대에 수집되어 시편에 추가되었을 것이다. 신명기가 하나님과 그분의 말씀에 초점을 맞춘 것과 너무나 흡사하게 이 다섯 번째 책은 하나님 말씀의 충분성(119편)과

주의 이름을 인한 우주적인 찬양(146-150편)에 초점을 맞추고 있다.

문체

시편은 성경에서 사용된 다른 장르들(내러티브, 예언, 서신, 비유, 법적 문서)과는 매우 다른 의사 전달 형식인 '히브리 시'라고 부르는 문체로 기록되었다. 히브리 시는 매우 비유적인 언어를 사용하여 다채롭고, 감상적이고, 생동감 넘치고, 아름답고, 간결하며, 강렬한 표현들을 통해 하나님의 메시지를 전달한다. 압운과 운율에 기초하는 영시와 달리 히브리 시는 리듬과 평행법에 기초하고 있다. 구체적으로, 시적 평행법은 첫 행에 한 가지 사상을 진술한 후 둘째 행에서 문학적 장치들을 배열함으로써 그 진술을 강화한다. 아래는 히브리 평행법에 사용된 문학적 장치들 중 일부이다.

- **동의적 평행법**(Synonymous parallelism). 히브리 평행법 중 가장 흔한 유형으로 2행은 1행의 중심 사상을 반복하거나 재진술한다. 2행의 동의어들은 강조와 극적인 효과를 위해 사용된다. 다음의 예들을 생각해보라. "어찌하여 열방이 분노하며 민족들이 허사를 경영하는고"(시 2:1) "여호와여 나의 대적이 어찌 그리 많은지요 일어나 나를 치는 자가 많소이다"(시 3:1).
- **반의적 평행법**(Antithetical parallelism). 이 문학적 장치는 2행에서 1행의 사상과는 대조되는 진리를 진술한다. 이러한 대조는 직접적으로 반대되는 내용을 진술함으로써 추가로 충격을 가하며 핵심을 강조하기 위해 사용된다. '그러나'라는 단어는 종종 2행에서 시작될 대조를 알리는 역할을 한다. 반의적 평행법의 두 가지 예는 다음과 같다. "대저 의인의 길은 여호와께서 인정하시나 악인의 길은 망하리로다"(시 1:6). "대저 행악하는 자는 끊어질 것이나 여호와를 기대하는 자는 땅을 차지하리로다"(시 37:9).
- **종합적 평행법**(Synthetic parallelism). 1행에서 명제가 진술된 후 2행이 이 중심 사상을 확장하고 발전시킨다. 다음은 그 두 가지 예이다. "복 있는 사람은 악인의 꾀를 좇지 아니하며 죄인의 길에 서지 아니하며 오만한 자의 자리에 앉지

아니하고 오직 여호와의 율법을 즐거워하여 그 율법을 주야로 묵상하는 자로다"(시 1:1-2). "여호와의 율법은 완전하여 영혼을 소성케 하고 여호와의 증거는 확실하여 우둔한 자로 지혜롭게 하며 여호와의 교훈은 정직하여 마음을 기쁘게 하고 여호와의 계명은 순결하여 눈을 밝게 하도다 여호와를 경외하는 도는 정결하여 영원까지 이르고 여호와의 규례는 확실하여 다 의로우니"(시 19:7-9).

- **상징적 평행법**(Emblematic parallelism). 이 문학적 장치는 직유라고 알려진 비유법의 형식으로 주요 사상을 묘사한다. '~처럼' 혹은 '~같이'라는 단어들이 사용되기 때문에 이러한 유형의 평행법을 쉽게 구별할 수 있다. "하나님이여 사슴이 시냇물을 찾기에 갈급함같이 내 영혼이 주를 찾기에 갈급하나이다"(시 42:1).
- **점층적 평행법**(Climactic parallelism). 1행에서 언급된 핵심 단어나 구절 혹은 진리가 2행에서 확장되고 극적인 절정에 도달한다. "너희 권능 있는 자들아 영광과 능력을 여호와께 돌리고 돌릴지어다 여호와의 이름에 합당한 영광을 돌리며 거룩한 옷을 입고 여호와께 경배할지어다"(시 29:1-2).
- **교차적 평형법**(Alternate parallelism). 3행이 1행의 사상을 반복하고 4행이 2행의 사상을 반복하여 A-B-A-B 형태를 나타낸다. "이는 하늘이 땅에서 높음같이 그를 경외하는 자에게 그 인자하심이 크심이로다 동이 서에서 먼 것같이 우리 죄과를 우리에게서 멀리 옮기셨으며"(시 103:11-12).
- **교차대구적 평행법**(Chiastic parallelism). 2행이 1행을 발전시키고 3행에서 2행을 재진술하며 마지막으로 1행의 진리로 다시 돌아가는 A-B-B-A 형식을 취한다. 다음은 그 두 가지 예이다. "복 있는 사람은 악인의 꾀를 좇지 아니하며 죄인의 길에 서지 아니하며 오만한 자의 자리에 앉지 아니하고 오직 여호와의 율법을 즐거워하여 그 율법을 주야로 묵상하는 자로다"(시 1:1-2). "오직 나는 주의 풍성한 인자를 힘입어 주의 집에 들어가 주를 경외함으로 성전을 향하여 경배하리이다"(시 5:7).

수사적 표현

시편의 언어는 수사적 표현이나 독자의 마음에 그림을 그려주는 문학적 장치라고 할 수 있는 많은 예시적 표현(illustrative expression)들을 사용하고 있다. 이 강력한 의사소통 형식은 진리를 생생하게 전달하며 독자들의 감정을 고조시킨다. 그러므로 시편의 언어는 독자들의 관심을 매료시키는 진리를 다채롭게 드러낸다. 시편에서 가장 자주 사용되는 수사법은 아래와 같다.

- 직유: 이 특별한 비유법은 '~처럼' 이나 '~와 같은' (즉 '나무처럼' '겨처럼') 표현을 사용해 두 실체를 직접적으로 비교한다. "저는 시냇가에 심은 나무가(나무처럼) 시절을 좇아 과실을 맺으며 그 잎사귀가 마르지 아니함 같으니 그 행사가 다 형통하리로다 악인은 그렇지 않음이여 오직 바람에 나는 겨와 같도다"(시 1:3-4).
- 은유: 이 비유법은 '~처럼' 이나 '~와 같이' 라는 표현을 사용하지 않고 한 실체가 다른 실체와 유사하다고 선언하며 두 실체를 비교한다. "여호와는 나의 목자시니 내가 부족함이 없으리로다"(시 23:1). "여호와 하나님은 해요 방패시라 여호와께서 은혜와 영화를 주시며 정직히 행하는 자에게 좋은 것을 아끼지 아니하실 것임이니이다"(시 84:11).
- 알레고리: 한 주요 주제를 중심으로 형성된 일련의 확장된 은유를 전개시키는 문학적 장치다. "주께서 한 포도나무를 애굽에서 가져다가 열방을 쫓아내시고 이를 심으셨나이다 주께서 그 앞서 준비하셨으므로 그 뿌리가 깊이 박혀서 땅에 편만하며 그 그늘이 산들을 가리우고 그 가지는 하나님의 백향목 같으며 그 가지가 바다까지 뻗고 넝쿨이 강까지 미쳤거늘 주께서 어찌하여 그 담을 헐으사 길에 지나는 모든 자로 따게 하셨나이까 수풀이 돼지가 상해하며 들짐승들이 먹나이다 만군의 하나님이여 구하옵나니 돌이키사 하늘에서 굽어보시고 이 포도나무를 권고하소서 주의 오른손으로 심으신 줄기요 주를 위하여 힘 있게 하신 가지니이다 그것이 소화되고 작벌을 당하며 주의 면책을 인하여 망하오니"(시 80:8-16).

• **환유**: 두 사물이 밀접한 관련이 있기 때문에 한 사물을 다른 사물로 대체하는 수사법이다(즉 '입' 대신 '혀'를 사용함). "저희 입은 하늘에 두고 저희 혀는 땅에 두루 다니도다"(73:9). "너희가 일찍이 일어나고 늦게 누우며 수고의 떡을 먹음이 헛되도다 그러므로 여호와께서 그 사랑하시는 자에게는 잠을 주시는도다"(시 127:2).

• **제유**: 한 부분을 통해 전체를 나타내거나 반대로 전체로 부분을 나타내는 수사법이다(즉 '말'을 '혀'로 대체함). "간사한 혀여 네가 잡아먹는 모든 말을 좋아하는도다"(시 52:4).

• **과장**: 극적인 효과를 노리기 위해 과장된 진술을 하는 식으로 진리를 전달하여 독자들로부터 최대의 관심을 끌어내는 의사전달 형식이다(즉 "눈물로 내 침상을 띄우며"). "내가 탄식함으로 곤핍하여 밤마다 눈물로 내 침상을 띄우며 내 요를 적시나이다"(시 6:6).

• **의인화**: 지성이나 언어 능력과 같은 인간의 특질을 무생물이나 추상적 관념에 부여하는 수사법이다(즉 "내 모든 뼈가 이르기를"). "내 모든 뼈가 이르기를 여호와와 같은 자 누구리요 그는 가난한 자를 그보다 강한 자에게서 건지시고 가난하고 궁핍한 자를 노략하는 자에게서 건지시는 이라 하리로다"(시 35:10).

• **돈호법**: 생명이 없는 물체를 살아있는 사람인 것처럼 부르며 의사소통의 강도를 강조하는 표현법이다(즉 "바다야"). "바다야 네가 도망함은 어찜이며 요단아 네가 물러감은 어찜인고"(시 114:5).

• **신인동형**: 하나님께서 인간의 육체를 가지신 것처럼 말하는 의사소통 방식이다. 하나님은 영이시고 육체가 없으시지만 그런 하나님을 쉽게 이해할 수 있도록 그분의 속성에 관한 중요한 진리를 인간적인 방법으로 익숙하게 전달하기 위해 사용한다(즉 "손"). "여호와여 일어나옵소서 하나님이여 손을 드옵소서 가난한 자를 잊지 마옵소서"(시 10:12).

히브리어 알파벳 두운법 형식

몇몇 시편들은 히브리어 알파벳 순서에 따른 아크로스틱(acrostic)이라는 문학적 장치를 이용하고 있다. 한 행 혹은 절이나 연에 쓰인 첫 단어의 첫 글자가 히브리 알파벳 자음으로 시작하며 히브리 문자의 22가지 자음이 연속적인 순서로 사용되는 의사 전달 형식이다. 이런 문학적 장치는 특별히 음악에 맞출 경우 사람들이 시편을 기억하기 좋게 하는 데 기여했음이 확실하다. 또한 시편의 체계적인 구조와 저자가 기록한 조직적인 사상을 전달해준다. 또한 포괄적인 사상을 전달하면서(즉 A부터 Z까지) 강조하는 주제를 전반적으로 드러낸다.

- **시편 25, 34편** - 유일하게 22개의 히브리어 알파벳 전체를 사용한 아크로스틱으로 된 두 시편이다.
- **시편 9, 10편** - 전체 절에 걸쳐 불규칙한 아크로스틱이 나타나고 있다.
- **시편 111, 112편** - 각기 각 알파벳으로 시작하는 22개의 행으로 된 10개의 절로 구성되어 있다.
- **시편 145편** - 21절로 되어 있고 13절과 14절 사이에 히브리어 문자 눈(nun)이 생략되어 있다.
- **시편 119편** - 가장 발전된 시편으로서 각기 8절로 된 22개의 연으로 이루어져 있고, 각 연은 히브리어 알파벳 순서대로 시작하여 하나님 말씀의 완전성을 강조한다.

시편: 당신의 삶을 바꾸어놓는 책

이 책에서 시편을 연구하는 목적은 찰스 스펄전(Charles Spurgeon)이 '다윗의 보물 창고'라고 이름 지었듯이 진리의 광대한 저장고요 영감 어린 시편에 담긴 무한한 부요함의 문을 열어주는 데 있다. 하나님께서 이 주석을 사용하시어 시편에 담긴 영원한 진리들을 독자들의 마음과 생각에 자리 잡게 해주시기 바란다. 또한 하나님 당신의 교회와 주의 이름을 부르는 모든 자들을 강하게 하시는 데 이 웅장한 성경을 사용해주시기 바란다. 오랜 세월 동안 시편은 하나님 백성들의 삶에 항상 전략적인 역할을 하고 주축이 되어왔다. 오늘날 이 중대한 시기에도 또 다시 그러한 역할을 해주기 바란다.

1517년 10월 31일 마틴 루터(Martin Luther)는 비텐베르그 성의 교회 정문에 95개조 논제 혹은 반박문을 써 붙여 종교개혁의 시발점에 불을 붙였다. 종교 개혁 이전에 루터는 주로 성경의 두 책을 연구하고 가르치고 있었다. 거의 모든 사람들이 마틴 루터라고 하면 로마서, 특히 "오직 의인은 믿음으로 말미암아 살리라"는 로마서 1장 17절을 떠올린다. 하지만 루터의 회심은 로마서 연구뿐 아니라 시편 연구에 영향을 받았다. 1513년 8월 16일, 그는 자신이 가르친 적이 있는 첫 성경, 즉 시편에 대한 강의를 하기 시작했다. 영감 어린 성경의 이 두 책, 즉 로마서와 시편은 그의 인생의 방향에 근본적인 변화를 가져다주었다.

로마서가 참된 복음의 순수성에 대한 교리적 확신을 형성해주었다면, 시편은 이 진리들을 두려움 없이 선포할 수 있는 용기를 주었다. 루터는 개인적으로 시편을 연구하면서 하나님에 대한 참으로 강력한 관점을 갖게 되어 하나님의 은혜의 복음이라는 진리를 위해 세상과 홀로 대적할 수 있을 정도로 사탄에 도전하는 담대함을 키웠다. 시편을 통해 그는 난공불락의 정신과 무슨 일이 일어나더라도 하나님을 신뢰하는 불굴의 의지를 갖게 되었다.

인생의 후반기에 종교개혁의 혼란스러운 시기를 맞으며 루터는 여러 차례 절망하고 우울증까지 겪으며 낙심했다. 온 세상이 자신을 대적하는 것처럼 느껴졌다. 그러나 암울하고 괴로운 그 시간에 그는 사랑하는 동역자인 필립 멜랑히톤(Philip Melanchthon)을 돌아보며 "필립, 시편을 찬양하세나"라고 말하곤 했다. 그들은 종종 음악에 맞추어 편역된 시편 46편을 노래했다.

우리 하나님은 안전한 요새시요
적시에 막아주는 방패와 무기시라
일어날 수 있는 모든 곤란에서
그가 우리 도움이 되시며 우리를 해방시키실 것이라.

오늘날 '내 주는 강한 성이요' 로 알려진 이 노래는 교회에서 불리는 가장 위대한 찬송일 것이다. 마틴 루터의 감동적인 이 걸작품은 시편 46편의 영감 있는 본문을 바탕으로 한다. 루터는 이렇게 회상했다. "하나님께서 우리와 함께하시며, 온갖 광적인 정신들과 지옥의 문들과 사탄의 깊디깊은 증오심과 세상과 육신과 죄의 온갖 공격에 대해 능력과 기적으로 그분의 교회와 진리를 보존하고 지키시므로 우리는 이 시편으로 찬양을 드린다."

하나님께서 이 시편 연구를 사용하시어 당신의 백성들에게 그와 같이 담대하고 확신에 찬 믿음을 불어넣어주시기를 바란다. 땅이 움직이고 산들이 흔들린다 해도, 엄청난 격변으로 바다 물결이 일어나 넘쳐흐른다 하더라도 주를 믿는 자들은 요동치 않을 것이다. 이 시편 연구를 통해 하나님을 향해 굳은 소망을 갖고 홀로 영광 받기에 합당하신 그분에 대한 영광스러운 찬양이 마음속에 흘러넘치기를 기도한다.

오직 하나님께 영광을!(Soli deo gloria)

시편 1편

인생의 두 길

"하나님과 동행하라. 그러면 길을 혼동하지 않을 것이다. 당신을 인도해줄 무오한 지혜와 위로가 될 영원한 사랑과 당신을 지켜줄 영원한 능력을 갖게 될 것이다."

- 찰스 스펄전(Charles H. Spurgeon)

들어가는 길

높은 길과 낮은 길

영국의 저명한 작가이며 '그리스도 안에서 동서가 어디 있나' 라는 유명한 고전을 쓴 찬송가 작사가 존 옥센함(John Oxenham)은 '길' 이라는 시에서 이렇게 썼다.

모든 사람에게 열려 있네
이 길과 저 길과 또 여러 길이
높은 영혼은 높은 길을 오르고
낮은 영혼은 낮은 길을 더듬네
그 사이의 안개가 자욱한 들판에서
나머지 사람들은 이리저리 방황하네
그러나 누구에게나 열려 있네
하나의 높은 길과 낮은 길이
모두가 각자 결단해야 하리
자기의 영혼이 갈 길을

정곡을 찌르는 언어로 지어진 이 걸작품은 모든 인간 앞에 여러 가지 많은 길들이, 저마다의 인생 앞에 일련의 선택들이 놓여 있다고 말한다. 하지만 이렇듯 선택 가능한 많은 길이 있다고는 하지만 실제로는 오직 두 가지 길, '높은 길과 낮은 길' 만이 존재한다. 모든 인간의 삶과 궁극적으로는 모든 인간의 운명은 '영혼이 가야 할 길' 과 관련해 각자가 내리는 선택에 따라 결정된다. 그러므로 모든 인생은 지혜로운 선택을 해야 한다. 선택에 따라 운명이 달라지는 것이다. 한 개인이 선택하는 길은 현재뿐 아니라 이어지는 영원에 이르기까지 그 사람의 인생 경로를 결정한다.

시편 1편은 이러한 인생의 두 길을 구분한다. 한 길은 축복으로, 다른 한 길은 저주로 이어진다. 한 길은 구원의 길이고 나머지 한 길은 파멸의 길이다. 인생에는 오직 두 가지 길, 즉 경건한 자의 길과 불경건한 자의 길이 있고 그 길은 두 개의 정반대되는 운명으로 우리를 인도한다. 하나는 생명의 길이고 또 다른 하나는 죽음의 길이다. 그러므로 시편 1편은 경건한 삶의 지침을 제공하는 지혜 시편이라고 할 수 있다. 이 시편은 명확한 표시가 된 의의 길 입구처럼 시편 전체의 서론 역할을 하면서 모든 여행자들이 하나님의 축복의 길로 가도록 지시를 해준다. 의도적으로 서두에 놓인 이 시편은 나머지 149편의 서론 역할을 한다.

본문 이해

인생의 두 길

Main Idea	악한 세상의 기만과 더러움을 멀리하며 살고 하나님의 말씀을 내면화한 의인들은 복이 있지만 악인들은 불안정하며 멸망에 이를 것이다.

A. 경건한 자의 길(1:1-3)

Supporting Idea	경건한 사람들은 죄에 물든 철학과 관습에 따라 살거나 타락한 사람들과 교류하지 않고 하나님의 말씀에 깊이 뿌리내리고 있기 때문에 풍성한 축복을 받은 자들이다.

1:1a. 이 시편은 하나님의 풍성한 은혜가 진정으로 하나님 중심의 삶을 사는 사람에게 임할 것이라고 단호히 선언하며 시작된다. 원문에는 복이 있도다라는 표현이 반복된다. 이것은 복수(plural)를 표현하는 히브리 식 방법으로서 그 의미를 강화시켜준다. 그러므로 이 표현은 "오, 참으로 얼마나 행복한가", "그 행복!" 이라고 읽어야 한다. 실제로 이러한 영혼의 만족은 하나님 안에서 찾을 수 있는 기쁨이다. 이 축복의 약속은 정확

히 예수님께서 산상수훈의 팔복(마 5:3-12)에서 선언하신 바로 그것이다. 여호와를 믿는 모든 이들은 참된 행복을 경험한다(비교. 시 16:11, 21:6, 34:8). 의인들은 주님 안에서 순전한 만족을 얻는다(빌 4:4).

1:1b, c, d. 하나님의 축복을 받은 이 삶은 먼저 부정문으로, 혹은 경건한 사람이라면 행하지 '않는' 일에 대한 내용으로 서술되고 있다. 첫째, 그는 악인의 꾀를 좇지 않는다. 이것은 그가 하나님 없이 사는 자들의 세속적인 철학과 인본주의적 가치들을 거부한다는 의미다. 그는 인간을 우주의 중심에 놓고 자기 자신의 도덕적 기준에 따라 쾌락을 추구하며 살아가도록 부추기는 세계관을 거부한다.

둘째, 의인은 죄인의 길에 서지 않는다. 이것은 육신적인 행동과 음탕한 생활에 동참하도록 부추기는 군중들의 유혹을 거부함을 가리킨다.

셋째, 경건한 사람은 오만한 자의 자리에 앉지 아니한다. 이것은 그가 하나님을 조롱하는 사람들과 교제하기를 거부한다는 뜻이다. "악한 동무들은 선한 행실을 더럽히[기]" (고전 15:33) 때문에 그는 아무리 부유한 사람들이라 해도 신성모독자들, 믿지 않는 자들, 무신론자들과의 친밀한 관계를 거부한다.

1:2. 긍정문으로 표현할 때, 경건한 사람의 즐거움은 여호와의 율법에 있다. 순전한 기쁨을 아는 사람은 하나님의 말씀을 읽고 향유한다. 새로운 본성은 하나님의 진리를 갈망하게 마련이므로 말씀에 대한 이 갈망은 그가 새롭게 태어났다는 명확한 증거이다. 하나님의 진리에 대한 이 새로운 욕구로 인해 그는 주야로 말씀을 묵상하게 된다. 성경에 하나님의 영광과 우위성이 나타나 있기에 하루 종일 성경에 초점을 맞추며 말씀의 진리에 끊임없이 마음을 쏟는다.

1:3. 하나님의 율법을 즐거워하는 사람은 근원에서 흘러나온 샘으로부터 생명을 지탱해줄 자양분을 얻는 시냇가에 심은 나무와 같다. 하나님 중심의 삶은 하나님의 말씀에서 영적인 생명력을 이끌어내는데, 이 말씀은 많은 시냇가에 비유된다. 시냇가(streams)라는 단어는 복수 형태로 사용되어 하나님의 말씀을 통해 전달되는 풍성한 힘과 은혜를 상징한다. 경건한 사람들은 결코 마르지 않는 수원, 즉 그 물을 마시는 사람에게 원기를 회복시켜주고 소생케 하고 새롭게 하고 정결하게 하며 만족함을 주는 수원(요 15:3, 엡 5:26)에까지 깊이 뿌리를 내린다. 하나님의 말씀은 경건한 사람들을 붙들어준다(비교. 시 19:7-10).

살아있는 말씀 안에 거할 때 의로운 자들의 잎사귀는 마르지 아니한다. 이것은 의인이 소유할 영원한 가치와 항구적인 결과들을 의미한다. 나아가 그는 시절을 좇아 과실을 맺는 나무와 같다. 즐거울 때든, 고통스러울 때든, 승리의 때든, 시련의 때든 상관없이 인생의 모든 시기마다 풍성한 결실을 맺는다는 뜻이다. 하나님의 말씀은 참으로 능력이 강해 그 행사가 다 형통하게 한다. 그는 상상할 수 있는 가장 풍성하고 영적으로 부요한 삶을 누릴 것이다.

B. 경건치 않은 자들의 길(1:4-6)

Supporting Idea	대조적으로 하나님 없이 사는 사람은 도덕적으로 부패하며 정죄를 받고 영원히 저주를 받을 것이다.

1:4. 경건치 않은 자들은 복이 있는가? 그렇지 않음이여! 그들은 행복한가? 그렇지 않다. 성공적인가? 그렇지 않다. 열매를 맺는가? 그렇지 않다. 불경건한 자들은 1절에서 하나님께서 금하신 것을 사실상 행동으로 옮긴다. 그들은 악인의 꾀를 좇으며 죄인들의 길에 서고 오만한 자의 자리에 앉는다. 그러므로 잎사귀가 시들지 않는 나무 같은 의인들과 달리 악인은 바람에 나는 겨와 같다. 이것은 추수 활동에서 끌어온 그림이다. 겨라는 곡식 부위는 무가치하고 아무 쓸모없는 것으로 여겨져 버려진다. 그러므로 악인은 무의미하고 무익하며 허약하고 얕으며 무가치하여 결국 불에 태워진다.

1:5. 그러므로 악인은 심판을 견디지 못한다. 그들은 마지막 날 하나님 앞에 설 때 하나님의 용납하심을 얻지 못할 것이다. 오히려 그들의 실체가 적나라하게 드러날 것이다(계 20:11-15). 그들은 지은 죄에 따라 마땅히 정죄를 당하고 지옥의 영원한 형벌에 처해질 것이다. 그러한 부패한 죄인들은 의인의 회중에 머무를 수 없으며 성도들의 기쁨이 넘치는 교제에서 제외될 것이다(계 21:8, 22:15). 그들은 마지막 심판에서 그리스도로부터 받아 마땅한 정죄를 당하고 무가치한 죄인으로 드러날 것이며(행 17:31) 영원히 경건한 자들의 면전에서 제거될 것이다.

1:6. 마지막 절은 인생의 두 길(의인의 길과 악인의 길)을 요약하고 있다. 여호와는 의인의 길을 인정하신다. 이것은 그들의 길을 하나님께서 알고 계신다는 것보다 훨씬 더 포괄적인 의미다. 하나님께서는 경건한 자들과 개인적으로 친밀한 관계를 유지하고 그

들을 보호하고 인도하며 은혜를 베풀기 위해 그들과 인격적인 관계를 갖고 계신다. 그러나 악인의 길은 망할 것이다. 최후의 심판에서 심판과 정죄를 받은 불경건한 죄인들은 영원히 저주를 받을 것이다. 악인들은 하나님의 영원한 진노로 영원토록 고통당하며 하나님의 정당한 보응에서 절대 구원을 얻지 못한 채 지옥이라는 실제 장소에서 가혹한 고통을 당할 것이다.

Main Idea 복습	악한 세상의 기만과 더러움을 멀리하며 살고 하나님의 말씀을 내면화한 의인들은 복이 있다.

결론

지금 있는 곳에서 출발하라!

마틴 로이드 존스(Martin Lloyd-Jones)는 아일랜드를 여행하다가 길을 묻기 위해 길가에서 일하던 사람의 시간을 잠시 빼앗은 한 여행자에 대한 이야기를 들려준다. 여행자는 "여보게, 자네가 더블린으로 간다면 어느 길로 가겠나?" 라고 물었다. 그러자 질문을 받은 아일랜드인은 비웃듯이 이렇게 대답했다. "나는 여기서 그곳으로 갈 생각이 없소." 많은 사람들이 자신이 원하는 곳에 가기 위해 현재 자신이 있는 곳이 아닌 다른 곳을 출발점으로 삼는다. 그러나 원하는 목적지에 도착하려면 현재 있는 장소에서 출발해야 한다. 영적인 경우에도 마찬가지다. 많은 사람들은 경건한 자들의 길로 가기 원하지만 그 일을 다른 때로 미루며 인생의 다른 시점이 올 때까지 기다린다. 현재 있는 곳이 아닌 다른 곳에서 출발하기를 원한다.

그러나 하나님의 길에 들어가고자 한다면 반드시 현재 자신이 있는 곳에서 출발해야 한다. 자신의 죄를 정직하게 있는 그대로 고백하며 죄에 직면하고 믿음으로 주님을 의지해야 한다. 악인의 넓은 길을 가고 있다 하더라도 의인의 길로 들어갈 수 있다. 하지만 그렇게 하기 위해선 현재 있는 자리에서 출발해야 한다. 자신의 죄를 회개하고 십자가에서 백성들의 죄악을 짊어지신 그리스도를 믿어야 한다. 이것이 바로 복음이다. 그리스도를 믿고자 한다면 의인의 길로 들어갈 수 있다. 하지만 그것은 그가 현재 있는 자리에서 시작된다.

삶의 적용

나는 어떤 길로 가고 있는가?

모든 인간은 "나는 인생의 어떤 길로 가고 있는가?"라는 엄중한 질문을 해야 한다. 나는 경건한 자들을 위한 좁은 문으로 들어왔는가? 아니면 멸망으로 향하는 넓은 길을 가고 있는가? 이것은 저마다가 스스로에게 묻고, 진지하고 정확하게 대답해야 하는 중요한 질문이다. 자신이 의인의 길을 걷고 있다고 대답했다면, 그 믿음의 고백이 과연 진실한지 보여줄 또 다른 일련의 질문들이 제기된다. 이를테면, 그러한 주장을 입증할 만한 변화된 삶이 있는가? 하나님의 은혜의 축복을 경험하고 있는가? 경건치 못한 자들의 믿음과 행위와 구별된 삶을 살고 있는가? 세상과의 교제를 끊었는가? 여호와의 율법을 즐거워하고 있는가?

이러한 질문들에 대한 대답은 당신이 현재 어떤 길로 가고 있는지 보여줄 것이다. 오늘날 많은 사람들은 자신의 회심이 진실임을 확인하기 위해 신비한 느낌이나 감정적인 체험을 추구하지만 우리는 변화된 삶의 열매를 추구해야 한다. 한 개인이 지닌 신앙의 진정성과 유효성은 그가 맺는 영적 열매를 통해 드러난다. 열매는 구원에 대한 테스트이다. 이 열매에는 개인의 성결(롬 6:22), 그리스도를 닮은 인격(갈 5:22-23), 선한 행위(골 1:10), 사역(롬 1:13), 청지기직(롬 15:25-28), 하나님을 찬양함(히 13:15) 등이 포함된다.

기도

하나님, 우리에게 그토록 풍성한 축복을 주신 당신의 놀라운 이름을 찬양합니다. 예수 그리스도 안에서 우리에게 아낌없이 베푸신 선하심을 인하여 감사드립니다. 우리 마음이 당신 안에서 가장 큰 만족감을 얻게 하시니 당신을 찬양합니다. 우리의 영혼이 이 세상의 유혹과 속임수에 넘어가지 않도록 지켜주십시오. 당신의 말씀에 닻을 내리게 해주십시오. 말씀에서 영적 자양분을 얻어 강건해지고 당신의 이름에 영광을 돌리는 열매 맺는 삶을 살도록 도와주십시오. 예수님의 이름으로 기도합니다. 아멘.

심층 연구

A. 복이 있도다(1:1)

이 단어(히. 에쉐르, esher)는 하나님 안에서 넘쳐흐르는 기쁨, 온전한 만족감, 주님 안에서 누리는 만족과 행복을 의미한다. 이 단어는 구약에서 44번 사용되었고 그 중 시편에서 25번 사용되었다. 적절한 동의어로 '행복하다' (happy)라는 단어가 있다. 이 단어는 복수로 사용되어 여호와를 경외하고 그분의 뜻을 좇는 자에게 주시는 하나님의 구속적 은혜를 표현하며 그 의미를 강화한다. 시편 1편 1절을 다르게 번역하면 "오, 그 축복 받음이여"가 될 것이다. 이 축복은 우리가 받아 마땅한 것이 아니라 하나님의 선물이며, 우리의 환경에 근거한 것이 아니라 하나님과 우리의 관계가 얼마나 생명력이 있는가에 달려 있다.

B. 좇다(walk), 서다(stand), 앉다(sit)(1:1)

이러한 단어들은 악인들의 길이 점점 더 타락하여 더 깊숙한 죄의 본거지로 끌려들어 가는 모습을 묘사하고 있다. 이러한 급진적 타락은 걷다가 서 있다가 앉는 순서로 진행된다. 악인들의 삶에서 악의 세력은 항상 차츰차츰 악화되어 간다. '좇는다' (걷는다)는 것은 경건치 않은 자가 인생에서 내딛는 여러 걸음들과 내리는 결정과 좇아가는 방향을 가리킨다. '서다' 는 한 개인이 여러 가지 명분을 위해 헌신하는 것을 묘사한다. '앉는다' 는 것은 마음의 뿌리 깊은 태도, 한 개인의 마음이 고정된 경향을 의미한다.

그러므로 죄인은 내면적으로 부패했다는 의미의 '악한' 상태에서 죄인 혹은 죄를 실제로 행하는 상태로, 나아가 결국 하나님과 거룩한 것들을 조롱하는 오만한 자(조롱하는 자)로 계속 악화되어 간다. 이러한 타락은 "악인의 꾀" 혹은 악한 생각으로 시작해 악한 신념의 왜곡된 습관인 "죄인의 길"로 접어들고 "오만한 자의 자리"에 혹은 하나님을 조롱하는 자들과 동일해지는 상태에 도달한다.

C. 묵상하다(1:2)

63편 6절의 '심층 연구' 참조.

D. 겨(1:4)

이 단어는 추수 때의 타작마당을 그리고 있다. 팔레스틴의 타작마당은 타작을 하기에 딱 좋은 미풍이 불어오는 언덕에 있었다. 곡식을 한 군데에 모아서 타작마당의 높은 장소에 올려놓으면 짐승이 무거운 기구를 끌면서 갈았다. 그러고 나서 갈린 곡식을 공중에 높이 던져서 껍질과 부서진 짚으로 된 겨를 불어 날리고 무거운 알곡은 타작마당에 떨어지도록 했다. 아무 쓸모도 없는 겨는 모아서 태워 다시 곡식으로 날아들어 섞이지 않게 했다(욥 21:18, 시 35:5, 사 17:13, 29:5, 41:15, 호 13:3, 습 2:2). 이렇듯 악인들과 악행자들은 하나님의 심판 앞에 서게 될 것이다(사 33:11, 마 3:12).

E. 망하다(1:6)

이 단어(히. 아바드, abad)는 '죽다' 혹은 '파멸 당하다' 라는 의미다. 파멸을 의미하는 여러 단어들 중에서 '아바드' 는 가장 중요한 단어이다. 이 단어는 힘과 지식의 상실이나 열국의 쇠락을 묘사하는 데 사용되고(출 10:7, 민 21:29-30), 심지어 이방의 우상들과 신상들과 신전의 파괴에 적용되기도 한다(민 33:52, 신 12:2-3). 사람들에게 이 단어를 사용할 경우 일반적으로 죽음과 생명의 중단을 가리킨다(신 4:26, 11:4, 민 16:33, 레 26:38, 수 23:16). 또한 육체적 죽음 외에 악인들의 영원한 파멸을 가리키기도 했다(시 49:10, 12, 20, 73:27, 83:17, 잠 10:28, 11:7, 겔 28:16). 죽음 이후의 파멸에 대해 사용할 때 '아바드' 는 완전한 소멸로 이끄는 파멸과 관련해 사용된 적이 없고, 오히려 결코 그치지 않을 악인의 영원한 파멸을 가리킬 때 사용되었다.

고안

A. 경건한 자의 길(1:1-3)

1. 주 안에서 만족한다(1a)
    a. 하나님의 은혜를 입는다(1a)
    b. 하나님 안에서 충족 받는다(1a)
2. 세상과 구별된 삶을 산다(1b, c, d)
    a. 세속적인 믿음을 거부한다(1b)
    b. 세속적인 행위를 거부한다(1c)
    c. 수치스러운 재물을 거부한다(1d)
3. 말씀에 몰두한다(2-3절)
    a. 말씀 안에서 즐거워한다(2a)
    b. 말씀을 묵상한다(2b)
    c. 말씀을 깊이 연구한다(3a)
    d. 말씀에서 다음의 것들을 얻는다(3b-e)
        (1) 안정감(3b)
        (2) 생산성(3c)
        (3) 불변성(3d)
        (4) 형통함(3e)

B. 경건치 않은 자들의 길(1:4-6)

1. 내적으로 부패한 상태이다(4절)
    a. 악인은 겨처럼 쓸모없다(4a)
    b. 악인은 겨처럼 불안정하다(4b)
2. 법적으로 정죄를 받았다(5절)
    a. 심판을 견디지 못할 것이다(5a)

b. 의인들과 함께하지 못할 것이다(5b)

3. 영원히 저주를 받는다(6절)

a. 의인은 형통할 것이다(6a)

b. 악인은 망할 것이다(6b)

토의 질문

1. 나는 어떤 면에서 악인의 꾀를 좇을 위험성이 있는가?

2. 나는 어떤 면에서 죄인의 길에 설 가능성이 있는가?

3. 나는 하나님의 말씀을 읽고 즐거워하는가?

4. 시편 1편을 통해 하나님께서는 내 인생에 어떤 열매를 맺게 해주시는가?

시편 2편

무너뜨릴 수 없는 왕국

"하나님 되심과 주권성은 불가분의 관계이다."

- 스테판 카르녹(Stephen Charknock)

들어가는 글

그렇다면 별들도 끌어내리시오!

프랑스 혁명으로 몹시 혼란스러운 시기에 한 정치 혁명가가 국민들의 눈에서 법과 질서의 모든 흔적을 지우기 위해 파리의 바스티유 감옥을 습격했다. 그는 사다리를 타고 노트르담 성당에 올라가 뾰족탑 꼭대기에서 십자가를 뜯어내 땅바닥에 내동댕이쳤다. 하나님의 권위를 상징하는 십자가는 모든 사람들이 볼 수 있도록 산산조각 난 채 땅바닥에 방치되었다. 한 가난한 농부를 향해 얼굴을 돌린 그 혁명가는 의기양양하게 말했다. "우리는 하나님을 떠올리게 하는 것은 무엇이든 다 끌어내릴 것이오!" 그러나 군중들 속에서 누군가가 도전적인 대답을 했다. "이보시오, 그렇다면 별들도 끌어내리시오!"

그것은 불가능한 일이다. 하나님의 주권적 통치를 무너뜨리고자 하는 죄악 된 인간의 교만한 시도 역시 마찬가지다. 이 우주적 반역은 최초의 인간 아담이 하나님의 주권적 권위에 대항했던 에덴 동산의 역사만큼 오래되었다. 그 후로 하나님께 반역하고자 하는 인류의 음모는 가속되었다. 그러나 타락한 인간의 변절이 아무리 단호하고 기략이 뛰어나다 해도 하나님의 권위를 무너뜨리는 시도는 결코 성공할 수 없다. 우주적인 반역이 그 어느 때보다 강렬한 시기지만 그 모든 것에도 불구하고 인간의 보잘것없는 시도로는 절대 하나님의 주권적인 뜻을 무너뜨릴 수 없다.

시편 2편은 타락한 세상이 계속해서 하나님과 그분의 아들에게 반역하는 모습을 묘사하고 있다. 이 두 번째 시편에는 아무 제목이 없지만 베드로와 요한은 다윗을 저자로 인정하고 있다(행 4:25). 신약에 따르면 이 시편은 약속된 메시아인 주 예수 그리스도가 인류 역사의 무대에 등장하실 시간을 미리 내다보고 있다(행 4:25-26, 13:33, 히 1:5, 5:5, 계 2:26-27, 12:5, 19:15). 하나님에 대한 세상의 반역은 실제로 하나님의 아들이 온 세상을 통치하는 것에 대적하는 반역이다. 그러나 그러한 모든 시도는 실패하고 말 것이다. 모든 불신자들은 때가 늦기 전에 그 아들 앞에 무릎을 꿇으라고 하나님께서 부르고 계신다.

본문 이해

무너뜨릴 수 없는 왕국

Main Idea	하나님의 왕국에 대항하는 인간의 반복된 시도에도 불구하고 하나님께서는 당신의 아들을 만물의 주로 세우셨고, 진노를 쏟아내시기 전에 지금 그에게 나아와 그를 영접하라고 권고하신다.

A. 하나님에 대한 반역(2:1-3)

Supporting Idea	인류는 한마음이 되어 하나님의 통치에 반역하는데 그 반역은 예수 그리스도의 초림 때 절정에 도달했다.

2:1. 이 인간 드라마에서 들리는 첫 목소리는 하나님께 도전한 타락한 인류의 외침이다. 열방들이 주님을 무너뜨리려고 하는 것에 절대적인 놀라움을 표현한 시편 기자는 어찌하여 열방이 분노하며 민족들이 허사를 경영하는고라고 질문한다. 그가 지적한 음모는 하나님과 그의 기름 부으신 자에 대한 전 지구적 반역이었다(3절). 그러한 계획은 공허하고 반드시 실패할 운명이라는 의미에서 허사였다.

2:2. 하나님에 대한 반역을 주도한 이들은 세상의 정치 지도자들과 국가 지도자들이었다. 세상의 군왕들이 나서며 관원들이 서로 꾀하여. 인류 역사의 기록들을 보면 이것이 진실임이 입증된다. 강력한 세계 통치자들(니므롯, 바로, 느부갓네살, 안디오쿠스 에피파네스, 그 외 수많은 자들)은 하나님께 반역했다. 이 반역은 그리스도가 체포되어 안나스와 가야바와 빌라도와 헤롯의 손에 재판받고 정죄 받으신 사건에서 여실히 입증되었다(마 26:47-27:26, 막 14:53-15:15, 눅 22:54-23:25, 요 18:12-19:16). 궁극적으로 이 폭압적인 반역은 세상의 왕들이 여호와(계 13:1-18, 17:8-18)와 하나님의 아들이신 그의 기름 부음 받은 자(7절), 주 예수 그리스도를 대적할 마지막 날에 다시 시도될 것이다.

2:3. 죄인들의 반항적인 목소리는 우리가 그 맨 것을 끊고 그 결박을 벗어버리자라고 선언한다. 여기서 한 목소리로 말하는 자들로 표현된 이 반역자들은 하나님의 통제에

서 벗어나고자 하는 욕망을 드러낸다. 이것이 죄의 핵심이다. 즉 "우리는 이 사람이 우리의 왕 됨을 원치 아니 하노이다"(눅 19:14)라고 주장하는 자신의 의지를 좇아 하나님의 통치를 거부하는 것이다. 이것이 바로 성경 전체가 인류를 묘사하고 있는 모습이다(시 14:1-3, 비교. 롬 3:10-12). 인류는 원죄의 영향을 받아 전적으로 타락한 것이다.

B. 하나님의 진노(2:4-6)

Supporting Idea	하나님에 대한 인간의 죄악 된 반역에도 불구하고 하나님은 여전히 절대적이고 주권적인 주님이시다. 그분은 당신의 영원한 뜻을 무너뜨리고자 하는 인간의 하찮은 시도를 비웃으신다.

2:4. 인간의 교만한 자랑을 보시고 하늘에 계신 자, 성부 하나님께서는 비웃으실 뿐이다. 이것은 기분 좋은 웃음이 아니라 신적인 조소와 조롱과 경멸의 웃음이다. 인간들은 대담하게 하늘에 대고 주먹을 흔들고 있지만, 그렇게 전복하려는 시도는 너무나 어처구니없고 미친 짓이어서 **주께서 저희를 비웃으시며** 그들의 미약하기 짝이 없는 노력을 조롱하고 놀리신다.

2:5. 그러나 하나님의 웃음은 분노로 바뀐다. 절대적 거룩함을 지니신 하나님은 죄인들을 심판하실 수밖에 없기 때문에 **그때에 분을 발하며 진노하신다.** 하나님께서는 말씀하실 때 불타는 분노의 말씀으로 **저희를 놀라게 하신다.** 하나님께서는 우리가 망각하지 않도록 죄를 짓는 모든 자를 미워하시며(거부하시며, 시 5:5) 날마다 악인에게 진노하신다(시 7:11).

2:6. 하나님의 영원한 계획을 뒤집어엎으려는 인간의 어리석은 시도에 대해 주님은 하늘에서 천둥 같은 소리로 말씀하신다. **내가 나의 왕을 내 거룩한 산 시온에 세웠다.** 확신에 찬 이 선언은 당신이 선택한 왕, 당신의 아들을 시온(거룩한 성 예루살렘에 대한 명확한 암시. 세상의 예루살렘과 천상의 예루살렘 둘 다를 가리킴)에서 왕으로 삼겠다는 그분의 흔들림 없는 결정을 표현하고 있다. 시온에는 그의 거룩한 산(언덕)이 있다. 이것은 천상의 높은 보좌뿐 아니라 땅의 예루살렘 성전을 가리키는 구체적인 장소다. 이 선언은 먼저, 승천 후 최고의 특권과 권위의 지위를 부여해준, 하나님의 오른쪽에 있는 그리스도의 현재적 보좌에 앉으심을 가리킨다(시 110:1-2, 행 2:34-35). 궁극적으로

이 말씀은 그리스도의 재림과 그가 예루살렘에서 천 년의 통치 기간 동안 그의 영광스러운 보좌에 앉으실 것을 예고한다(계 20:1-10).

C. 하나님의 의도(2:7-9)

Supporting Idea	하나님께서 선언하신 내용은 그분의 아들 메시아가 처형되어 아들에게 주어진 우주적 유산을 아버지가 증여하신다는 것이다.

2:7. 세 번째 연이 시작되면서 화자가 다시 바뀐다. 이번에는 하나님의 아들 예수 그리스도의 목소리로 **내가 영을 전하노라**고 말씀하시는 것이 들린다. 아버지께서 영원 전에 계획하시고 뜻하신 것을 오직 아들이 시간과 역사 속에서 선언하고 행하신다는 것이다. 이 영원 전의 회의에서 아버지 하나님께서는 아들에게 **너는 내 아들이라 오늘날 내가 너를 낳았도다**라고 말씀하셨다. 이 구절은 삼위 하나님 가운데 제2위이신 예수 그리스도가 창조된 존재임을 암시하는 것이 아니라 그분의 성육신(히 1:5-6)과 부활(행 13:33-34)을 암시한다.

2:8. 이 거룩한 선언은 그리스도의 성육신을 통해 이루어졌고 성부 하나님께서 아들에게 **내게 구하라 내가 열방을 유업으로 주리니**라고 말씀하신 근거가 되었다. 그리스도가 아버지의 뜻에 복종했기 때문에 하나님께서는 당신의 아들에게 풍성한 유산을 주실 것이다. 그것은 지금 점진적으로 성취되고 있고 천년왕국 시기에 온전히 그에게 주어질 광대한 유업이다.

아버지는 아들에게 유업으로 **땅 끝**을 주실 것이다(계 11:15). 영원 전에 아버지께서 그에게 주신 수많은 무리들(요 6:37, 39, 17:2, 24)이 열방들 중에서 그리스도께 나아와 그의 소유가 될 것이다.

2:9. 아버지 우편의 보좌에 앉게 된 아들에게 **네가 철장으로 저희를 깨뜨림이여**(철로 된 홀로 그들을 다스릴 것임이여)라는 약속이 주어진다. 원수들에 대한 아들의 통치가 너무나 위대해서 **철장**을 가지고 **질그릇**같이 그들을 **부수는** 토기장이에 비유되고 있다(비교. 계 19:15). 그는 그들을 지옥에서 꺼지지 않는 진노 가운데 영원히 두실 것이다.

D. 하나님의 권면(2:10-12)

Supporting Idea	모든 죄인들은 반역을 포기하고 아들에게 복종하며 자신을 겸손히 낮추고 때가 가기 전에 그를 영접하라는 경고를 받는다.

2:10. 여기서 화자의 정체는 밝혀지지 않는다. 아마 시편 기자를 통해 호소하는 성령의 목소리일 것이다. 권면의 내용은 이러하다. 그런즉 군왕들아 너희는 지혜를 얻으며 세상의 관원들아 교훈을 받을지어다. 하나님에 대한 반역에 가담한 자들은 조심스럽게 생각하고 하늘과의 오랜 전쟁을 그쳐야 한다.

2:11. 죄인들은 하나님께 반역할 것이 아니라 돌아서서 여호와를 경외함으로 섬겨야 한다. 하나님과의 관계를 회복해야 한다. 더 이상 자신들을 섬기지 말고 하나님을 섬겨야 한다. 여기에는 하나님을 향한 경외감과 존경심으로 충만하게 변화된 마음을 갖는 것이 포함된다. 나아가 그들은 하나님 안에서 가장 큰 기쁨을 얻으며 그분께 가장 깊은 마음의 경의를 드리며 떨며 즐거워해야 한다.

2:12. 죄인들은 왕 앞에서 몸을 낮추는 신하로서 그의 통치권에 대한 겸허한 복종의 표현으로 그 아들에게 입 맞추어야 한다(삼상 10:1, 왕상 19:18). 진노하심으로 너희가 길에서 망하지 않기 위해서는 반드시 그리스도에게 사랑의 헌신과 충성을 다해야 한다. 선택은 명확하다. 부러지기보다는 구부러지는 것이 낫다. 하나님께서는 그 진노가 급하기 때문에 아들에게 경의를 표해야 한다고 죄인들에게 긴급하게 요청하신다. 기회가 있는 동안에 죄인들은 악한 길에서 돌이켜 믿음으로 아들을 영접해야 한다.

그렇게 하면 그들에게 무슨 일이 일어나는가? 아들에게 복종하는 모든 이들에 대해 여호와를 의지하는 자가 다 복이 있도다라고 말할 수 있다. 여호와를 의지한다는 것(여호와 안에 피한다는 것)은 구원 얻는 믿음을 갖는다는 것과 동일한 의미다(요 5:24, 엡 2:8-9). 하나님께서 은혜로 권면하시는 바로 지금 죄인들은 아들에게 입 맞추어야 한다. 언젠가 그가 진노하심으로 말씀하실 것이기 때문이다.

Main Idea 복습	하나님의 왕국에 대항하는 인간의 반복된 시도에도 불구하고 하나님께서는 당신의 아들을 만물의 주로 세우셨고, 진노를 쏟아내시기 전에 지금 그에게 나아와 그를 영접하라고 권고하신다.

결론

제국을 묻을 관

주후 360년 로마 황제가 된 플라비우스 클라우디우스 율리아누스는 콘스탄틴 황제 통치기에 폐지되었던 이교 숭배를 회복시켰다. 이 통치자는 악마적인 광포를 부리며 그리스도의 추종자들을 '우리 신들의 강력한 원수들' 이라고 간주하고 박해했다. 그는 광적일 정도로 단호하게 지구상에서 기독교를 박멸하고자 했다. 역사는 율리아누스가 수많은 그리스도인들을 박해하고 그리스도 신앙을 대변한 많은 이들의 목숨을 빼앗았다고 기록한다.

율리아누스는 친구 몇 명을 즐겁게 해주기 위해 아가톤이라는 한 신자를 조롱했다. 수많은 그리스도인들을 죽인 그 황제는 그에게 "나사렛의 목수는 잘 있는가? 요즘에 그에게 일감은 있나?" 라고 물었다.

아가톤은 주저하지 않고 이렇게 대답했다. "그분은 그대의 제국을 묻을 관을 짜느라 신자들의 저택 짓는 시간을 빼서 쓰고 계실 것이오."

아가톤의 말은 옳았다. 수세기가 흘러 로마 제국은 쇠락해 사라졌지만 오직 한 왕국만이 시간의 시험을 견뎌내었다. 그 왕국은 하나님의 나라이다. 하나님의 아들은 지금도 그의 진리를 거부하는 자들을 묻을 관을 짜느라 신자들의 저택 짓는 시간을 쓰고 계신다. 율리아누스의 그러한 반역은 하나님과 그리스도의 권위에 대적하려는 죄인 된 인간의 애처로운 시도를 대표한다. 그러나 아무리 노력해도 인간은 하나님의 영원한 보좌를 무너뜨릴 수 없다. 그분의 왕국은 절대 무너지지 않는다!

삶의 적용

아들에게 입 맞추라

모든 불신자들은 이 시편에서 믿음으로 그리스도께 나아오라는 하나님의 권면에 귀 기울여야 한다. 하나님의 아들을 믿고 헌신하는 단계에는 자신이 전능하신 하나님에 대한 죄악 된 반역에 동참했음을 인정하는 일이 포함된다. 이러한 고백은 단순히 자신의 죄를 '인정' 하는 게 아니라 자신의 죄와 거룩한 하나님의 시각에서 본 그 죄악들의 비참함을 냉정하게 인정하는 것이다. 그 다음으로, 상함과 경건한 슬픔으로 자신의 죄악을 깊이 통회해야 한다. 고개를 빳빳하게 들고 과시하듯 하나님의 왕국에 들어갈 자는 아무도 없다. "하나님이 교만한 자를 대적하시되 겸손한 자들에게는 은혜를 주시느니라"(벧전 5:5).

마지막으로, 이러한 자기 겸손은 성도가 믿음으로 하나님의 아들을 영접하거나 숭배와 복종의 행위로서 "아들에게 입 맞추는"(시 2:12) 일로 연결되어야 한다. 진정으로 믿는 사람은 자신이 아닌 그리스도께 충성하며 모든 만물의 왕이신 그분께 복종해야 한다.

기도

하나님, 회개치 않던 사람들이 이 시편을 읽고 오늘 자신을 겸손히 낮추며 주님의 기름 부으신 자인 예수 그리스도를 믿게 해주십시오. 당신께 복종하며 시간이 다 가기 전에 조건 없는 평화의 조약을 받아들이게 해주십시오. 당신을 반역하는 것이 얼마나 심각한 일인지 깨닫고 당신의 아들 안에 피하게 해주십시오. 믿고 구원을 얻도록 해주십시오. 예수 그리스도의 이름으로 기도합니다. 아멘.

심층 연구

A. 열방(2:1)

이 단어(히. 고이, goy)는 부족이나 민족을 구성하는 사람들의 집단을 가리킨다. 종종 이스라엘을 둘러싼 이방 민족들(신 4:38, 수 23:13)을 가리킬 때 사용되는데, 이 민족은 정치적이거나 영토상의 결연 관계나 민족성에 의해 결정되었다. 또한 이 단어는 이스라엘 민족인 아브라함의 후손들을 가리킬 때 사용되었다(창 12:2, 17:20). 다른 민족들이나 사람들의 집단을 가리켜 사용할 경우, 그들은 주로 이교도들이고, 악하고(신 9:4-5), 우둔하며(신 32:21), 가증스럽고(신 18:9, 왕상 14:24, 왕하 16:3, 대하 28:3), 우상숭배자이며(왕하 17:29), 무자비하고(사 25:3) 할례 받지 않은 자들(렘 9:26)로 묘사되었다. 하나님께서는 열방을 조롱하시지만(시 59:8) 약속된 메시아가 구속하실 자들이 바로 열방들이다(사 2:2, 11:10, 42:6, 60:10).

B. 허사(2:1)

이 단어(히. 리그, rig)는 '공허함', '허망함', '분별력 없는' 이라는 의미다. 이것은 하나님을 대적하고 그분의 주권적 통치를 무너뜨리고자 하는 인간의 어리석은 계획을 가리킨다. 하나님에 대한 그런 무질서함은 어리석고 미친 짓이 아닐 수 없다.

C. 기름 부음 받은 자(2:2)

이 단어(히. 마시아, mashiah)는 다윗의 왕위에 앉았던 모든 기름 부음 받은 자를 가리킨다. 구약에서 약 40번 사용된 이 단어는 대제사장(레 4:3), 왕(삼상 24:6, 사 45:1), 족장(시 105:15), 제사장(왕상 19:16)의 직위를 가리켜 사용되었다. 여호와의 기름 부음 받은 자가 된다는 것은 하나님과 특별한 관계를 갖고, 특수한 직위나 사명을 위해 하나님의 선택을 받고, 성결케 되며, 그의 위임을 받은 존재가 됨을 의미했다. 다윗이 사무엘 앞에 섰을 때 여호와께서 사무엘에게 "이가 그니 일어나 기름을 부으라"(삼상 16:12)고 말씀하셨는데 이보다 더 기름 부음을 명확하게 표현한 곳은 없다. 영어 단어 메시아(Messiah)는 바로 '마시아'에서 파생되었다.

그러나 궁극적으로 이 칭호는 신약에서 완성된다. 사실상 그리스도(Christ)는 히브리어인 메시아의 헬라어에 상당하는 어구이며 둘 다 '기름 부음 받은 자'라는 의미다. 시편 기자의 기름 부음 받은 자에 대한 언급은 다윗 왕을 넘어서 그리스도인 주 예수님을 가리킨다. 초대교회는 이 시편이 주 예수 그리스도에 의해 성취되었음을 이해했다(행 2:32, 히 1:5, 5:5).

D. 주(2:4)

이 단어(히. 아도나이, adonay)는 '주인'(master) 혹은 '주'(lord)를 의미한다. 아도나이는 위엄이나 강화를 나타내며 항상 하나님을 가리켜 사용된다. 히브리어 성경 전반에 걸쳐 발견되며, 오경에서는 하나님을 높여 부르는 방식으로 사용되고 있다(출 4:10, 13, 수 7:8). 아도나이는 선지서에서 두드러지며 시편에서 55번 사용되고 있다. "온 땅의 주"(수 3:13, 시 97:5, 미 4:13), "주의 주"(신 10:17)와 같은 일부 구절들의 용례와 그 밖에 다른 구절들의 문맥은 아도나이의 의미를 궁극적 권위와 힘과 통치권을 가진 주권자적 주로 암시하고 있다. 이 단어는 시편 110편 1절에서 메시아와 관련해 사용된다.

E. 깨뜨리다(2:9)

이 구절 혹은 단어(히. 라, raa)는 '산산이 박살내다' 혹은 '완전히 꺾다'(욥 34:24, 렘 15:12)라는 의미다. 이 단어는 하나님께서 의인들을 심판하시는 것과 관련해 사용된다(렘 25:29, 31:28, 미 4:6, 슥 8:14). 엘리후는 죄인들에 대한 하나님의 심판을 표현하기 위해 유사한 방법으로 '라'를 사용했다(욥 34:24).

고안

A. 하나님에 대한 반역(2:1-3)

1. 인간들이 헛되이 반역을 모의하고 있다(1b)
2. 인간들이 대적하여 서 있다(2절)
3. 인간들이 교만한 말을 하고 있다(3절)
   a. 그 맨 것을 끊어버리자(3a)
   b. 결박을 벗어버리자(3b)

B. 하나님의 진노(2:4-6)

1. 비웃으시며 조롱하신다(4절)
2. 분노 중에 말씀하신다(5-6절)
   a. 적들을 두렵게 하실 것이다(5절)
   b. 그의 기름 부으신 자를 보좌에 앉히실 것이다(6절)

C. 하나님의 의도(2:7-9)

1. 내 아들이 열국을 통치할 것이다(7절)
2. 내 아들이 열국을 유업으로 받을 것이다(8절)
3. 내 아들이 열국을 심판할 것이다(9절)
   a. 매로 그들을 깨뜨릴 것이다(9a)
   b. 질그릇처럼 그들을 부수어버릴 것이다(9b)

D. 하나님의 권면(2:10-12)

1. 지혜로운 자가 되라(10a)
2. 교훈을 받으라(10b)
3. 여호와를 경외하라(11a)

4. 떨며 즐거워하라(11b)
5. 아들에게 입 맞추라(12절)
6. 그에게 피하라(12b)

토의 질문

1. 하나님께서 내 인생을 통치하시는 것을 나는 어떤 식으로 거부하려고 했는가?

2. 혼란한 세상에서 살아갈 때 하나님의 주권이 내 마음에 위로가 되어야 하는 이유는 무엇인가?

3. 나는 하나님의 아들을 영접했는가?

4. 하나님의 메시아와 그가 하실 심판을 나는 누구에게 전해야 하는가?

시편 3편

승리에 찬 믿음

"믿음은 하나님의 은혜를 활기차고 대담하게 확신하는 것이다. 그 확신이 매우 크므로 나는 그 은혜를 위해 천 번이라도 목숨을 내놓을 수 있다."

- 마틴 루터(Martin Luther)

들어가는 글

모든 개인적 시련은 신자들에게 하나님을 더욱 깊이 신뢰하도록 가르친다. 사람들이 악한 의도로 행하더라도 하나님께서는 그것을 선한 목적으로 사용하신다. 이것은 확실히 '다윗 시'인 시편 3편의 저자가 경험한 일이었다. 이 시편은 개인의 탄식을 담은 찬송으로서 역경의 불길 속에서 시험을 당할 때 승리하는 신앙이 어떤 것인지 명확하게 보여주기 위해 기록되었다. 세 번째 시편의 표제는 다윗이 '그 아들 압살롬을 피할 때'(삼하 15-18장) 지은 것임을 밝히고 있다.

부친에 맞서 정치 쿠데타를 주도한 압살롬은 많은 이스라엘인들의 마음을 얻었고 다윗은 궁에서 나와 피하지 않을 수 없었다. 이런 시련 속에서 수많은 적들에게 에워싸인 다윗은 하나님께서 자신을 구해주실 것을 믿으며 절대적인 신뢰로 하나님을 구했다. 이 시편은 하나님께서 역경의 시기에도 인생의 주인이 되심을 명백히 전해주고 있다. 그분은 항상 자신의 영광과 백성들의 선을 위해 일하신다. 그러므로 시편 3편은 애통과 확신의 시편이다.

본문 이해

승리에 찬 믿음

Main Idea	시련 속에서 다윗은 하나님에 대한 믿음으로 승리하며 살 수 있음을 알고 하나님을 절대적으로 신뢰하며 의지했다.

A. 다윗의 환란(3:1-2)

3:1. 아들 압살롬의 반역이라는 인생의 엄청난 시련 속에서 다윗은 여호와여 나의 대

적이 어찌 그리 많은지요라고 하나님을 향해 부르짖는다. '많다' 라는 단어는 1-2절에서 세 번이나 반복되며 압살롬이 주도하고 압살롬에게 충성한 많은 적들이 관련된 다윗에 대한 반역이 심각해지고 있음을 암시한다. 다윗의 아들 압살롬이 은밀하게 시작한 반역은 이스라엘의 많은 백성들에 의한 전면적이고 공개적인 반역으로 발전되었다. 다윗이 다스리는 국제적인 평화 시대(삼하 7:1)에 그에게 가장 위협적인 위험이 이스라엘 내부에서, 그것도 자신의 집안에서 시작되었다. 일어나 나를 치는 자가 많소이다. 수적으로 열세에 몰린 다윗은 위축된 소수 집단의 일원이 되어버린 자신의 모습을 보았다.

3:2. 적들의 말을 인용하면서 다윗은 많은 사람이 있어 나를 가리켜 말하기를 저는 하나님께 도움을 얻지 못한다 하나이다라고 탄식한다(비교. 삼하 16:8). 이스라엘 왕을 얕잡아본 그들의 교만에는 하나님께서 다윗을 버리셨다는 것이 암시되어 있다. 나아가 그들은 하나님께 구원이 전혀 없다고 주장했기 때문에 그들의 교만한 조롱은 하나님의 영광을 공격하는 것이기도 했다. 이 시편의 독특한 특징은 세 번에 걸친 셀라의 반복(2, 4, 8절)이다. 이것은 쉼, 크레센도 혹은 막간을 가리키는 명확한 음악 용어로서 독자에게 잠시 멈춰 서서 그 내용의 중요성을 조심스럽게 생각해보라고 초청하는 것이다.

B. 다윗의 보호(3:3-4)

3:3. 이 모진 시련 속에서 다윗은 올바른 선택을 했다. 그는 하나님을 의지하며 여호와여 주는 나의 방패시요라고 자랑한다. 전쟁 용어를 사용해 그는 하나님이 절대 뚫리지 않는 방어물이 되신다고 주장했다. 과거에 다윗은 적들의 치명적인 화살과 창과 칼을 피하기 위해 여러 차례 방패를 사용했다. 다윗은 하나님께서 자신에게 해주신 일(위험 속에서 주신 난공불락의 보호)이 방패(히. 마겐, magen, 시편 5편 21절에서 사용됨)와 같은 일이라고 외친다(비교. 시 7:10, 18:30, 28:7). 나아가 나의 영광이시요라고 선포한다. 이것은 하나님께서 그의 짓밟힌 인생을 회복시켜주시고 비참한 경험 속에서 구원을 허락하실 것을 그가 믿었다는 의미다. 확신 가운데 그는 오직 하나님께서 그분만이 주실 수 있는 용기와 평강으로 그의 머리를 들게 해주실 것이라고 주장한다(시 9:13).

3:4. 하나님의 마음을 헤아렸던 다윗은 내가 나의 목소리로 여호와께 부르짖고라고 확언한다(비교. 삼하 15:30). 이 왕은 더 위대한 왕, 즉 하늘의 주권자 되신 주님을 바라보며 그분을 부른다. 단호하고 결단력 있는 믿음으로 주님께 헌신하며 그 성산에서 응답하

시는도다라고 증언한다. 여호와의 거룩한 산은 다윗이 하나님의 임재와 능력을 상징한 언약궤를 가져다 두었던(비교. 삼하 6장) 여호와의 성소, 시온 산, 예루살렘의 성전 언덕을 가리킨다. 궁극적으로 이것은 하나님께서 그의 어려움들을 주관하시며 보좌에 앉아 계신 천상의 방을 가리킨다. 다윗은 적들의 조롱과는 철저히 대조적으로 하나님께서 도움을 구하는 그의 호소를 들으시고 천국의 보좌에서 응답하실 것을 알았다.

C. 다윗의 평강(3:5-6)

3:5. 자신의 영혼과 절망적 상황을 하나님께 의탁했기 때문에 다윗은 평강을 누렸고 확신 가운데 **내가 누워 자고 깨었으니 여호와께서 나를 붙드심이로다**라고 고백할 수 있었다. 하나님께서 그를 보호하시기 위해 항상 깨어 계심을 알았기 때문에 그는 평화로운 잠을 잘 수 있었고 새로운 힘을 얻고 깨어날 수 있었다. 자신의 힘으로만 버텨야 했다면 다윗은 엎치락뒤치락 거리며 불면의 밤들을 보내고 고통스러운 상황에 동요했을 것이다. 하지만 여호와가 그의 방패가 되시기에 그는 평화롭게 잠들 수 있었다.

3:6. 깊은 안정감 속에서 다윗은 **천만인이 나를 둘러치려 하여도 나는 두려워 아니하리이다**라고 선언했다. 엄청난 무리가 압살롬의 반역에 가담했기 때문에(삼하 15:13, 17:11, 18:7) 다윗은 수적으로 심각한 열세에 몰려 있었고(비교. 1-2절의 "많은") 그를 따르는 무리는 오직 소수의 충성스러운 지지자들뿐이었다. 그럼에도 불구하고 다윗은 하나님이 그의 넉넉한 보호자이시라는 진리로 강인했기 때문에 두렵지 않았다.

D. 다윗의 간구(3:7-8)

3:7. 다윗의 마음의 간구는 진정으로 치열한 전쟁터의 외침이었고, 하나님께서 자기를 지켜주시고 원수들을 물리쳐주실 것이라는 확신에 찬 호소였다. **여호와여 일어나소서 나의 하나님이여 나를 구원하소서.** 다윗은 자신을 쫓는 추적자들을 들짐승에 비유하며 **여호와께 주께서 나의 모든 원수의 뺨을 치시며 악인의 이를 꺾으셨나이다**(꺾으소서)라고 호소한다. 의로운 분노와 하나님의 영광에 대한 격정적인 열정에 자극을 받은 그의 기도는 신적인 개입을 구하는 긴박한 호소였다(삼하 15:31).

3:8. 하나님에 대한 강한 믿음으로 다윗은 **구원은 여호와께 있사오니**라고 고백한다. 이 담대한 선언은 그의 원수들이 하는 말을 정면으로 반박하는 것이지만 다윗은 거기서

머무르지 않고 주의 복을 주의 백성에게 내리소서라고 말함으로써 하나님을 신뢰하는 모든 사람들에게 그분의 축복이 임하기를 기원한다. 이러한 구원 요청은 자기 자신을 위한 것일 뿐 아니라 이스라엘 민족의 안정과 더 큰 유익을 위한 것이었다. 암울한 시간에 이스라엘의 지도자인 그를 하나님께서 구원하심은 모든 백성들을 향한 하나님의 축복으로 귀결될 것이다.

결론

역경 속에서 신자는 구원이 하나님으로부터 올 것을 확신하고 그분을 신뢰해야 한다. 그리스도인이 과거의 잘못된 선택 때문에 지금 고통을 당한다 하더라도 하나님께서는 모든 일들이 합력하여 하나님을 사랑하는 자들의 선을 이루도록 하신다(롬 8:28). 인생의 폭풍이 사납게 몰아치는 중에도 하나님께서는 혼란스러운 마음에 평강을 전하시며 사나운 비바람을 잠잠케 하실 수 있다. 어떤 시련 속에서도 의인들은 하나님께서 당신 백성들의 방패와 힘이 되심을 알고 그분을 의지해야 한다.

그러나 신자들이 자신의 힘으로 살려고 하면 쉽게 패배할 수밖에 없다. 육신의 팔은 결코 우리를 환난에서 구해줄 수 없다. 그러나 경건한 자들이 하나님께 의탁할 때 하나님께서는 그들에게 힘을 주셔서 고통 속에서도 강하게 하시고 안전하게 그들을 구원해 주실 것이다. 어떤 시련과 고통 속에서도 신자들은 두려워할 필요가 없다. 오히려 하나님을 의지해야 한다. 그러한 믿음을 통해 역경의 화염 속에서 시험받고 강해질 때 승리와 구원을 얻을 수 있다.

teaching guide

티칭 가이드

교안

A. 다윗의 환란(3:1-2)

1. 많은 적들이 나를 대적한다(1절)
2. 많은 적들이 나를 조롱한다(2절)

B. 다윗의 보호(3:3-4)

1. 하나님은 나의 방패시다(3a)
2. 하나님은 나의 주권자시다(3b)
3. 하나님은 나의 힘이시다(3c)
4. 하나님은 나의 구원자시다(4절)

C. 다윗의 평강(3:5-6)

1. 하나님께서 나를 붙드신다(5절)
2. 하나님께서 나를 안전하게 하신다(6절)

D. 다윗의 간구(3:7-8)

1. 여호와여 일어나소서(7a)
2. 하나님이여 나를 구원하소서(7b, c, d)
3. 여호와여 우리를 회복시키소서(8절)

시편 4편

고요한 확신

"하나님의 주권성은 밤에 하나님의 자녀가 머리를 대고 잘 수 있는, 완전한 평화를 주는 베개이다."

- 찰스 스펄전(Charles H. Spurgeon)

들어가는 글

하나님께서 자신의 영광을 위해 만물을 통치하심을 알고 그분의 주권성을 확신하며 인생을 살아가야 한다. 악인들이 득세하는 것처럼 보일 때조차 신자들은 하나님께서 하나님 자신을 위해 경건한 자들을 택하셨으며 그들을 버리지 않으신다는 것을 망각해서는 안 된다. 이것이 인생의 폭풍우 속에서도 하나님께 집중하는 모습을 보여주는 시편 4편의 중심 메시지이다.

종종 '저녁의 시편' 이라고 부르는 이 '다윗의 시' 는 고통으로 가득한 기나긴 하루를 마치면서 하나님께 드리는 신뢰의 기도였다. 많은 해석가들은 시편 3편과 4편이 한때 하나로 연결된 것이었다고 믿는다. 세 번째 시편은 이른 아침에 드리는 기도이고(3:5), 네 번째 시편은 저녁에 드리는 기도라는 것이다(4:8).

이러한 관계가 사실이라면 시편 4편의 배경은 3편과 동일하다(즉 다윗에 대한 압살롬의 반역 - 비교. 삼하 15-18장). 표제는 '영장으로' 라고 기록되어 있으며 공적 예배 때 예배 인도자에게 지시하는 말이다. 이 시편은 노래로 불리었기 때문에 오케스트라 역할을 하는 하프와 수금의 '현악기' 반주가 따라야 했다. 이 시편은 절망적인 고통의 때에 하나님에 대한 시편 기자의 확신을 표현하고 있다. 하나님께서 주권자로 통치하시기에 시편 기자는 안전히 안식할 수 있다.

본문 이해

고요한 확신

Main Idea	박해 속에서 다윗은 원수들이 회개에 이르고 그의 지지자들에게는 하나님의 은총이 허락되기를 바라며 하나님의 구원하심을 구한다.

A. 다윗의 요청(4:1)

4:1. 고통스러운 시련 속에서 다윗은 하나님께 내가 부를 때에 응답하소서라고 소리쳐 구한다. 다윗은 의로우신 하나님께서 그의 기도를 들으시도록 열정적으로 호소한다. 자신의 의로움이나 개인의 업적에 근거해서가 아니라 오직 믿음으로 그에게 주어진 하나님의 완전한 의에 근거해 하나님께 호소한다. 그는 구체적으로 곤란 중에 나를 너그럽게 하셨사오니(하소서)라고 기도한다.

곤란(distress)에 해당하는 히브리어 단어는 '답답한 장소'라는 의미이고, 너그럽게 하다(relief)에 해당하는 단어는 '탁 트인 장소'라는 의미를 갖는다. 시련에 에워싸여 사방이 막힌 시편 기자는 넓은 곳을 허락해달라고 하나님께 구한다. 그는 나를 긍휼히 여기사 나의 기도를 들으소서라고 울부짖는다. 긍휼은 받아 마땅한 일을 했기 때문이 아니라 이 시련을 이겨내야 할 필요가 있어 고난당하고 있는 이들에게 하나님께서 베푸시는 따뜻한 연민이다.

B. 다윗의 견책(4:2-3)

4:2. 다윗은 더 이상 하나님께 말하지 않고 원수들을 향해 말하며 그에게 맞서는 그들의 악한 반역을 꾸짖는다. 그는 인생들아 어느 때까지 나의 영광을 변하여 욕되게 하겠는가라고 그들을 책망한다. 다윗은 원수들에 맞서서 그들이 얼마나 더 그의 영광을 파괴하려고 힘쓸 것인지 질문하며 그들에게 도전한다. 여기서 영광은 하나님을 위해 살았던 그의 인생의 성공을 가리킨다. 다윗은 (어느 때까지) 허사를 좋아하겠는가라고 묻는다. 여기서 허사란 다윗의 리더십을 무너뜨리기 위해 그들이 했던 비방에 찬 거짓말을 가리킨다. 마찬가지로 얼마나 더 그들은 궤휼을 구하겠는가(거짓된 신을 구하겠는가)? 궤휼은 하나님에 대한 그들의 사악한 불신앙을 의미한다. 하나님의 마음의 뜻을 좇았던 다윗은 주님이 반대하시는 모든 것을 반대한다.

4:3. 다윗은 원수들에게 직접 말하고 있는 것처럼 여호와께서 자기를 위하여 경건한 자를 택하신 줄 너희가 알지어다라고 기도한다. 자신을 하나님의 선택된 종으로 여긴 다윗은 그들에게 도전한다. 그들은 왜 하나님께서 선택하신 그를 끝끝내 대적하는가? 다윗에게 반역한다는 것은 주권적으로 그를 선택해 구별하신 하나님을 대적하는 것이다. 그러므로 그는 자신의 부르짖음을 하나님께서 들어주실 것이라고 깊이 확신했다. 다윗

은 주님이 당신의 종을 기억하고 그 간구를 들으시기 때문에 자신이 안전할 것을 알고 있다.

C. 다윗의 반박(4:4-5)

4:4. 다윗은 또한 너희는 떨며(분노하며) 범죄치 말지어다라고 호소하며 그들의 마음에 변화가 일어나기를 기도한다. 또 다른 번역본은 '떨다' 라고 되어 있다(NASB). 이것은 그를 공격하는 자들이 여호와를 두려워하게 되고 이로 인해 그를 해치고자 하는 그들의 시도가 좌절되게 해달라고 하나님께 직접 호소하는 것이다. 그는 자리에 누워 심중에 말하고 잠잠할지어다라는 말을 덧붙인다. 다시 말해, 그들은 하나님으로 인해 개인적으로 다윗을 공격하는 일을 재고하게 되어야 한다. 그들이 밤에 양심에 따라 자신의 행실을 곰곰이 떠올릴 때 다윗에게 대항함이 악한 죄임을 하나님께서 보여주실 것이다.

4:5. 다윗은 계속해 적들에게 말하고 있는 것처럼 그들이 의의 제사를 드리고 여호와를 의뢰할지어다라고 하나님께 요청한다. 그들은 공허한 예배의 위선을 버리고 순수한 마음에서 우러난 올바른 제사로 하나님께 나아와야 한다. 다윗의 원수들은 그를 향한 죄악 된 반역을 중지하고 순수한 마음의 올바른 희생 제사로 하나님을 예배해야 한다. 궁극적으로 오직 하나님만이 그들의 마음에 그러한 변화를 일으킬 수 있다.

D. 다윗의 구원(4:6-8)

4:6. 다윗을 따르고 있는 무리들 중 많은 이들이 우리에게 선을 보일 자 누구뇨라고 묻고 있었다. 이 추종자들은 현재 왕위를 빼앗긴 그들의 왕이 과연 자신들을 승리의 미래로 이끌어줄지 알고 싶어 했다. 추종자들의 질문은 "다윗을 따를 때 좋은 결과를 맺을 수 있는가?" 였다. 다윗은 그들의 불확실성에 반응해 여호와여 주의 얼굴을 들어 우리에게 비취소서라고 하나님께 호소한다. 풍성한 은혜로 그에게 충성스러운 지지자들을 축복해달라고 하나님께 구하고 있는 것이다. 이러한 기도들은 유명한 아론의 축도(민 6:24-26)에서 빌려온 것으로서 하나님의 거룩한 은혜가 그들에게 풍성하게 임하게 해달라는 요구이다.

4:7. 주께서 내 마음에 두신 기쁨은 다윗이 기도한 결과였다. 기도로 환경이 변하기 전에 그가 이미 변화된 것이다. 저희의 곡식과 새 포도주의 풍성할 때보다 더 큰 기쁨을 경

험하면서 그의 불안은 확신으로 바뀌었다. 그는 농부가 풍성한 추수로 기뻐할 때보다 더 많은 기쁨을 하나님 안에서 얻었다. 이 모든 것이 하나님을 신뢰한 덕분이다.

4:8. 마지막으로 다윗은 내가 평안히 눕고 자기도 하리니라고 증언한다. 그렇게 해서 그는 나를 안전히 거하게 하시는 이는 오직 여호와시니이다라는 결론에 도달한다. 오직 하나님만이 그의 두려운 마음을 잠잠하게 하시고 순전한 기쁨(역경의 불길 속에서 갖는 고요한 만족감)을 알게 해주실 수 있다.

결론

어떤 신자도 인생의 시련과 고난을 피해갈 수 없다. 고난의 때에 우리는 반드시 하나님을 불러야 한다. 오직 그분만이 우리를 환난 속에서 건져주실 수 있다. 그러나 너무나 많은 그리스도인들이 평안과 구원을 위해 하나님을 의지하기보다 그들의 내면에 불안을 키워간다. 깊은 근심 중에 있을 때 신자들은 고통의 때에 바로 현존하시고 도움을 주시는 하나님께 기도해야 한다(시 46:1-2). 그리스도인들은 깨끗한 마음으로 하나님을 구할 때 그분이 들으시고 그분의 완전한 뜻에 따라 응답해주실 것이라는 확신을 가질 수 있다.

기도는 결코 공허한 수다가 아니다. 그것은 환난의 때에 우리의 소리를 들으실, 참되고 유일하신 하나님과 살아있고 역동적인 관계를 가질 때 흘러나온다(시 50:15). 하나님의 백성들이 주님을 의뢰함으로 필요한 위로와 위안을 얻게 되는 때는 바로 인생의 고통스러운 순간, 가중되는 압박감에 에워싸이는 순간이다. 주님은 모든 인간적인 이해를 초월하는 고요한 확신으로 그들의 마음과 영혼에 홍수처럼 흘러넘치는 초자연적인 평강을 부어주실 것이다(빌 4:7).

teaching guide

티칭 가이드

교안

A. 다윗의 요청(4:1)

1. 하나님이여, 내게 응답하소서(1a)
2. 하나님이여, 나를 자유케 해주소서(1b)

B. 다윗의 견책(4:2-3)

1. 인간들이 나를 수치스럽게 한다(2절)
2. 하나님께서 나를 인정해주신다(3절)

C. 다윗의 반박(4:4-5)

1. 마음을 살펴보라(4a, b, c)
2. 입을 닫으라(4d)
3. 네 삶을 제사로 드리라(5a)
4. 네 뜻을 복종시키라(5b)

D. 다윗의 구원(4:6-8)

1. 내게 선을 베푸소서(6절)
2. 기쁨을 채워주소서(7절)
3. 평강으로 충만하게 하소서(8절)

시편 5편

하나님으로 충만한 삶

"나에게 100명의 사람들을 달라. 그들이 성직자든 평신도든 상관없다. 다만 죄 말고는 어떤 것도 두려워하지 않고, 하나님 말고는 어떤 것도 바라지 않는 사람이어야 한다. 그러면 그리스도를 위해 이 세상을 흔들어 놓겠다."

- 존 웨슬리(John Wesley)

들어가는 글

하나님께서는 어떤 사람을 사용하시는가? 그는 오직 하나님으로 채워진 삶을 살고 하나님께 온전히 헌신된 사람이다. 하나님께서는 이러한 사람을 사용하신다. 하나님께 경외심을 갖고 하나님의 거룩함과 주권성에 삶의 초점을 맞춘 사람이다. 그는 하나님께서 사랑하시는 것을 사랑하고 하나님께서 미워하시는 것을 미워하며 그 마음이 하나님과 일치된 사람이다.

시편 5편의 저자 다윗은 하나님으로 충만한 인생과 관련해 우리에게 본을 보여준다. 이 시편을 통해 한 개인이 하나님에 대한 숭고하고 초월적인 관점의 지배를 받는 것이 어떤 의미인지 엿볼 수 있고, 그로 인해 그의 삶에 임한 하나님의 충만한 은혜를 아는 사람이 어떤 자인지 알게 된다. 다윗은 완전한 사람은 아니었지만 하나님의 마음을 구하는 열정적인 사람이었다. 개인의 탄식시인 이 시편은 하나님께서 사용하시는 사람의 뚜렷한 특징을 밝히고 있다. 많은 원수들에게 에워싸였을 때 다윗이 쓴 이 시편의 표제는 '영장으로 관악에 맞춘 노래' 라고 되어 있다. 이것은 이 특별한 시편을 회중 예배 때 피리 반주에 맞추어 불렀음을 의미한다. 여기서 다윗은 하나님께 철저히 내어맡긴 삶에 대해 오늘날 성도들에게 귀한 본을 보여준다.

본문 이해

하나님으로 충만한 삶

Main Idea	하나님께서 쓰시는 사람은 하나님에 대한 거룩한 견해를 가지고 사는 사람이다.

A. 다윗의 통회(5:1-3)

5:1-2. 다윗은 나의 왕 나의 하나님이여 나의 부르짖는 소리를 들으소서라고 간청하며 간절한 호소로 이 시편을 시작한다. 하나님의 들어주심을 간구할 때 하나님과의 관계로 인해 다윗의 마음에서 열정적인 감정과 에너지가 쏟아져 나온다. 나의 심사를 통촉하소서는 하나님에 대한 강한 헌신과 갈망을 드러낸다. 이스라엘의 기름 부음 받은 자로서 다윗은 하나님이 모든 만물의 왕이심을 이해했다.

5:3. 기도하기 위해 아침에 일찍 일어날 만큼 다윗의 마음은 간절하고 포기할 줄 몰랐다. 다윗은 하루를 시작하기 전에 하나님과 꼭 대화를 해야 했다. 그는 아침에 내가 주께 기도하고 바라리이다라고 말한다. 이른 아침에 하나님을 찾는다는 것은 적극적으로 하나님을 찾는 열정적인 마음을 보여준다. 그는 기도하면서 하나님께서 그분의 완전한 때와 뜻에 따라 그에게 응답해주실 것을 확신하고(약 1:6) 바라는 가운데 기다렸다.

B. 다윗의 확신(5:4-6)

5:4. 하나님께서 사용하시는 사람들은 모두 하나님의 거룩함에 대한 견해를 확고히 갖고 있다. 모세(출 3장), 이사야(사 6장), 베드로(눅 5장), 요한(계 1장)의 모범을 생각해 보라. 다윗의 경우도 마찬가지였다. 그는 주는 죄악을 기뻐하는 신이 아니시니라고 한다. 다윗은 하나님은 절대적으로 거룩하신 분이기에 죄를 인정하거나 묵과하거나 죄와 사귀는 것이 불가능함을 알았다. 하박국 선지자는 "주께서는 눈이 정결하시므로 악을 참아 보지 못하시며"(합 1:13, 요일 1:5)라고 단언했다.

5:5. 하나님은 절대적으로 거룩하시기 때문에 모든 죄와 죄인들을 거부하실 수밖에 없다. 다윗은 오만한 자가 주의 목전에 서지 못하리이다라고 선언한다. 문자적으로 말해, 교만한 자는 '당신의 눈앞에' 설 수 없다는 것이다. 이것은 하나님의 엄중한 눈길에 피해 지나갈 죄는 절대 없다는 의미다. 그러므로 다윗은 하나님께서 모든 행악자를 미워하신다고 말한다. 간단히 말해서, 하나님께서는 그분을 거부하는 모든 자를 거부하신다. 이것은 용납과 거부를 사랑과 증오에 대조시킨 헤브라이즘이다(비교. 눅 14:26, 롬 9:13).

5:6. 거룩하신 하나님께서는 또한 자신의 거룩함을 드러내기 위해 죄인들을 심판하실 수밖에 없다. 다윗은 대담하게 거짓말하는 자를 멸하시리이다라고 말한다. 여기서 거

짓말하는 자들이란 자신에 대해 거짓말을 하고 그분의 인격을 비방하는 원수들을 가리킨다. 그들은 마지막 심판 때에 하나님 앞에 서게 될 것이다. 하나님께서는 피 흘리기를 즐기고 속이는 사람들을 미워하시기 때문이다.

C. 다윗의 헌신(5:7-8)

5:7. 죄인들은 다윗이 했던 것처럼 하나님께 나아오려면 하나님의 용납하심을 받아야 한다. 그는 오직 나는 주의 풍성한 인자를 힘입어 주의 집에 들어가라고 했다. 이 놀라운 자비는 회개하고 믿는 죄인들을 용납하시는 하나님의 조건 없는 언약적 사랑이다. 다윗은 자신이 얼마나 무가치한 존재인지 알고 주를 경외함으로 성전을 향하여 경배하리이다라고 했다. 그는 자신이 어떤 자기 의도 주장하지 않고 오직 하나님의 은혜에 근거해 그분께 나아감을 인정했기 때문에 두려워 떨었다.

5:8. 그러고 나서 다윗은 여호와여… 주의 의로 나를 인도하시고라고 말함으로써 하나님의 뜻에 굴복하며 간구한다. 이것은 하나님의 뜻에 대한 신적인 인도하심을 구하는 기도이다. 주님은 사람들을 결코 죄악으로 인도하시지 않고 의의 길로만 인도하실 것이다. 다윗은 하나님께서 인도하시는 길이 죄의 유혹과 방해를 받지 않는 평탄하고 고른 길이 되도록 해달라고 요청한다. 주의 길을 내 목전에서 곧게 하소서.

D. 다윗의 정죄(5:9-10)

5:9. 다윗은 저의 입에 나오는 어떤 말도 신실함이 없음을 깨달았다. 그들은 진실을 왜곡함으로써 그에 대한 반역에 다른 사람들을 합류시켰고 그에 대해 파괴적이고 악의적인 거짓말을 했다. 그들의 마음이 심히 악하기 때문에 그들의 입술 또한 악했다. 예수님은 파괴적인 마음에서 파괴적인 말이 나온다고 말씀하셨다(마 12:35-37, 15:18-19). 게다가 저희 목구멍은 열린 무덤 같고 저희 혀로는 아첨한다. 경건한 자들이 종종 의를 위하여 불의한 자들의 악한 공격을 받고 고통을 당하는 일이 있다(마 5:10-12, 요 15:18-20, 골 1:24).

5:10. 다윗은 거룩한 분노를 터뜨리며 하나님이여 저희를 정죄하사 자기 꾀에 빠지게 하시고라고 소리친다. 이 기도는 단순히 이기적인 요청이 아니라 거룩한 열정 때문에 드리는 기도이다. 그는 자신이 당한 불의를 하나님께서 바로잡아주시기를 원했다. 그

래서 그 많은 허물로 인하여 저희를 쫓아내소서 저희가 주를 배역함이니이다라고 간구한다. 다윗의 마음을 움직이는 강력한 문제는 그를 괴롭히는 원수들의 반대가 아니라 하나님에 대한 그들의 반역이었다.

E. 다윗의 찬송(5:11-12)

5:11. 하나님에 대한 거룩한 생각을 가지고 있기에 다윗은 하나님께 찬양을 드렸다. 그는 모든 의인들에게 주 안에서 기뻐하라고 요청하며 이 시편을 마무리한다. 그에게는 하나님에 대한 기쁨의 감정이 넘쳐흐른다. 오직 주에게 피하는 자는 다 기뻐하며 주의 보호로 인하여 영영히 기뻐 외치며. 하나님의 거룩함을 사랑하는 마음은 인간의 죄를 미워할 것이며 따라서 즐거워하며 기쁨으로 충만할 것이다.

다윗은 자신을 지지하는 자들을 대신해 하나님께 그들을 보호해달라고 구한다. 어미 독수리가 새끼들을 보호하려고 날개를 펼치듯이 다윗은 이 고통스러운 시기에 그와 함께해온 모든 이들에게 하나님의 보호하시는 사랑을 베풀어달라고 구한다. 하나님의 이름을 사랑하는 것은 그분의 속성이 지닌 모든 풍성함을 사랑하는 것이다. 그를 진정으로 아는 사람들은 경이로움과 찬양이 넘쳐흐르는 마음으로 그를 즐거워할 것이다.

5:12. 다윗은 모든 성도들을 향한 하나님의 절대적인 선하심을 확증하며 끝을 맺는다. 여호와여 주는 의인에게 복을 주시고. 그는 시련이 아무리 고통스러워도 하나님 안에서 기뻐할 모든 이유가 있었다. 그는 하나님을 부르며 방패로 함같이 은혜로 저를 호위하시리이다라고 선언한다. 하나님의 보호하시는 돌보심이 그 백성들을 보호하실 뿐 아니라 적으로부터 안전하도록 은혜로 그들을 에워싼다는 것이다. 이 신적 축복은 경건한 자기 백성들에게 무너뜨릴 수 없는 바람막이와 같다.

결론

하나님께 쓰임을 받는 사람은 누구든지 하나님을 향한 거룩한 열정으로 불타오를 것이다. 한 개인이 자신의 무기력함과 부적절함을 느끼는 것은 바로 하나님의 위대하심에 압도당할 때이다. 이런 경험을 할 때 사람은 필사적인 긴박함과 모든 것을 내어맡김으로 하나님을 구하게 된다. 스스로의 노력으로 성공할 수 있다고 생각하는 사람은 결코 절박하게 하나님을 구하지 않을 것이다. 우리가 연약할 때 비로소 하나님의 힘이 우리 안에서 온전하게 된다.

인생의 모든 일은 하나님의 높고 거룩하신 속성의 관점에서 보아야만 한다. 환경이 우리를 짓누른다 해도 '위를 바라보는' 믿음은 언제나 승리한다. 그것이 하나님으로 충만한 삶이다.

교안

A. 다윗의 통회(5:1-3)

1. 내 탄식을 생각하소서(1절)
2. 내 부르짖음을 들으소서(2절)
3. 내 말에 귀를 기울이소서(3절)

B. 다윗의 확신(5:4-6)

1. 하나님께서는 악인을 거부하신다(4절)
2. 하나님께서는 교만한 자를 거부하신다(5절)
3. 하나님께서는 속이는 자를 거부하신다(6절)

C. 다윗의 헌신(5:7-8)

1. 내가 하나님을 두려워하리이다(7절)
2. 내가 하나님을 따르리이다(8절)

D. 다윗의 정죄(5:9-10)

1. 내 원수들은 악하니이다(9절)
2. 내 원수들은 유죄이니이다(10절)

E. 다윗의 찬송(5:11-12)

1. 경건한 자들아, 외치라(11a)
2. 경건한 자들아, 기뻐하라(11b-12절)

시편 6편

죄 고백이 지닌 승리의 능력

"우리가 지닌 가치의 큰 부분은 우리 자신의 무가치함을 인정하는 데 있다."

- 매튜 헨리(Mattew Henry)

들어가는 글

거룩함은 하나님의 중요한 속성이다. 하나님을 에워싼 천군 천사들은 "거룩하다 거룩하다 거룩하다 만군의 여호와여"(사 6:3)라고 외칠 때 이 진리를 인정하는 일에 전혀 어려움이 없다. 마찬가지로 성도의 삶에서 하나님께서 원하시는 것은 그 무엇보다도 개인의 성결이다. 하나님께서는 자기 백성들에게 "내가 거룩하니 너희도 거룩하라" 고 말씀하신다(레 11:44-45, 19:2, 20:7, 벧전 1:16). 거룩하라는 것은 성도들이 하나님의 말씀에 뿌리내린 순결하고 구별된 삶을 살아야 한다는 요구이다(시 1:1-3).

그러나 신자가 죄에 빠지면 어떻게 되는가? 그가 자신의 죄를 인정하고 고백하지 않을 때 하나님께서는 그의 거룩함을 회복시키기 위해 응징의 매를 드실 것이다(히 12:3-11). 이것은 다윗의 인생을 예리하게 통찰한 시편 6편의 메시지다. 구체적인 시기는 알 수 없지만 인생의 한때에 그는 하나님께 자신의 죄를 인정하지 않고 계속 버틴 적이 있었다. 인생에서 고백하지 않은 죄가 가져온 결과는 처참하다. '다윗의 시' 는 그의 죄에 대한 실제 고백을 기록하고 있지 않지만 그것은 알고 있어야 할 사실이다.

시편 6편은 영장을 위한 것이며 현악 스미닛(sheminith)으로 연주해야 했다. 스미닛은 시편 12편과 역대상 15장 21절에 등장한다. 이 용어는 8개의 현으로 된 악기를 가리킬 수 있다. 참회의 시편으로 분류되는 이 시편은 저자가 용서하심을 위해 하나님을 바라보는 것이다. 이것은 참회의 시편들 중 첫 시편이다(비교. 32, 38, 51, 102, 130, 143편).

본문 이해

죄 고백이 지닌 승리의 능력

Main Idea	다윗은 고백하지 않은 죄 때문에 인생에서 고통스럽고 값비싼 대가를 치렀다. 그러나 그것을 하나님께 자백함으로써 그분에 대한 새로운 확신을 얻었다.

A. 고백하지 못한 죄의 문제(6:1-7)

6:1. 다윗은 자신이 하나님의 은혜를 상실했음을 알았다. 여호와여 주의 분으로 나를 견책하지 마옵시며. 그는 자신이 하나님의 견책과 분노와 진노 아래 있음을 고통스럽게 자각하고 있었다. 그것은 사실상 그의 인생에서 고백하지 못한 죄에 대해 하나님께서 내리시는 사랑의 징계였다. 그는 하나님께서 자신을 기뻐하지 않고 계심을 알았다. 다윗은 징계를 가볍게 해달라고 하나님께 호소한다.

6:2. 다윗은 하나님의 고통스러운 징계에서 건져달라고 부르짖으며 여호와여 내가 수척하였사오니 긍휼히 여기소서라고 간절히 바란다. 그는 육체적으로 너무나 쇠약해서 에너지와 추진력과 욕망의 상실에 시달리며 기력이 쇠잔한 상태였다. 하나님께서 주시는 고통을 자신이 받아 마땅함을 알고 있기 때문에 다윗은 정의가 아니라 긍휼하심을 구한다. 그는 비참한 상태에서 자격이 없지만 하나님의 구원과 따뜻한 긍휼을 구하고 있다. 여호와여 나의 뼈가 떨리오니 나를 고치소서. 뼈라는 단어는 그의 내적인 혼란을 표현하는 시적 방식이다.

6:3. 내적인 평강을 빼앗긴 다윗은 나의 영혼도 심히 떨리나이다라고 탄식한다. 그의 전체 내면적 존재를 의미하는 영혼은 우울하고 절망하여 깊은 낙담 속에 있다. 그는 구원을 간절히 바라며 무거운 마음으로 여호와여 어느 때까지니이까라고 부르짖는다. 고통의 시간은 상당히 오랫동안 지속되었다. 어느 때까지니이까란 질문은 시편에서 16번 나타나며 항상 하나님의 위로를 구하는 지친 영혼의 고뇌를 표현하고 있다.

6:4. 한때 친밀했던 하나님과의 관계가 박탈당했음을 알고 다윗은 여호와여 돌아와

나의 영혼을 건지소서라고 기도한다. 그의 고백하지 못한 죄로 인해 하나님과의 친밀한 관계가 파괴되었다. 그는 하나님께서 그를 외면하고 얼굴을 숨기신 양 그분으로부터 소외된 느낌을 갖고 있다. 그로 인해 그는 하나님과의 달콤한 교제를 잃고 말았다.

다윗은 하나님께 시련에서 구원해달라는 기도를 하며 주의 인자하심을 인하여 나를 구원하소서라고 말한다. 이 구원은 그가 현재 받는 징계에서 하나님께서 구출해주시는 것을 가리킨다. 다윗은 하나님께서 그분의 신실하고 조건 없는 사랑에 따라 자신을 육체적이고 정서적이고 영적인 고통에서 해방시켜주시기를 바란다.

6:5. 다윗은 하나님께서 이 형벌의 시간에서 건져주시지 않으면 자신이 곧 죽을 것임을 알았다. 목숨이 끊어질 위험에 있음을 깨달은 다윗은 하나님께 변론한다. 사망 중에는 주를 기억함이 없사오니 음부에서 주께 감사할 자 누구리이까. 다시 말해서 그는 자신이 생명을 잃으면 공적인 찬양이나 봉사를 할 수 없다고 하나님께 설명하고 있는 것이다. 다윗은 죄를 계속 고백하지 않는 신자는 때 이른 죽음을 당할 수 있음을 알았다(행 5:1-11, 약 5:20, 요일 5:17).

6:6-7. 슬픔에 빠져 허우적거리는 다윗은 침상에서 이리저리 뒤척이며 불면으로 고통스러워했다. 그는 하나님께 내가 탄식함으로 곤핍하여 밤마다 눈물로 내 침상을 띄우며 내 요를 적시나이다라고 부르짖는다. 많은 눈물을 흘렸던 다윗은 내 눈이 근심을 인하여 쇠하며라고 절규한다. 눈은 퉁퉁 부어올라 잠을 자려 해도 감기지 않을 지경이었다. 밤새도록 그는 하나님의 징계의 도구인 그의 대적에 대해 생각한다.

B. 죄 고백의 능력(6:8-10)

6:8. 다윗은 그를 조롱하는 원수들을 향하며 행악하는 너희는 다 나를 떠나라고 명령한다. 갑자기 그는 사자처럼 담대해져 그의 생명을 위협했던 자들을 꾸짖는다. 왜 이런 극적인 변화가 일어났는가? 다윗은 그것을 여호와께서 그의 곡성을 들으셨기 때문이라고 설명한다. 이 곡성은 확실히 그의 죄 고백, 즉 이제 경건한 슬픔으로 하나님께 죄를 자백한 것과 관계가 있다.

하나님의 마음에 합한 사람인 다윗은 상한 마음으로 울며 용서를 구했다. 그는 자신의 죄에 대해 자책하며 용서를 받았고 새롭고 거룩한 담대함을 얻었다. 직접 거론되지는 않지만 이 죄 고백은 여호와께서 들으셨다는 표현에 명확하게 암시되어 있다.

6:9. 다윗은 하나님에 대한 깊은 내적 확신으로 여호와께서 내 간구를 들으셨음이여 여호와께서 내 기도를 받으시리로다라고 자랑한다. 다윗이 하나님 앞에서 갑자기 담대한 이유는 그가 하나님 앞에서 새롭게 의롭다 하심을 받았기 때문이다. 이것은 긍휼을 구하는 그의 부르짖음을 들으셨다는 확신에 근거한다. 그 부르짖음은 용서로 이어지는 죄 고백의 기도였다.

6:10. 상황은 완전히 바뀌었다! 다윗은 새롭게 회복된 믿음으로 내 모든 원수가 부끄러움을 당하고 심히 떪이여라고 기도한다. 이유는 무엇인가? 다윗은 자신이 죄를 고백했기 때문에 하나님께서 개입하시어 그를 대신해 원수들을 흩어버리실 것을 확신했다. 여호와께서 움직이시면 그들은 홀연히 부끄러워 물러갈 것이다. 그가 느꼈던 고통이 이제 역전되어 원수들이 패배해 도망갈 것이다. 하나님께서 다윗을 징계하기 위해 사용하셨던 이 원수들은 다윗이 죄를 고백했기 때문에 분명히 하나님으로 인해 패배하게 될 것이다.

결론

모든 건강한 신앙생활에 필수적인 것은 자신의 죄를 하나님께 고백하는 영적 훈련이다. 고백은 성령의 깨닫게 하시는 사역에 개인이 민감하게 반응하는 마음의 태도에서 출발한다. 신자의 삶에서 죄로 엉망이 된 구체적인 영역을 지적하는 것은 성령의 사역이다. 그러고 나서 일단 죄를 깨닫게 되면 신자는 하나님께 자기 죄를 자백하고 고해야 한다(요일 1:9).

죄로 인해 하나님과 그리스도인의 관계가 깨지지는 않는다. 다시 말해서 그리스도인이 죄를 지어도 그는 여전히 그리스도인이다. 하지만 깨달은 죄로 인해 하나님과의 교제가 단절된다. 성경은 우리가 죄를 알면서도 회개하지 않을 때 하나님께서 기뻐하지 않으신다고 말한다. 사랑하는 부모가 자식을 징계하듯이 그분은 회개하도록 우리를 징계하실 수 있다(히 12:5-11).

신자는 자신의 죄를 절대 축소하거나 변명하지 않고 공개적으로 고백하며 정직하게 하나님을 대해야 한다. 그리스도인은 삶 속에 고백하지 않은 죄를 오랜 시간 방치해서는 절대 안 된다(엡 4:26-27). 하나님께 꾸준히 자신의 죄를 고백하고 용서하심을 구하면서 간단한 정산을 계속해야 한다. 신자는 죄를 버리고 순종의 길을 좇아가야 한다(잠 28:13).

하나님께서는 자녀들의 죄를 기꺼이 용서해주신다. 죄를 짓는 것이 인간의 본성이듯이 회개하는 자들을 용서하시는 것은 하나님의 본성이다. 그러므로 하나님의 백성들은 죄를 고백할 때 주님의 용납하심과 용서를 통해 교제가 회복될 것을 알고 이에 대한 확신을 가져야 한다.

teaching guide

티칭 가이드

고안

A. 고백하지 못한 죄의 문제(6:1-7)

1. 거룩한 기쁨을 상실함(1절)
   a. 진노로 나를 견책하지 마소서(1a)
   b. 진노로 나를 징계하지 마소서(1b)
2. 육체적인 힘을 상실함(2절)
   a. 내 힘을 회복시키소서(2a)
   b. 내 뼈를 고치소서(2b)
3. 정서적 평강을 상실함(3절)
   a. 내 영혼이 떨리나이다(3a)
   b. 내 영혼이 조급하나이다(3b)
4. 영적 친밀감을 상실함(4절)
   a. 내게 돌아오소서(4a)
   b. 나를 구원하소서(4b)
5. 육신의 생명을 상실함(5절)
   a. 죽음에서 나를 구원하소서(5a)
   b. 죽음에서 나를 건지소서(5b)
6. 불면의 고통(6-7절)
   a. 밤새도록 신음하나이다(6a)
   b. 피곤하고 지치나이다(6b)

B. 죄 고백의 능력(6:8-10)

1. 인간들을 향한 자신감(8절)
2. 하나님을 향한 확신(9-10절)
    a. 주가 내 기도를 받으신다(9절)
    b. 주가 내 원수들을 치신다(10절)

시편 7편

정의를 구하는 마음의 기도

"여호와는 금으로 된 홀과 철로 된 매를 갖고 계신다. 금 홀에 절하지 않는 자들은 철 매에 맞아 동강날 것이다."

- 토마스 왓슨(Thomas Watson)

들어가는 글

신자들은 지은 죄가 전혀 없더라도 악한 자들의 손에 부당한 고통을 당하는 일이 종종 있다. 이렇듯 불의한 고통을 당할 때 의인들은 자신들을 대신해 승리해주시도록 하나님을 부르며, 바로잡아주시도록 그분께 문제를 내어맡겨야 한다. 시편 7편은 다윗이 경험한 그러한 시간에 대한 기록으로서 무자비한 적들의 손에 부당하게 고통을 당했던 사건과 관련된다. 격렬한 저주인 동시에 개인적인 탄식이기도 한 이 시편은 살기등등한 다윗의 적들에 대한 하나님의 진노와 심판을 구하고 있다.

하나님은 당신의 백성들이 공격을 당할 때 그들을 지켜주실 의로운 재판장이시다. 하나님께서는 경건한 자들을 박해한 악한 사람들에 대해 이 세상에서든, 마지막 심판 때에든 완전한 정의를 실행하실 것이다.

이 시편에는 격정적으로 쓰였다는 의미로 추정되는 식가욘(shiggaion)이라는 표제가 붙어 있다. 이 시편은 이스라엘 왕인 다윗이 쓴 것으로서 혼자 부르는 형식으로 하나님께 노래를 불러드린 것이다. 이 시편의 배경은 성경을 통틀어 오직 여기서만 언급된 사람인 '베냐민인 구시'의 말과 관련이 있다. 그는 아마 다윗을 죽이기 위해 파견된 사울의 심복 중 한 사람이었을 것이다. 이 불안한 시기에 다윗은 하나님의 공의에서 위로를 얻었다. 하나님께서 공의로 다윗의 원수들을 심판하실 것이기 때문이다.

본문 이해

정의를 구하는 마음의 기도

Main Idea	다윗은 박해를 당하고 공격을 당할 때 자기 삶에 죄가 있는지 점검해야 한다는 동기를 부여받았고 그 후 자신을 구해달라고 하나님을 불렀다.

A. 나를 구원하소서(7:1-2)

7:1. 고통 속에서도 다윗은 하나님을 불렀다. 여호와 내 하나님이여 주께 피하오니. 그는 자신을 하나님의 손에 맡겼다. 하나님은 그를 보호하는 요새이고 제1방어선이기 때문이다. 그는 적들이 큰 해를 가하려고 그를 위협하고 있음을 알고 나를 쫓는 모든 자에게서 나를 구하여 건지소서라고 하나님께 부르짖는다. 하나님만이 그를 구할 능력이 있었다.

7:2. 다윗은 자신의 격심한 시련을 묘사하며 저희가 사자같이 나를 찢고 뜯을까 하나이다라고 설명한다. 하나님께서 건져주시지 않으면 그는 이 공격에서 절대 구원받지 못할 것이다. '건지다' (1, 2절)는 히브리어 낫살(natsal)에서 파생했다. 이것은 임박한 위험과 불행에서 옮김을 받는다는 개념을 전달한다(낫살에 대해서 더 알고 싶다면 34편 4절의 '심층 연구' 참조).

B. 나를 살피소서(7:3-5)

7:3-4. 다윗은 자기의 마음을 점검한 후 내 손에 죄악이 있거나…라고 기도한다. 그가 여기서 거론한 죄악은 그의 원수들에게 비난받고 있는 죄를 가리킨다. 그가 혐의를 받고 있는 죄를 실제로 지었다면 이 죄악은 그의 삶에 방해가 될 오점이었다. 다윗은 계속해서 화친한 자를 악으로 갚았거나 내 대적에게 무고히 빼앗았거든이라고 말한다. 여기서 그들이 다윗의 인격을 중상모략하고 있음을 추정해볼 수 있다. 그는 무고한 사람들의 것을 훔쳤다는 거짓된 정죄를 받고 있었다.

7:5. 다윗은 그들의 인신공격 내용이 사실이라면 하나님의 징계가 그에게 임할 것이라고 생각한다. 원수로 나의 영혼을 쫓아 잡아. 그는 자신의 무흠함(sinlessness)이 아니라 자신의 무죄함(blamelessness)를 주장하며 자기를 정죄하는 자들의 주장처럼 자신이 '유죄' 가 아님을 하나님께 말씀드린다. 그들이 정죄하는 내용이 사실이라면 그 적들이 그의 생명을 짓밟고 그로 진토에서 잠들게 해도 좋다고 말한다. 다시 말해서 악의적인 비방이 사실이라면 다윗은 원수들에게 직접 공격을 받아 목숨을 빼앗겨도 괜찮았다. 그러나 그 비방은 진실이 아니라고 그는 주장한다. 그는 결백했다.

C. 내게 힘을 주소서(7:6-9)

7:6. 자신의 무죄를 확인한 다윗은 여호와여 진노로 일어나사 내 대적들의 노를 막으시며라고 호소한다. 그는 이 문제에 대해 무관심하신 듯 보이는 하나님께 자기를 지켜달라고 구한다. 그는 하나님께 악을 벌하시고 선을 지키심으로 정의를 수행해달라고 촉구하며 나를 위하여 깨소서 주께서 심판을 명하셨나이다라고 외친다.

7:7-8. 다윗은 공개적인 재판 장면을 묘사하며 민족들의 집회로 주를 두르게 하시고라고 간구한다. 이어서 하늘과 땅의 재판장께서 그 위 높은 자리에 돌아오셔서 통치하실 것을 구한다. 그는 하나님의 평결을 기꺼이 신뢰한다. 자신의 마음에 대고 말하며 하나님의 심판이 공정하고 정확할 것을 믿고 여호와께서 만민에게 심판을 행하시오니라고 확언한다. 자신의 인생에 대한 마지막 점검으로 다윗은 자신의 양심을 하나님께서 엄중히 살펴보실 것을 요구한다. 나의 의와 내게 있는 성실함을 따라 나를 판단하소서. 하나님의 판결을 무조건 수용함으로써 다윗의 마음에 대한 두 번째 점검이 시작된다.

7:9. 하나님에 대해 의로우신 하나님이 사람의 심장을 감찰하시는도다라고 한 다윗은 하나님께서 의롭게 판단하실 것을 안다. 정의에 대해 다윗은 악인의 악을 끊고 의인을 세우소서라고 말한다. 다시 말해서 악(그의 원수들)을 벌하고 선(자기 자신)을 보호하시라는 것이다. 그는 하나님께서 그의 대적들 앞에서 자신의 의로움을 확인해주실 것을 알고 있다.

D. 나를 보호하소서(7:10-17)

7:10-11. 전쟁 모티브로 이동한 다윗은 하나님을 승리의 전사로 묘사한다. 하나님께서는 다윗을 향해 빗발치듯 날아오는 거짓 정죄의 모든 강력한 창들을 빗나가게 하실 것이다. 그분은 마음이 정직한 당신의 종들을 보호하실 것이다. 이 의로우신 재판장은 법정에서 그냥 앉아 있기만 하는 것이 아니라 법정의 평결을 언도하고 계신다. 마지막 심판 때까지 기다리시지 않고 매일 분노를 표현하고 계신다.

7:12-13. 하나님께서는 이 진노를 표현하실 때 누그러지거나 심판을 돌이키지 않으실 것이며 그의 칼을 예리하게 갈고 언제라도 화전으로 활을 쏠 준비가 되어 있다. 치명적인 모든 무기들이 준비되어 하나님께서 선택하신 자의 원수들에게 겨누어져 있다. 하나님께서는 그의 원수들에 대해 항상 전쟁 상태에 계신다.

7:14-16. 다윗은 다음으로 하나님께서 죽이실 목표물인 원수에 대해 서술한다. 임신한 여인으로 묘사된 적은 죄악과 잔해를 임신했지만 이것은 자기 자신에 대한 궤휼로 이어진다. 그는 야생 짐승을 잡을 의도로 큰 구덩이를 파지만 그 웅덩이에 스스로 빠져 파멸을 자초할 뿐이다. 어떤 악한 행동을 하더라도 그 결과는 자신에게 돌아갈 것이다.

7:17. 경건한 자들을 하나님께서 강력히 보호하심에 대해 다윗은 하나님의 의가 그의 원수들을 심판하고 그의 무죄를 변호하기 때문에 하나님께 감사하기로 결심한다. 원수들이 아닌 하나님께서 그의 인생에 대한 평결을 내리실 것이다. 그러므로 다윗은 하나님을 찬양할 것이다.

다윗이 지극히 높으신 여호와라고 언급한 것에 유의하라. 이것은 히브리어로 여호와 엘리온(Jehovah Elyon)이다. 언약의 하나님이신 여호와(8편 1절의 '심층 연구' 참조)는 또한 우주를 통치하시고 다스리시는 하나님인 엘리온이다. 엘리온(지극히 높으신)이란 이름은 성경에서 36번 사용되었고 시편에서는 여기서 처음으로 사용되었다. 하나님의 이 이름은 통치하시는 분으로서 그분의 주권성을 강조한다.

결론

성도들은 종종 그리스도에 대한 신앙 때문에 동료들이나 가족, 친구들에게 부당한 비난을 당하고 심지어 공격을 받는다. 그러한 공격을 받을 때 그들은 어떻게 반응해야 하는가? 그러한 고난 속에서 그리스도인들은 유일한 안전 요새이신 하나님께 달려가야 한다. 그들은 반석이 되신 그분께 피해야 한다. 그분만이 원수들로부터 그들을 구해주실 수 있다.

비난을 당할 때 의인들은 그 비난이 사실인지 확인하기 위해 자신의 마음을 살펴보아야 한다. 비난의 내용이 타당하다면 회개해야 한다. 비난의 내용이 타당함에도 불구하고 자신을 방어하는 것은 철저히 잘못된 일이다. 하지만 그 공격이 근거가 없고 의로 인한 핍박이라면 이 문제를 하나님께 맡겨야 한다. 하나님은 당신의 백성을 대신해서 심판을 행하실 의로운 재판장이시다.

신자들은 원수들에게 보복을 해서는 안 되며 주님께 그 분노를 내어맡겨야 한다. 그리스도인의 방패와 구세주이신 하나님은 찬양받기에 합당하신 분이다. 그분은 원수의 활들을 꺾으시며 당신의 백성들을 보호하시는 분이기 때문이다.

교안

A. 나를 구원하소서(7:1-2)

1. 내 원수들로부터(1절)
2. 모든 악으로부터(2절)

B. 나를 살피소서(7:3-5)

1. 당신의 살피심을 요청하나이다(3-4절)
2. 당신의 징계를 요청하나이다(5절)

C. 내게 힘을 주소서(7:6-9)

1. 진노하심으로 일어나소서(6a)
2. 내 대적들을 치소서(6b-7절)
3. 민족들을 심문하소서(7-8절)
4. 악인들을 멸하소서(9a-b)
5. 의인들을 세우소서(9c)

D. 나를 보호하소서(7:10-17)

1. 하나님의 지키심으로(10-11절)
2. 하나님의 칼로(12a)
3. 하나님의 활로(12b)
4. 하나님의 화살로(13절)
5. 하나님의 원수들로(14-16절)
6. 하나님의 승리로(17절)

시편 8편

오직 하나님만 위대하시다

"신적 주권성은 단순히 하나님이 하나님이심을 의미한다."

- A. W. 핑크(A. W. Pink)

들어가는 글

위대한 군주

네 살에 왕위에 올라 72년간 통치한 루이 14세는 근대 유럽사에서 최장기간 집권했던 왕이다. 자신의 권력에 도취된 이 황제는 스스로를 '대군주'라고 부르며 "짐이 곧 국가다"라고 선언했다. 하지만 1715년 루이 14세는 다른 모든 통치자들과 마찬가지로 왕좌에서 내려왔고 죽음을 맞았다.

그가 지시했던 대로 그의 장례식은 대단하게 치러졌다. 황금 관에 안치된 왕에게 마지막 경의를 표하려는 애도자들로 대성당은 발 디딜 틈조차 없을 정도였다. 사망한 통치자의 위대함을 극적으로 표현하기 위해 보석으로 장식된 그의 관 위에는 오직 하나의 촛불만 타오르고 있었다. 수천 명의 사람들이 홀로 타오르는 불꽃을 응시하며 침묵 속에서 식을 기다리고 있었다.

정해진 시간이 되자 장례식 예배가 시작되었다. 국가적 장례식을 주관하는 마실론 주교가 프랑스의 성직자들을 비롯한 애도자들에게 설교를 하기 위해 일어섰다. 그리고 전 국민이 충격에 휩싸일 일을 했다. 설교단에서 허리를 굽힌 그가 루이 14세의 위대함을 상징하는 단 하나의 촛불을 꺼버렸던 것이다. 순간 침묵이 흘렀다. 그러고 나서 어둠 속에서 인상적인 세 마디 말이 울렸다. "오직 하나님만 위대하십니다!"

인간이 아무리 스스로를 부풀려 평가할지라도 진정으로 위대한 분은 오직 하나님이시다. 그분은 만물의 창조주일 뿐 아니라 만물을 붙드시는 자이고 그러므로 만물의 주권자가 되신다. 위대한 이는 인간이 아니라 하나님이므로 오직 그분만이 찬양을 받으셔야 한다. 시편 8편은 성령의 감동을 받아 다윗이 쓴 웅장한 찬송시로서 하나님 이름의 광대하심을 증언하고 있다. 모든 피조 세계에는 하나님의 위대하심과 영광이 명백하게 드러나 있다. 우주의 광대함으로부터 하나님께서 도우셔야 비로소 원수들을 이길 수 있는 인간의 연약함에 이르기까지 모든 피조 세계가 "오직 하나님만 위대하시다"라고 증언한다.

이 시편은 '영장으로 깃딧에 맞춘 노래'라는 표제로 시작하는데, 이것은 블레셋과 관련된 기타 같은 수금인 깃딧에 맞춰 부르는 찬양임을 의미한다. 이것은 이스라엘의 왕이며 이스라엘의 아름다운 시편 작사가인 다윗의 시다. 역사적 배경은 정확히 알려져 있지 않지만 이 시편은 아마 다윗이 광대한 하늘을 올려다보면서 하나님의 위대하심을 묵상하던 순간에 마음에서 우러나왔을 것이다.

놀라우신 하나님에 비추어볼 때 인간이란 무엇인가? 이 시편을 통해 하늘을 우러러보고 하나님의 영광을 묵상하는 시간을 갖기 바란다.

본문 이해

오직 하나님만 위대하시다

Main Idea	하나님의 위대하심은 그 피조물의 광대함에 나타나 있다. 연약한 인간을 사용하여 강력한 권력자를 거꾸러뜨리시고 창조 세계를 다스리시는 능력에서 그분의 위대하심이 드러난다.

A. 만물 위에 뛰어난 하나님의 영광(8:1)

Supporting Idea	하나님의 위대하심은 피조물 가운데 계시된 것보다 훨씬 더 뛰어나다.

8:1. 이 시편은 하나님의 위대하심에 대한 선언으로 시작한다. 여호와 우리 주여 주의 이름이 온 땅에 어찌 그리 아름다운지요. '아름답다'(majestic)는 단어는 하나님의 속성과 그의 말씀과 사역에 대한 찬란하고 계시된 영광을 가리킨다. 하나님의 완전한 성품이 그분이 창조한 세계의 아름다움 속에 나타나 있다. 다윗은 그분의 손으로 하신 일들을 보며 주의 영광을 하늘 위에 두셨나이다라고 선언한다. 하나님의 속성으로서 위대함의 광채를 발하는 그분의 영광은 창조 세계에 한정될 수 없다. 그 영광은 피조 세계의

하늘을 능가한다. 하늘과 땅은 그분의 뛰어나심을 오직 부분적으로밖에 나타낼 수 없다. 창조주는 그분 자신이 창조한 피조물보다 훨씬 더 뛰어난 분이시기 때문이다.

B. 만물 위에 뛰어난 하나님의 능력(8:2)

Supporting Idea	위대하신 하나님께서는 인간의 연약함을 사용하여 대적을 무너뜨리신다.

8:2. 다윗은 계속해 자기의 원수들을 멸하기 위해 인간의 연약함을 사용하신 하나님의 선택을 강조한다. 주의 대적을 인하여 어린아이와 젖먹이의 입으로 말미암아 권능을 세우심이여 이는 원수와 보수자로 잠잠케 하려 하심이니이다. 이것은 하나님께서 강력한 세력을 무너뜨리기 위해 연약한 자들을 사용하심을 의미한다. 이를 통해 하나님의 위대함이 더욱 더 드러나고 있다. 그분의 능력은 인간 중에서도 가장 연약한 자들에게 힘을 주어 원수들 중 가장 강한 자들을 무너뜨리기에 충분하다.

C. 만물에 대한 하나님의 주권성(8:3-8)

Supporting Idea	하나님의 위대하심은 창조 세계에 대한 그분의 주권적 통치에 드러나 있다. 이는 그분이 인간을 대리자로 삼아 세상을 통치할 권한을 위임하셨기 때문이다.

8:3-4. 다윗은 하나님께서 창조하신 세계의 장엄함과 비교할 때 인간의 지위가 하찮게 보인다고 생각한다. 주의 손가락으로 만드신 주의 하늘과 주의 베풀어 두신 달과 별들을 내가 보오니. 하나님께서 우주를 창조하시는 일은 상대적으로 쉬운 일인 하나님의 손가락으로 하신 일일 뿐이라고 이해하는 것이다.

이것에 비추어볼 때 사람이 무엇이관대 주께서 저를 생각하신단 말인가? 하나님과 비교할 때 인간은 우주에서 보잘것없는 작고 연약한 피조물이다. 하지만 하나님께서는 인간을 생각하시고 인간을 권고하신다. 이 창조의 하나님께서는 또한 권고하시는(돌보시는) 하나님이신 것이다. 하나님의 위대하심은 그분과 비교할 때 너무나 미약한 존재인 인간들을 향한 사랑의 관심에서 드러난다. 다윗은 무한하신 하나님과 비교할 때 유한한 인간은 아무것도 아닌 존재라고 말한다.

8:5. 하나님께서 비천한 인간에게 부여하신 고귀한 존엄성을 곰곰이 생각하던 다윗은 저를 천사보다 조금 못하게 하시고 영화와 존귀로 관을 씌우셨나이다라고 경탄한다. 이 선언은 인간의 위대성에 대한 증언이 아니라 하나님을 영화롭게 하기 위한 증언이다(비교. 1, 9절). 시편 기자는 우주의 주권자 되신 창조주께서 인간처럼 하찮은 존재들에게 그러한 관계적 의미를 부여하신 것에 놀라움을 금치 못한다.

8:6-8. 인간이 피조물에 대한 통치권을 부여받았기 때문에 다윗은 계속해서 주의 손으로 만드신 것을 다스리게 하시고 만물을 그 발아래 두셨으니라고 말한다. 하나님의 위대하심은 그분이 창조하신 세계를 인간에게 그토록 철저히 위임하셨다는 사실에서 드러난다. 오직 높으신 하나님만이 그토록 비천한 자들을 그토록 높은 지위(창조 세계에 대한 지배권)로 높이실 수 있다. 다윗은 인간이 위임받은 통치의 성격을 포괄적으로 묘사하면서 인간이 통치하는 영역 중 일부를 상세히 열거한다. 모든 우양과 들짐승이며 공중의 새와 바다의 어족과 해로에 다니는 것이니이다. 풀을 뜯어먹는 가축에서 육식 동물과 물고기에 이르기까지 모든 살아있는 생물들이 인간의 통치 아래 있다.

D. 만물에 대한 하나님의 뛰어나심(8:9)

Supporting Idea	하나님의 위대하심은 온 땅에서 분명하게 드러나 있다.

8:9. 다윗은 자신이 한 모든 말을 요약하면서 하나님의 위대하심을 선언함으로써 시작할 때의 내용으로 글을 마무리한다(비교. 1절). 여호와 우리 주여 주의 이름이 온 땅에 어찌 그리 아름다운지요. 시작할 때와 마찬가지로 여호와의 위엄을 찬송하며 마무리하는 것이다. 찬양을 받을 이는 인간이 아니라 하나님이시다. 하나님만이 위대하시고 영광이 가득하시며 우리의 찬양을 받으실 수 있다.

Main Idea 복습	하나님의 위대하심은 그 피조물의 광대함에 나타나 있다. 연약한 인간을 사용하여 강력한 권력자를 거꾸러뜨리시고 창조 세계를 다스리시는 능력에서 그분의 위대하심이 드러난다.

결론

인간은 어떤 존재인가?

오래 전 하바드대학 캠퍼스에서 에머슨 홀이 건축 중에 있을 때였다. 건축가의 계획에 따라 정문 입구 위의 대리석에 글자를 새겨 넣기로 되어 있었다. 철학과 교수들은 심사숙고 끝에 "인간은 만물의 척도이다"라는 말을 새겨 넣기로 결정했다.

하지만 그러한 인간 중심적인 세계관은 총장의 인가를 받지 못했다. 교수들은 여름휴가를 마치고 돌아와 건물이 완공된 것을 보았지만 그 대리석에는 완전히 다른 철학이 새겨져 있었다. "사람이 무엇이관대 주께서 저를 생각하시나이까"(시 8:4). 아무리 스스로를 부풀려 평가한다 하더라도 인간은 타락하고 유한한 존재일 뿐이다. 하나님만이 만물의 주로서 위대하다는 인정을 받으셔야 한다. 모든 사람들은 겸손한 마음으로 위대하신 하나님 앞에 엎드려야 한다.

삶의 적용

하나님께 영광과 존귀를

시편 8편은 예배에 대한 강력한 부르심이다. 이 부르심, 즉 하나님께 영광을 돌려드리는 것은 모든 신자의 궁극적 우선순위다. 이 시편이 하나님에 대한 찬양으로 시작되고 끝나는 것처럼(1, 9절), 모든 신자의 생각과 말은, 아니 모든 사람의 생각과 말은 하나님에 대한 찬양으로 가득해야 한다. 하나님은 만물의 주이시므로 개인적이고 열정적인 찬양으로 그분의 뛰어나심을 공적으로, 사적으로 선언해야 한다. 그 무엇과도 비교할 수 없는 하나님의 위대하심을 깨달을 때 신자의 마음속에 전심을 다한 경배가 흘러나올 것이다.

하나님의 주권을 올바로 이해하면 인생의 모든 영역에서 삶의 태도가 달라지지 않을 수 없다. 통속적인 생각과는 반대로 인간은 우주의 중심이 아니다. 하나님이 우주의 중심이시다. 그러므로 모든 성도들은 날마다 매 순간마다 하나님께 영광과 존귀를 돌려드리기 위해 애쓰며 그분의 위대하심 아래에서 살아야 한다. 인간의 연약함이 그분의 능력을 받아 충만해져 그분의 손으로 지으신 것들을 통치할 수 있게 될 때 하나님께서 영광을 받으신다. 하나님께서 행하라고 부르신 모든 일에 있어서 하나님의 백성들은 그 일들을 추진하기 위해선 신적 능력이 필요한 어린아이들에 불과하다. 주를 떠나서 영원히 지속될 일을 행할 능력이 그들에게는 전혀 없다(요 15:5).

모든 삶에는 하나님께서 정해주신 이유가 있다. 신자는 하나님의 영광을 인해 그분의 뛰어난 능력으로 이 고귀한 부르심을 이행할 수 있게 된다.

기도

하나님, 오직 당신만이 찬양을 받기에 합당하신 분입니다. 믿음의 눈으로 모든 곳에서 당신의 위엄을 봅니다. 하늘의 높은 곳에서 땅의 깊은 곳에 이르기까지 모든 사람이 볼 수 있도록 당신의 창조의 능력과 무한한 지혜가 드러나 있습니다. 우리의 연약함 속에서 당신의 힘이 완전해지고 이로 인해 우리는 당신의 위대함을 보게 됩니다. 당신은 질투하는 하나님이시며 그 누구와도 영광을 나누지 않는 분이십니다. 그런데 영광으로 우리에게 관 씌워주시기로 선택하시니 당신께 더 큰 영광을 돌려드립니다. 목소리 높여 당신의 뛰어난 이름을 선포합니다. 예수님의 이름으로 기도합니다. 아멘.

심층 연구

A. 여호와(8:1)

이 단어(히. jehovah)는 하나님의 이름을 "영화롭고 두려운 이름"(신 28:58)으로 알고 있던 이스라엘에게 주어진 하나님의 개인적인 고유 명사이다. 네 개의 히브리어 자음 '테트라그라마톤'(tetragrammaton, 야훼의 4자음 문자, YHWH)에서 파생된 여호와(yehovah)는 히브리어 성경에서 5,321번 사용되었고 성경에서 가장 자주 사용된 하나님의 이름이다. 하나님은 너무나 거룩하시어 여호와란 이름을 큰소리로 입에 담는 것도 금지되었다. 대신 아도나이(adonai)의 모음 부호를 삽입하여 성경 독자는 여호와 대신 아도나이로 말해야 했다. 여호와의 뜻과 관련된 논쟁이 있지만 하나님의 자존성(self-existence)을 가리킨다는 추론이 안전하다. 고대 히브리인들은 이 단어를 하나님께서 불타는 떨기나무에서 모세에게 지시하셨던 것처럼 '존재하다'라는 의미를 지닌 하바(hava)와 연결시켰다. "하나님이 모세에게 이르시되 나는 스스로 있는 자니라"(출 3:14). 이 용례에서 하나님의 이름은 하나님의 영원성, 자율성, 독립성, 불변성을 암시한다.

하나님의 이 이름은 종종 이스라엘과 하나님의 언약과 관련해 사용되었다(창 15:18, 출 3:15, 6:2, 4-5, 신 7:9, 왕하 17:34-35, 사 26:4). 또한 하나님과 하나님 백성의 개인적 관계와 친밀성을 의미하기도 했다. "너희로 내 백성을 삼고 나는 너희 하나님이 되리니"(출 6:7, 비교. 호 1:9). 이스라엘의 예배가 지향해야 할 대상이 바로 이 이름이었다(신 4:32-37, 32:9, 암 3:2).

B. 주(8:1)

2편 4절의 '심층 연구' 참조.

C. 아름다운지요(8:1, 9)

이 단어(히. 아디르, addir)는 '탁월한, 영광스러운, 유명한, 강력한, 넓은, 위대한, 높은, 고귀한, 화려한, 웅장한' 과 같이 여러 가지로 번역된 형용사이다. 어떤 구절에서는 귀족들과 방백들을 가리켜 사용된다(삿 5:13, 대하 23:20, 느 3:5, 10:29, 렘 14:3). 때로 이 경우처럼 하나님의 탁월성을 묘사하는 데 사용되기도 한다(비교. 시 76:4, 93:4, 사 33:21).

D. 인자(8:4)

'인자' (히. 벤아담, ben 'adam)라는 칭호는 인간의 연약성과 유한성과 약점을 강조하기 위해 시편의 저자가 의도적으로 선택한 단어이다. '벤' 은 히브리어 성경에서 거의 5천 번 정도 사용되었고 인간의 남자 후손을 가리킨다. 때로는 자녀들, 후손들, 먼 후손들과 아들을 가리키는 관용어로 사용되기도 한다. '인간' (아담, adam)은 인류를 가리키기 위해 히브리어 성경 전체에서 5천 번 이상 사용되었지만 또한 개개인을 가리켜 사용되기도 한다.

'인자' 는 인간의 연약성을 의도적으로 강조한 시적 표현이다(민 23:19, 욥 25:6, 35:8). 이 용어는 때로 고유 명사처럼 사용되기도 했다. 에스겔은 자신을 가리킬 때 93번이나 '인자' 라는 표현을 사용했다. 이것은 무한하신 하나님과 비교해 선지자 자신의 유한함을 의미하기 위한 것이었다. 이 호칭은 종종 오실 메시아를 가리켜 사용되었다(단 7:13, 아람어로). 예수님은 사복음서 전체에서 자신을 가리켜 이 표현을 사용하셨다.

E. 천사(8:5)

여기서 천사를 가리키는 것처럼 번역되기는 했지만 '천사' (천상의 존재, 히. 엘로힘, elohim)라는 용어는 또한 다른 많은 구절에서 하나님을 가리켜 사용되고 있다(창 1:1). 이 문맥에서 주된 의미는 아마 인간이 "하나님보다 낮은" (NASB) 존재로 만들어졌다는 뜻일 것이다. '천상의 존재' 대신 '하나님' 으로 표기한 NIV의 각주를 따르는 것이 낫다.

고안

A. 만물 위에 뛰어난 하나님의 영광(8:1)

1. 온 땅에서(1a)
2. 모든 하늘 위에서(1b)

B. 만물 위에 뛰어난 하나님의 능력(8:2)

1. 인간의 연약함 속에서(2a)
    - a. 어린아이들이 말함(2a)
    - b. 젖먹이들이 노래함(2a)
2. 인간의 악함보다(2b)
    - a. 대적들을 잠잠케 하심(2b)
    - b. 보수자들을 잠잠케 하심(2b)

C. 만물에 대한 하나님의 주권성(8:3-8)

1. 우주를 만드심(3절)
    - a. 행성들을 만드심(3a)
    - b. 행성들을 제 위치에 두심(3b)
2. 모든 인간을 만드심(4-8절)
    - a. 인간을 돌보심(4절)
    - b. 인간에게 관을 씌우심(5절)
    - c. 인간에게 만물을 다스리도록 위임하심(6-8절)
        - (1) 모든 우양들(7a)
        - (2) 짐승들(7b)
        - (3) 새들(8a)
        - (4) 물고기들(8b)

D. 만물에 대한 하나님의 뛰어나심(8:9)

1. 뛰어난 그분의 이름(9a)
2. 온 땅에 있는 그분의 위엄(9b)

토의 질문

1. 내 마음이 하나님을 더 지속적으로 찬양할 수 있는 방법은 무엇인가?

2. 내 연약함을 통해 하나님의 능력이 완전해지기 위해서 내가 따라야 할 조치들은 무엇인가?

3. 하나님을 섬기기 위해서 하나님께서 내게 요구하시는 일은 무엇인가?

4. 내가 하나님을 따르는 데 방해가 되는 것은 무엇인가?

시편 9편

마지막 판결을 기다리다

"부활과 심판은 누가 구원 얻은 자이고 잃어버림을 당한 자인지 온 세상 앞에서 증명해 보일 것이다. 우리는 기다릴 수 있다!"

- A. W. 토저(A. W. Tozer)

들어가는 글

죄로 얼룩지고 폭력과 악이 가득한 세상에서 신자들은 종종 불의로 인해 낙심하고 희망이 꺾인다. 믿음 안에서 강하기 위해서는 악이 아무리 득세하고 판친다 하더라도 하나님의 마지막 심판의 때가 반드시 온다는 것을 깨달아야 한다. 시편 9편은 이 사실에 대한 극적인 선언이다. 마지막 날 하나님께서는 모든 불신자들을 주관하시고 불의한 자들에게 영원한 진노를 내리실 것이다. 장차 올 이 시간에 비추어 신자들은 하나님께서 결국 심판하실 것을 알고 하나님께 초점을 맞추고 살아야 한다. 특별히 박해받을 때에 더욱 그러하다.

표제에 의하면 시편 9편은 '영장으로'(음악의 지휘자용으로) 전달되며, 영장이 '아들의 죽음의 곡조에 맞추어' 이 노래를 인도하도록 지시하고 있다. 저작권에 대해 말하자면 이 시편은 '다윗의 시'다. 이것은 원래 시편 10편과 연결되어 하나의 찬송을 이루었을 것이라고 추정된다. 이 두 시편이 하나의 시였다고 생각하는 이유는 여러 가지다.

첫째, 고대 헬라어 구약 역본인 70인역은 이 두 시편을 하나의 시편으로 다루었다. 둘째, 아크로스틱 구조상 두 시편은 하나의 시편으로 연결된다. 시편 9편의 절들은 히브리어 알파벳의 첫 11개 글자로 시작되는 반면(달렛[daleth]의 'D'는 생략됨), 10편의 절들은 히브리어 알파벳의 후반 글자들로 시작된다(세 글자는 생략되고 두 개는 순서가 바뀌어 있다). 셋째, 시편 10편은 표제가 생략되어 있다. 이것은 3편에서 32편에 이르는 시편 중 표제가 생략된 유일한 시편으로 이것이 이전 시편과 원래 하나의 노래를 이루고 있었을 가능성을 강하게 시사한다.

본문 이해

마지막 판결을 기다리다

Main Idea	다윗은 하나님께서 경건치 않은 민족들은 심판하시지만 그분을 믿는 자들은 구원하시며 모든 나라들을 통치하시기 때문에 그분 안에서 기뻐한다.

A. 다윗의 찬양(9:1-2)

9:1-2. 다윗은 하나님의 위대하심을 찬양할 것이라고 네 번이나 선언함으로써 이 시편을 강한 어조로 표현하고 있다. 그는 내가 전심으로 여호와께 감사하오며 주의 모든 기사를 전하리이다라고 결심한다. 이러한 기사는 당신의 백성들에 대한 구원의 행위로 역사에 개입하신 하나님의 놀라운 역사를 가리킨다. 강도를 높여 그는 내가 주를 기뻐하고 즐거워하며라고 외친다. 다윗은 모든 참된 기쁨은 하나님 안에서 찾을 수 있다고 말한다. 다윗은 하나님을 지극히 높으신(히. Elyon) 분이라고 부른다. 이 이름을 통해 하나님이 모든 만물 위에 뛰어나신 분이고 주권자로서 통치하시며 하늘 보좌에 앉으시어 기사를 행하시는 분임을 알 수 있다.

B. 다윗의 선포(9:3-12)

9:3-6. 이스라엘이 적대적인 민족들에게 공격당할 때 다윗 왕은 내 원수들이 물러갈 때에 주의 앞에서 넘어져 망함이니이다라는 것을 알게 되었다. 하나님께서 개입하시면 그의 적들이 전쟁에서 패배한다.

그러한 전쟁의 승리에 대해 다윗은 하나님께 영광을 돌리며 신적 승리의 이날을 5중적으로 묘사한다. 하나님께서는 (1) 나의 의와 송사를 변호하셨으며 혹은 다윗의 싸움을 도우셨고 (2) 열방을 책하시고 혹은 그들을 대적하시고 책망하셨으며 (3) 악인을 멸하시며(그들의 전적인 패배를 가리킴) (4) 저희 이름을 영영히 도말하셨고(그들이 영원히 패망하여 다시는 기억되지 않는다는 의미임) (5) 성읍들을 무너뜨리셨다(성읍들이 철저히 파괴되어 재건될 가능성이 전혀 없음을 가리킴).

9:7-8. 다윗은 하나님의 주권성을 재확인하며 여호와께서 영영히 앉으심이여, 다시 말해서 다른 통치자에게 공격당하고 강탈당할 일이 결코 없을 것이라고 말한다. 그러므로 최후의 심판 때 모든 열국들이 그 앞에 서서 완전한 응보를 받을 때 그분은 공의로 세계를 심판하실 것이다. 그 두려운 날에 불신자들에게 어떤 자비도 허용되지 않을 것이며 오직 돌이킬 수 없는 심판만 있을 것이다(행 17:31).

9:9-10. 그러나 그와 반대로 여호와는 압제를 당하는 자의 산성이시요 환난 때의 산성이시라는 사실을 다윗은 증언한다. 하나님은 피난처인 동시에 산성이시다(동일한 히브리어는 '미스갑', misgob). 산성이란 산꼭대기와 같이 높은 장소로서 안전한 보호와 확실한 방어를 제공하기 때문에 적에게서 안전한 곳을 가리킨다. 주의 이름을 아는 자라는 구절은 하나님과 개인적이고 친밀한 관계를 누리는 자들을 가리킨다. 그들은 오직 하나님만 의지하는 자들이다.

9:11-12. 하나님을 친밀하게 아는 자들은 여호와를 찬송하라고 다윗은 청한다. 당신의 백성들을 해악에서 구원하시며 그들을 대신해 개입하시는 하나님을 목소리 높여 찬양하며 경배해야 한다. 그들의 찬양이 열정적이어야 하므로 다윗은 하나님의 백성들에게 그 행사를 백성 중에 선포하라고 요청한다. 열국의 믿지 않는 백성들도 하나님의 위대하심에 대한 이 찬양을 듣고 구원에 이르도록 해야 한다. 하나님께서는 이 경건치 않은 민족들로 인해 당신의 백성들이 흘린 무고한 피를 갚아주신다. 그분은 당신을 믿는 가난한 자의 부르짖음을 잊지 아니하신다. 그분은 의로운 자들을 악에서 건져주신다.

C. 다윗의 간구(9:13-18)

9:13-14. 다윗은 하나님께 직접 호소하며 격정적으로 부르짖는다. 여호와여… 미워하는 자에게 받는 나의 곤고를 보소서. 그는 자신을 핍박하는 수많은 적들에게 자신이 에워싸여 있음을 본다. 그래서 그는 하나님께 나를 긍휼히 여기소서 나를 사망의 문에서 일으키시는 주여라고 외친다. 그는 생명이 위협당하는 위험에 처한 채 사망의 문가에 서 있다(비교. 욥 17:16, 38:17). 그는 자신을 구해줄 하나님이 필사적으로 필요하다. 하나님의 구원을 구하는 긴박한 호소는 다윗이 주의 찬송을 다 전하고 딸 같은 시온의 문에서 주의 구원을 기뻐할 수 있게 하기 위해서다. 그는 하나님께서 그를 이러한 압제 국가들

에게서 건져주시면 예루살렘 그 성민들 앞에서 하나님께 공개적인 찬양을 드릴 수 있다고 생각한다.

9:15-18. 악인의 최후와 경건한 자들의 최후를 대조한 다윗은 열방은 자기가 판 웅덩이에 빠짐이여라고 선언한다. 짐승을 잡기 위해 함정을 판 사냥꾼처럼 그들은 자신이 고안한 악한 꾀에 먹이가 되었다. 그들은 그 숨긴 그물에 자기 발이 걸리고 그 손으로 행한 일에 스스로 얽힌 것처럼 스스로 파멸하고 있다. 악인이 음부로 돌아가는 것이 확실하듯이 하나님 없이 죽는 그들의 운명은 확실하다. 패배할 이 엄청난 무리들은 바로 하나님을 잊어버린 모든 열방을 말한다.

반대로, 궁핍한 자들은 자신을 의지하지 않고 하나님을 의지한다. 하나님께서 그들을 기억하실 것이다. 이 궁핍한 자들은 하나님께 버림을 당한 것처럼 보일 수도 있지만 결코 잊혀진 게 아니다. 영원한 생명에 대한 그들의 소망이 하나님 안에 뿌리내렸기 때문에 그들은 결코 멸망치 않을 것이다.

D. 다윗의 열망(9:19-20)

9:19-20. 격정적인 시편의 절정에 도달한 다윗은 여호와여 일어나사 인생으로 승리를 얻지 못하게 하시며라고 간구한다. 그는 하나님께서 일어나셔서 악인들이 승리하기 전에 그를 구원해주시기를 구한다. 그는 하나님을 잊은 그 민족들이 주의 목전에서 심판을 받게 해달라고 구한다. 하나님의 무서운 심판의 손으로 저희를 두렵게 하시고 열방으로 자기는 인생뿐인 줄, 연약하고 무방비 상태인 줄, 전능하신 하나님을 대적할 수 없는 존재인 줄 알게 하소서라고 간구한다.

결론

신자들은 경건치 않은 자들에게 박해를 당할 때 하나님께서 그들의 구원이 되시고 원수들을 물리쳐주실 것임을 알아야 한다. 때로 그 보응은 이 세상에서 이루어질 것이다.

하지만 때로 그 진노는 마지막 심판 때까지 보류될 수도 있다. 지금이든, 나중이든 하나님께서는 당신의 백성들이 원수들의 손에서 당하는 모든 불의를 바로잡아주실 것이다. 그러므로 신자들은 공격을 당할 때 하나님이 그들의 산성이심을 믿으며 그분의 이름을 불러야 한다.

의인들은 절대 개인적인 복수를 해서는 안 된다. 대신 전쟁은 하나님께 속한 것임을 기억해야 한다(대하 20:15). 환란을 당할 때에 그들은 하나님의 전능하신 손 아래 자신을 겸손히 낮추어야 한다. 오직 그분만이 그분의 영원하신 뜻을 따라 일하신다(엡 1:11). 하나님의 모든 백성들은 그분 앞에 엎드려 절하며 절대 육신의 팔을 의지하지 말고 주를 의지해야 한다. 오직 그분만이 주권적 계획과 영원한 뜻이 좌절될 수 없는 난공불락의 도피처가 되신다.

티칭 가이드

교안

A. 다윗의 찬양(9:1-2)

1. 하나님의 놀라운 능력을 찬양함(1절)
2. 하나님의 영광스러운 위격을 찬양함(2절)

B. 다윗의 선포(9:3-12)

1. 하나님께서 그의 원수들을 치신다(3-6절)
    a. 나의 송사를 변호하신다(3-4절)
    b. 나의 원수들을 물리치신다(5-6절)
2. 하나님께서 세상을 다스리신다(7-8절)
    a. 영원히 통치하신다(7a)
    b. 의로 심판하신다(7b-8절)
3. 하나님께서 압제당하는 자들을 지키신다(9-10절)
    a. 항상 그들을 보호하신다(9절)
    b. 결코 그들을 버리지 않으신다(10절)
4. 하나님은 찬양받기에 합당하시다(11-12절)
    a. 그분의 속성으로 인해(11a)
    b. 그분이 행하신 일로 인해(11b-12절)

C. 다윗의 간구(9:13-18)

1. 하나님의 구원하심을 위해(13-14절)
    a. 나의 곤고함을 보소서(13a)

b. 나의 생명을 구원하소서(13b-14절)

2. 하나님의 심판을 위해(15-18절)

a. 열방을 심판하소서(15-17절)

b. 궁핍한 자들을 기억하소서(18절)

D. 다윗의 열망(19-20절)

1. 여호와여 일어나소서(19절)

2. 여호와여 치소서(20절)

시편 10편

하나님의 필연적인 승리

"하나님께서는 인간과 사탄의 반대에도 불구하고 오히려 그들을 이용해 그분의 영원한 목적을 이루고 계신다."

- A. W. 핑크(A. W. Pink)

들어가는 글

그리스도의 대의가 종종 비틀거리고 좌절되는 것처럼 보인다. 하지만 하나님의 나라는 승리하는 가운데 전진하고 있고 이것은 필연적인 일이다. 죄와 불의가 일시적으로 득세하고 하나님께서 이러한 불의에 무관심하신 것처럼 보일 수도 있다. 하지만 그러한 일시적 패배를 결코 하나님의 궁극적 패배로 해석해서는 안 된다. 하나님께서는 모든 것의 결국을 결정하신다. 그분의 영원한 나라는 실패할 수 없다. 반드시 승리해야 한다!

시편 10편에서 다윗은 많은 불의를 바라보고 있고 죄악 된 인류에 대해 하나님께서 무관심하신 것처럼 보이는 현실을 보고 있다. 죄가 득세함으로 인해 다윗은 무기력한 낙심과 절망에 빠졌다. 그러나 초점을 세상에서 영원한 것으로 옮기자 그의 불안은 확신으로, 혼란은 믿음으로, 당혹스러움은 찬양으로 변한다. 이 시편에는 아무런 표제가 없다. 그것은 이 시편이 원래 시편 9편과 한 시편을 이루었기 때문일 것이다. 그렇다면 시편 9편의 제목이 시편 10편에 그대로 적용되므로 다윗이 저자임을 알 수 있다.

본문 이해

하나님의 필연적인 승리

Main Idea	다윗은 만연한 악의 도전을 받자 무고한 자들을 보호하고 악인들을 심판해달라고 하나님께 부르짖으며, 하나님께서 결국 모든 잘못을 바로잡으실 것을 찬양한다.

A. 다윗의 혼란(10:1-11)

10:1. 온통 악인들이 승리하자 다윗은 심각한 혼란에 빠져서 여호와여 어찌하여 멀리

서시냐고 질문한다. 만연한 악을 보시고도(2-11절) 하나님께서는 무관심하신 채 멀리 물러서 계신 것처럼 보인다. 어찌하여 환난 때에 숨으시나이까. 게다가 더 심각한 것은 신자들이 환난을 당하고 있음에도 하나님께서 숨어 계시는 것 같다는 사실이다.

10:2-4. 시편의 저자는 악인들의 자기중심적인 교만 때문에 고통을 받는다. 악한 자가 교만하여 가련한 자를 심히 군박하오니. 거만한 사냥꾼이 사냥감을 향해 접근하는 것처럼 묘사된 악인들은 교만함에 도취되어 스포츠처럼 의인들을 해치는 일을 즐긴다. 악인은 의인들을 잡을 덫을 설치하다가 자신이 만든 꾀에 빠진 자신, 자신의 줄에 매달린 자신을 보게 된다. 그는 교만하게 그 마음의 소욕을 자랑하며 자신의 악한 욕망을 자랑하며 떠벌린다. 그의 마음은 철저히 왜곡되고 도착되어 있어서 탐욕이 가득한 자들을 축복하고 하나님을 모욕하는 지경에 있다.

나아가 악인들의 마음은 너무나 절망적일 정도로 부패해 있기 때문에 하나님을 찾지 않는다. 그 모든 사상(그의 생각의 총체를 의미함)에 하나님이 계실 곳이 전혀 없다. 그의 생각은 철저히 악하며 모든 신적 시각과 절대적 진리가 결여되어 있다.

10:5-6. 인간적인 관점에서 볼 때 이 딜레마에 대한 심각한 혼란은 악인들의 길이 언제든지 견고하다는 것이다. 의인들은 악인들의 계략에 파멸당하고 있는 반면, 악인들은 하나님의 축복을 누리고 있는 것처럼 보인다. 악한 사람은 겸손하지 않고 교만하다. 그래서 주의 심판은 높다(주의 율법은 그에게서 멀다). 그의 인생에서 진실과 순종은 조금도 찾아볼 수 없다. 죄악 된 자기 확신으로 가득하고 철저히 자기기만적인 그는 스스로에게 나는 요동치 아니하며 대대로 환난을 당치 아니하리라고 말한다. 악인은 자기 안전감과 자기 충족감을 해칠 것은 전혀 없다고 생각한다. 하지만 그것은 전혀 진실이 아니다. 그는 다만 자신이 참된 지식을 전혀 갖고 있지 않음을 깨닫지 못하고 있다(비교. 요 9:39-40).

10:7. 악한 마음에서 토해낸 말은 저주와 궤휼과 포학이 충만한 사악한 말이다. 혀의 세 가지 파괴적인 무기는 다음과 같다. 사람들에게 악한 세력이 임하기를 구하는 말인 저주, 거짓된 증언과 비방을 의미하는 궤휼(거짓말), 포학 혹은 다른 사람들에게 위협적인 협박이다.

10:8-11. 악인들이 다른 사람들을 해치고 싶은 충동으로 향촌 유벽한 곳에 앉으며 그 은밀한 곳에서 무죄한 자를 죽이며 그 눈은 외로운 자를 엿보나이다라고 다윗은 외친다.

악인은 어둠 속에 숨어 기다리며 사람들을 덮칠 기회를 노린다. 먹이에게 다가가는 짐승처럼 악인은 사자가 그 굴혈에 엎드림같이 은밀한 곳에 엎드려 가련한 자를 잡으려고 기다린다. 교활한 사냥꾼이나 숙련된 어부처럼 그는 무기력한 자를 잡아 그물 속에 넣어 끌고 간다.

하나님의 보호를 받지 못한 희생자들은 짓밟히고 그 강포로 인하여 넘어진다. 하나님께서 그들을 구해주시지 않기 때문에 악인들은 하나님이 잊으셨고 그 얼굴을 가리우셨으니 영원히 보지 아니하시리라는 잘못된 결론을 내린다. 그러나 그들의 생각과 달리 하나님께서는 이를 보고 계시며 기억하신다. 악인들은 그것을 알게 될 것이다.

B. 다윗의 간구(10:12-15)

10:12-13. 시편 기자는 간절한 호소로, 악인을 치시기 위해 여호와여 일어나옵소서 하나님이여 손을 드옵소서라고 외친다. 이것은 와서 악인들과 싸우라고 하나님을 부르는 외침이다(민 10:35). 그는 가난한 자를 잊지 마옵시고 그들의 절망적인 고통을 기억하시라고 호소한다. 하나님에 대한 도덕적 반역이 철저히 미친 짓임을 깨달은 그는 어찌하여 악인이 하나님을 멸시할까라고 생각한다. 이해할 만한 합당한 이유가 전혀 없이 악인은 하나님을 모독하는 행위를 버리지 않는다. 얼마나 어리석은 일인가? 왜 믿지 않는 악인은 주는 감찰치 아니하리라고 말하는 것인가? 이것에 대한 논리적인 설명은 전혀 들을 수 없다. 오직 죄악의 어리석음 때문이다.

10:14-15. 하나님에 대한 정확한 상을 회복한 시편 기자는 주께서는 보셨나이다 잔해와 원한을 감찰하시고라고 외친다. 그는 주의 전지한 시야를 피할 것이 아무것도 없음을 안다. 그는 여전히 하나님을 향하여 말하며 주의 손으로 갚으려 하시오니라고 말한다. 하나님께서는 분명히 역사하시어 죄를 심판하실 것이다! 하나님의 의로운 통치를 재확인한 시편 기자는 악인의 팔을 꺾으소서 악한 자의 악을 없기까지 찾으소서 혹은 경건치 않은 자들이 경건한 자들을 더 이상 압제하지 못하도록 그들의 힘을 파괴하소서라고 부르짖는다. 다시 말해서 악인이 자신의 악에 대한 책임을 지도록 하라는 것이다.

C. 다윗의 찬양(10:16-18)

10:16. 하나님의 영원한 통치를 극적으로 선언한 시편 기자는 여호와께서는 영원무궁

토록 왕이시니라고 강조한다. 자신의 기도가 응답되었음을 안 그는 열방들이 주의 땅에서는 멸망할 것이라는 확신을 드러낸다. 하나님께서 하나님의 백성들을 대적해 일어난 악한 공격자들을 패배시키고 멸망케 하실 것이라는 의미다.

10:17-18. 담대한 확신으로 시편 기자는 여호와께서 경건치 않은 자들의 압제에서 구원받게 해달라고 부르짖는 겸손한 자의 소원을 들으셨다고 확인한다. 하나님께서는 들으시며, 악한 자들에게 사악하고 폭력적인 공격을 부당하게 당해온 고아와 압박당하는 자를 위하여 심판하시며 응답하실 것이다. 하나님께서는 세상에 속한 자, 부패하고 악한 자가 경건한 자들을 다시는 위협하지 못하게 하기 위해 행동하실 것이다. 언젠가 하나님께서는 그러한 악을 종식시키시고 모든 악에 대해 승리하실 것이다. 얼마나 복된 소망인가!

결론

악인들의 박해를 견디기 위해 신자는 하나님께 계속 집중해야 한다. 불신과 경건치 않는 자들에게 에워싸이면 마음이 흐트러져 하나님의 무적 왕국이 필연적으로 승리한다는 사실을 망각하기 쉽다. 악한 세상 한가운데 사는 의인들은 이 세상의 불안정한 것들이 아니라 그리스도가 앉아 계신 위의 것에 계속 초점을 맞추고 살아야 한다(골 3:2). 하나님의 백성들은 세상의 주조 틀에 짜 맞히는 유혹을 거부하며 그분께 끝까지 신실해야 한다(롬 12:2). 사실 이 세상은 하나님의 진노 아래에 있다(롬 1:18). 언젠가 이 세상은 살아계신 하나님의 수중에 떨어질 것이다.

그러므로 신자들은 잠시에 불과한 세속적 쾌락을 추구하기보다는 하나님 안에서 가장 큰 기쁨을 얻어야 할 것이다. 하나님을 알고 누리는 것이 인생의 가장 위대한 성취이며 죄의 유혹에 대한 가장 강력한 해독제이다.

teaching guide

티칭 가이드

고안

A. 다윗의 혼란(10:1-11)

1. 행동하지 않는 것 같은 하나님(1절)
    a. 어찌하여 멀리 계시나이까?(1a)
    b. 어찌하여 숨으시나이까?(1b)
2. 무관심해 보이는 하나님(2-11절)
    a. 교만한 마음에 대해(2-6절)
    b. 패역한 입술에 대해(7절)
    c. 약탈하는 손에 대해(8-10절)
    d. 더러운 생각에 대해(11절)

B. 다윗의 간구(10:12-15)

1. 연약한 자들을 기억하소서(12-14절)
    a. 고난 가운데 있는 자들을(12-13절)
    b. 괴로움 속에 있는 자들을(14절)
2. 악인들을 거부하소서(15절)
    a. 악인들을 꺾으소서(15a)
    b. 악인들을 심판하소서(15b)

C. 다윗의 찬양(10:16-18)

1. 하나님의 위엄에 대해(16절)
    a. 그분은 영원히 통치하신다(16a)

b. 그분은 원수들을 멸망케 하신다(16b)

2. 하나님의 자비하심에 대해(17-18절)

a. 그분은 압제당하는 자의 소원을 들으신다(17절)

b. 그분은 고아들을 도우신다(18절)

시편 11편

기초가 흔들릴 때

"하나님을 의지할수록 그분이 더욱 의지할 수 있는 분임을 알게 된다."

- 클리프 리처드 경(Sir Cliff Richard)

들어가는 글

신자들은 감당할 수 없는 시련과 맞서야 하는 몹시 어려운 시간 속에서 하나님의 충분하심을 가장 분명하게 경험한다. 인간이 하나님의 충족성을 발견하는 것은 극한 상황에서다. 바로 이것이 불안정한 시기에 하나님에 대한 강한 확신을 표현한 시편 11편의 내용이고 다윗이 개인적으로 가진 경험이었다.

다윗은 이스라엘 국가의 안정을 위협하는 국가적 위기 앞에 놓였다. 사방에서 이스라엘 백성들의 도덕적 기초가 무너져 내리고 있었다. 이러한 불안은 그를 해치려고 하는 악한 사람들 때문에 일어났다. 이런 시련 외에도 다윗에게 충성하던 사람들이 공포심에 빠져 그에게 예루살렘에서 도망하라고 조언했다. 그러나 다윗은 여호와만 바라보면서 침착함과 결연함을 잃지 않았다. 위기의 시간에 다윗은 자신이 처한 환경에도 불구하고 하나님을 의지하기로 결심했다. 흔들림 없고 요동하지 않는 믿음으로 그는 불확실한 시간에도 변함없이 자신을 지킬 수 있었다.

이 시편의 표제는 '영장으로' 라고 되어 있고 역사적 배경이 구체적으로 알려져 있지 않다. 알려진 내용은 다윗이 저자라는 것과 이것이 극히 어려운 시기에 쓰였다는 것뿐이다. 혼란의 와중에서 그는 악인들의 위협에도 불구하고 하나님께서 여전히 다스리고 계신다는 확신을 추종자들에게 심어주었다. 다윗은 절망적인 상황에 맞서 단호하고 굽히지 않는 모습을 통해 신자들의 모범이 되었다.

본문 이해

기초가 흔들릴 때

Main Idea	다른 신자들이 잘못된 조언을 할 때도 다윗은 믿음을 강하게 지켰다. 그는 모든 것을 다스리시는 하나님께 시선을 고정했다.

A. 다윗의 믿음(11:1a)

11:1a. 다윗은 하나님에 대한 믿음을 표현하며 이 시편을 시작한다. 내가 여호와께 피하였거늘. 큰 어려움 속에서, 심지어 적들의 손에 목숨을 잃을 수 있는 상황에서 그는 자신의 피난처이신 하나님에 대한 신뢰를 버리지 않았다. 다윗은 평생 동안 그러했던 것처럼 위기를 만나자 난공불락의 피할 산성이 되신 하나님께로 피했다. 다른 사람들이나 자기 자신도 의지하지 않은 채 오직 오직 여호와만 신뢰했다.

B. 다윗의 유혹(11:1b-3)

11:1b-2. 다윗은 의도는 순수하지만 의지가 약한 지지자들에게 둘러싸여 있었다. 그들은 그에게 예루살렘을 떠나 다가오는 위험을 피하라고 조언했다. 이에 대해 그는 너희가 내 영혼더러 새같이 네 산으로 도망하라함은 어찜인고라고 말한다. 다윗의 조언자들이 볼 때 그 상황은 너무나 심각해서 저항이 불가능한 것 같았다. 그의 측근들은 두려움 속에서 마음이 바른 그들을 쏘려고 활을 당기고 살을 시위에 먹이는 악인을 바라보았다. 그들은 적들이 어두운 데서 잠복해 있다가 일시에 치명적 공격을 가할 적절한 순간을 기다리고 있음을 알았다.

11:3. 이 위험 앞에서 다윗의 측근들은 두려워서 터가 무너지면 의인이 무엇을 할꼬라고 말했다. '터' 라는 단어는 사회적 질서에 대한 메타포이다(시 82:5, 겔 30:4). '무너지다' 라는 단어는 그들 시대의 도덕적 가치와 시민 질서가 대격변을 맞아 혼란스러움을 묘사한다. 이 조언자들은 의가 무너지고 악이 득세하는 문화 속에서 자신들이 더 이상 살 수 없음을 깨달았다. 그래서 다윗에게 압제자들을 피해 숨으라는 호소를 한 것이다.

C. 다윗의 승리(11:4-7)

11:4a. 다윗은 두려움에 질린 추종자들에게 대답하며 그들의 초점을 하나님께 다시 맞추도록 한다. 첫째, 다윗은 여호와께서 그 성전에 계시니라고 증거하며 하나님의 주권성을 확인한다. 하나님께서는 성전을 떠나지 않고 임재하고 계셨다. 시편 기자는 또한 하나님께서 이 고통스러운 시련을 통치하고 다스리시면서 여전히 보좌에 앉아 계심을 그들에게 상기시킨다. 어떤 것도 통제 밖에 있지 않았다. 하나님께서 모든 것을 통제하고 계신 것이다!

11:4b-5a. 둘째, 다윗은 하나님의 두루 살피심을 확인한다. 그 눈이 인생을 통촉하시고 그 안목이 저희를 감찰하시도다. 다윗은 하나님의 눈이 모든 인간의 마음을 살피시되 폭력을 사랑하여 그들을 공격하고 있는 악인들의 영혼을 감찰하실 뿐 아니라 여호와를 믿는 의인들의 내적 생활을 살피고 계심을 지지자들에게 확인시켜준다. 신자들은 이런 점을 생각하고 적들에게 위축되지 말고 믿음 안에서 강해야 한다. 하나님께서 적들의 마음뿐 아니라 그들의 마음도 살펴보시기 때문이다.

11:5b-6. 셋째, 다윗은 하나님의 엄중하심을 강조한다. 악인에게 그물을 내려치시리니 불과 유황과…. 이 심상은 소돔과 고모라에 내렸던 것과 같은 하나님의 치명적 심판을 암시하는 듯 보인다(창 19장, 신 29:23, 겔 38:22). 악인들은 태우는 바람이 저희 잔의 소득이 될 것을 기대해도 된다. 이것은 하나님의 무서운 심판과 관련 있는 뜨거운 광풍을 가리킨다.

11:7. 마지막으로, 다윗은 하나님께서 의인들을 도우심을 확인한다. 여호와는 의로우시기 때문에 그의 성도들은 보상을 받고 악인들은 멸망할 것이다. 하나님께서는 당신의 거룩한 속성에 따라 행동하시므로 인간들과의 모든 관계에서 완전한 의를 행하실 것이다. 실제로 그분은 정의를 사랑하시므로 결코 불의를 처벌하지 않은 채 버려두시지 않을 것이다. 그러므로 정직한 자가 고난을 당할 때 그들은 자신들이 그 얼굴을 뵈올 것을 기억해야 한다. 이 표현은 충직한 백성이 왕을 알현하게 될 것을 암시한다. 이 경우에는 하늘의 진정한 왕 여호와를 뵙는 것을 말한다.

결론

모든 그리스도인은 생활 속에서 위협적인 시련을 수없이 만난다. 특히 하나님께 합당한 방식으로 살아갈 때 그러할 것이다(마 5:10-12, 요 15:18-20, 딤후 3:12). 하나님의 백성들이 하나님을 위해 살 때 이 세상은 절대 우호적인 친구가 되어주지 않는다. 의인들은 복음을 위해 핍박을 당할 때 하나님 안에서 힘을 얻으며 그분 안에서 강함을 잃지 말아야 한다. 그러한 불같은 시련 속에서 하나님의 백성들은 그분 안에 피해야 한다. 이 세상으로부터 도피하지 않고 유혹과 싸우기로 굳게 결심하며 흔들림 없는 믿음으로 그분을 피난처로 삼아야 한다. 그 비결은 고립(isolation)이 아니라 차단(insulation)에 있다.

반대가 일어날 때 주변의 가까운 친구들이 연약해져 어려움으로부터 도망치라고 우리를 재촉하고 두려움에 빠뜨릴 수 있다. 그러나 우리는 그러한 충고를 반드시 뿌리쳐야 한다. 하나님께서는 모든 시련 속에서도 주권자가 되시며 만물을 다스리신다. 하나님만이 주가 되시며 우리의 유익과 당신의 영광을 위하여 모든 것을 지배하신다.

교안

A. 다윗의 믿음(11:1a)

1. 하나님에 대한 명확한 믿음(1a)
2. 하나님에 대한 절대적 믿음(1b)

B. 다윗의 유혹(11:1b-3)

1. 도망가라는 조언을 듣는다(1b-2절)
2. 단념하라는 조언을 듣는다(3절)

C. 다윗의 승리(11:4-7)

다윗의 선언:

1. 하나님의 주권성(4a)
    a. 거룩한 성전에 계신다(4a)
    b. 하늘 보좌에서 다스리신다(4a)
2. 하나님의 엄밀성(4b-5a)
    a. 모든 사람을 살피신다(4b)
    b. 모든 사람을 감찰하신다(4c-5a)
3. 하나님의 엄중하심(5b-6절)
    a. 악인을 물리치신다(5b)
    b. 악인을 심판하신다(6절)
4. 하나님의 도우심(7절)
    a. 의로우시다(7a)

b. 공의를 사랑하신다(7b)

c. 마음이 정직한 자를 사랑하신다(7b)

시편 12편

도덕적인 소수

"미국은 경건한 조상들의 힘으로 움직이고 있다. 그 여력이 지속되는 한 하나님께서는 미국을 도우신다."

- J. 그레샴 메이첸(J. Gresham Machen)

들어가는 글

참된 신자들은 타락한 세상에서 자신들이 소수임을 깨닫는다. 즉 생명으로 인도하는 좁은 길을 가는 사람이 극히 적음을 본다. 의를 단호히 반대하는 불신자들의 수가 늘어나고 있는 현실을 맞이하고 있는 것이다. 의인들이 강한 믿음을 유지하기 위해서는 여호와를 구해야 한다. 경건치 않은 사람들의 수에 압도될 때 서 있을 힘을 주실 이는 오직 그분뿐이다. 시편 12편에서 다윗은 이러한 냉혹한 사실을 인정하고 있다.

그가 몸담고 사는 사회는 한때 하나님을 두려워했고 하나님의 법이라는 도덕적 절대성 위에 지어진 사회였지만 이제 내부로부터 무너져 내리고 있었다. 대신 이교도적 신앙과 세속적 인본주의를 토대로 형성된 문화가 우세한 세계관이 되어가고 있었다. 다윗과 같은 경건한 사람들은 자신들이 소수임을 알게 되었다. 그러한 불법 속에서 경건한 자들은 어떻게 불경건한 자들에게 반응해야 했는가? 위축되고 고립되어야 했는가?

다윗은 주변을 둘러보면서 의롭게 남은 자들이 줄어들고 사회가 붕괴되고 진리가 무너지며 죄악이 득세하는 모습을 보았다. 이러한 국가적 타락 시기에 다윗은 신자라면 반드시 해야 할 일을 했다. 그는 하나님을 의지하고 그분의 약속을 신뢰했다. 그는 위기를 이겨내는 데 필요한 힘을 얻었다.

본문 이해

도덕적인 소수

Main Idea	신자들은 악인들에게 에워싸이고 수적으로 열세에 내몰릴 때 하나님께 기도하며 그분의 약속과 보호하심을 믿어야 한다.

A. 다윗의 곤경(12:1-2)

12:1-2. 죄악이 점점 위세를 떨치는 사회 속에서 다윗은 하나님의 개입하심을 간구하며 여호와여 도우소서라고 부르짖는다. 그는 경건한 자가 끊어졌다고 절망한다. 이것은 경건한 자들이 점점 사라져 보이지 않고 있음을 의미한다. 마찬가지로 도덕적 온전함을 유지하던 신실한 자들이 거의 인생 중에서 없어져버렸다. 다윗은 국가 지도자들을 위시해 도덕적인 삶을 살던 사람들이 꾸준히 감소해서 자취를 감추어버렸다고 탄식한다. 이 도덕적 투쟁 속에서 모든 사람들이 자기 이웃에게 거짓을 말하므로 진리가 무너지고 있었다. 아첨하는 입술이 두 마음으로 말함으로 정직이 힘을 잃어가고 있었다.

B. 다윗의 간구(12:3-4)

12:3-4. 사회가 영적으로 붕괴되는 와중에 다윗은 아첨하는 입술을 가진 자들과 자랑하는 혀로 말하는 자들을 끊어달라고 하나님께 구한다. 그는 나라가 허풍쟁이들의 사회가 되었다고 탄식한다. 악인들은 구역질나게 교만한 태도로 우리의 혀로 이길지라 우리 입술은 우리 것이니라고 자랑한다. 악인들은 하나님께는 물론이고 누구에게도 책임을 느끼지 못한다. 오히려 그들은 우리를 주관할 자 누구리요라고 반문하며 하나님을 모독한다.

C. 다윗의 보호(12:5-6)

12:5. 다윗은 하나님께서 가련한 자의 눌림과 궁핍한 자의 탄식을 해결하실 것이라는 확신을 얻는다. 가련한 자들과 궁핍한 자들은 자신들의 거룩한 인격으로 인해 경건치 않은 자들의 공격을 받고 고통당하고 있었다. 하나님께서는 갑작스럽게 태도를 바꾸어 확실한 어조로 저를 그 원하는 안전지대에 두리라고 약속하신다. 다윗은 그것을 믿는다! 그는 하나님께서 백성들의 곤궁함을 알고 계시며 그들을 위해 일어나기로 맹세하신 것을 기억하게 된다.

12:6. 죄인들의 더러운 말과 너무나 다르게 하나님께서는 흙 도가니에 일곱 번 단련한 은처럼 순결하고 믿을 수 있는 말씀을 하신다. 하나님께서는 어떤 오류도 없는 말씀을 하신다(잠 30:5, 요 17:17). 하나님께서는 무오한 말씀으로 당신의 백성들이 안전하게 보호받을 것을 보장해주신다.

D. 다윗의 평강(12:7-8)

12:7-8. 다윗은 새로운 확신으로 이렇게 자랑한다. 여호와여 저희를 지키사 이 세대로부터 영영토록 보존하시리이다. 하나님께서는 이 악한 길을 가고 있는 당신의 백성들을 보호하겠다고 약속하신다. 다윗은 하나님께서 오만하게 활보하고 다니는 악인들로부터 다른 신자들뿐 아니라 자신도 보호해주실 것을 믿는다. 경건치 않은 자들은 자신들이 하나님께 책임을 질 것이 아무것도 없다고 생각한다. 비루함(히. 줄루트, zullut, '낭비된, 무가치한')이 인생 중에 높아지고 있기 때문에 이런 오만한 태도가 힘을 얻는다.

결론

경건한 자는 경건치 않은 사회에서 어떻게 살아야 하는가? 시편 12편은 신자들이 그들의 인생 방향을 규정해주는 주류 집단을 의지해서는 안 된다고 명시하고 있다. 진리는 항상 소수의 사람들이 소유한다. 그들은 홀로 진리이신 하나님께 시선을 고정해야 한다. 그리스도인은 항상 길을 보여주시는 하나님을 의지하며 필요하다면 기꺼이 홀로 견딜 수 있어야 한다. 하나님 한 분만 더해도 언제나 주류가 형성된다.

신자는 하나님을 의지하며 성경을 통해 하나님께서 말씀하시는 것을 명심하고 성경을 공부해야 한다. 변절이 판치는 곳에서 모든 그리스도인들은 성경에 뿌리를 내려야 한다. 오직 하나님의 말씀만이 믿음 안에서 우리를 강하게 해주고 경건치 않은 문화 속에서 거룩한 삶을 살 수 있게 해준다. 우리는 하나님의 말씀에 순종하고 그분이 요구하시는 것을 행해야 한다. 그리스도인들은 하나님을 위해 살며 매일 인격적인 순종과 거룩함으로 살아야 한다.

교안

A. 다윗의 곤경(12:1-2)

1. 경건한 자들이 사라진다(1절)
2. 경건치 않은 자들이 많아진다(2절)

B. 다윗의 간구(12:3-4)

1. 아첨하는 입술을 끊으소서(3a)
2. 자랑하는 혀를 끊으소서(3b-4절)
    a. 우리와 겨룰 자가 없다(3b-4a)
    b. 우리를 주관할 자가 없다(4b)

C. 다윗의 보호(12:5-6)

1. 하나님께서 승리하실 것이다(5절)
2. 하나님께서 진리를 말씀하실 것이다(6절)

D. 다윗의 평강(12:7-8)

1. 신자들은 보호를 받는다(7절)
2. 불신자들은 유죄이다(8절)

시편 13편

허우적거림에서 헤엄침으로

"고난의 때는 기도의 때가 되어야 한다."

- 매튜 헨리(Mattew Henry)

들어가는 글

찰스 스펄전은 그의 고전 「다윗의 보물 창고(A Treasury of David)」에서 이렇게 썼다. "다윗의 시편을 볼 때마다 당신은 이런저런 곳에서 스스로를 보게 될 것이다. 당신은 궁지에 몰린 적이 한 번도 없지만 궁지에 몰린 다윗을 본다. 나는 다윗만큼 낮아져 본 적도 없고 다윗만큼 높은 곳에 올라가본 적도 없지 않았는가?" 이러한 통찰력 있는 평가가 시편 13편에 적용된다. 이 시편은 황홀감의 극치와 절망의 심연을 모두 담고 있기 때문이다. 다윗은 양 극단을 모두 경험했다. 이 개인적인 탄식시에서 다윗의 영혼은 혼란에서 찬양으로, 침울함에서 노래하는 마음으로 극적으로 변화되는 경험을 한다. 조셉 파커(Joseph Parker)는 "이 시편은 겨울에서 시작해 여름으로 끝난다. 슬픔의 침울한 어조로 시작했다가 환희에 찬 찬양으로 끝난다"라고 평가했다.

이런 극적 반전이 있는 이유는 무엇인가? 그 대답은 시편 중간에 나오는 기도에서 찾을 수 있다. 자신의 짐을 하나님께 내어던진 다윗은 마음이 걱정의 감옥에서 찬양의 낙원으로 올라가는 것을 깨닫는다. 이 시편은 '영장으로' 기획되었고 공적 예배에서 부르는 찬양의 노래였다.

본문 이해

허우적거림에서 헤엄침으로

Main Idea	절망하고 혼란에 빠진 다윗은 구원하심을 바라고 하나님을 구한 후 마음이 곧 기쁨으로 충만해지는 것을 경험한다.

A. 다윗의 근심(13:1-2)

13:1-2. 원수들에게 에워싸이고 임박한 죽음에 직면한 다윗은 하나님께 어느 때까지니이까라는 동일한 수사학적 질문을 네 번이나 반복한다. 깊은 고뇌 속에 그는 하나님이 계시지 않는 것 같다고 의문을 제기한다. 다윗은 견디기 어려운 시련으로 인해 하나님께서 그를 망각하시고 그로부터 얼굴을 숨기시는 것처럼 무시당하는 느낌을 갖는다. 심리적으로 절망의 나락에 떨어진 그는 어려움을 감당할 능력이 자신에게 없음을 깨닫는다. 원수들이 그에 대해 승리하자 그는 패배할 것이라는 끊임없는 의심의 생각과 싸워야 했고 그로 인해 근심이 깊어졌다.

B. 다윗의 간구(13:3-4)

13:3-4. 절망 속에서 다윗은 하나님을 바라보고 기도하며 나를 생각하사 응답하시고라고 부르짖는다. 그는 이 절망스러운 상황에서 구해달라고 하나님께 기도한다. 그렇게 하지 않으시면 원수들이 그를 이기고 그의 패배를 기뻐할 것이므로 그가 사망의 잠을 잘 것이라고 믿는다. 그는 하나님의 관점으로 상황을 바라볼 수 있는 신적 지혜와 명철을 구하며 나의 눈을 밝히소서라고 기도한다.

C. 다윗의 노래(13:5-6)

13:5-6. 다윗은 흔들림 없는 확신으로 하나님의 인자하심(히. 헤세드, hesed, '언약적 사랑')을 신뢰한다. 원수들은 그의 패배를 즐기게 되길 간절히 바랐지만(4절) 다윗의 마음은 하나님의 구원 혹은 원수들의 위협에서 하나님께서 구출해주심을 기뻐한다. 하나님께서 자신의 기도를 들으셨다는 강한 확신을 가진 다윗은 하나님께서 그를 후대하심을 인해 찬송하게 된다. 하나님의 구원하심에 대한 긴 기다림이 끝날 것이라는 기대가 생기자 그는 슬픔의 심연에서(1-2절) 찬양의 언덕으로 올라선다.

결론

어떻게 하면 신자는 고통스러운 시간에도 흔들림 없이 계속 믿음을 지킬 수 있는가? 위험에 빠져 낙담하게 될 때 그리스도인들은 겸손히 기도하며 하나님을 의지해야 한다. 낙담한 영혼들은 종종 자신들의 짐을 하나님께 내어맡기지 않고 그것들을 내면화한다. 이것은 자기 파멸과 절망을 가져올 뿐이다. 신자들은 하나님을 구해야 한다. 오직 그분만이 어려움에서 그들을 건져내실 수 있다. 인생의 폭풍 속에서 신자들에게 하나님은 최후의 의지처가 아니라 최초의 의지처가 되어야 한다. 그리고 기도한 후 신자는 하나님의 역사하심을 인내로 기다려야 한다. 하나님의 때는 항상 완벽하다. 너무 늦거나 너무 이른 법이 없다. 참된 믿음은 주님께 역사하실 시간을 내드린다.

신자들은 인내하며 하나님을 기다릴 때 그분을 찬양하고 그 은혜를 기뻐하며 그분의 선하심을 높이고 주님께 찬송을 불러드려야 한다. 그분은 찬양받기에 합당하시기 때문이다. 하나님의 사랑은 결코 실패가 없기 때문에 그들을 붙드시는 하나님에 대한 신자들의 찬양도 절대 흔들림이 없어야 한다.

교안

A. 다윗의 근심(13:1-2)

1. 하나님, 어느 때까지 나를 잊으시나이까?(1a)
2. 하나님, 어느 때까지 숨으시나이까?(1b)
3. 언제까지 근심해야 하나이까?(2a)
4. 언제까지 원수들에게 패해야 하나이까?(2b)

B. 다윗의 간구(13:3-4)

1. 하나님, 나를 기억하소서(3a)
2. 하나님, 나를 구원하소서(3b-4절)

C. 다윗의 노래(13:5-6)

1. 나는 하나님을 의지할 것이다(5절)
2. 나는 하나님을 기뻐할 것이다(6절)

시편 14편

죄로 인해 부패함

"모든 불신앙 속에는 두 가지가 존재한다. 자아에 대한 긍정적 생각과 하나님에 대한 부정적 생각이다."

- 호라시오 보나르(Horatio Bonar)

들어가는 글

주변 상황을 정확히 평가하기 위해서는 반드시 기독교적 세계관을 가져야 한다. 올바른 패러다임인 성경 진리만이 우리를 올바른 시각으로 이끈다. 그러므로 시편 14편에 계시된 관점만이 우리가 살고 있는 세계의 영적 상태를 올바로 평가해줄 것이다. 인류의 도덕적 타락에 대해 탄식하고 있는 이 시편은 하나님을 떠나 살려고 하는 사람들의 철저한 어리석음을 밝힌 지혜시다.

사람들은 하나님을 외면함으로써 자신이 미련한 자들임을 보여준다. 그들의 문제는 그들 마음의 죄악 된 본성에 뿌리박혀 있다. 인간이 지닌 문제의 핵심은 인간 마음의 문제이다. 오직 하나님의 말씀만이 인류를 감염시킨 치명적인 역병에 대해 올바른 진단을 내릴 수 있다. 그 문제는 하나님이 계시지 않는 것처럼 살고자 하는 허망한 시도인 죄다. 이 지혜 시편은 인간의 죄악 된 상태를 평가하고 오직 하나님만이 주실 수 있는 구원을 간절히 구한다. 다윗이 쓴 이 시편은 타락에 대한 장송가 역할을 하는 '영장으로' 한 노래이다.

본문 이해

죄로 인해 부패함

Main Idea	전 인류는 하나님에 대한 도덕적 반역 상태에 있지만, 하나님의 백성들은 이 세상에 결국 그분의 의로운 나라가 세워지기를 간절히 바란다.

A. 인류에 대한 다윗의 평가(14:1-6)

14:1a. 다윗은 어리석은 자는 그 마음에 이르기를 하나님이 없다 하도다라고 말함으로 인류의 문제에 대한 진단을 시작한다. 어리석은 자는 정신적으로 박약한 사람이 아니라 도덕적으로 왜곡된 사람이다. 이 단어는 죄인과 동의어이며 삶 속에 하나님을 위한 자리가 전혀 없는 모든 사람을 가리킨다. 어리석은 자의 문제는 마음으로 하나님에 대한 지식을 거부한다는 것이다. 확실히 그는 하나님의 존재를 부정하는 지적 무신론자가 아니라 하나님이 전혀 계시지 않는 것처럼 사는 '실제적' 무신론자이다(시 53:1, 74:18, 22, 사 32:6). "there is" 라는 표현(There is no God - 하나님은 없다)은 부드럽게 읽히기 위해서 영어 번역본에 추가된 것이다. 히브리어 원문에서 본문은 실제로 이렇게 말한다. "어리석은 자는 '하나님은 없다' 혹은 '나에게는 하나님이 없다' 라고 말한다."

14:1b. 다윗은 하나님 없는 모든 인류를 묘사하면서 그들이 부패했다고 결론짓는다. 이것은 그들의 인간 본성이 죄로 인해 썩었음을 의미한다. 그러므로 그들의 소행이 가증하다. 이것은 그들의 타락한 인격이 악한 행위라는 썩은 열매를 맺었다는 말이다. 그들이 행하는 것(행실)은 그들의 됨됨이(인격)에서 흘러나온다. 결론은 선을 행하는 자가 없다는 것이다. 다윗은 모든 인간이 하나님을 떠나 죄악 된 삶을 살고 있다고 결론짓는다.

14:2-3. 여호와께서는 위에서 인류를 내려다보시면서 영적인 이해를 가지고 있거나 하나님을 찾고자 하는 영적 애정을 가진 사람들이 있는지 확인하기 위해 사람들의 마음을 감찰하셨다. 슬프게도 현실은, 모든 사람이 다 치우쳤고 더러웠다(히. alah, '상한 우유처럼 시큼한'). 죄는 인간의 모든 인격을 황폐하게 만들었고 그들의 생각은 어두워지고 감정은 타락하며 의지는 약화되었다. 다윗은 처음의 판결(1절)을 반복하면서 선을 행하는 자가 없으니 하나도 없도다라고 말한다. 온 세상이 죄 아래 있고, 이로 인해 사람들은 선을 행할 능력도 의지도 없게 되었다. 다, 하나도 없도다와 같이 모든 것을 포괄하는 표현들은 비극적이고 보편적인 타락의 현실을 명백하게 전달하고 있다(비교. 롬 3:10-18).

14:4-5. 다윗은 이어서 그러한 죄악을 행하는 자들의 결과에 눈을 돌린다. 그는 그들이 떡을 먹듯이 하나님의 백성들을 게걸스럽게 먹으며 구원을 얻는 믿음이나 겸손한 기

도로 여호와를 부르지 않는다고 올바르게 추측한다. 분명히 하나님께서는 그러한 죄인들을 두려움에 휩싸이게 하실 것이다. 의인을 핍박하는 그들을 심판하실 것이기 때문이다. 하나님의 백성들을 대적하는 것은 곧 하나님 자신을 대적하는 것이다(행 9:4).

14:6. 3인칭에서 2인칭으로 화법을 바꾼 다윗은 경건치 않은 자들에 대한 도전의 강도를 더욱 높인다. 다윗은 그들을 향해 직접적으로 말하며 너희가 가난한 자의 경영을 부끄럽게 한다고 단언한다. 이 행악자들이 하나님을 믿는 가난한 자들을 괴롭히겠지만 하나님은 그들의 피난처가 되시기 때문에 그들을 보호하실 것이다.

B. 하늘을 향한 다윗의 호소(14:7)

14:7. 하나님의 백성들이 압제를 당하여 절규하는 마음을 표현한 다윗은 이스라엘의 구원이 시온에서 나오기를 원하도다라고 외친다. 다윗은 의인들을 괴롭히는 악행자들로부터 하나님께서 백성들을 구원하시기를 간절히 갈망한다. 그는 하나님께서 땅에 하나님의 나라를 세우시고 그 백성의 포로된 것을 돌이키실 때를 갈망한다(겔 16:53, 습 2:7). 하나님의 정복으로 특징지어질 그 마지막 날을 기대하며 하나님의 백성들은 즐거워하고 기뻐할 수 있다. 그분이 시온에서부터 의로운 통치를 궁극적으로 완성하실 것이기 때문이다.

결론

이 시편은 하나님과 인간에 대한 올바른 이해를 요구한다. 하나님의 은혜를 떠난 인류의 진정한 영적 상태는 죄의 부패함으로 마음이 오염된 상태이다. 누구든지 하나님의 용납하심을 얻고자 한다면 개인적으로 죄책이 있는 문제를 고백하고 자신의 죄를 인정해야 한다. 복음을 받는 곳마다 죄를 분명히 고백하는 일, 즉 죄의 삯이 사망이라는 증언이 반드시 따라야 한다(롬 6:23).

이 시편은 또한 하나님께서 모든 인류를 내려다보고 모든 인생을 살펴보시면서 높고 존귀한 분으로 하늘에 계신다고 밝히고 있다. 그분은 모든 마음과 생각과 행위와 생활을 보고 계신다. 인간의 본성이 죄로 인해 타락한 모습을 판단하신다. 언젠가는 그분을 부르지 않는 모든 사람들을 심판하실 것이다. 그는 거룩하고 의로우며 공평한 분이시다. 하나님만이 죄인을 죄의 정당한 보응에서 구원하실 수 있다. 구원은 하나님께 좋은 인상을 주고자 하는 인간의 노력으로 얻을 수 있는 게 아니라 시온에서 나오는 것이다. 그분만이 심판 날에 피난처가 되신다. 모든 사람들이 자기 백성의 구원자이신 그분을 불러야 한다.

교안

A. 인류에 대한 다윗의 평가(14:1-6)

1. 세상의 어리석음(1a)
    a. 하나님을 부정함(1a)
    b. 하나님을 떠남(1a)
2. 세상의 부도덕성(1b)
    a. 파괴적인 인격(1b)
    b. 가증스러운 행위(1b)
3. 세상의 무능함(2-3절)
    a. 이해하는 자가 아무도 없음(2a)
    b. 하나님을 찾는 자가 아무도 없음(2b)
4. 세상의 무지(4-6절)
    a. 결코 깨닫지 못함(4절)
    b. 결코 안식하지 못함(5절)
    c. 결코 이기지 못함(6절)

B. 하늘을 향한 다윗의 호소(14:7)

1. 그들의 구원하심을 위해(7a)
2. 그들의 회복을 위해(7b)
3. 그들의 찬양을 위해(7c)

시편 15편

왕을 알현하는 예법

"거룩함이란 모임을 통해 얻는 것이 아니라 구체적으로 살아야 하는 삶이다."

- 마틴 로이드 존스(Martyn Lloyd-Jones)

들어가는 글

왕에 대한 예법

오래 전 영국 엘리자베스 여왕이 미국을 방문했다. 여왕은 왕실 수행원들의 호위를 받으며 로스앤젤레스의 빈민 지역을 돌아보고 있었다. 빈민가를 차로 이동하던 영국의 군주는 그곳의 실상이 어떤지 알고 싶어 리무진 운전사에게 차를 멈추도록 요청했다. 여왕은 차에서 나와 초라한 한 아파트 쪽으로 걸어갔다. 그 아파트에 거주하는 부인이 노크 소리를 듣고 문을 열자 놀랍게도 문앞에는 영국의 여왕이 서 있었다.

왕을 대하는 올바른 예법을 알지 못한 그녀는 예법대로 여왕을 맞지 않았다. 여왕을 "폐하"라는 올바른 호칭으로 부르지도 않았다. 대신에 아무 격의 없이 다가가 두 팔로 여왕을 껴안았다. 여왕의 수행원들은 깜짝 놀랐다. 언론에서도 야단법석을 떨었고 경호원들도 기겁을 했다. 이 평범한 여성은 왕을 어떻게 대하고 어떻게 불러야 하는지 전혀 몰랐다. 경외심도 없었다. 자신을 낮추는 겸손함도 없었다.

이런 일이 오늘날 교회에서 종종 일어나고 있다. 많은 주의 종들이 하늘과 땅의 왕이신 그들의 주께 어떻게 나아가야 하는지 망각했다. 이 세대가 빈번히 망각하고 있지만 하나님께 어떻게 나아가야 하는지 하나님께서 규정해놓으신 방식이 있다. 신자들은 거룩하지 못한 생각과 행실과 말로 가득한 삶을 가지고 그분의 존전에 나아가지 않도록 조심해야 한다. 대신에 자신이 만왕의 왕 앞에 나아가고 있음을 명심하고 존경과 두려워하는 마음과 겸손한 복종으로 자신을 준비해야 한다.

이것이 다윗이 지은 시편 15편의 중심 메시지다. 아마 고대 예배자들이 4대 절기 때 예루살렘으로 올라가면서 이 시편을 인용했을 것이다. 혹은 예배자가 하나님을 예배하기 위해 성막 뜰 입구에 도착할 때 암송하는 구절이었을 것이다. 어떤 경우이든 이 시편은 예배자가 거룩한 하나님의 존전에 들어갈 준비를 하는 용도로 쓰였다.

본문 이해

왕을 알현하는 예법

Main Idea	다윗은 하나님을 예배하는 사람의 도덕적 정직성과 인격적 거룩함을 묘사한다.

A. 탐색을 위한 질문(15:1)

Supporting Idea	신자들은 예배 가운데 하나님께 나아갈 준비가 되어 있는지 확인하기 위해 마음을 살펴야 한다.

15:1a. 이 시편은 다윗이 두 부분으로 구성된 질문을 제기하며 시작된다. 그것은 하나님 앞에 나아와 그를 예배할 적격자가 누구인지에 대한 예리한 질문이다. 여호와여 주의 장막에 유할 자 누구오니이까. 여기서 제시된 문제는 하나님 앞에 나아와 그분의 거룩한 왕궁에 머무를 수 있는 자가 누구인가 하는 문제이다.

성소는 하나님께서 이스라엘에게 당신의 영광을 보여주고자 선택하신 장소이다. 이 질문은 예배자가 아마 4대 절기에 하나님을 예배하려고 성막 뜰 입구에 도달했을 때 했을 질문일 가능성이 있다. 혹은 부모나 교사가 하나님의 예배에 참여할 수 있는 사람들에 대해 아이들에게 가르치면서 제기한 질문일 수도 있다. 마음을 살피는 이 질문은 하나님을 예배하고자 하는 모든 사람에게 던지는 진지한 질문이 아닐 수 없다. 누가 하나님의 집에 들어가서 그 집의 손님으로 하나님의 환대를 받을 수 있는가? 이는 자신의 영적 상태를 깊이 돌아볼 것을 요청하는 질문이다.

15:1b. 탐색을 위한 동일한 질문이 두 번째 제시되고 있다. 주의 성산에 거할 자 누구오니이까. 이것은 하나님을 예배하기 위해 나아와 용납하심을 받을 예배로 하나님께 나아갈 수 있는 자가 누구인지 반문하는 질문이다. 하나님께 나아와 그의 거룩한 존전에 거할 자가 누구인가? 하나님의 '성산'은 다윗의 아들이며 이스라엘 미래의 왕인 솔로몬이 성전을 짓게 될, 다윗의 성인 예루살렘 성이 지어졌던 시온 산을 가리킨다. 누가

예루살렘의 이 거룩한 곳에 나아와 하나님과 함께하며 살아있는 예배를 경험할 수 있는가? 거룩하신 하나님과 친밀한 대화를 할 수 있는 이는 누구인가?

B. 영적 자격(15:2-5b)

Supporting Idea	성도의 삶에서 개인적 성결은 하나님을 예배하는 데 필수적인 조건이다.

15:2a-b. 질문에 대한 진지한 대답이 시작된다. 그것은 열두 개의 명령으로 구성된 대답이지만 실제로 여섯 개의 2행 연구로 되어 있다. 그 내용은 하나님의 거룩한 산에 나아가는 사람은 하나님이 거룩하신 것처럼 거룩하고자 애써야 한다는 것이다(비교. 히 12:14). 아래는 하나님을 예배할 수 있는 사람의 삶을 규정하고 있는 대표적인 목록이다.

첫 번째 2행 연구는 하나님을 예배하는 사람에게 요구되는 거룩한 행실에 초점을 맞춘다. 그는 **정직하게 행하는** 사람이어야 한다. '행하다' (walk)라는 단어는 한 개인의 일상적인 삶의 양식과 생활 방식의 방향을 가리킨다. 그의 길은 온전하거나 건전하다는 의미로 정직함(blameless)이 특징이 되어야 한다. 정직한 사람은 인격이 도덕적으로 온전한 사람이다. 이런 사람은 인생의 어떤 영역에서는 강하고 어떤 영역에서는 약한 사람이 아니다. 삶의 모든 부분이 통합적으로 완벽하고 균형 잡힌 경건한 삶을 이루는 사람이다.

다른 식으로 말해서 예배자의 필수 조건은 **공의를 일삼는** 사람이다. 그러한 도덕적 순결성은 하나님 보시기에 의로운 것을 추구하는 올바른 행동으로 표현된다. 이것은 하나님께 순종하는 또 다른 방식이다. '공의를 일삼는' (righteous)이란 단어는 하나님의 말씀을 일관되게 순종하는 삶을 영위하는 사람을 표현한다. 그는 말씀을 듣기만 하는 사람이 아니라 옳은 것을 행하며 진리를 실천하는 사람이다.

15:2c-3a. 두 번째 2행 연구는 예배자의 혀에 초점을 맞춘다. 이것은 하나님께서 받으실 찬양을 드릴 수 있는 자가 누구냐고 질문한다. 긍정적으로 말하면 그는 **그 마음에 진실을 말하는** 사람이다. 이것은 마음의 말과 입으로 내는 말이 일치하는 사람을 의미한다(마 12:34-35, 15:18). 하나님께서는 위선적인 예배를 경멸하신다. 입술로는 하나님

을 예배하지만 마음으로는 하나님과 먼 자의 예배를 경멸하신다(사 29:13, 마 15:8). 진정한 예배자는 하나님의 진리가 내면에서 꿈틀거리기 때문에 사람들에게 진리만 말한다. 한 입으로 두 말을 하는 이중적인 사람이 아니라 말이 곧 그의 뜻인 사람이다.

진정한 예배자는 **그 혀로 참소치 않는다.** 혹은 입으로 다른 사람을 악의적으로 공격하지 않는다. 사탄(devil)이란 단어는 '비방하는 자'라는 뜻이다. 다른 사람을 언어로 공격하는 사람만큼 악한 사탄과 닮은 자는 없으며 그런 사람만큼 어둠의 임금에게 더 많이 이용당하는 자도 없다. 시온의 여호와 존전에 나아가고자 하는 사람이라면 반드시 진실을 말하는 순종의 종이어야 한다. 한 입으로 두 말을 하는 비방자는 여호와의 성소에 들어갈 수 없다.

15:3b-c. 나아가 진정한 예배자는 다른 사람들을 해치거나 상처주지 않고 그들과 올바른 관계를 유지해야 한다. 2행 연구의 양 부분은 예배자가 하지 말아야 할 것을 진술하는 부정문으로 서술되어 있다. 하나님 집의 손님이 되기 위해서는 **그 벗에게 행악지 않는** 사람이어야 한다. 다시 말해서 어떤 사람에게도 해를 가하는 사람이어는 안 된다. 그 벗이란 그가 교제하는 모든 사람을 말한다. 확실히 긍정적인 일을 한다는 의미가 내포되어 있다. 마찬가지로 그는 **그 이웃을 훼방치 아니한다.** 사람들 앞에서 이웃을 수치스럽게 하는 일을 하지 않는다. 오히려 진실 되고 긍정적인 것을 말하며 타인들을 세워준다.

15:4a-b. 이 네 번째 2행 연구에서 시편 기자는 한 개인이 무엇을 수용하고 받아들이느냐의 측면에서 진정한 예배자를 밝힌다. 진정한 예배자는 하나님께서 거부하는 자들을 거부하고 하나님께서 받아들이는 자들을 수용하면서 악인들에게는 '아니요'라고 말하고 경건한 자들에게는 '네'라고 말하는 사람이다(비교. 시 1:1-3). 그는 **망령된 자를 멸시하는** 사람이다. 망령된(히. 마아스, maas) 사람은 무가치하고 타락하고 더럽고 혹은 도덕적으로 부패한 사람이다. 참된 예배자는 죄인의 더러운 영향력과 교제와 동역을 거부한다는 의미에서 죄인을 거부한다. "악한 동무들은 선한 행실을 더럽히나니"(고전 15:33). "적은 누룩이 온 덩어리에 퍼지는 것을 알지 못하느냐"(고전 5:6).

참된 예배자는 자신의 삶에서 뿐 아니라 특별히 비열한 사람의 생활 속에 있는 거짓되고 악한 모든 것을 거부해야 한다. 친밀하고 살아있는 관계를 누리며 하나님을 예배하는 사람은 **여호와를 두려워하는 자를 존대한다.** 이것은 그가 믿음과 순종의 삶을 통해 하나님을 경외하는 사람들을 인정하고 교제한다는 의미다.

15:4c-d. 다섯 번째 2행 연구는 순결에 대한 이 설명을 더욱 진전시키며 하나님을 순수하게 예배하는 사람의 단호하고 흔들림 없는 헌신을 지적한다. 하나님께 나아가는 게 허용되는 사람은 서원한 것을 지키는 사람이다. 그는 자신이 이행하기로 한 약속을 그대로 실천하고 압력을 받고 굴복하거나 타협하고자 하는 충동을 거부하며 말의 진실함을 유지한다. 어떤 대가를 치르던 자신의 서약에 충실하다는 의미에서 자신의 말을 지킨다. 서원한 것이 해로울지라도 그 약속을 지킨다. 설령 그것이 개인적인 손실과 고통을 의미한다 하더라도 자기 말을 지킨다는 의미다.

15:5a-b. 마지막으로 다윗은 예배하며 하나님께 십일조를 드리는 자가 돈을 쓰는 방식에 초점을 맞추며 여섯 번째 2행 연구를 시작한다. 참된 예배자는 변리로 대금치 않는 사람이다. 그는 돈을 빌려야 할 곤궁한 처지의 사람을 통해 이익을 보지 않는다. 모세의 율법은 이스라엘 동족에게 이자를 거두는 행위를 엄격히 금했다(출 22:25, 레 25:36). 하나님께서는 돈을 꾸고 빌려주는 행위에 대한 엄격한 규례를 제정해주셨다(신 23:19-20, 24:10-13). 진정한 예배자는 어려움에 처한 사람들을 돕는 일에 돈을 씀으로써 하나님을 예배한다. 동시에 그는 뇌물을 받고 무죄한 자를 해치 않는다. 참된 예배자는 이 세상의 제도에 매수당하지 않는다. 그들은 개인적인 이득을 얻을 요량으로 원칙의 문제에 영향이 가도록 내버려두지 않는다.

C. 강한 확신(15:5c)

Supporting Idea	개인적으로 성결한 삶을 사는 사람은 하나님을 피난처로 삼기 때문에 결코 흔들리지 않는다.

15:5c. 이런 일을 행하는 자는 영영히 요동치 아니하리이다. 하나님의 임재 가운데 살아가는 사람에게 해당하는 삶은 "시냇가에 심은 나무"(시 1:3)와 같은 삶이다. 의롭고 정직한 삶이 뿌리내렸을 때 인생의 폭풍이 사납게 몰아쳐도 우리는 미끄러지거나 흔들리지 않고 안전하게 설 수 있다. 예수님은 지혜로운 건축자와 어리석은 건축자에 대해 말씀하실 때 바로 이 원리를 지적하셨다(마 7:24-27, 눅 6:47-49).

Main Idea 복 습	다윗은 하나님을 예배하는 사람의 도덕적 정직성과 인격적 거룩함을 묘사한다.

결론

오직 하나님의 말씀으로만

한 어머니가 대학에 다니는 아들을 찾아갔다. 아들의 기숙사 방에 들어간 어머니는 열두 개가 넘는 외설적인 그림이 덕지덕지 붙은 벽을 훑어보았다. 어머니는 깊이 상심했지만 아무 말도 하지 않았다. 며칠 후 우편배달부가 아들에게 소포 하나를 전해주었다. 그의 어머니가 보낸 선물로, 시편 15편 1-2절의 진리가 적힌 예쁜 액자였다. 아들은 책상 앞에 그 성구를 걸어놓았다. 그런데 그 구절을 볼수록 벽에 붙인 그림들에 대해 죄책감이 생기기 시작했다. 그날 밤 그는 잠자리에 들면서 성구와 가장 가까운 곳에 붙은 그림 하나를 떼어냈다. 그 다음날 또 다른 그림이 쓰레기통에 처박혔다. 날마다 그림들이 벽에서 하나씩 하나씩 사라지기 시작했다. 마침내 벽에는 단 한 개의 액자만 남았는데, 그것은 하나님의 말씀이 적힌 액자였다.

성결한 삶을 사는 열쇠는 성경 말씀으로 흠뻑 젖은 삶에 있다. 하나님의 말씀이 한 개인의 내면에 깃들 때 죄는 그 힘을 잃는다. 하나님의 거룩한 빛이 항상 어둠의 영역들을 드러내며 어둠들을 몰아낸다. 의로운 삶을 살기 위해서는 반드시 말씀의 영광과 장엄함에 초점을 맞추고 말씀을 묵상해야 한다. 말씀에 대한 지식이 믿음과 결합될 때 죄의 습성을 몰아낼 수 있다.

삶의 적용

하나님의 거룩함

하나님을 예배하고자 소원하는 모든 사람들은 그분의 거룩함을 바르게 이해해야 한다. 하나님은 "거룩하시고 거룩하시고 거룩하시다"(사 6:3). 이것은 그분이 초월자이고 위엄이 넘치고 영광으로 충만하고 죄 없이 완벽하며 어떤 흠이나 불결함도 없는 분이시라는 의미다(출 15:11). 하나님께 나아가고자 하는 사람들은 모두 하나님이 두려울 정도로 거룩하시다는 사실을 반드시 깨달아야 한다. 하나님의 거룩하심을 보지 못하는 사람은 자신의 영적인 상태가 진정 어떠한지 깨닫지 못한다. 우리는 저마다 하나님의 거룩한 속성에 비추어 자신을 보아야 한다. 그렇게 하지 않으면 자신을 제대로 알 수 없다. 그래서 다윗은 이렇게 기도했다. "하나님이여 나를 살피사 내 마음을 아시며 나를 시험하사 내 뜻을 아옵소서 내게 무슨 악한 행위가 있나 보시고 나를 영원한 길로 인도하소서"(시 139:23-24).

하나님의 속성 중 가장 핵심적인 이 속성에 대한 몰두할 때 죄를 애통하게 여기며 사무치는 고백을 하게 할 뿐 아니라 자신의 죄를 깨닫게 될 것이다. 이사야가 자신의 죄악과 주변 사람들의 죄악 됨을 깨닫게 된 것은 오직 하나님의 거룩하심을 본 이후였다(사 6:5). 죄를 깨닫게 하시는 성령의 사역과 더불어 하나님에 대한 올바른 이해는 우리로 죄를 고백하지 않을 수 없게 만든다. 이 고백은 분석적으로, 형식적으로, 아무런 감정 없이 단순히 죄를 인정하는 것이 아니다. 참된 고백이란 죄를 하나님께서 보시는 것처럼 보고(요일 1:9) 미워하시는 것처럼 미워하는 것이다. 이것은 자신이 걸어가던 악한 길들을 포기하는 일로 이어진다. 하나님의 거룩하심을 본 후에야 우리는 비로소 하나님께서 보시듯이 죄를 볼 수 있게 된다. 죄를 고백한 후에야 신자는 의미 있는 예배를 드리며 하나님의 존전에 들어갈 준비가 된다.

기도

하나님, 그 무슨 말로 하나님의 거룩하심을 다 표현할 수 있을까요? 당신만이 거룩하십니다! 하나님께서는 전적으로 부패하고 거룩하지 못한 우리를 심판하실 권리가 있습니다. 그런 우리를 방치하지 않으시고 주 예수 그리스도를 통해 거룩할 수 있는 길을 준비해주시니 찬양을 드립니다. 아버지, 날마다 주 예수 그리스도의 형상을 닮아 당신이 거룩하신 것처럼 우리도 거룩하게 해주십시오. 예수님의 이름으로 기도합니다. 아멘.

심층 연구

A. 성소(15:1)

성소는 언약궤를 모신 성막을 가리키는 것이 확실하다. 이곳은 하나님께서 거하시며 모세와 '만나기로' 약속하신 장소이다(출 25:22). 다윗 통치기에 다윗은 예루살렘으로 옮겨가면서 언약궤를 둘 이 성소를 준비했다. 언약궤는 이스라엘 안에 하나님께서 특별히 임재하심과 적들로부터 이스라엘을 보호하심을 상징했다. 속죄소 위의 그룹 사이에 하나님의 영광이 빛나고 있었다.

B. 거룩한(15:1)

이 단어(히. 코데쉬, qodesh)는 일차적으로 '신성한, 거룩한, 구별된, 봉헌된, 거룩하게 된' 것을 의미한다. 레위기 10장 10절과 에스겔 22장 26절에서 코데쉬는 '속된' (히. chol) 것과 대조되는 것으로 설정되어 있다. 지성소(출 26:33-34, 대하 3:8, 10), 성전(시 20:2, 단 8:14), 그리고 거룩한 성막(출 28:48, 29:30, 35:19, 39:1)처럼 거룩한 산(성산)은 하나님의 본유적 거룩하심 때문에 거룩했다(비교. 사 6:3). 하나님의 임재하심은 그분 근처에 있는 물건들도 거룩하게 만들었다(비교. 사 6:3). 하나님이 거룩하시기 때문에 그분의 백성들은 거룩해야 한다(비교. 레 11:44, 19:2, 벧전 1:16). 이것이 이 시편의 핵심이다. 부차적인 의미에서 '거룩한' 이라는 단어에는 '도덕적으로 순결한, 죄가 없는, 도덕적이거나 윤리적 흠이 없는' 이란 뜻이 있다. 거룩한 산은 하나님께 구별되어 드려진 곳이었기 때문에 순결하고 죄가 없는 곳이었다. 그러므로 예배자는 하나님께 나아갈 때 순결해야 한다.

C. 훼방하다(15:3)

이 단어(히. 라, ra)는 '악하고 잘못되거나 사악하거나 부패한' 이라는 의미가 있는 형용사이다. 이 단어는 악한 말(잠 15:28), 악한 생각(창 6:5, 8:21), 악한 행동(잠 2:14, 출 5:22-23, 신 17:5, 느 13:17, 왕하 3:2)을 가리킬 때 사용되고 있다.

D. 요동하다(15:5)

이 단어(히. 모트, mot)는 '흔들리다, 미끄러지다, 넘어지다' 란 의미가 있다. 이 단어는 시편에서 14번 사용된다. 시편 55편 22절에서 다윗은 "네 짐을 여호와께 맡겨 버리라 너를 붙드시고 의인의 요동함을 영영히 허락지 아니하시리로다"라고 썼다. 시편 62편 2절에서 다윗은 "오직 저만 나의 반석이시요 나의 구원이시요 나의 산성이시니 내가 요동치 아니하리로다"라고 썼다. 이러한 언급들이 조건문으로 쓰였음에 유의하라. 다시 말해서 한 개인이 공격을 당할 때 흔들리지 않는 유일한 길은 하나님께서 그의 인생의 바위와 구원과 요새가 되시는 것이다. 시편 93편 1절에서 '모트' 는 하나님의 주권적 통치로 인해 흔들릴 수 없는 세계에 적용되고 있다.

고안

A. 탐색을 위한 질문(15:1)

1. 하나님께 나아갈 자 누구인가?(1a)
2. 하나님과 함께 거할 자 누구인가?(1b)

B. 영적 자격(15:2-5b)

1. 인격적으로 거룩해야 한다(2a-b)
    a. 정직함을 추구해야 한다(2a)
    b. 의를 실천해야 한다(2b)

2. 대화가 거룩해야 한다(2c-3a)
   a. 진실을 말해야 한다(2c)
   b. 비방을 삼가야 한다(3a)
3. 만남이 거룩해야 한다(3b-c)
   a. 죄를 삼가야 한다(3b)
   b. 중상모략을 삼가야 한다(3c)
4. 교제하는 사람들이 거룩해야 한다(4a-b)
   a. 망령된 자를 거부해야 한다(4a)
   b. 신자를 존대해야 한다(4b)
5. 서원이 거룩해야 한다(4c-d)
   a. 하나님의 말씀에 기초해야 한다(4c)
   b. 말씀을 위해 고난당한다(4d)
6. 상거래가 거룩해야 한다(5a-b)
   a. 이자를 받지 않고 돈을 빌려준다(5a)
   b. 자기 이익을 취하고자 하는 뇌물을 거부한다(5b)

C. 강한 확신(15:5c)

1. 그러한 자는 하나님과 친밀할 것이다(5c)
2. 하나님 안에서 요동하지 않을 것이다(5c)

토의 질문

1. 하나님의 존전에 나아가 그분을 예배하기 전에 영적으로 나 자신을 점검하고 있는가?

2. 나는 흠 없고 의로운 삶을 살고 있는가?

3. 다른 사람들의 인격을 공격하고 비방한 적이 있는가?

4. 다른 사람들과 교제할 때 온전한 진실을 말하는가?

5. 사람들을 돕고 하나님을 영화롭게 하는 데 내 돈을 사용하고 있는가?

시편 16편

소망의 삶

"소망이 있다면 아무리 두꺼운 구름이 끼어 있어도 그 너머로 하늘을 볼 수 있다."

- 토마스 브룩스(Thomas Brooks)

들어가는 글

누구라도 먼저 죽을 준비가 되어 있지 않으면 살 준비가 되어 있지 않은 것이다. 하나님에 대한 살아있는 믿음으로 죽음의 실체 앞에 설 때 비로소 우리는 고통스러운 역경 앞에서도 그분을 위해 담대하고 용기 있게 살 준비를 할 수 있다. 이 사실은 시편 16편에 기록된 것처럼 생명을 위협하는 또 다른 시련에 직면한 다윗의 인생에도 그대로 적용되었다. 이 시편은 하나님을 확신하는 신뢰에 찬 노래로서 시편 기자는 죽음을 넘어서서 하나님을 향해 살아있는 소망에 사로잡혀 있기 때문에 최고의 인생을 살아갈 수 있었다.

시편 16편은 다윗이 곤궁한 상황에 처했을 때, 아마 광야에서 생명의 위협에 처했거나 왕권에 심각한 도전을 받은 어느 한 시기에 쓰였을 것이다. 다윗은 하나님께서 그의 인생의 분깃이 되어주셨으므로 죽음 앞에서도 그분을 신뢰할 것이라고 담대하게 말한다. 다윗은 어떤 상황에 처하든 하나님 안에 신뢰의 닻을 내렸고 이로 인해 기뻐할 수 있었다. 그는 죽음의 위기 앞에서도 하나님을 단호히 의지했다. 그는 이 세상 너머 장차 올 부활의 영광과 영화를 바라보았다.

이 시편은 믹담(miktam)으로서 그 의미는 불확실하다. 8-11절은 오순절에 베드로가 인용했던 구절이며(행 2:25-28) 10절 하반절은 바울이 안디옥에서 인용했던 구절이다(행 13:35-37). 두 구절 모두 예수 그리스도의 부활과 관련해 사용되었다.

본문 이해

소망의 삶

Main Idea	다윗은 점점 심해지는 어려움 속에서도 여호와를 따를 때 오는 축복과, 죽은 이후에 올 영광을 나열하며 그분 안에서 즐거워한다.

A. 다윗의 기도(16:1-2)

16:1-2. 다윗은 고요한 확신으로 하나님의 보호하심을 구하며 하나님이여 나를 보호하소서라고 기도한다. 그는 하나님만이 주실 수 있는 안전을 구한다. 그렇게 간구하는 근거는 하나님이 다윗의 피난처이시기 때문이다. 다윗은 하나님만 의지했다. 오직 그분만이 인생의 위험에서 다윗을 보호하실 수 있었다. 이 신뢰의 기도를 통해 다윗은 여호와께 아뢰되 주는 나의 주시라고 고백하며 그분에 대한 전적 신뢰를 표현한다. 주님은 그에게 인생을 아름답고 누릴 만한 것이 되게 한 모든 것의 원천이었다. 그래서 다윗은 주밖에는 나의 복이 없다고 선언한다. 하나님은 그의 모든 것이며 그의 안전과 만족과 다시 없이 좋은 것이었다.

B. 다윗의 괴로움(16:3-4)

16:3-4. 관심을 이 땅의 신자들에게로 돌린 다윗은 그들이 하나님 보시기에 귀중한 존재인 존귀한 자라고 기뻐한다. 다윗 왕은 이스라엘의 경건한 시민들에 대한 깊은 애정을 표현하며 나의 모든 즐거움이 저희에게 있다고 쓴다. 그러나 다윗처럼 하나님을 신뢰하는 이들과는 매우 대조적으로 오직 괴로움만이 더해질 뿐인 종교적 혼합주의에 빠져 다른 신을 좇는 불경건한 자들이 있었다. 타협하는 믿음으로 인해 하나님에 대한 그들의 충성심은 약화되었다. 그래서 예배로 드려진 그들의 피의 전제는 하나님이 아니라 거짓 신들에게 드려졌다. 다윗은 이러한 신들이나 그들을 숭배하는 사람들과 관계를 맺지 않고자 했다.

C. 다윗의 맹세(16:5-6)

16:5-6. 다윗은 유일하시고 참되신 하나님에 대한 배타적 충성을 재확인하며 여호와는 나의 산업과 나의 잔의 소득이시니라고 기도한다. 그는 주님 안에서 온전한 안전과 만족을 얻기 때문에 다른 신들을 예배하고 싶은 유혹을 전혀 받지 않았다. 아버지가 아들에게 남기는 유산을 의미하는 그의 산업과 잔 혹은 주인이 손님에게 베푸는 친절은 그가 주 안에서 누리는 풍성한 삶을 가리킨다. 여호와가 그의 하나님이 되시므로 그의 삶의 분깃은 안전하다. 영적으로 말해서, 다윗의 줄로 재어준 구역은 넓어서 신적 축복을 풍성히 받을 수 있다. 그의 기업은 하나님 자신과 그분이 넘치도록 주시는 모든 선하심과 공급하심이다.

D. 다윗의 찬양(16:7-11)

16:7-8. 하나님의 풍성한 은혜로 인해, 특별히 하나님께서 그를 교훈하시기 때문에 다윗은 하나님을 송축한다. 하나님의 훈계는 너무나 완벽하여 밤에도 그의 심장 속에 깊이 자리를 잡는다. 그는 내가 여호와를 항상 내 앞에 모심이여라고 선언한다. 이곳은 초점이 흐트러지지 않는, 절대적으로 탁월한 자리였다. 하나님께서는 모든 것을 채워주시는 그의 부양자로서 가장 높은 영광의 자리인 그의 우편에 계신다. 그래서 다윗은 어떤 위험에도 요동치 않을 것이다. 하나님은 요동치 않는 분이시다. 그러므로 그도 요동치 않을 것이다.

16:9-10. 생명이 위험한 시련 속에서도 다윗은 기뻐하고 즐거워한다. 그는 죽음 앞에서조차 그의 육체 역시 안전히 거할 것임을 안다. 그는 하나님께서 그의 영혼을 음부에 버리지 아니하실 것이라고 열광적으로 찬양하며 기뻐한다. 죽음조차 그를 하나님과 분리시킬 수 없을 것이다. 그는 무덤 속에 누워 무의미한 존재로 썩지 않을 것이다. 하나님께서 영원히 그의 분깃이 되시기 때문이다.

16:11. 하나님께서 다윗의 우편에 계시기 때문에(8절) 그는 언젠가는 주의 우편에 있을 것이며 그곳에서 영원한 즐거움을 누릴 것이다. 하나님께서는 그에게 생명의 길을 보여주셨다. 이 길은 궁극적으로 천국에 있는 하나님의 존전으로 이어지며, 그는 그곳에서 결코 줄어들지 않는 기쁨을 넘치도록 경험할 것이다.

결론

이 세상의 삶은 아무런 경고 없이 갑자기 끝날 수 있다. 죽음이 미리 통지를 하고 오는 경우는 거의 없다. 그러므로 신자들은 날마다 매순간을 마지막처럼 여기며 살아야 한다. 리차드 박스터(Richard Baxter)는 이렇게 말했다. "다시는 설교하지 못할 것처럼, 어느 죽어가는 사람이 다른 죽어가는 사람에게 하듯이 항상 설교하라."

죽음을 앞둔 사람들처럼 살 때 비로소 신자는 하나님께서 뜻하시는 대로 살 것이다. 신자들은 의인들을 위협하는 무서운 위험으로부터 유일하게 안전한 피난처가 되시는 하나님께만 소망을 두어야 한다. 다윗처럼 항상 자신 앞에 주님을 모시며 바위처럼 든든한 그분의 속성을 늘 묵상해야 한다. 하나님께 그렇게 집중할 때만 주님이 신자의 기쁨이 되어주실 것이다. 신자들은 주님이 우리를 생명의 길로 인도하셨고 그분만이 기쁨과 영원한 즐거움을 주실 수 있음을 끊임없이 기억해야 한다. 그래야 다윗처럼 "우리가 요동치 않을 것" 이라는 확신에 찬 말을 할 수 있다.

티칭 가이드

교안

A. 다윗의 기도(16:1-2)

1. 나를 구하소서(1절)
2. 나의 만족이 되소서(2절)

B. 다윗의 괴로움(16:3-4)

1. 성도들은 즐겁다(3절)
2. 죄인들에게 괴로움이 더한다(4절)

C. 다윗의 맹세(16:5-6)

1. 하나님은 나의 산업이시다(5절)
2. 하나님은 나의 유업이시다(6절)

D. 다윗의 찬양(16:7-11)

1. 훈계하심에 대해(7절)
2. 요동치 않음으로 인해(8절)
3. 미래의 부활에 대해(9-10절)
4. 최후에 있을 영화(榮華)에 대해(11절)

시편 17편

영혼의 생존자

"기도는 영혼의 방패이고 하나님께 드리는 희생 제사이며 사탄을 내리치는 채찍 이다."

- 존 번연(John Bunyan)

들어가는 글

온갖 인생의 역경 속에서 기도는 신자가 가지고 있는 가장 위대한 무기 중 하나이며 실패 앞에서도 승리를 가져다주는 확실하고 믿을 수 있는 도구이다. 이것은 위기에 처했을 때 구해달라고 하나님께 부르짖던 다윗의 인생에서 사실로 증명되었다. 다윗은 하나님의 임재와 위험에서 구해주실 그분의 능력을 의지하며 하나님을 신뢰하는 법을 배웠다.

시편 17편은 시대를 초월해 적용되며 불의한 자들로부터 공격받고 있는 모든 신자들을 향한 메시지다. 그러한 박해는 영적 전쟁의 결과로 일어나며 그런 상황에서 그리스도인들은 선과 악, 빛과 어둠, 천국과 지옥이 충돌하는 것을 본다. 그러한 싸움 속에서 하나님께서 신자의 제1방어선이 되어주셔야 한다. 이 '다윗의 기도' 에서 시편 기자는 자신이 바로 그런 상황에 처해 있음을 본다. 이것은 하나님을 향한 중보기도라고 할 수 있는 첫 시편이다(비교. 시 86, 90, 102, 142편). 하나님을 향한 기도는 불의한 원수들에게 공격을 당할 때 그리스도인이 가할 수 있는 가장 강력한 반격이다.

본문 이해

영혼의 생존자

Main Idea	믿음 때문에 박해를 받을 때 다윗은 기도하는 가운데 하나님을 의지하며 자신의 모든 개인적인 죄를 밝혀주시고, 완전히 보호해주실 것을 구한다.

A. 나를 보소서(17:1-2)

17:1-2. 이 시편은 다윗이 최후의 대재판장이신 하나님 앞에서 여호와여 정직함을 들으소서 나의 부르짖음에 주의하소서라고 자신을 변론하는 법정 용어로 시작된다. 이 요청은 주님이 귀 기울여주셔야 할 극도의 긴급성을 드러내고 있다. 이 의로운 간구는 그에게 쏟아지는 혐의들과 관련해 정의를 구하는 긴박한 요청이다. 다윗은 자신이 옳은 일을 했다고 믿기 때문에 하나님의 변호를 구한다.

B. 나를 살피소서(17:3-5)

17:3-5. 하나님께서 자신의 마음을 시험하시고 그를 권고하시며 감찰하여주실 것을 요청하며 다윗은 원수들이 제기한 혐의들에 대해 자신이 결백함을 믿는다. 다윗은 자신이 무죄하고 완전한 자라고 주장하는 것이 아니라 자신의 결백성을 믿고 있는 것이다. 그는 하나님께서 자신에 대해 정죄하실 가능성이 있는 것들에 대해 아무 흠을 찾지 못하실 것이라고 믿는다. 하나님께서 심사해보시면, 그가 죄를 짓지 않기로 굳게 결심했다는 것과 강포한 자의 길에서 자신을 삼갔음이 밝혀질 것이다. 그의 걸음은 하나님의 길을 따르며 미끄러진 적이 없었다. 다윗은 하나님의 엄정한 조사로 자신의 신실성이 보존될 것이라고 믿는다.

C. 내게 보여주소서(17:6-7)

17:6-7. 다윗은 또 다시 하나님의 반응을 호소하며 하나님께서 그에게 응답하시며 기이한 인자를 보여주시기를 요청한다. 궁극적으로 그가 호소한 근거는 자기 자신의 성실성이 아니라 하나님의 변치 않는 사랑에 있다(히. 헤세드, 23편 6절의 '심층 연구' 참조). 그는 하나님께서 오른손으로 환난에서 그를 건져주실 것을 간구한다. 다윗은 하나님께 피하는 모든 사람들이 보호를 받을 것이라고 확신한다.

D. 나를 방패로 두르소서(17:8-12)

17:8-9. 하나님의 보호하심을 구하며 다윗은 나를 눈동자같이 지켜달라고 기도한다. 이 표현은 안구의 눈동자를 보호하는 것을 의미한다. 그는 계속해서 자신을 주의 날개 그늘 아래 감추시도록 기도한다. 이것은 뜨거운 사막의 태양으로 인한 숨막히는 열기로

부터 보호받는 것을 묘사한 것이다. 어미 새가 날개로 그늘을 만들어주듯이 다윗은 그를 해하려고 하는 자들로부터 하나님의 보호하시는 손길을 요청한다. 다윗은 하나님께서 공격해오는 악인들로부터 그를 보호하시고 에워싼 극한 원수들에게서 그를 보호해 주시도록 간구한다.

17:10-12. 다윗은 자신이 어떤 악한 자들로부터 구원을 받아야 하는지 묘사한다. 선한 일에 무감각하고 냉담한 그들은 무딘 마음을 닫은 자들이다. 문자적으로 말하자면 '그들의 기름진 것을 닫은' 것이다(비교. 신 32:15, 욥 15:27). 그들의 둔한 마음은 교만히 말한다. 그들의 발은 그를 해하고자 공격적으로 그를 추적한다. 그들은 움킨 것을 찢으려 하는 사자처럼 다윗을 삼키기 위해 땅에 집어던지려고 한다. 다윗은 그러한 박해에서 하나님의 보호하심이 필요했다.

E. 나를 구하소서(17:13-14a)

17:13. 다윗은 긴박한 어조로 여호와여 일어나 저를 대항하여(대항하소서)라고 기도한다(비교. 3:7, 9:19-20). 이것은 전쟁 중에 하나님께 거룩한 용사로서 개입하시어 자기를 대신해 저들을 넘어뜨리시기를 호소하는 말이다. 그는 하나님께 이 적들과 대항하시고 그들에게 칼을 휘둘러 자신을 구원해달라고 구한다. 전쟁은 하나님께 속한 것이다!

17:14a. 그러한 증오심에 에워싸인 다윗은 그를 해하기를 열렬히 원하는 사람들로부터 구원해달라고 간구한다. 그는 그러한 사람들을 가리켜 이 세상의 사람들이라고 말한다. 이것은 그들이 하나님과 그의 백성들과 대립되는 악한 제도의 일부라는 의미다. 그들의 분깃은 이 세상에 한정된다. 신자들은 그러한 악에서 하나님의 구원하심이 필요하다.

F. 나를 만족케 하소서(17:14b-15)

17:14b. 다윗은 하나님을 신뢰한다는 표현으로 마무리하며 하나님의 선하심을 증거한다. 여호와를 부르며 그는 주의 재물로 배를 채우심을 입고(당신은 당신이 아끼시는 자들이 여전히 갈망하는 분이십니다)라고 단언한다. 이것은 하나님께서 사랑하는 신자들의 마음을 온전히 만족케 하신다는 뜻이다. 그러므로 하나님의 세상적이고 일시적인 축복이 너무나 풍성해서 그들이 자녀로 만족하고 그 남은 산업을 그 어린아이들에게 유전

한다(자식들을 위해 재물을 쌓기 때문에 그들의 아들들이 풍부한 재산을 갖는다-NIV).

17:15. 하나님께서는 또한 당신을 신뢰하는 자들에게 영원한 영적 축복을 약속하신다. 다윗은 언젠가 자신이 하나님의 얼굴을 뵙게 될 것을 알고 있다. 그는 자신에게 전가된 신적 의에 근거한 더 큰 보상을 기대하며 천국에 계신 하나님의 모습까지 미리 내다본다(계 22:4). 죽음 저편에서 그는 여호와를 볼 것을 인해 만족하고 그날 그의 형상으로 영화로워지며 혹은 온전해질 것이다(요일 3:2).

결론

세상의 공격을 받을 때 신자들은 기도하며 하나님을 의지하는 가운데 위험한 시간에 그의 도우심을 구해야 한다. 박해를 받을 때면 하나님께 더욱 가까이 나아가며 신적 보호하심과 우리로 하여금 견딜 수 있게 하시는 은혜를 구해야 한다. 혹자는 "밖을 바라보면 종종 황량하지만 위를 바라보면 항상 밝다"라고 말했다. 세상의 반대에 부딪힐 때 신자는 그 반대가 자신의 죄로 인한 것은 아닌지 항상 자신의 마음과 삶을 살펴야 한다. 때로 하나님께서는 의로운 자들을 징계하시기 위해 불의한 자들을 사용하신다.

나아가 신자들은 항상 미래를 바라보아야 한다. 역경의 뜨거운 열기는 항상 우리로 하여금 천국의 영광과 장차 올 세상의 아름다움을 갈망하는 계기가 되어야 한다. 이 세상은 일시적이지만 천국은 영원하다. 박해를 통해 우리는 이 진리를 깨닫는다.

티칭 가이드

교안

A. 나를 보소서(17:1-2)

1. 나의 의로운 간구를 들으소서(1절)
2. 나의 의로운 생활을 보소서(2절)

B. 나를 살피소서(17:3-5)

1. 내 마음을 살피소서(3a)
2. 내 입술을 살피소서(3b-4a)
3. 내 길을 살피소서(4b-5절)

C. 내게 보여주소서(17:6-7)

1. 당신의 변함없는 사랑을 보여주소서(6-7a)
2. 당신의 구원을 보이소서(7b)

D. 나를 방패로 두르소서(17:8-12)

1. 하나님의 돌보심으로(8-9절)
   a. 하나님의 눈동자처럼(8a)
   b. 하나님의 날개 그늘 아래(8b-9절)
2. 악한 자에게서(9-12절)
   a. 그들의 마음이 냉담하나이다(10a)
   b. 그들의 입술이 교만하나이다(10b)
   c. 그들의 발이 좇나이다(11a)

d. 그들의 눈이 경계하나이다(11b)

e. 그들의 공격이 격렬하나이다(12절)

E. 나를 구하소서(17:13-14a)

1. 내 원수들을 넘어뜨리소서(13a)
2. 당신의 종들을 구원하소서(13b-14a)

F. 나를 만족케 하소서(17:14b-15)

1. 세상의 축복으로(14b)
2. 영원한 축복으로(15절)

시편 18편

반석에 닻을 내리다

"하나님과 하나 되는 것이 다수가 되는 것이다."

- 윌리엄 캐리(William Carey)

들어가는 글

영혼을 시험하는 모든 시련 속에서 신자는 자신보다 더 큰 피난처에서 힘을 얻어야 한다. 그는 자신이 처한 시련보다 더 큰 바위에 닻을 내려야 한다. 유일하게 확실한 요새는 만물 중 가장 높은 반석, 즉 하나님이시다. 다윗은 이러한 진리를 발견해 이 시편에 기록하고 있다.

시편 18편은 시편에서 네 번째로 가장 긴 시편으로서 모든 적들로부터 계속해 자신을 구원해주심을 다윗이 찬양하는 내용을 담고 있다. 긴 제목은 "여호와께서 다윗을 그 모든 원수와 사울의 손에서 구원하셨다"는 진술을 담고 있다. 그러므로 이 시편은 다윗이 거둔 하나의 특정한 승리라기보다는 모든 적들에 대한 다윗의 승리들을 기리고 있다. 이 수많은 구원 중에 그의 가장 유명한 승리 중 하나, 즉 사울로부터 구원받은 승리가 포함된다. 이 시편은 또한 사무엘하 22장에도 나타난다. 그것은 사울의 사후에 기록된 것이었다.

시편 8편 전반에서 하나님은 반석(2, 31, 46절) 혹은 다윗이 하나님 안에서 발견한 보호하심으로 표현되고 있다. 사울을 피해, 후에 압살롬을 피해 도망 다녔던 시절에 다윗은 바위로 된 절벽 지대가 안전하다는 것을 알고 그곳으로 피했다. 그러나 사실 그의 보호의 산성이요 영혼의 확실한 기초는 하나님이셨다.

본문 이해

반석에 닻을 내리다

Main Idea	다윗은 일생 동안 모든 적들로부터 자신을 구원해주신 하나님을 기뻐한다.

A. 다윗의 기쁨(18:1-3)

18:1-3. 다윗은 하나님을 찬양하겠다는 맹세로 시편을 시작한다. 그는 자신의 생명을 하나님께서 보호해주심을 확신했다. 그는 나의 힘이 되신 여호와여 내가 주를 사랑하나이다라고 선언하면서 하나님을 향한 마음의 강한 호의와 깊은 친밀감을 강조한 사랑을 의미하는 단어(히. 라함, raham)를 사용한다.

그는 하나님의 사랑을 묘사하기 위해 일곱 개의 군사적 메타포를 사용한다. 안정성과 보호의 기초인 나의 반석, 공격받을 때 피난처가 되고 방어물이 되는 높은 장소인 나의 요새, 불운한 날 구해주시는 구세주인 나를 건지시는 자, 강한 방어물의 의미로서 위와는 다른 단어인 나의 피할 바위, 적의 화살과 칼을 막는 무거운 갑옷의 한 부속인 나의 방패, 전투시의 능력을 의미하는 구원의 뿔, 자기 종에 대한 하나님의 돌보심을 의미하는 나의 산성이 그것이다. 하나님께서는 다윗에게 이 모든 것이 되어주셨다. 이로 인해 원수들이 공격할 때 그는 하나님을 부르게 되었다.

B. 다윗의 이유(18:4-45)

18:4-6. 다윗은 포박당해 도무지 도망할 수 없게 된 것처럼 사망의 줄에 에워싸이는 위험에 처했다. 더욱이 물에 빠트려 죽이려 하듯이 불의의 창수가 그를 짓누른다. 음부의 줄이 그를 휘감아 꼼짝달싹도 못하게 하고 있다. 그러한 세력이 너무나 강해서 사망의 올무가 무기력한 포로인 다윗을 내놓으려고 하지 않는다. 이 극도의 위기 상황에서 그는 그의 소리를 들으실 것을 확신하고 도움을 구하며 하나님께 부르짖는다.

18:7-15. 하나님께서는 그를 대신해 극적으로 개입하시어 다윗을 구출해주신다. 하나님의 급작스러운 출현은 지진을 빌어 시적으로 표현되고 있다. 그의 환경을 뒤집기 위해 땅이 진동하고 산의 터도 요동한다. 하나님께서 다윗의 원수들을 처리하기 위해 진노의 심판으로 하늘을 드리우시고(가르시고) 강림하신다. 하나님께서는 그룹의 호위를 받으시며 하늘에서 강림하셔서 빽빽한 구름, 우박, 숯불을 동반한 무서운 천둥처럼 다윗의 기도에 응답하신다.

18:16-19. 신적 개입을 통해 하나님께서는 많은 물에서 다윗을 건져내기 위해 위에서 보내사(내려오셔서) 그를 취하신다. 다윗보다 힘센 적들(하지만 하나님께는 그렇지 않은 적들)로부터 다윗을 건져내신다. 여호와께서 나의 의지가 되셨도다라고 다윗은 증거한

다. 그는 질식하도록 답답한 곳에서 건짐을 받아 넓은 곳으로 옮기어진다.

18:20-24. 다윗은 또한 하나님께서 자신에게 상을 주셨다고 말한다. 이것은 그가 악을 멀리하고 하나님의 규례를 지키며 완전함 가운데 깨끗함으로 살았기 때문이다. 이로 인해 하나님께서는 그의 의를 따라 그에게 갚아주셨다. 다윗은 완벽한 무죄를 주장한 것이 아니다. 그는 단순히 주를 좇는 일에 헌신했고 이로 인해 경건한 삶을 살 수 있었다고 말하는 것이다.

18:25-27. 하나님께서는 그분의 속성에 따라 인간에게 갚아주신다. 하나님께 자비한(신실한) 자에게 하나님은 자비(신실)하시다(삼상 2:30). 마찬가지로, 하나님께서는 완전하고 깨끗한 자에게는 그와 동일한 모습으로 자신을 보여주신다. 하지만 사특한 자들은 하나님의 거스리심을 알게 된다. 이것은 그분이 가혹하게 그들을 심판하신다는 의미다. 인간이 사악한 길을 좇는 것을 포기하지 않는다면 하나님께서는 그에 따라 그에게 갚아주시며 그가 마땅히 받아야 할 것을 주실 것이다. 다윗에 의하면 하나님께서는 곤고한 백성은 높이시고 교만한 눈은 낮추신다.

18:28-36. 나아가, 다윗은 하나님께서 은혜로 그의 인생을 번성하게 하셨다고 주장한다. 그는 여호와께서 그의 등불을 켜게 해주셨다고 주장한다. 그의 인생이 번성하게 된 이유가 하나님이라는 것이다. 주를 의뢰함으로 그는 모든 반대들에 맞서 달릴 수 있고 심지어 전쟁 중에 담을 뛰어넘을 수 있다. 하나님이 그의 방패와 반석이시기 때문에 다윗은 승리의 장소인 높은 곳에서 힘을 갖고 설 수 있다. 하나님께서 놋활을 당길 정도로 초자연적인 능력을 주시기 때문에 다윗은 승리의 전투를 할 수 있다. 하나님만이 그를 붙드셔서 그의 원수들 앞에서 크게 하신다. 하나님께서는 다윗의 발밑을 안전하게 하셔서 넘어지지 않게 하신다.

18:37-42. 신적인 힘으로 능력을 얻은 다윗은 모든 원수들을 무찌르며 그들에게 미친다. 심지어 그들을 망하게 하고 친다. 분명한 것은 그들을 철저히 무너뜨리기 위해 그에게 능력으로 띠 띠우신 분은 하나님이심을 그가 증언하는 것이다. 다윗이 거둔 모든 승리는 하나님께서 그에게 능력을 주신 덕분이다.

18:43-45. 하나님께서는 원수들을 격퇴한 다윗을 높이셔서 그들을 통치하게 하신다. 그는 주께서 나를 열방의 으뜸을 삼으셨다고 증언한다. 이것은 정치적으로 군사적으로 우월한 지위를 말한다. 하나님께서 그에게 승리를 주셨기 때문에 한때 위압적이던

이 원수들이 이제는 그에게 복종하고 순종한다. 하나님께서 주신 이 승리가 너무나 완벽하기 때문에 그들은 다윗 앞에서 굽실거리며 쇠미하다.

C. 다윗의 후렴(18:46-50)

18:46-50. 다윗은 마무리를 위한 찬양을 폭발적으로 드리며 목소리를 높여 여호와는 생존하시다고 선언한다. 그는 그의 인생에 개입하신 하나님의 역사를 목격했다. 이 때문에 나의 반석을 찬송하라고 소리치지 않을 수 없었다. 하나님께서는 다윗을 지키시고 폭압적인 그의 원수들을 진압하셨다. 다윗은 하나님께서 큰 승리를 주셨으므로 내 구원의 하나님을 높일지로다라고 결론을 내린다. 이 승리는 너무나 완벽하여 다윗뿐 아니라 영영토록 그 후손에게 미친다.

결론

이 시편에서 다윗의 사례는 하나님의 구원을 믿으며 모든 시련 속에서 하나님을 피난처로 삼을 것을 모든 성도들에게 요구한다. 하나님은 당신에게 자신을 의탁하는 자들을 구원하시는 요동치 않는 반석이시다. 아무리 위협적인 원수도 하나님을 이길 수 없다. 그는 그 안에 피하는 모든 자의 요새가 되신다. 의인들은 흔들림 없는 소망 가운데 주님 안에 안식하며 그의 궁극적 승리를 확신해야 한다. 그들은 넘어지거나 흔들리지 않는 반석이신 하나님께 모든 믿음을 두어야 한다.

하나님의 백성들은 육체를 신뢰하지 않고 주님께 자신을 의탁하며 그분을 끝까지 의지해야 한다. 하나님께서 공격에서 구해주신 후에라도 신자는 오직 하나님만이 패배시킬 수 있는 다른 원수들이 어둠 속에 잠복하며 자신을 노리고 있음을 명심하고 끝까지 견뎌야 한다. 하나님만이 우리의 소망과 방패가 되신다.

teaching guide

티칭 가이드

교안

A. 다윗의 기쁨(18:1-3)

1. 하나님에 대한 나의 사랑(1a)
2. 하나님 안에 피함(1b-3절)
    a. 나의 반석, 요새, 나를 건지시는 자(1b)
    b. 나의 방패, 구원, 산성(2-3절)

B. 다윗의 이유(18:4-45)

1. 하나님께서 나를 구원하심(4-19절)
    a. 개인적으로 죽음에서 구원하심(4-6절)
    b. 하늘에서 능력으로 구원하심(7-15절)
    c. 원수들에게서 완전하게 구원하심(16-19절)
2. 하나님께서 내게 갚아주심(20-27절)
    a. 내 의로움으로 인해(20-24절)
    b. 그분의 신실하심으로 인해(25-27절)
3. 하나님께서 나를 새롭게 하심(28-42절)
    a. 나에게 힘을 주심(28-29절)
    b. 나를 격려하심(30-31절)
    c. 나에게 능력을 주심(32-33절)
    d. 나로 필요한 것을 갖추게 하심(34-36절)
    e. 적을 무찌르는 것을 가능하게 하심(37-42절)
4. 하나님께서 나를 회복시키심(43-45절)

a. 다른 이들이 내게 복종함(43절)

b. 다른 이들이 내 앞에서 떪(44-45절)

C. 다윗의 후렴(18:46-50)

1. 하나님께서 적을 무너뜨리심(46-47절)
2. 하나님께서 구원하심(48절)
3. 하나님께서 성공하심(49-50절)

시편 19편

드러난 영광

"우리는 모두 자아가 아닌 하나님의 영광에 굶주려 있다. 자신의 자존감을 증대시키려고 그랜드 캐년에 가는 자는 아무도 없다. … 자아를 보기보다 그 장엄함을 보는 것이 영혼의 더 위대한 치유제이다."

- 존 파이퍼(John Piper)

들어가는 글

인생에서 가장 중요한 것

거리에서 무작위로 열 사람에게 다가가 "인생에서 가장 중요하게 추구하는 것은 무엇입니까?" 라고 물어보라. 아주 다양한 대답이 나올 것이다. 돈, 사랑, 결혼, 자유, 안정, 지위, 쾌락, 평화, 행복이 목록의 앞부분을 차지할 것이다. 하지만 인간이 창조된 유일하고도 중요한 목적이 있다. 그것은 하나님의 영광을 위한 것이다. 이것, 즉 하나님 자신의 영광을 확장하는 것은 하나님께서 모든 일을 통해 가장 일차적으로 추구하시는 것이다. 그러므로 모든 신자들도 이것을 추구해야 한다.

하나님의 영광은 무엇인가? 하나님의 본유적 영광과 부속된 영광은 명백히 구분되어야 한다. 하나님의 본유적 영광은 그분의 모든 신적 속성, 즉 거룩함, 주권성, 의로우심, 은혜, 진리, 선하심, 자비, 정의, 무소부재하심, 전지하심, 전능하심 등의 총체이다. 이러한 신적 완전하심은 그분의 본유적 영광을 구성하고 하나님께서 당신의 모든 피조세계와 사역을 통해 보이기 원하시는 것은 바로 그것이다. 그러고 나서 하나님께서 이 영광을 인간에게 계시하실 때 인간은 하나님께 영광을 돌려드려야 한다. 이것이 부속된 영광 혹은 그분의 이름에 걸맞는 영광이다. 이것은 인간이 살아가는 중요한 목적이다. 인간은 하나님의 영광을 이 세상에 알리고 그분께 영광을 돌려드리기 위해 산다.

시편 19편은 하나님의 본유적 영광이 두 가지 주된 수단, 즉 일반 계시(1-6절)와 특별 계시(7-14절)를 통해 인간에게 드러났음을 선언하는 웅장한 시편이다. 일반 계시는 피조 세계를 통해 하나님께서 당신을 계시하시는 것이다. 이 계시는 모든 사람에게 이루어지며 하나님의 실존과 속성에 대한 기본적이고 기초적인 진리를 제공한다. 반면에 특별 계시는 영감 어린 그분의 말씀인 성경을 통해 사람들에게 하나님의 위대하심을 밝히 드러낸 것이다. 특별 계시는 일반 계시의 기초적 진리를 뛰어넘어 한 개인이 위대하신 하나님을 알 수 있는 방법과 그분을 기쁘시게 하며 살 수 있는 방법을 증거하기 때문에 특별하다.

시편 19편은 신적 계시의 두 가지 다른 수단, 즉 일반적이고 특수한 두 수단을 모두 기록하고 있다. 찬양시인 이 '다윗의 시'에서 시편 기자는 하나님께서 이 두 수단, 즉 그분의 세계와 말씀을 통해 인류에게 자신을 계시하셨음을 증언한다. 다윗은 자연 계시에 나타난 하나님의 영광을 묵상하고 특별 계시에 나타난, 오직 홀로 구원하시고 거룩하게 하실 수 있는 하나님의 영광을 묵상한다.

본문 이해

드러난 영광

Main Idea	하나님께서는 물리적인 창조 세계의 자연 계시와 성경의 초자연적 계시를 통해 자신을 알리셨다.

A. 창조 세계에 나타난 하나님의 영광(19:1-6)

Supporting Idea	하늘은 세계의 모든 사람들에게 하나님의 영광을 선포한다.

19:1. 먼저 하나님께서는 그분의 창조 세계, 구체적으로 우주를 통해 모든 사람들에게 당신을 계시하셨다. 태양과 별과 행성들을 가리키는 하늘은 하나님의 영광을 선포한다. 이 신적 영광은 인간에게 알려진 하나님의 거룩한 인격과 속성의 총체이다. 낮은 대기권, 구름, 기후 등을 가리키는 궁창은 그 손으로 하신 일을 나타낸다. 위의 창조 세계는 창조주, 하나님 자신이시며 그 세계를 만드신 분의 실존과 탁월하심을 증거한다. 하나님에 대한 진리(그분의 인격과 사역)가 그의 손으로 하신 능숙한 일을 통해 알려진다.

19:2. 인간을 향한 하나님 당신의 자기 계시적 소통은 그치지 않고 계속된다. 날은 날에게 말하고 밤은 밤에게 지식을 전하니. 이 지식은 하나님의 속성, 특별히 그분의 영원한 능력, 선하심, 천재성, 자비하심, 신실하심(롬 1:20)에 대한 일반적 계시다. 이 계시는

하늘에서 끊임없이 전달되고 있는 '소리 없는 설교' 이다.

19:3-4a. 창조 세계가 들을 수 있는 말이 아닐지라도 그 소리는 모든 열방에게 도달하고 인간의 언어와 소리가 있는 곳은 어디든지 동일하게 다가갈 수 있다. 어디에 사는 어떤 사람이건 창조 세계를 통한 하나님의 자기 계시와 단절된 사람은 없다. 그 소리가 온 땅에 통하고, 문자적으로 말해 세계 끝까지 이른다. 온 지구가 하나님의 손으로 만드신 작품들로 가득하기 때문이다.

19:4b-5. 다윗은 해를 가리키며 설명한다. 그는 하늘과 우주를 장막에 비유한다. 하나님께서는 그곳에 횃불처럼 태양을 두셔서 위의 광대한 공간을 밝게 비추게 하셨다. 나아가 이 태양은 이글거리며 빛을 내고 밝게 빛나면서 그 방에서 나오는 신랑과 같다. 또한 그 길을 달리기 기뻐하는 장사 같다. 다시 말해서, 강하고 꾸준하고 항상 전진하며 결코 지치는 법이 없다. 하나님은 정오의 태양과 같다. 그분의 영광은 밝고 그 광선은 눈을 멀게 할 정도이다. 그분은 인간보다 높고 고귀하시며 그 사역에 쉼과 지침이 없고 하시는 일마다 모두 능력이 있어서 모든 사람들을 깨닫게 하고 힘을 주며 세상 끝까지 손길을 뻗치신다.

19:6. 다윗은 태양의 움직임을 가리키며 하늘 이 끝에서 나와서 하늘 저 끝까지 운행함이여라고 결론짓는다. 동쪽에서 떠오른 태양은 매일 하늘을 이동하여, 인간적인 표현을 빌리면 서쪽으로 지며, 그 온기에서 피하여 숨은 자가 없다. 다시 말해서 창조주이신 하나님과 마찬가지로 태양은 항상 모든 곳에서 일하고 있다. 하나님의 영광은 태양을 통해 명백하게 드러난다. 태양은 매일 하늘을 가로지르며 이동할 때 모든 피조물에게 그 온기를 쏟아 부어 그 존재를 느끼도록 한다. 태양을 통해 자신을 알리시는 하나님도 마찬가지다.

B. 말씀에 나타난 하나님의 영광(19:7-14)

Supporting Idea	하나님께서는 특별 계시로 알려진 그분의 기록된 말씀을 통해 인간에게 자신을 가장 온전하게 계시하신다.

19:7. 갑자기 초점을 이동한 다윗은 말씀에 계시된 하나님의 영광에 관심을 돌린다. 그는 자연 계시가 드러내는 내용을 훨씬 뛰어넘는 하나님의 기록된 말씀의 충분성을 여

섯 가지 설명으로 제시한다(7-9절). 태양과 위의 하늘이 하나님의 존재와 무한한 능력을 계시하는 반면에 성경은 하나님을 인격적으로 알 수 있는 유일한 길을 계시한다. 여호와의 율법은 완전하여(히. 타민, tamin) 영혼을 소성케 한다. 이것은 온전하고 완벽하며 충분하고 아무 결핍된 것이 없으며 포괄적이라는 뜻이다. 그것은 너무나 완벽해서 인간의 모든 내면을 회심케 하고 변화하게 만들며 새롭게 할 수 있다.

여호와의 증거는 확실하다. 불안정하거나 틀릴 수 없고 흔들리지 않고 불변하다는 의미다. 불안정한 모래와 달리 하나님의 명령은 우둔한 자로 지혜롭게 하며 우리로 흔들림 없이 서 있도록 한다. '우둔한' 에 해당하는 히브리어는 '열린 문' 인데, 거짓 가르침에 쉽게 속고 오류에 마음을 지키지 못하는 사람을 의미하는 어근에서 파생한 것이다. 오직 성경만이 매일의 생활 속에서 우리를 지혜롭게 하거나 숙련되게 할 수 있다.

19:8. 나아가 여호와의 교훈은 정직하다. 복잡하게 얽힌 인생을 걸어갈 수 있는 올바른 길을 제시하며 그리로 가도록 우리를 인도해준다. 하나님의 말씀은 하나님의 백성들이 올바른 길, 하나님께서 기뻐하시는 길로 걸어가도록 인도한다. 그러므로 그것은 신적 진리로 속사람을 자극하고 능력을 주어 마음을 기쁘게 한다. 여호와의 계명은 순결하며, 모호하거나 불가해하지 않고 명확하고 투명하며 밝게 빛나고 진리를 드러내며 눈을 밝게 한다. 그것은 그 계명을 따르는 모든 자들을 가르친다. 그것은 인생의 여행자들을 위한 등불이며 빛이다(시 119:105).

19:9. 나아가, 여호와를 경외하는 도는 정결하다. 어떤 불순함이나 부정 혹은 오염물, 결점도 없다. 성경은 무오하며 어떤 오류도 없이 순결한 진리이며 영원까지 이른다. 성경은 결코 없어지지 않을 것이며(막 13:31) 수정이나 자료 보강 혹은 편집도 절대 필요치 않을 것이다. 그것은 영원토록 우리의 삶과 연관성을 가지며 영원토록 진실할 것이다. 여호와의 규례는 믿을 수 있고 안정되어 있다는 의미에서 확실하여(히. 에메트, emet) 다 의롭고 일상생활의 신석 기준을 제시하며 의로운 삶을 통해 성도들이 하나님께 순종하게 만든다.

19:10-11. 시편 기자는 성경을 금 심지어 정금보다 더 사모할 것이라고 선언한다. 이것은 하나님의 말씀이 이 세상이 제공하는 어떤 것과 도무지 비교할 수 없을 정도로 더 소중하고 갖고 싶은 것이라는 의미다. 마찬가지로 거룩한 기록은 꿀보다 더 달아 우리의 영적 허기를 충분히 만족시키며 놀라운 기쁨과 풍성함의 자원이 된다.

다윗은 주의 종이 유혹과 죄와 실수와 영적 전쟁과 관련해 모든 위협들에 대항하도록 성경으로부터 경계를 받는다고 선언한다. 적극적으로 표현해 이를 지킴으로 상이 크다고 했다. 하나님의 말씀에 순종할 때 영적 축복을 풍성하게 받게 된다(비교. 요 13:17).

19:12-13. 자기 허물을 능히 깨달을 자 누구리요라는 수사학적 질문은 명백한 대답을 내포하고 있다. 오직 하나님의 말씀을 읽고 연구하고 묵상하는 자만이 자기 허물을 깨달을 수 있다는 것이다. 성경은 고백하고 하나님의 용서를 요청해야 할 숨은 허물을 밝히 보여주는 등불이다. 또한 신자들이 죄에 동참하지 않도록 막아주는 강력한 억제제이다. 또한 당신의 종이 고의적인 죄를 짓지 않도록 지킨다. 이것은 말씀에 순종하는 자들의 마음에 말씀이 미치는 보호 효과이다.

19:14. 다윗은 하나님께 내 입의 말과 마음의 묵상이 주의 앞에 열납되기를 원하나이다라고 표현하는 것으로 시편을 마무리한다. 오직 하나님의 말씀을 그분의 성령으로 적용할 때 하나님 앞에서 그분이 온전히 기뻐하시는 것으로 그의 입술과 마음을 드릴 수 있는 것이다. 실제로 이 하나님은 다윗의 여호와시며 반석이시고 구속자시다. 그러한 위대한 하나님께서는 모든 예배자들에게 순종과 인격적 성결을 요구하신다.

Main Idea 복습	하나님께서는 물리적인 창조 세계의 자연 계시와 성경의 초자연적 계시를 통해 자신을 알리셨다.

결론

올바른 반응

'신들의 전차' 라는 제목의 PBS의 다큐멘터리에서 유명한 과학자이자 저자인 칼 세이건(Carl Sagan)은 우주 어딘가에 생명체가 있다는 새로운 낙관론에 대해 논평했다. "저쪽 바깥에 우리를 도울 수 있는 누군가가 있다니 멋진 생각이다" 라고 그는 말했다.

불행하게도 이 언급은 그가 하나님의 존재를 믿지 않는다는 의미였다. 그의 '종교'는 그로 하여금 우주의 수많은 별들이 만들어내는 장관을 바라보고 "우주는 현재 존재하고 존재한 적이 있거나 앞으로 존재할 모든 것이다"라고 말하게 했다. 우주의 다른 존재들에게 도움을 받고자 하는 그의 희망은 맹목적인 희망이 아닐 수 없다.

진실로 하나님께서는 실제로 존재하시고 부정할 수 없고 의심할 수 없는 방법으로 인류에게 당신을 계시해 오셨다. 세계에서 이루어진 자연 계시는 하나님의 실존과 그분의 속성을 드러내준다. 그러나 그 외에 말씀을 통한 초자연적 계시는 구원 계획을 통해 하나님을 알 수 있는 길을 알려주었다. 중요한 것은 모든 사람이 이 신적 자기 계시에 올바르게 반응해야 한다는 것이다. 성경은 우리가 자신의 죄를 회개하고 하나님의 아들 주 예수 그리스도를 믿고 하나님께 돌아가는 반응을 보이길 요구한다.

삶의 적용

살아있는 책

성경은 신자들이 죄를 깨닫고 회심하고 교훈과 위로를 받도록 하나님께서 선택하신 유일한 도구요 세상에 자신의 속성을 계시하신 중요한 수단이다. 성경은 살아있는 책이며(히 4:12a) 하나님의 신적이고 초자연적 생명으로 충만하다. 성경 외의 모든 다른 책들은 죽은 언어들의 모음에 불과하다. 마틴 루터는 말했다. "성경은 살아 있으며 내게 말을 건다. 그것은 발이 있어 나를 뒤쫓아 날려온다. 그것은 손이 있어 나를 꽉 쥐고 있다." 성경은 항상 우리에게 의미 있고 신선하며 결코 시대에 뒤처지지 않으며 제자리에 머물지 않는다.

성경의 능력은 매우 강력해서 우리의 내적 생활에 대한 살아있는 통찰력을 가지고 있으며 우리의 마음을 분별해낸다. 성경은 표면에 드러나 지각된 욕구보다 더 깊은 곳을 꿰뚫어보며 영혼의 가장 깊은 곳을 건드리는 초자연적 능력을 갖고 있다. 오직 말씀만이 인간이 얼마나 깊이 타락했는지 밝혀내고 그로 인해 우리를 하나님에 대한 참된 지식으로 인도할 수 있다. 오직 말씀을 통해 잃어버린 인간의 영혼은 회심해 하나님께 돌아갈 수 있다(벧전 1:23).

나아가, 오직 하나님의 말씀만이 신자를 거룩하게 하고 하나님의 형상으로 변화시킬 수 있다. 하나님의 말씀을 떠나서는 우리 삶에 영적 성장은 절대 있을 수 없다(시 119:24, 98-100, 105, 130). 성경은 그리스도인의 삶의 모든 영역을 건드리며 거룩함과 의에 대한 건전한 교훈을 제공한다.

기도

하나님, 우리 아버지, 당신은 결코 멸하지 않으시며 보이지 않는 전능하신 하나님입니다. 손가락에서 물방울처럼 떨어진 우주를 통해 당신의 위대한 영광을 조금이라도 엿볼 수 있게 해주셔서 감사합니다. 귀로는 들리지 않지만 성경에 기록된 말씀과 살아 있는 말씀인 주 예수 그리스도를 통해 수정처럼 맑은 당신의 음성을 듣게 하시니 영원한 감사를 드립니다. 아버지께서 우리를 위해 행하신 모든 일을 인해 영원토록 당신을 찬양합니다. 모든 만물이 주에게서 주를 통해 주에게로 돌아가기 때문입니다. 오직 당신에게만 영영토록 영광이 있기를 바랍니다. 우리 주 예수 그리스도의 이름으로 기도합니다. 아멘.

심층 연구

A. 선포하다, 나타내다(19:1)

동사 '선포하다' 와 '나타내다' 는 분사 형태로 하늘의 연속적 계시를 표현하고 있고 '계속 선포하고 있다' 와 '계속 나타내고 있다' 로 번역될 수 있다.

B. 하늘(19:1)

'하늘' (히. 샤마임, shamayim)이라는 단어는 문자적으로 '고지' 나 솟아올라 있거나 높은 것을 의미하는 복수 명사 형태이다. 이것은 별과 달과 행성이 존재하는 우주 영역을 가리킨다(창 1:14-17). '궁창' (히. 라키아, raqia)은 지구를 둘러싼 대기권을 말한다. 이것은 대기권 혹은 호흡할 수 있는 공기가 있는 지역으로 지구를 감싸고 구름과 기후와 새와 바람 등이 포함되는 곳이다. 물의 순환이 일어나는 곳이기도 하다(시 147:8).

C. 성경의 호칭(19:7-9)

이 시편은 성경을 부르는 여섯 개의 호칭을 담고 있다. 각 이름은 하나님의 뜻을 실행할 수 있는 능력을 각기 다른 뉘앙스로 강조한다. 첫 호칭인 "여호와의 율법" (히. 토라, tora)(19:7)은 '가르치다' '계획하다' 를 의미하는 어근에서 파생한 것이며 인간에게 하나님의 뜻을 보여주거나 나타내는, 하나님의 발씀에서 흘러나온 모든 교훈과 지시를 가리킨다. 그것은 도덕법이나 시민법 혹은 의식법뿐 아니라 성경의 전체 가르침이나 교훈 혹은 교리를 의미한다.

성경의 두 번째 호칭인 "여호와의 증거" (히. 에두트, edut)(19:7)는 '증언하다' 라는 어근에서 파생하여 성경이 신적 저자에 의해 쓰인 것임을 증거한다. 그것은 엄중한 증언이며 하나님의 뜻에 대한 선언이고 하나님의 행위의 표준이 된 규례이다. 그러므로 그것은 율법을 요약한 두 돌판인, 하나님의 거룩한 성품에 대한 증인으로 언약궤 안에 넣었던 십계명에 대해 말할 때 사용되었다.

성경의 세 번째 호칭인 "여호와의 교훈"(히. 피큐딤, piqqudim)(19:8)은 오직 시편에서만 발견되는데 명령을 가리키는 시적 언어로 복수로만 사용된다. 이것은 문자적으로 권위 있는 명령이나 수용자에게 구속력이 있는 명령을 가리킨다. 이 경우에 이 단어는 우주의 주권적 주로부터 온 것으로 모든 인간들을 지시하고 통제한다.

성경의 네 번째 호칭인 "여호와의 계명"(히. 미스와, miswa)(19:8)은 명확하고 권위 있는 명령이나 하나님께서 제정하신 모든 것을 의미한다. 이것은 하나님의 율법에 담긴 명령의 총체를 가리킨다.

성경의 다섯 번째 호칭인 "여호와를 경외하는 도"(히. 이라, yira)(19:9)는 하나님의 거룩함과 두려운 심판을 밝힌 구절을 포함해 두려움(경외심)을 일으키는 하나님의 율법 부분을 가리킨다. 인간의 마음속에 두려움을 야기하는 것이 그 목적이기 때문에 이 용어는 율법과 동의어를 이룬다(신 4:10). 그러므로 성경은 예배에 대한 하나님의 설명서로 성경을 읽는 사람들이 하나님을 경외하고 큰 외경심을 갖도록 이끈다. 하나님의 말씀은 또한 하나님을 죄에 대해 진노하시는 분으로 묘사하며 그 메시지에 불순종하는 자들에게 신적 심판을 선포한다. 그러한 메시지는 하나님에 대한 두려움을 불러일으킨다.

성경의 여섯 번째 호칭인 "여호와의 규례"(히. 미쉬파트, mishpat)(19:9)는 판례와 구속력 있는 법으로 된 사법적 판단을 나타낸다. 그것은 모든 종류의 문제와 관련해 신적 명령에 따른 결정을 의미하며 교훈, 증거, 율법의 명령을 구체적인 상황에 적용하는 판례법이라고 부를 수도 있다. 오경에서 이것은 십계명 이후의 율법들을 의미했다. 이것은 또한 악인들에 대한 하나님의 심판 행위를 의미할 수도 있다.

고안

A. 창조 세계에 나타난 하나님의 영광(19:1-6)

1. 그 영광은 오해할 수 없을 정도로 명확하게 드러나 있다(1절)
2. 그 영광은 중단되지 않는다(2절)
3. 그 영광은 말로 표현되지 않는다(3절)
4. 그 영광은 우주적이다(4a-b)
5. 그 영광은 축소됨이 없다(4c-5절)
    a. 빛나는 횃불처럼(4b)
    b. 환하게 빛나는 신랑처럼(5a)
    c. 강한 장사처럼(5b)
6. 그 영광은 쉼이 없다(6절)
    a. 태양이 항상 떠오르듯이(6a)
    b. 태양이 항상 지듯이(6b)

B. 말씀에 나타난 하나님의 영광(19:7-14)

1. 성경은 완전하다(7-9절)
    a. 영혼을 소성케 한다(7a)
    b. 우둔한 자를 가르친다(7b)
    c. 마음을 기쁘게 한다(8a)
    d. 눈을 밝게 한다(8b)
    e. 하나님을 경외하게 한다(9a)
    f. 삶을 인도한다(9b)
2. 성경은 귀하다(10절)
    a. 금보다 더 귀하다(10a)
    b. 꿀보다 더 달다(10b)

3. 성경은 능력이 있다(11-14절)
   - a. 죄를 꾸짖는다(11절)
   - b. 죄를 드러낸다(12절)
   - c. 죄를 억제한다(13-14절)

토의 질문

1. 하나님께서 자신을 계시하기 위해 내게 행하신 모든 것을 나는 묵상하고 있는가?

2. 나는 하나님의 말씀을 그분과의 관계를 회복하는 원천으로 사용하는가?

3. 내 생활의 어떤 것보다 더 하나님과 그분의 말씀을 갈망하는가?

4. 하나님의 말씀을 따랐을 때 내가 받은 보상은 무엇인가?

시편 20편

전쟁은 하나님께 속한 것

"한 분의 전능자가 모든 강한 자들보다 더 낫다."

- 윌리엄 거널(Wiliam Gurnall)

들어가는 글

오직 주님만이 당신의 백성들을 승리로 이끌 수 있다. 그분은 그분에 대한 전적 신뢰를 표현하며 기도를 드릴 때 이 승리를 허락하신다. 그러므로 신자들은 싸움에 직면할 때 항상 주님을 의지해야 한다. 전쟁은 하나님께 속한 것이다. 이 시편에서 이스라엘 군대의 사령관인 다윗 왕은 군대를 이끌고 전쟁터로 나갈 준비를 하고 있었다. 백성들은 주의 은혜를 구하며 지도자를 위해 기도하기 위해 거룩한 집회를 가졌다. 백성들은 자신들이 하나님께 의존할 수밖에 없음을 인정하며 승리를 간구한다. 그러한 공적 모임에는 그들의 왕이자 장군인 다윗을 위한 기도(1-5절), 하나님에 대한 확신의 표현(6-8절), 그분에 대한 그들의 신뢰에 대한 재확인(9절)이 포함된다.

이 시편은 '영장'을 위해 쓰인 '다윗의 시'다. 이어지는 시편 21편은 이스라엘이 하나님께서 주신 승리를 기뻐하면서 그 전쟁 후에 드린 찬양이다. 시편 20편은 21편과 연결되어 있었을 수도 있다(시편 21편의 서론 참조). 그들이 확신한 것은 단 한 가지, 승리는 여호와께 속한다는 것이었다.

본문 이해

전쟁은 하나님께 속한 것

Main Idea	다윗은 자신이 이스라엘 군대를 이끌고 출정하기 전에 백성들이 그를 위해 전쟁에서 승리를 달라고 기도한 내용을 기술하고 있다.

A. 왕을 위한 기원(20:1-5)

20:1. 이스라엘 왕이자 군대 사령관인 다윗이 출정 준비를 하고 있을 때 이스라엘 회

중들(아마 국가 지도자들)은 그를 위해 기도하고자 모였다. 그들은 기도 가운데 하나님께 나아가며 환난 날에 여호와께서 네게 응답하시고라고 구한다. 이것은 "하나님께서 전쟁의 어려움 속에서 승리를 구하는 너의 기도를 들어주시기를" 이라는 뜻이다. 이 기도 전체에서 '너' 는 기름 부음을 받은 왕 다윗을 가리킨다. 마찬가지로, 야곱의 하나님의 이름이 너를 높이 드시며라는 기도는 하나님의 섭리와 권능으로 왕의 신체적 안전을 보장해달라는 요청이다.

20:2. 나아가, 그들은 성소에서 너를 도와주시고 시온에서 너를 붙드시며라고 기도한다. 그들의 중보 가운데 이 부분은 다윗이 되찾아 예루살렘 성막(성소)에 안치한 언약궤 안에 하나님께서 상징적으로 임재하심을 인정한 것이다. 백성들은 전쟁이 진행될 때 왕에게 지도력, 인품, 판단력, 의사 결정의 힘을 허락해주셔서 그를 지지하고 붙들며 견디게 하는 하나님의 능력을 주시도록 기도한다.

20:3. 마찬가지로, 그들은 네 모든 소제를 기억하시며 네 번제를 받으시기를 원하노라라고 기도한다. 그들은 다윗의 제사가 하나님께 용납되게 해달라고 기도한다. 그것은 영적 삶이 튼튼하다는 반영이었다. 전투에서 왕이 강한 지도력을 발휘하기 위해서는 그의 영적 생활이 강해야 한다. 그러므로 백성들은 그들 사령관의 영적 안녕을 위해 기도한다.

20:4. 이 외에 그들은 네 마음의 소원대로 허락하시고 네 모든 도모를 이루시기를 원하노라라고라 기도한다. 다윗은 하나님의 마음에 합한 사람이었기 때문에(삼상 13:14, 행 13:22) 그들은 그가 하나님께서 원하시는 것을 구할 것이라고 생각했다. 이런 의미에서 그들은 그의 야망이 하나님의 나라를 위한 거룩한 야망임을 알고 하나님께서 그 마음의 소원을 허락해주실 것을 구하는 것이다.

20:5. 이 기도를 마무리하면서 회중은 우리가 너의 승리로 인하여 개가를 부를 것이라고 기도한다. 그들은 자신들이 우리 하나님의 이름으로 우리 기를 세우며 전쟁에 승리하고 기쁨으로 함성을 지르게 되기를 기대한다. 이 기들은 군대의 상징으로 군대는 그 기를 중심으로 전투태세를 이루었다. 기도를 반복하며 그들은 여호와께서 네 모든 기도를 이루시기를 원하노라라고 중보한다.

B. 왕의 기도(20:6-8)

20:6. 다윗은 내적 확신을 갖고 자신을 대신한 그들의 기도가 확실히 들으심을 입고 응답될 것이라고 선언한다. 여호와께서 자기에게 속한 바 기름 부음 받은 자를 구원하시는 줄 이제 내가 아노니. 다시 말해서 하나님께서는 다윗에게 전쟁의 승리를 분명히 허락하실 것이다. 그는 오래 전 신의 이름으로 이스라엘을 다스릴 왕으로 기름 부음을 받았다(삼상 2:4, 16:13, 삼하 5:3). '기름 부음을 받은' 이라는 단어는 사울에 대해 다윗이 사용했고 이제는 왕인 자기 자신에 대해 사용하고 있다(삼상 24:6, 10, 26:9, 11, 16, 23, 삼하 1:14). 하나님께서 그 오른손에 구원하는 힘으로 그의 기도에 응답해주시기 때문에 이방 군대에 대한 승리는 보장되었다. 이것은 신적 전능하심에 대한 표현이다.

20:7-8. 다윗은 민족을 대신해 하나님에 대한 신뢰를 표현한다. 혹은 병거, 혹은 말을 의지하나 우리는 여호와 우리 하나님의 이름을 자랑하리로다. 다윗은 궁극적으로 "전쟁은 너희에게 속한 것이 아니라 하나님께 속한 것" (대하 20:15)임을 깨달았다. 하나님 대신 자신들의 무기를 의지하는 사람들은 굽어 엎드러지고 패배할 것이다(비교. 시 33:16-17). 그러나 하나님을 의지하는 자들은 적들을 대적하며 일어나 승리 가운데 바로 설 것이다.

C. 왕을 위한 간구(20:9)

20:9. 마지막으로 다시 확신하며 회중은 그들의 왕이자 장군인 다윗을 위해 중보하며 여호와여 (왕을) 구원하소서라고 간구한다. 마지막으로 한 번 더 그들은 하나님께서 전쟁 중인 다윗에게 승리를 주시도록 기도한다.

결론

프랑스의 유명한 장군 나폴레옹 보나파르트(Napoleon Bonapart)가 한번은 "하나님은 프랑스의 편이신가요?" 라는 질문을 받았다. 자신의 성공에 취해 있던 그는 "하나님은 가장 육중한 대포를 갖춘 쪽의 편이오"라고 응수했다. 후에 작은 체구의 이 독재자는 "내가 환경을 만들어간다"라고 자랑했다. 하지만 그것은 워터루 전투가 있기 전이었다. 1815년 나폴레옹의 군대는 유럽을 지나 영국과 러시아 군대와 맞서기 위해 벨기에로 진군했고, 우수한 무기에도 불구하고 그는 전쟁에서 패했을 뿐 아니라 제국도 잃고 말았다. 굴욕을 당한 이 독재자는 권좌를 빼앗겼고 세인트헬레나의 황무한 섬으로 유배되었다. 나폴레옹은 하나님과 역사에 대한 자신의 관점을 바꾸었다. 한때 자만심이 하늘을 찔렀던 이 사람은 토마스 아 켐피스의 말을 인용해 "계획은 인간이 하지만 성패는 하나님께 달렸다"라고 인정했다.

나폴레옹의 몰락은 모든 사람을 위한 귀중한 교훈이다. 하나님은 주권자시며 큰 자로부터 가장 작은 자에 이르기까지 모든 인간의 일을 다스리신다. 이것은 우리 모두가 배워야 할 교훈이다. 하나님께서는 인간의 역사와 운명을 좌우하시며 그들을 정해진 결말로 이끌어 가신다. 모든 신자들은 영적 세력의 반대에 부딪힐 때 하나님의 주권성에 대한 확신을 가져야 한다. 하나님은 하나님이시며 승리는 그분에게 속해 있다.

teaching guide

티칭 가이드

교안

A. 왕을 위한 기원(20:1-5)

1. 하나님의 보호하심을 위해(1절)
2. 하나님의 능력을 위해(2절)
3. 하나님의 형통케 하심을 위해(3-5절)
    a. 다윗의 제사를 받아주시도록(3절)
    b. 다윗의 계획이 진전되도록(4절)
    c. 다윗의 승리가 성취되도록(5절)

B. 왕의 기도(20:6-8)

1. 하나님께서 왕을 구원하신다(6절)
2. 하나님께서 원리를 확보해주신다(7-8절)
    a. 인간의 자원을 통해서가 아니라(7a, 8a)
    b. 그의 이름에 의해(7b, 8b)

C. 왕을 위한 간구(20:9)

1. 왕을 구원하소서(9a)
2. 우리의 기도에 응답하소서(9b)

시편 21편

승리를 기뻐하다

"싸우지 않으면 결코 승리할 수 없다."

- 리차드 십스(Richard Sibbes)

들어가는 글

당신의 백성을 전쟁터로 인도하시는 하나님께서 똑같이 그들을 승리로 인도하실 것이다. 그리고 그 승리가 찾아올 때 신자들은 홀로 싸움에 승리하신 하나님께 즐거운 마음으로 감사해야 한다. 시편 21편은 다윗이 이스라엘을 이끌고 적들과 싸웠을 때 하나님께서 승리를 허락하신 데 대한 기쁨과 찬양의 노래이다.

구조와 내용이 유사한 것으로 보아 이 시편은 원래 시편 20편에 연결된 것으로 볼 수 있다. 그렇다면 시편 20편은 전쟁 전에 드린 기도이며 다윗이 군대를 이끌고 싸움터로 갈 준비를 하면서 드린 승리의 요청이다. 그러므로 이 21편은 그와 하나님께서 원수들을 무찌르고 싸움을 끝낸 후 다윗이 드린 기도일 것이다. 이 시편에서 이스라엘의 왕이며 장군인 다윗은 백성들과 더불어 하나님께서 적들로부터 승리를 허락하신 것을 기뻐한다. 마찬가지로 다윗은 여호와 안에서 미래의 승리들을 기대하도록 격려 받는다.

'영장' 에게 한 이 노래는 1절과 7절에 언급된 동일한 왕인 '다윗의 시' 다.

본문 이해

승리를 기뻐하다

Main Idea	왕이자 이스라엘 군대의 사령관인 다윗은 적을 이길 수 있도록 하나님께서 허락하신 승리를 기뻐한다.

A. 다윗의 기쁨(21:1-6)

21:1-3. 첫 여섯 절은 전쟁터에서 하나님께서 과거에 주신 승리들에 대한 다윗의 찬양을 담고 있다. 다윗은 먼저 구원(승리)으로 이끈 힘을 주신 하나님을 찬양한다. 이 구

원은 확실히 다윗이 하나님께 드렸던 간구에 대한 직접적인 응답이었다. 따라서 하나님께서는 승리자에게 따르는 아름다운 복으로 전쟁터에서 돌아오는 저를 영접하신다. 아마 이것은 패배한 적들에게서 거둔 전리품에 대한 언급일 것이다. 구체적으로는, 다윗은 돌아와 자신의 전장용 투구를 눈에 보이는 승리의 상징인 정금 면류관(아마 패배한 적군의 왕의 왕관을 말할 것이다)과 바꾸었다는 것이다.

21:4-6. 왕은 전쟁터에서 자신의 생명을 보존해주시기를 구하며 영영한 장수를 위해 기도했다. 이 기도는 응답되었다. 하나님께서 그것을 주셨기 때문이다. 이 전쟁의 승리는 다윗의 영광 … 존귀, 이스라엘의 왕으로서의 위엄을 드높여주었다. 하나님께서는 그를 크게 높여주셨다. 또한 이 제왕으로서의 영광은 궁극적으로 영영토록 천국에서 하나님의 상급이라는 지극한 복으로 이어질 것이다. 그러나 현세에서, 다윗은 하나님의 거룩한 존전에서 그와 친밀한 교제를 향유하는 기쁨으로 즐겁게 지냈다.

B. 다윗의 의지(21:7)

21:7. 여기에는 다윗이 전쟁에서 위대한 승리를 거둔 근본적인 이유가 드러나 있다. 왕이 여호와를 의지했기 때문이다. 그가 하나님의 인자함(23편 6절의 '심층 연구' 참조)을 의지했기 때문에 하나님께서 전쟁터에서 그에게 승리를 허락해주셨다. 덕분에 그는 적의 공격을 받더라도 요동치 않고 흔들림 없이 안전하게 설 수 있었다.

C. 다윗의 예상(21:8-12)

21:8-12. 다윗과 백성들은 미래를 내다보면서 자신들이 계속 하나님을 의지한다면 더 많은 승리가 분명히 따를 것이라고 기뻐한다. 그들은 여호와께서 그들의 원수를 사로잡고 그들을 미워하는 자를 발견할 것이라고 믿는다. 전쟁의 날 하나님께서는 그들을 풀무 같게 하시며 진노하심으로 그들을 태워버리실 것이다. 그의 승리가 너무나 완전해서 저희 후손이 땅에서 완전히 멸망할 것이다. 다윗의 원수들은 그에 대해 악한 계교를 품더라도 이루지 못할 것이다. 이 원수들은 패배하여 돌아서서 도망갈 수밖에 없을 것이다. 승리는 여호와께 속한 것이다!

D. 다윗의 요청(21:13)

21:13. 다윗은 이 마지막 호소에서 원수들을 무너뜨릴 수 있도록 저항할 수 없는 능력을 확신하게 해달라고 다시 하나님께 호소한다. 다윗과 그 백성들은 하나님을 노래하고 칭송할 것이다. 그분은 모든 다른 싸움들을 이기실 권능이 충만하시기 때문이다.

결론

인생의 싸움에서 신자들은 세 가지 무서운 적에게 끊임없이 공격을 받는다. 그것은 세상과 육신과 사탄이다. 이 세 원수 뒤에는 신자들을 무너뜨리려고 노리는 세력들이 있기 때문에 영적 전쟁은 육박전처럼 어려운 싸움이다(엡 6:12). 신자들은 하나님에 대한 흔들리지 않는 확신을 갖고 살아야 한다. "항상 우리를 그리스도 안에서 이기게 하시고… 나타내시는 하나님께 감사하노라"(고후 2:14). 우리가 믿고 따를 때 하나님께서는 가는 곳마다 우리에게 승리를 약속하신다. 하나님께서 과거에 승리를 증명해주셨기 때문에 백성들이 그분을 의지하면 현재에도 동일한 영적 승리를 주실 것이다.

교안

A. 다윗의 기쁨(21:1-6)

1. 능력을 입은 싸움으로 인해(1절)
2. 응답된 기도로 인해(2절)
3. 생명의 연장으로 인해(3-4절)
4. 세상적인 명예로 인해(5절)
5. 영원한 축복으로 인해(6a)
6. 열광적인 기쁨으로 인해(6b)

B. 다윗의 의지(21:7)

1. 하나님에 대한 인격적 신뢰(7a)
2. 하나님에 대한 강렬한 신뢰(7b)

C. 다윗의 예상(21:8-12)

그의 원수들이:

1. 붙잡힐 것이다(8절)
2. 소멸될 것이다(9-10절)
3. 정복될 것이다(11-12절)

D. 다윗의 요청(21:13)

1. 하나님, 당신의 능력을 확신하게 하소서(13a)
2. 하나님, 우리의 찬양을 받으소서(13b)

시편 22편

십자가에 대한 예언

"성경의 유효성에 대한 가장 강력하고 객관적 논증은 성경의 예언이 성취된 데서 비롯된다."

- 존 맥아더(John MacArthur)

들어가는 글

예언의 놀라운 증거

성경이 영감 있고 무오한 하나님의 말씀이라는 가장 놀라운 증거는 성취된 예언에 있다. 오직 하나님만이 미래를 알고 계신다. 오직 하나님만이 미래를 결정하시고 그분만이 그 일이 일어나도록 하실 수 있기 때문이다. 성경을 배우는 사람들은 많은 사건들이 실현되기 수백 년 전에 성경에 기록되었음을 알고 있고, 성취된 각 사건은 성경이 주장하는 그대로 진실임을, 즉 영감 있고 무오한 하나님의 말씀이라는 반박할 수 없는 확증을 제공한다.

예수 그리스도의 초림에서 성취된 그 예언들보다 더 정확하게 성경의 진실성을 드러낸 것이 또 있을까? 그리스도의 생애와 사역에 대한 100개가 넘는 구약의 예언들은 그가 성육신하기 수세기 전에 기록되었지만 신약에서 완벽하게 성취되었다. 각 예언이 성경의 진실성을 기록으로 증거하고 있다.

시편 22편이 그토록 놀라운 이유가 바로 여기에 있다. 그리스도가 초림하기 1천 년 전에 쓰인 이 시편은 십자가 바로 아래 서 있던 사람이 실제로 기록한 것 같은 내용을 담고 있다. 그리스도의 생각과 그가 당하신 상처의 고통뿐 아니라 십자가에서 하신 말씀들까지 기록하고 있다. 이스라엘의 아름다운 시인인 다윗은 십자가 처형법이 하나의 사형 방식으로 고안되기 수백 년 전에 이 시편을 통해 십자가를 생생하게 묘사하고 있다. 다윗은 주 예수 그리스도의 십자가 처형을 두 눈으로 지켜본 목격자처럼 정확하게 성령의 인도하심 아래 성경에서 가장 상세하게 십자가를 묘사한다. 여기에 '다섯 번째 복음' 과 '다윗의 복음' 이라고 불려온 걸작품인 십자가에 대한 다윗의 예고편이 있다.

다윗이 자신이 경험한 특별한 고통을 묘사하기 위해 이 시편을 쓴 것인지 혹은 메시아를 고대하며 예언자의 입장에서 쓴 것인지에 대해서는 상이한 의견이 존재한다. 확실한 것은 이 시편이 주로 미래의 사건, 구체적으로 예수 그리스도의 십자가 사건을 염두에 두고 쓰였다는 것이다. 여러 가지 사실들이 이러한 해석을 지지하고 있다.

첫째, 다윗의 인생에서 이 사건에 해당하는 일이 전혀 기록되어 있지 않다. 둘째, 이 시편에는 십자가 처형을 당하고 있는 누군가에게만 사용할 수 있는 구체적인 구절들이 있다. 셋째, 다른 시편들과 달리 이 시편은 시편 기자의 개인적인 죄, 죄의 고백 혹은 자신이 겪고 있는 고통을 한탄하는 언급을 전혀 담고 있지 않다. 넷째, 겪고 있는 고통에 대해 하나님께 변호를 구하는 요청이 전혀 없다. 다윗이 자신의 일과 관련해 이 시편을 썼다면 원수들을 응징해달라는 기도를 분명히 하나님께 했을 것이다. 그러나 자신을 위해 원수들을 응징해달라는 간구가 전혀 없다. 그러므로 이 시편은 오셔서 고난당하는 종 메시아, 무서운 처형을 당하고 하나님의 버리심을 받아 당신의 백성들로 하여금 주의 용서하심을 알게 하려는 분에 대한 예언적 그림이라고 결론지을 수 있다.

본문 이해

십자가에 대한 예언

Main Idea	하나님의 아들이 하나님의 버림을 받고 악한 사람들에 의해 죽음을 당하지만 자신을 구원해주실 하나님의 신실하심에 대한 확신을 온전히 유지한다. 주께서 이 일을 하신 것은 그의 승리를 선언하기 위해서였다.

A. 하나님과 분리된 그리스도(22:1-2)

Supporting Idea	예수님께서 십자가에 매달리셨을 때 하나님께서는 그를 멀리 하셨고 그의 간구에 응답하지 않으셨다. 하지만 그는 하나님의 구원하심을 신뢰했다.

22:1. 이 시편은 아들이 거부당하고 유기되는 것을 보여줄 의도로 제시된 통렬한 수사학적 질문으로 시작한다. 내 하나님이여 내 하나님이여 어찌 나를 버리셨나이까? 그것은 예수님께서 십자가에서 하신 네 번째 말씀이자 어둠의 장막 아래서 처음으로 입에

담은 말씀이었다. 아들의 개인적 부름은 또 다시 얼굴 보기를 간절히 원하며 아버지를 찾아다니는 길 잃은 아이의 부름과 유사했다. 그러나 "내 아버지여"란 표현이 없고 대신 "내 하나님"이란 말이 사용된 것은 하나님과의 관계에 단절이 있음을 암시한다. 이 말에 이어 고난당하는 자가 묻는 세 가지 질문이 나타난다. 어찌 나를 버리셨나이까?

이것은 흑암이 임한 세 시간의 마지막 시점인 제9시에 그리스도가 하신 말과 정확히 일치한다(비교. 마 27:46, 막 15:34). 시편 기자가 어찌 나를 멀리하여 돕지 아니하옵시나이까?라고 계속 질문하는 것에서 보듯이 버림받은 느낌은 더욱 강해져 있다. 하나님께서는 자기 백성의 죄를 지고 가는 이에 대한 진노를 쏟아 부으시며 의도적으로 예수님을 멀리하셨다(사 53:10). 아들은 절망 중에 부르짖는다. "가장 고통스러운 순간에 왜 당신은 내게 등을 돌리시나이까?" 그러나 이 외면에 이어서 아들의 간구를 듣지 않으려는 하나님의 거부가 계속된다. 어찌 내 신음하는 소리를 듣지 아니하시나이까?

어둠의 장막 속에서 고난당하는 종에게 진노를 쏟아 부으시는 이는 바로 하나님 자신이기 때문에 아무런 응답도 오지 않는다. 하나님의 거룩함 때문에 그분은 예수 그리스도의 죽음에 개입하실 수 없다. 그가 자기 백성을 대신해 죄가 되셨기 때문이다(사 53:4-6, 고후 5:21). 이 소외, 즉 영원토록 아무에게도 방해받지 않고 친밀한 교제를 누리던 아버지에게 철저히 배척당하는 것은 그리스도가 경험한 가장 무서운 지옥이었다. 나아가 예수님께서는 많은 사람의 죄를 자신의 몸에 짊어지셨다.

22:2. 이 배척은 하나님과 분리되지 않은 이에게서 온다. 이것은 내 하나님이여 내가 낮에도 부르짖고 밤에도 잠잠치 아니하오나 응답지 아니하시나이다라는 말에서 명백하게 드러난다. 간절히 바라던 응답은 낮에 오지 않았다. 이것은 예수님께서 십자가에 처형되신 첫 세 시간을 가리킨다. 예수님께서 밤에 십자가에 매달려 계실 때도 잠잠치 않았지만 여전히 응답을 받지 못했다. 하늘의 침묵은 예수님께서 한 번도 알지 못했던 경험이었다(요 11:41-42). 예수님께서 죽으시기 전 땅을 뒤덮었던 마지막 세 시간의 암흑은 시편 기자가 언급하고 있는 밤이 분명하다(비교. 마 27:45).

B. 하나님께 힘을 얻는 그리스도(22:3-5)

Supporting Idea	예수님께서는 자신이 실망하게 되지 않을 줄 알고 그를 구원하실 하나님에 대한 신뢰를 확인한다.

22:3a. 의심과 혼란스러운 감정을 나타내는 듯한 이 질문들은 하나님과 그분의 주권성에 대한 강한 단언으로 연결된다. 그리스도는 하나님의 침묵이 하나님께서 인간의 역사에 대한 주권자적 통치자로서 당신의 지위를 유기하셨다는 의미가 아님을 확인하는 차원에서 이스라엘의 찬송 중에 거하시는 주여(그러나 당신은 보좌에 앉아 계시나이다)라고 되뇌인다. 또한 이것은 그리스도 자신의 "어찌하여?"라는 질문에 대한 답이기도 했다. 예수님께서 많은 인간들을 위해 죄가 되셨을 때 거룩하신 하나님께서는 당신의 사랑하는 아들에게 얼굴을 숨기셨다. 그분은 거룩한 하나님께서 이 죄악 되고 부정한 자와 교제하지 않으실 것을 아셨다.

22:3b-5. 나아가 시편 기자는 하나님이 이스라엘의 찬송이심을 알았는데 이것은 열조들이 하나님을 의뢰했다는 사실에서 예증되었다. 시편 기자는 자신이 과거에 목격한 이스라엘에 대한 태도를 통해 하나님의 신실하심을 기억했다. 4-5절에서 세 번 쓰인 '의뢰하다'에 해당하는 단어(히. 바타, batah)는 하나님에 대한 믿음의 동의어로 사용되고 있다. 하나님께서 과거에 보여주신 신실함을 깨닫고 시편 기자는 자신 있게 저희가 주께 의뢰하였으므로 저희를 건지셨나이다라고 단언할 수 있었다(비교. 시 44:1). 하나님께서는 항상 신실하시어 당신을 신뢰하는 백성들을 구원하신다. "그러므로 하나님께서 또한 신실함으로 나를 구원하시지 않겠는가?"라는 말에 시편 기자의 간절한 마음이 드러난다.

그리스도는 십자가 위에서 끝까지 견디도록 격려를 받으셨다. 그는 하나님의 성품과, 가장 어두운 시간을 보내고 있는 자신을 구원해주실 그분의 신실하심을 묵상했다. 이스라엘 민족이 하나님께 부르짖어 구원을 얻었다면 하나님께서 당신의 아들을 더욱 구원해주시지 않겠는가? 아브라함의 계보인 이스라엘 초기부터(비교. 창 15:6) 그 민족은 하나님을 의뢰하여 수치를 당치 않은 사람들과 더불어 태동되었다(비교. 히 11장). 당신의 아들에게 얼굴을 숨긴 동일하신 하나님께서 사흘 후에 무덤에서 그를 일으키실 것이기 때문에 실제로 하나님의 아들은 낙심을 당하지 않을 것이다.

C. 하나님께 거절당한 그리스도(22:6-8)

Supporting Idea	예수 그리스도가 어머니의 태에 있을 때부터 적극적으로 가지고 있던 하나님에 대한 신뢰로 악인들의 조롱과 비웃음을 극복한다.

22:6. 기름 부음 받으신 자에 대한 배척은 하나님만 하신 것이 아니었다. 인간들이 그 기회를 붙잡았다. 하지만 그것은 그들의 내적 거룩함 때문이 아니었다. 예수님은 나는 벌레요라고 탄식한다. 이것은 치욕적인 표현으로 철저히 버림당하는 구더기를 가리켜 사용된다. 나아가 그분은 자신이 사람이 아니라고 말한다. 십자가에서 예수님께서 받은 취급은 무자비했다. 너무나 심하게 맞아 그분을 알고 있던 사람이 알아볼 수도 없을 정도였다(사 52:14, 53:2-3). 인간의 조롱은 예수님께 침을 뱉고(마 26:67) 때리고(마 26:67-68), 채찍질하며(마 27:26, 막 15:15, 눅 23:16, 요 19:1) 갈대로 치는(마 27:30) 등 사악한 사람들이 행한 잔인한 대우에서 나타났다. 예수님을 십자가에 못 박은 자들의 증오와 조롱은 이사야가 예언한 바 있다(사 53:3-4, 7-8).

22:7-8. 십자가를 바라보는 군중의 반응은 주님을 십자가에 못 박은 자들에게서 나오는 증오심의 독기로 설명된다. 무리들도, 예수님의 처형을 성공적으로 밀어붙인 종교 지도자들도 피에 대한 굶주림을 채우지 못했다. 나를 보는 자는 다 비웃으며라는 구절은 예수님께서 십자가에 매달리실 때 많은 이들이 머리를 흔들면서 모독적으로 비웃을 것임을 시편 기자가 내다보았음을 암시한다. 이것은 야유하거나 혀를 내미는 것과 유사하게 모독하는 몸짓을 가리킨다. 혐오감을 드러내는 외적인 행동뿐 아니라 그를 정죄하는 자들의 입에서 흘러나오는 모욕적인 말이 있었다(비교. 마 27:43, 막 15:29-32, 눅 23:35-37).

D. 하나님께 복종하는 그리스도(22:9-10)

Supporting Idea	예수님은 태어날 때와 그의 모든 인생에서 하나님께서 그에게 보이신 신실하심을 기억한다.

22:9-10. 조롱하는 자들의 정죄와 반대로 예수님은 하나님께서 그를 모태에서 나오게 하셨고(동정녀 탄생에 대한 언급) 아기로서 그를 의지하도록 하신 것을 아셨다. 욥처

럼 예수님은 하나님에 대해 "그가 나를 죽이시더라도 내가 그를 의지하리라"(욥 13:14, KJV)고 말씀하실 수 있었다. 나아가 모태에 있는 동안 주는 내 하나님이 되셨사오니(렘 1:5)라고 선언하셨다. 앞에서 그는 다른 사람들에 대한 하나님의 신실하심을 묵상했지만 지금 여기서는 자신에 대한 하나님의 신실하심으로 이동한다. 예수님은 고난당하는 중에 하나님께서 자신을 어떻게 붙들어주셨는지 묵상함으로써 힘을 얻는다.

E. 하나님께서 주신 그리스도의 고난(22:11-18)

Supporting Idea	주 예수님께서 십자가에서 받으신 고뇌와 비참함은 인간의 마음이 얼마나 타락했는지, 하나님과 그 아들을 향한 태도가 어떠한지 입증한다.

22:11-15. 고난당하는 아들은 그들 사이의 거리를 좁혀달라고 하나님께 요청한다. 나를 멀리하지 마옵소서 환난이 가깝고 도울 자 없나이다. 나아가 예수님은 제자들과 친구들이 그를 버렸기 때문에 도울 자가 없다고 호소하신다. 예수님께서 십자가 위에서 직면한 환난은 굶주린 들짐승 떼에 에워싸인 심상으로 소개된다. 철저한 야만성을 그리고 있는 그림이 아닐 수 없다. 이 사람들을 짐승에 비유하면서 사용된 메타포를 주의해보라. 많은 황소(12절), 부르짖는 사자(13절), 개(16, 20절), 들소(21절). 하나님을 거부하면 사람들은 짐승들처럼 행동한다. 무리들은 피에 굶주린 짐승 떼 같았다.

주님의 마음이 촛밀 같아서 속에서 녹음으로 인해 십자가 위의 주님은 기력이 약해지고 있었다. 무서운 폭염에 기력까지 쇠약해지자 극심한 갈증이 일어났다. 이것은 내 혀가 잇 틀에 붙었나이다라는 구절에 암시되어 있다. 강과 호수를 창조하셨고 생명의 물을 마음대로 주시는 바로 그분인 주 예수 그리스도가 십자가 위에서 갈증으로 괴로워하셨다(요 19:28). 악한 사람들이 위협했지만 그분은 하나님이 주권자시며 하나님의 영원한 계획에 따라 그를 사망의 진토에 두셨음을 깨달았다.

22:16-18. 그리스도를 십자가에 못 박은 이들 악한 무리는 그의 수족을 찌른 들개들과 같았다. 이것은 예수님께서 십자가 처형에서 당하신 상처를 예언하는 부분이다(비교. 사 53:5, 슥 12:10). "사자처럼, 내 손과 내 발을" 이라는 원문이 불명확하기는 하지만 이것은 그가 채찍질을 당하고 손과 발이 결박당한 일을 가리킨다. 십자가에 매달려 계

실 때 그는 뼈 하나하나의 고통을 모두 느낄 수 있었기 때문에 내가 내 모든 뼈를 셀 수 있나이다라는 생각을 했다. 그는 사람들이 자신을 지켜보면서 고소해한다는 것을 알았다. 무리들과 자신의 모친과 다른 여자들 앞에서 벌거벗은 상태였기 때문에 그리스도가 느끼셨던 수치심과 분노감을 여기서 볼 수 있다. 군인들은 그의 겉옷을 나누고 속옷을 두고 제비를 뽑았다(비교. 마 27:35, 막 15:24, 눅 23:34, 요 19:24). 이것은 그의 벌거벗은 상태를 기록한 구절이다.

F. 하나님을 향한 그리스도의 간구(22:19-21)

Supporting Idea	그리스도는 십자가에 못 박힌 상태에서 아버지께 자기의 도움이 되시어 그를 멸망시키려고 하는 자들로부터 구원해달라고 구하신다.

22:19-20. 십자가에 달려 있으면서 그리스도가 드린 이 침묵의 기도는 멀리하지 말라는 아버지에 대한 간구로 시작한다. 자신의 힘이신 아버지와의 이 무서운 거리감은 예수님께 감당할 수 없는 것이었다. 그래서 그분은 속히 나를 도우소서 내 영혼을 칼에서 건지시며 내 유일한 것을 개의 세력에서 구하소서라고 부르짖으신다.

22:21. 나아가 예수님은 나를 사자 입에서 구하소서 주께서 내게 응락하시고 들소 뿔에서 구원하셨나이다라고 간구하신다. 들소 뿔에 들이받히는 것처럼 못이 그의 손과 빨을 꿰뚫었다. 그러나 21절은 승리의 어조로 끝난다. 나를 구원하시다로 번역된 동사는 문자적으로 "당신이 나를 들으셨나니"라는 의미다. 그러므로 이 문단은 낙관적인 어조로 끝나며 시편의 분위기를 전환하는 중요한 역할을 한다. 그리스도는 십자가에서 죽으면서 자신의 기도가 응답되었음을 확신하며 아버지의 구원하심을 기대하셨다.

G. 하나님을 위한 그리스도의 구원(22:22-31)

Supporting Idea	구속 사역을 완성하신 예수님께서는 십자가에서 거두신 승리를 제자들에게 선포하신다. 그들은 열방들에게 그것을 선포하게 될 것이다.

22:22-24. 이 시점에서 구원에 대한 호소에서 하나님의 신실하심을 확신하며 찬양

하는 쪽으로 방향 전환이 크게 일어난다. 이 절들은 그리스도가 미래에 부활할 것을 암시하고 있다. 그는 부활을 통해 죄와 사망에 대해 승리를 선언하실 것이다. 히브리서 2장 12절을 볼 때 그리스도가 내가 주의 이름을 형제에게 선포하고라고 선언하신 것이 분명하다. 이 절은 히브리서 2장 12절에 그리스도를 가리키는 것으로 인용되고 있다. 이 절에서 화자는 예수님이고, 이것은 이 시편 나머지에서도 예수님이 계속 화자로 나온다는 것을 알려준다. 회중에서 주를 찬송하리이다는 다락방에서 제자들에게, 후에는 한 번에 500명의 사람들에게, 궁극적으로는 천국에 있는 사람들에게 예수님께서 나타나실 것에 대한 예언이다(비교. 고전 15:5-7).

야곱의 모든 자손은 예수님의 부활 후 오순절과 더불어 시작된 유대인 회심자들을 가리킨다. 확실히 복음은 먼저, 거룩한 도시인 예루살렘에 세워진 최초의 교회인 유대인에게 선포되었다(비교. 롬 1:16). 예수님께서는 제자들을 "이스라엘의 잃은 양들에게" 보내실 때 이 사실을 이해하고 계셨다(비교. 마 10:5-6). 어떤 다른 나라들보다 먼저 이스라엘이 하나님께 영광을 돌리기 위해 선택되었다. 이 시점에서 예수님께서는 당신의 백성들, 너희 이스라엘 모든 자손이 그를 경외할지어다라고 호소하신다. 그리스도는 그들에게 멸시를 당했지만 하나님께서 곤고한 자의 곤고를 멸시하거나 싫어하지 아니하셨음을 그들이 알기를 원하신다. 하나님께서는 그 얼굴을 저에게서 숨기지 아니하셨다. 하나님께서는 당신 백성들의 화해를 위해 예수님께서 드리신 희생 제사를 인정하셨다.

22:25-29. 도움을 구하는 그의 부르짖음을 하나님께서 들으셨음을 생각하면서 시편 기자는 나의 찬송은 주께로서 온 것이니라고 쓴다. 하나님은 찬양의 대상이실 뿐 아니라 찬양의 원천이기도 하셨다. 서원은 아마 고난을 당할 때 약속했던 감사의 제사일 것이다. 그러한 제사에 드린 희생 제물의 고기는 서원한 자가 먹었다(레 7:16). 이것은 겸손한 자는 먹고 배부르게 되는 연회나 잔치의 심상을 설명하고 있다. 그리스도가 치른 큰 희생 덕분에 사람들은 그분의 존전에 들어갈 수 있고 여호와를 찾는 자는 그를 찬송하게 될 것이다. 대회는 여호와를 기억하고 돌아올 땅의 모든 끝을 가리킨다.

아브라함에게 계시된 하나님의 은혜로운 구속 계획에는 은혜를 확대해 모든 열방 사람들을 축복하시겠다는 하나님의 뜻이 포함되어 있었다(비교. 창 12:3). 은혜의 하나님께서는 열방의 모든 족속이 주의 앞에 경배할 것임을 영원 전에 생각하셨기 때문이다(비교. 시 72:8-11, 96:10-13, 계 5:9). 이들의 복종은 나라는 여호와의 것이요 여호와는 열방의 주재심이라는 점에 기인한다.

이 연회에서 겸손한 자가 먹고 배부르게 되듯이 하나님의 모든 백성들을 위해 하늘나라에서 연회가 열릴 것이기 때문에 세상의 모든 풍비한 자가 먹고 경배할 것이다(비교. 사 25:6). 진토에 내려가는 자도 다 그 앞에 절하리로다라는 구절은 아마 바울 사도가 성부 하나님에 의한 그리스도의 승귀에 대해 생각하면서 빌립보서 2장 10절을 기록할 때 염두에 둔 구절이었을 것이다.

22:30-31. 후손이라는 단어는 주에 대해 전하며 그 공의를 전하고자 하는 남은 자들의 신실함으로 인해 아직 태어나지 않은 하나님께 봉사할 대대(미래 세대)를 가리킨다. 복음의 이 선언은 주께서 이를 행하셨다는 진리를 조건으로 한다. 이것은 그리스도가 다 이루셨음을 말하는 또 다른 방식이다(비교. 마 27:50, 막 15:37, 눅 23:46, 요 19:30). 다 이루었다! 하나님의 의로운 요구가 예수님을 믿는 모든 자들을 대신한 그리스도의 속죄 사역으로 온전히 충족되었기 때문에 하나님의 의가 그들에게도 적용될 것이다.

Main Idea 복 습	하나님의 아들이 하나님의 버림을 받고 악한 사람들에 의해 죽음을 당하지만 자신을 구원해주실 하나님의 신실하심에 대한 확신을 온전히 유지한다. 주께서 이 일을 하신 것은 그의 승리를 선언하기 위해서였다.

결론

경이로운 십자가

아이작 왓츠(Isaac Watts)는 교회사에서 가장 위대한 찬송가 가사를 가장 많이 쓴 작사가로 인정받고 있다. 그의 펜 끝에서 600개가 넘는 감동적인 찬송가가 흘러나왔고 가장 유명한 곡은 '주 달려 죽은 십자가 우리가 생각할 때에' 이다. 찰스 스펄전은 이 찬송을 가리켜 모든 언어로 쓰인 글들 중 가장 위대한 찬송이라고 했다. 이 매혹적인 언어는 그리스도의 구속적 고난을 강렬하게 묘사하고 있으며 십자가의 장엄함을 전달하는 능력에 있어서 이 찬송 가사를 능가할 것이 없다.

주 달려 죽은 십자가 우리가 생각할 때에
세상에 속한 욕심을 헛된 줄 알고 버리네

죽으신 구주밖에는 자랑을 말게 하소서
보혈의 공로 입어서 교만한 맘을 버리네

못 박힌 손 발 보오니 큰 자비 나타내셨네
가시로 만든 면류관 우리를 위해 쓰셨네

온 세상 만물 가져도 주 은혜 못 다 갚겠네
놀라운 사랑 받은 나 몸으로 제물 삼겠네

세상의 모든 영혼들의 마음이 하나님의 죄 없으신 아들 주 예수 그리스도가 하신 위대한 희생을 겸손함으로 찬양하는 찬송에 녹아들기를 바란다. 그분은 우리를 위해 죄가 되셨다. 그러한 사랑이 '너무나 경이롭고 거룩해서' 우리 삶을 지배하고 우리로 하여금 그분에게 우리 자신을 바치도록 인도하게 되기를 바란다.

삶의 적용

십자가를 중심에 둔 삶

주 예수 그리스도의 십자가는 신자의 삶에서 중심을 이룬다. 또한 예배의 중심이다.

그래서 그리스도는 신자들이 우리 죄를 대신한 그의 죽으심의 경이로움을 묵상하며 정기적으로 기념하는 성만찬을 제정하셨다. 이것은 주의 식탁에서 이루어진 성만찬의 목적이다. 성만찬은 모든 그리스도 제자들의 삶과 가슴에서 십자가가 중심을 이루게 하는 시간이다. 마찬가지로 십자가는 주님과 함께 걷는 성도의 일상생활에서 중심이 된다. 그리스도인은 그리스도가 죽으셨듯이 이타적이고 희생적인 삶을 살아야 하며 하나님의 뜻에 온전히 삶을 내어맡겨야 한다. 주 예수님께서 끝까지 신실하심을 잃지 않으셨듯이 신자들은 하나님께서 맡기신 사역을 끝까지 감당해야 한다.

나아가 십자가는 그리스도를 증거하는 데 있어 중심이 된다. 이것, 즉 죄를 위한 하나님의 아들의 대속적 죽음이 복음의 핵심이다. 신자들이 세상에 선포해야 할 것이 바로 이것, 즉 십자가이다. 바울은 "예수 그리스도와 그의 십자가에 못 박히신 것"(고전 2:2)을 전파했다. 그러므로 신자들은 죽어가는 세상에서 죄인들이 영원한 생명을 누릴 유일한 소망이 되신, 죽음 당하신 하나님의 어린 양을 선포해야 한다.

기도

하나님, 우리를 대신해 하나님의 진노를 감당하신 대속자로서 우리 주님이 치르신 놀라운 대가를 기억할 때 겸손해지지 않을 수 없습니다. 우리를 대신해 만왕의 왕이자 만군의 주를 보내시어 죽게 하실 정도로 우리는 참으로 끔찍한 존재입니다. 주 예수님, 당신은 영광과 찬송과 권세를 받기에 합당하신 분입니다. 당신은 죽음을 당하셨고 당신의 피로 하나님을 위해 모든 족속과 언어와 민족들로부터 사람들을 사셨습니다. 당신에게, 오직 당신에게 지금과 영원토록 영광이 있기를 원합니다. 예수님의 이름으로 기도합니다. 아멘.

심층 연구

A. 하나님(22:1)

하나님에 해당하는 이 단어(히. 엘, el)는 힘과 권력이라는 개념을 전달하는 명사이다. 이 단어는 여러 가지 방식으로 구약 전반에서 사용되고 있고 인간(욥 41:25, 겔 32:21), 천사(시 29:1), 이방신이나 우상(출 15:11, 34:16, 신 32:12, 삿 9:46, 시 44:20, 사 43:10), 자연의 무생물들(시 36:6, 80:10), 이스라엘의 하나님(창 46:3, 출 34:6, 신 7:9, 욥 36:5, 22, 26, 삼상 2:3, 사 5:16, 40:18, 42:5, 단 9:4, 나 1:2)을 가리킨다. 엘은 근동에서 이방신들에게 종종 사용되던 고대 단어이다.

이것은 시편 전반에서 이스라엘 하나님을 가리켜 사용된다. "이 엘이 힘으로 내게 띠 띠우시며"(시 18:32), "이 엘이 나를 위하여 보수하시고"(18:47), "생명의 엘"(42:8), "내 반석이신 엘"(42:9), "엘이 그 인자와 진리를 보내시리로다"(57:3), "우리의 구원이신 엘"(68:19-20), "나의 엘"(89:26, 102:24, 118:28), "보수하시는 엘"(94:1), "저희를 사하신 엘"(99:8).

B. 버리다(22:1)

이 단어(히. 아자브, azab)는 '단념하다, 뒤로 하고 떠나다, 가게 하다, 출발하다' 라는 뜻이다. 이것은 역대하 12장 1, 5절과 15장 2절에서 하나님께서 이스라엘 민족이 당신을 거부한다면 그들을 버리겠다고 맹세할 때 사용하신 것과 동일하다. 이 신적 유기는 완전한 거부이기는 했지만 지속 기간이 항상 영구적이지는 않았다.

이사야 54장 7절에서 하나님께서는 이스라엘에 관해 "내가 잠시 너를 버렸으나 큰 긍휼로 너를 모을 것이요"라고 말씀하셨다. 예수님께서 십자가에 매달리셨을 때 하나님께서는 믿는 자들을 위해 대속 제물이 되신 그에게 당신의 백성들이 받을 진노를 쏟음으로써 그를 버리셨다(사 53:4-6, 10, 고후 5:21). 이러한 하나님의 유기는 잠시 동안 지속되다가 예수님께서 "아버지여 내 영혼을 아버지 손에 부탁하나이다"(눅 23:46)라고 선언하실 때 종료되었다.

C. 거룩하시다(22:3)

15장 1절의 '심층 연구' 참조.

D. 조롱거리(22:6)

'조롱거리'라는 단어(히. 헤르파, herpa)는 구약에서 70번 사용된 명사이다. 이것은 '불명예스럽다, 조소하다, 수치스럽다, 경멸하다, 혹은 책망하다'는 의미가 있다. 어떤 용례들에서 헤르파는 누군가에게 정죄나 비난을 가한다는 개념으로 사용된다(사 25:8, 렘 31:19, 겔 36:30). 그 외에도 헤르파는 경멸받는 사람이나 사람들에 대해 사용된다(창 30:23, 느 2:17, 사 4:1, 요엘 2:17,19, 단 9:16). 이 단어는 적들의 비웃음(삿 8:15, 시 119:42)과 누군가를 폄훼하기 위해 인격을 훼손하는 것(느 6:13)을 서술할 때 사용된다.

E. 바산의 힘센 소(22:12)

'바산의 힘센 소'는 오늘날 요단의 동쪽 비옥한 평지에 있었던 대규모의 가축 떼였다. 바산은 몸집이 크고 힘센 짐승들을 기르고 풀을 뜯도록 하는 데 쓰인 커다란 목초지였다(비교. 신 32:14, 암 4:1, 겔 39:18).

고안

A. 하나님과 분리된 그리스도(22:1-2)

1. 하나님으로부터 버림당하심(1절)
2. 하나님의 침묵하심(2절)

B. 하나님께 힘을 얻는 그리스도(22:3-5)

1. 하나님의 절대주권 가운데(3절)
2. 하나님의 구원 가운데(4-5절)
    a. 사람들이 하나님을 의뢰하였다(4a, 5a)
    b. 하나님께서는 그들을 구원하셨다(4b, 5b)

C. 하나님께 거절당한 그리스도(22:6-8)

1. 사람들에게 배척당하심(6절)
2. 사람들에게 조롱당하심(7-8절)
    a. 조롱당하심(7a)
    b. 모욕당하심(7b-8절)

D. 하나님께 복종하는 그리스도(22:9-11)

1. 하나님에 의한 탄생(9절)
2. 하나님과 함께한 시작(10절)

E. 하나님께서 주신 그리스도의 고난(22:12-18)

1. 그의 삶이 에워싸임을 당하고(12절)
2. 그의 안전이 위협받고(13절)
3. 그의 뼈가 어그러지고(14a)
4. 그의 마음이 녹았고(14b)

5. 그의 힘이 사라지고(15절)
6. 그의 육체가 찔림을 당하고(16절)
7. 그의 뼈가 드러나고(17절)
8. 그의 옷이 나누이고(18절)

F. 하나님을 향한 그리스도의 간구(22:19-21)

1. 힘을 주소서(19절)
2. 나를 구원하소서(20-21절)
    a. 개의 세력에서 구원하소서(20절)
    b. 사자와 들소로부터 구원하소서(21절)

G. 하나님을 위한 그리스도의 구원(22:22-31)

1. 유대인들에게 향한 선포(22-24절)
    a. 다시 사신 그리스도에 의하여(22절)
    b. 믿음의 형제들에게(23-24절)
2. 이방인들에게 향한 선포(25-29절)
    a. 열방이 경배함(25-26절)
    b. 열방이 믿게 됨(27절)
3. 모든 민족에게 향한 선포(30-31절)
    a. 후손이 봉사함(30a)
    b. 후손이 전함(30b-31절)

토의 질문

1. 하나님께 버림당했다고 생각할 때 나는 어떻게 반응하는가?

2. 죄로 인해 하나님께서 당신의 아들마저 기꺼이 버리실 수 있다면 그분의 자녀도 아니면서 자신들의 죄 가운데 죽는 자들을 하나님께서 거부하시지 않겠는가?

3. 하나님께 나의 간구를 들어달라는, 나를 위해 개입해달라고 간구하는 기도의 시간을 갖고 있는가?

시편 23편

선한 목자와 은혜로운 주인

"그분은 다른 어떤 이에게 목자가 아니시더라도 내게는 목자시다. 그분은 나를 돌보시고 지키시며 보호해주신다."

- 찰스 스펄전(Charles H. Spurgeon)

들어가는 글

사망의 그늘

필라델피아의 제10장로교교회의 유명한 목사인 고(故) 도널드 그레이 반하우스(Donald Grey Barnhouse)는 첫 아내의 장례식을 마친 후 어린 자녀들에게 엄마를 잃은 사실을 어떻게 전달할 수 있을지 고심하고 있었다. 위로의 말을 생각해내려고 애쓰고 있을 때 고속도로를 달리던 그들의 차 옆으로 커다란 트럭이 그림자를 드리우며 지나갔다. 그 순간 반하우스는 필요한 말이 생각났다. "얘들아, 트럭이 실제로 우리를 치고 지나가기보다는 그림자로 치고 가는 게 낫지 않겠니?"라고 물었다. 아이들은 지체 없이 "물론이죠. 아빠, 그림자가 치는 게 낫죠. 그림자는 우리를 다치게 할 수 없으니까요"라고 대답했다.

그러자 뛰어난 예증가인 반하우스는 이렇게 대답했다. "그래, 오직 그림자만이 우리를 치고 지나가게 하시려고 2천 년 전에 죽음의 트럭이 주 예수님을 치었단다. 너희 엄마에게 일어난 일도 마찬가지야. 엄마를 친 것은 죽음의 그림자일 뿐이야. 엄마는 하나도 다치지 않으신 채 천국에 계시단다."

이것이 다윗의 영감 어린 글에서 나온, 가장 사랑받는 노래라는 데 이견이 없는 시편 23편의 메시지다. 구약을 통틀어 가장 유명하고 아름다운 이 걸작은 수많은 가슴들을 격려해왔다. 탁월한 시 이 시편에 대해 한 역사가가 한 말을 빌린다면 "그것은 낙담한 자들의 군대에 용기라는 노래를 불러주었고 아픈 이들과 토굴 감옥에 갇힌 포로들과 쓰라린 슬픔에 빠진 과부들과 외로운 고아들의 마음에 향유와 위로를 부어주었다. 죽어가는 군인들은 이 시편을 들으면서 보다 평안한 죽음을 맞이했고 송장처럼 창백한 병원의 환자들은 밝은 빛으로 빛났다. 이 시편은 죄수를 찾아가 묶인 사슬을 깨뜨려주었고 베드로의 천사처럼 상상 속에서 그를 인도해 집으로 다시 돌아가도록 노래를 불러주었다. 그것을 통해 죽어가는 그리스도인 노예는 그의 주인보다 더 자유로울 수 있었다."

수세기를 내려오면서 신자들의 고통스러운 영혼들을 가득 채워주었던 강렬한 평강이 바로 그런 것이다. 이 아름다운 시편의 잔칫상에서 축제를 즐긴 이들 가운데 배를 곯고 간 이는 단 한 명도 없다. 위대한 침례교 설교자인 찰스 해돈 스펄전(Charles Haddon Spurgeon)은 이 시편을 '시편의 진주' 라고 불렀다. 유명한 스코틀랜드 주석가인 알렉산더 맥 라렌(Alexander MacLaren)은 "수백만 명의 사람들이 이 시편을 암송했고 심지어 다른 시편을 거의 배운 적이 없는 이들도 이 대열에 합류했다. 목회자들은 질병으로 고통당하거나 죽어가면서 심각한 시련을 겪고 있는 사람들을 위로하기 위해 이 시편을 사용했다. 어떤 이들에게 이 시편의 언어들은 그들이 이 세상에 남긴 마지막 말이 되었다"라고 말했다. 실제로 이 시편은 영감 받은 찬양의 걸작으로서 하나님의 백성들에게 그분의 풍성한 은혜와 선하심을 증거해준다.

여기에 자신의 인생을 돌이켜보면서 하나님의 신실하심에 대해 증언한 저자 다윗의 증거가 있다. 다윗은 양들을 돌보았던 초창기의 경험을 바탕으로 이 시편을 썼다. 양을 돌보는 목자의 이미지는 하나님과 자신의 관계를 상징하는 것으로 그의 마음속에 각인되어 있었다. 마찬가지로 다윗은 여행을 하다가 자애로운 주인의 배려를 누리는 피곤에 지친 손님이 되는 것이 어떤 것인지 알고 있었다. 이것 또한 하나님과 그의 관계를 묘사했다. 이 시편에서 다윗은 하나님의 평강과 보호가 필요한 모든 신자들을 위한 그분의 풍성한 채우심을 전달하기 위해 이 두 가지 이미지를 하나로 엮었다.

본문 이해

선한 목자와 은혜로운 주인

Main Idea	다윗은 백성들을 위한 하나님의 사랑의 돌보심을 자기 양떼를 위한 목자의 헌신과 손님들을 위한 주인의 접대로 묘사하고 있다.

A. 선한 목자(23:1-4)

Supporting Idea	시편 기자는 하나님에 대한 자신의 관계를 쉼과 인도 혹은 안전에서 아무 모자람이 없는 목자와 양의 관계로 나타낸다.

23:1a. 다윗은 목자와 양이라는 따뜻한 유비를 이용해 하나님과 그분 백성들의 관계를 묘사하는 첫 메타포를 소개하며 이 시편을 시작한다. 소년 시절의 다윗은 아버지의 양떼를 지키는 목자였다(삼하 16:11, 19, 17:15). 그래서 그는 이 그림에 매우 익숙했다. 그는 이 이미지를 하나님께 적용하며 **여호와는 나의 목자시니**라고 말한다. '나의' 라는 단어는 하나님과 그의 개인적인 관계가 얼마나 인격적으로 깊고 친밀한지 강조한다. 다음 4절의 모든 것은 이 목자 모티프에 기초하고 있다.

고대 이스라엘에서 목자라는 직업이 모든 일 중에서 가장 천한 것으로 인식되었다는 것은 얼마나 놀라운 일인지 모른다. 목자는 실제로 하루 24시간, 밤낮으로 날씨가 궂을 때나 좋을 때나 흔들리지 않는 헌신적 태도로 자기 양과 함께 살면서 양을 먹이고 인도하고 보호했다. 목자는 자기 양들을 보호하기 위해 생명의 위험까지 무릅쓰면서 양들의 필요와 안전에 전적인 책임을 졌다. 하나님께서 당신의 백성들에게 되기로 하신 모습이 바로 이것이다(비교. 시 28:9, 74:1, 77:20, 78:52, 79:13, 80:1, 95:7, 100:3). 그분은 그들의 모든 것이며 쉬지 않는 보호자시다.

23:1b. 하나님의 위대하심과 자기 양떼에 대한 사랑의 돌보심 때문에 다윗은 **내가 부족함이 없으리로다**라고 결론짓는다. 버려두면 양들은 전적으로 무능하며 방어 능력이 전혀 없어서 스스로를 돌볼 수 없는 동물로서 모든 면에서 부족하다. 그러나 목자의 돌봄으로 그들의 모든 필요가 풍성하게 충족된다. 모든 것에 충분하고 불변하며 지칠 줄 모르는 분의 돌봄 아래 있는 모든 신자들뿐 아니라 다윗에게도 이것은 마찬가지였다. 하나님의 모든 소중한 양들은 **부족함**이 없을 것이다. 인생을 최대한 누리는 데 필요하고 좋은 것이 조금도 부족하지 않을 것이다.

23:2. 다윗은 목자라는 주제를 계속 사용하면서 **그가 나를 푸른 초장에 누이시며**라고 자랑한다. 양들은 겁이 많은 짐승이며 쉽게 심한 두려움에 빠지고 겁에 질리면 쉬기 위해 누우려고도 하지 않는다. 그런 양들에게 오직 목자만이 푸른 목초지나 풀이 많은 목장에서 누울 수 있도록 고요한 확신을 줄 수 있다. 이것은 오직 하나님만이 자기 양들에

게 주실 수 있는 평강과 참된 만족에 대해 말한다.

나아가, 다윗은 **쉴 만한 물가으로 인도하시는도다**라고 말한다. 문자적으로 이것은 평화로운 장면을 이어가며 잠잠해진 강을 가리킨다. 피로하고 지친 양은 빠른 시냇물에서 오래 물을 마시며 원기를 회복할 필요가 있다. 그러나 흐르는 물의 위험을 직감적으로 아는 목자는 큰 돌을 몇 개 골라 한 곳에 물을 막아 물살이 약해지게 하여 그곳을 쉴 만한 물가가 되도록 해야 한다. 그래야 양들이 아무런 두려움 없이 물을 마실 수 있다. 하나님께서는 당신 안에 거하면서 당신의 은혜를 마시는 신자들에게 참되고 영구적인 평강을 주신다.

23:3a. 또한 이 선한 목자는 **내 영혼을 소생시키신다**. 이 언급에 대해서는 여러 가지 해석이 있다. 이것은 길을 잃고 헤매던 양이 우리에 다시 들어오게 된 것을 묘사한 것일 수도 있다(비교. 사 49:5, 시 60:1). 히브리 방언에서 이 표현은 '회개에 이르게 하다' 혹은 '회심하게 되다' (비교. 호 14:1-3, 요엘 2:12)를 의미할 수도 있다. 시편 19편 7절은 이 동일한 표현을 이용해 신자의 영적 부흥이나 회복을 묘사한다. 그러나 영혼에 해당하는 단어(히. 네페쉬, nephesh)가 실제로 '생명' 으로 번역되기 때문에 이것은 주님이 시편 기자의 육체적 건강을 회복해주신다는 의미일 수도 있다. 어떤 해석이든 분명히 다 진실이다.

23:3b-c. 또한 다윗은 하나님께서 자신을 **의의 길로 인도하신다**고 말한다. 다른 짐승들과 달리 양은 방향 감각이 결여되어 있어 아무리 익숙한 환경에서도 쉽게 길을 잃어버릴 수 있다. 양은 방황하기 쉽기 때문에 쉽게 잘못된 길로 간다. 양들이 깊은 바위틈에 빠지거나 험한 절벽으로 떨어지지 않고 들판에서 다른 들판으로 이동하려면 목자는 그들을 끊임없이 의의 길, 혹은 '올바른 길' 로 안내해야 한다.

마찬가지로 하나님께서는 말씀과 성령으로 자기 양들을 올바른 방식으로 효과 있게 인도하신다. 이 모든 것을 하나님께서 하시는 것은 **자기 이름을 위해서**이다. 즉 자신의 영광을 위해서 이렇게 하신다는 의미로서, 그것은 그의 모든 동기 중에서 가장 고귀하다. 신자들이 범죄할 때라도 하나님께서는 그들을 올바른 길로 인도하시는 일에 전적으로 헌신하신다.

23:4a-b. 이 이미지를 한 단계 더 진전시킨 다윗은 목자를 매우 위험한 순간에 자기 양들을 보호할 수 있는 존재로 묘사한다. 다윗은 **내가 사망의 음침한 골짜기로 다닐지라**

도 해를 두려워하지 않을 것은 주께서 나와 함께하심이라고 말한다. 목자는 양떼를 이 목초지에서 다른 목초지로 인도해야 하는데, 때로 그것은 야생 짐승과 같은 잠재적 위험들로 가득한 높고 험한 절벽 사이의 좁은 골짜기를 통과해야 하는 이동이었을 것이다. 골짜기가 워낙 깊어 햇빛이 비쳐 들지 못해 그곳에는 어둠이나 짙은 그림자가 드리워졌을 것이다. 그곳은 길을 잃은 양들에게 종종 죽음의 장소가 되었을 것이다. 그러므로 "사망의 음침한 골짜기"가 되는 것이다.

그러나 그러한 위험 속에서조차 하나님께서는 자기 양떼를 지키고 인도하고 의의 길로 안내하면서(3절) 해에 대한 모든 두려움을 내쫓고 함께하셨다.

23:4c. 다윗은 목자의 심상을 계속 사용하며 주의 지팡이와 막대기가 나를 안위하시나이다라고 선언한다. 목자의 지팡이는 보통 약 60센티미터 길이로 된 참나무 몽둥이였다. 그것은 양들의 수를 헤아리고 양을 안내하고 보호할 때뿐 아니라 사자나 곰과 같은 야생 동물로부터 양들을 지킬 때 사용되었다. 목자의 막대기는 손잡이가 구부러진 것이었다. 한쪽 끝이 구부러진 막대기는 수풀을 밀어젖혀 양들이 갈 길을 열고, 나뭇가지들을 옆으로 밀어내며, 구멍에 빠진 양을 끌어올리거나 좁은 길을 가며 뱀들을 쫓을 때 사용되었다.

그러한 도구들은 두려움이 많은 양과 다윗에게 안위의 근원이었다. 그는 수많은 위험에 에워싸여 살았지만 하나님의 말씀과 사랑의 손은 신실한 종 다윗을 인도하고 지키는 가장 효과적인 수단이었다.

B. 은혜로운 주인(23:5-6)

Supporting Idea	시편 기자는 하나님에 대한 자신의 관계를 공급하심이나 선대함 혹은 영원한 축복에 있어 전혀 모자람이 없는 은혜로운 주인과 손님의 관계로 나타낸다.

23:5a. 다윗은 목자/양의 모티프에서 손님을 응대하는 주인의 심상으로 메타포를 이동한다. 호의적인 주인이 손님의 필요에 정성스럽게 응대하듯이 다윗은 하나님에 대해 주께서 내 원수의 목전에서 내게 상을 베푸시고라고 말한다. 그를 해치려는 수많은 원수들에게 에워싸여 있지만 다윗은 하나님께서 당신의 선을 위해 그와 함께 계시며 주인이

손님을 돌보듯이 자신의 필요를 채워주신다는 것을 깨달았다. 여기서 또 다시 이 시편의 중심 주제가 강조되고 있다. 위협적인 적을 맞이해 아무리 역경 속에 있을지라도 다윗은 아무 모자람이 없을 것이다(비교. 1절).

23:5b. 친절한 주인은 여행으로 지친 귀한 손님의 원기를 회복시키기 위해 머리에 바를 기름을 제공하는 것이 관례였다. 그래서 다윗은 특별히 그를 위협하는 많은 원수들에게 둘러싸여 있을 때 마음의 힘을 얻게 해주시는 주님의 사역에 대해 말하면서 기름으로 내 머리에 바르셨으니라는 말을 덧붙인다. 하나님의 임재는 그에게 활기를 불어넣었고 삶의 온갖 요구에 대비해 그를 회복시켜주었다.

23:5c. 나아가 다윗은 사려 깊은 주인이 계속 제공하는 음료에 대해 언급하면서 내 잔이 넘치나이다라고 증언한다. 그의 잔은 항상 가득 차고도 남아서 상상할 수 있는 가장 만족스러운 음료로 흘러넘쳤다. 이것은 가장 위험한 환경에서도 그를 강하게 하고 지탱해주는 하나님의 은혜가 다윗의 인생에 풍성하게 공급되었음을 묘사한다. 하나님께서는 어려운 상황 속에서 승리하며 사는 데 필요한 모든 것의 무한한 원천이 되신다.

23:6. 마지막으로, 다윗은 생명의 위협을 받는 상황에 있을 때라도 나의 평생에 선하심(히. 토브, tob, 유쾌하고 아름다운 것, 즉 하나님의 임재와 은혜)과 인자하심이 정녕 나를 따르리니라고 결론 내린다. 삶의 모든 극단적 상황에서 하나님의 축복은 한결같이 다윗을 뒤따랐다. 그래서 다윗은 승리의 어조로 내가 여호와의 집에 영원히 거하리로다라고 쓴다.

죽음도 다윗의 더 큰 유익에 기여할 것이다. 하나님의 선하심과 인자하심을 영원히 누릴 하나님의 목전까지 그를 인도해줄 것이기 때문이다. 신자를 하나님의 사랑에서 끊을 것은 아무것도 없다. 죽음이라고 그러할 수 없다(비교. 롬 8:38-39).

Main Idea 복습	다윗은 백성들을 위한 하나님의 사랑의 돌보심을 자기 양떼를 위한 목자의 헌신과 손님들을 위한 주인의 접대로 묘사하고 있다.

결론

선하심과 인자하심

시카고 시내 무디기념교회의 유명한 설교자인 고(故) 해리 아이언사이드(Harry Ironside)는 누군가에게 미행당하고 있다고 두려워하면서 자신을 찾아왔던 한 여성의 이야기를 들려주었다. 그녀가 자신의 아파트에서 나올 때마다 두 남자가 그녀를 뒤따랐다. 어쩌면 그녀가 그렇게 생각했는지도 모른다. 어쨌든 시내 전차를 탈 때마다 그 두 남자는 그녀의 옆에 서 있었다. 그녀는 어떻게 해야 하는가?

여성의 이야기를 들은 아이언사이드는 이 두 남자가 그녀의 상상에서 비롯된 가공의 인물임을 즉시 알아차렸다. 그래서 그녀에게 위로가 되기를 바라면서 "걱정하실 것이 전혀 없습니다. 그 두 남자는 당신을 도우려고 파송된 다윗의 종입니다"라고 대답했다. 아이언사이드는 시편 23편 6절을 찾아 "나의 평생에 선하심과 인자하심이 정녕 나를 따르리니"라는 구절을 보여주며 "그 두 사람은 선하심과 인자하심이라는 이름을 가진 사람들이고 그들의 임무는 당신을 돕는 것입니다"라고 그녀를 안심시켰다.

그녀는 "그렇군요"라고 말하면서 그 설명에 만족했고 다시는 염려하지 않았다. 모든 신자들이 하나님의 선하심과 인자하심이 항상 함께하고 자신들을 축복한다고 믿는 단순한 믿음을 가질 수 있다면 얼마나 행복하겠는가? 선한 목자요 은혜로운 주인이신 그분은 항상 우리를 돌보기 위해 가까이에 계신다. 그러니 부디 마음의 평강을 누리길 바란다.

삶의 적용

우리에게 필요한 모든 것

모든 신자의 인생에서 그리스도의 충분성은 커다란 위로와 격려가 되는 놀라운 것이다. 인생에 그리스도를 모실 때 우리는 필요한 모든 것을 갖게 된다. 그리스도가 모든 것이 되시기 때문이다. 그리스도는 모든 필요를 충족시켜주실 수 있다. 그는 알파와 오메가이고 만물의 창조주와 유지자이며 우리에게 어떤 필요가 있더라도 만족시켜주실 수 있는 무한하신 분이다. 이것이 시편이 전하는 중심 메시지이며 모든 성도에게 은혜의 원천이 된다. 성도들의 삶에 그리스도가 내주하시기 때문에 하나님의 뜻 안에서 진정으로 필요한 것은 결코 부족함이 없을 것이다. 그리스도는 모든 상황에서 성도들에게 평화와 보호가 되시며 그들이 하는 모든 일에 파수꾼과 인도자가 되신다. 여기서 연약한 양과 피곤에 지친 여행자로 묘사된 모든 성도가 선한 목자요 은혜로운 주인이신 그리스도가 모든 필요를 채워주시기에 충분하심을 안다는 것은 얼마나 큰 축복인가! 그리스도는 우리가 가진 모든 필요를 채울 수 있는 풍성한 원천이요 공급자가 되어주신다.

기도

하나님, 우리의 영적이고 육체적인 필요를 당신에게 의지함을 고백합니다. 당신은 우리의 삶이나 경건과 관련된 모든 것을 공급해주시는 주와 목자이십니다. 이를 인해 당신의 이름을 찬양합니다. 죽음의 어두운 그림자가 덮을지라도 당신이 우리와 함께 계시므로 아무것도 두려워할 것이 없습니다. 주님, 당신은 손님을 대접하는 주인처럼 우리가 구하거나 생각할 수 있는 모든 것을 넘치도록 주시는 분입니다. 선하심과 사랑으로 우리 인생을 계속 채워주십시오. 예수님의 이름으로 기도합니다. 아멘.

심층 연구

A. 초장(23:2)

이 단어(히. 나웨, naweh)는 거주지 혹은 쾌적한 거주지를 가리킨다. 나웨는 시편에서 "사막의 초장"(65:12)과 "하나님의 목장"(83:12)을 가리켜 사용되었다. 여기서는 다윗이 양떼들을 끌고 가 돌보던 목초지(삼하 7:8)와 목자들이 양떼들을 쉬게 하던 곳(렘 33:12)을 가리킨다.

B. 사망의 그늘(23:4)

'사망의 그늘'이라는 구절(히. 살마웨트, salmawet)은 그늘이나 그림자에 해당하는 히브리어 단어와 죽음에 해당하는 히브리어 단어를 조합한 히브리어 합성어이다. 그러므로 살마웨트는 죽음 혹은 공포나 재앙의 그림자를 가리킨다. 시편 23편 4절에서 이 표현은 하나님께서 음침한 장소, 심지어 죽음 그 자체의 경험 속에서도 자기 양들을 인도하신다는 의미를 지닌다. 욥기에서 수없이 사용된 이 표현(3:5, 10:21-22, 12:22, 16:16, 24:17, 28:3, 34:22, 38:17)은 짙은 안개나 짙은 그림자의 개념을 전달한다. 하나님께서는 어둠을 소멸시키실 수 있고(욥 12:22, 암 5:8) 심지어 어둠을 심판하실 수 있는(렘 13:16) 분으로 묘사되고 있다. 이 표현은 또한 시편 44편 19절, 107편 10절, 14절, 이사야 9장 2절, 예레미야 2장 6절에서 '사망의 그늘' 혹은 '어둠'으로 사용되고 있다. 메시아는 그러한 어둠 가운데 사는 자들의 빛이 되실 것이다(사 9:2).

C. 두려워하다(23:4)

이 단어(히. 야레, yare)는 구약 전반에서 약 330번 사용되고 있고 한 개인이 하나님의 존전에 설 때 생기는 경외심을 표현하는 데 가장 자주 사용된다(출 1:17, 삼상 12:14,

18, 삼하 6:9, 왕하 17:28, 35-39, 시 33:8, 102:15, 렘 5:22, 24, 요 1:16). 이것은 또한 하나님을 높이고 진지하게 대하는 사람(욥 1:1, 시 31:19, 33:18-19, 34:9, 103:11, 128:1, 145:19, 느 7:2)이나 그렇게 하지 못하는 사람(전 8:13)에 대해서도 사용된다. 시편 23편 4절의 문맥에서처럼 경우에 따라 야레는 불행을 예상함으로 생긴 두려움을 표현하기 위해 사용된다(출 14:13, 민 14:9, 신 1:29, 3:2, 7:18, 20:1, 3, 8, 수 10:8, 25, 삿 7:3, 왕하 1:15, 느 4:14, 시 27:1, 3, 56:3-4, 11, 사 51:7, 12, 겔 2:6).

D. 안위하다(23:4)

이 단어(히. 나함, naham)는 어떤 사람이 자신의 감정을 신체적으로 표현하는 방식으로서 깊은 숨을 내쉰다는 개념을 내포하고 있다. 히브리어 성경에서 65번 사용된 나함은 위로와 연민을 가리키기 위해 사용된다. 아마 시편 23편 4절을 제외하고 나함을 사용한 구절 중 가장 유명한 구절은 이사야 40장 1절의 "너희 하나님이 가라사대 너희는 위로하라 내 백성을 위로하라"는 말씀일 것이다. 많은 구절들은 죽음과 직면한 사람들을 위로할 때 이 단어를 사용하고 있다(창 24:67, 37:35, 38:12, 삼하 10:2, 12:24, 대상 19:2, 사 61:2, 렘 31:15). 시편 전반에서 나함은 하나님께서 당신의 백성에게 주시는 위로를 표현하기 위해 사용된다(시 71:21, 86:17, 119:82, 사 12:1, 49:13, 52:9). 호세아 11장 8절에서 이 단어는 이스라엘을 향한 하나님의 자비로운 사랑을 전하기 위해 사용된다.

E. 기름 바르다(23:5)

이 단어(히. 다셴, dashen)는 문자적으로 '뚱뚱한, 잘 먹은' 이라는 의미가 있다. 비유적으로 부, 풍부함, 번영의 의미로 사용된다. 살찐 짐승들은 가장 건강한 짐승으로 인식되었고 지방은 희생 제물의 가장 좋은 부위라고 생각되었다(시 20:3). 이것은 번영과 부의 개념이 살찐 것과 어떻게 연결되었는지 보여준다(비교. 시 92:14, 잠 11:25, 13:4, 15:30, 28:25). 시편 23편 5절에서 이 표현은 하나님께서 다윗에게 주신 형통함이라는 풍성한 축복을 의미한다.

F. 선하심, 인자하심(23:6)

이 단어들(혹은 lovingkindness, 히. 헤세드, hesed)은 '친절함, 자비, 호의 혹은 꾸준한 사랑' 을 의미하며 히브리어 성경에서 수차례 발견된다(비교. 출 20:6, 34:6, 민 14:18, 시 136, 미 7:18). 헤세드는 '자신을 숙이다' 라는 의미의 '하사드' 에서 유래했다. 이것은 선택한 당신의 백성들을 향한 하나님의 사랑을 의미한다. 여기서는 다윗이 자신에게 영원히 은혜를 베푸실 주님에 대한 확신을 표현하는 데 사용하고 있다. 때때로 헤세드는 신명기 7장 12절과 사무엘하 7장 15절의 용례로 인해 하나님의 언약적 사랑이라고 불리기도 한다.

교안

A. 선한 목자(23:1-4)

1. 묘사된 관계(1a)
   a. 하나님은 사랑하는 나의 목자(1a)
   b. 나는 그의 비천한 양(1a)
2. 향유하는 관계(1b-4절)
   a. 나는 아무것도 부족함이 없다(1b)
   b. 나는 쉼이 모자라지 않다(2절)
   c. 나는 생명이 모자라지 않다(3a)
   d. 나는 인도하심이 부족하지 않다(3b)
   e. 나는 안전하다(4절)

B. 은혜로운 주인(23:5-6)

1. 묘사된 관계(5a)
   a. 하나님은 사랑이 많은 주인(5a)
   b. 나는 그의 비천한 손님(5a)
2. 향유하는 관계(5b-6절)

a. 베푸심이 부족하지 않다(5b)

b. 선하심이 부족하지 않다(6a)

c. 영원한 축복이 부족하지 않다(6b)

토의 질문

1. 모든 물질적이고 영적인 필요들을 제공하시는 주님께 나는 전적인 신뢰를 표현하고 있는가?

2. 의로운 길로 이끌어달라고 나는 하나님의 인도하심을 구하고 있는가?

3. 나는 인도하시는 하나님의 손길을 어떤 식으로 경험해왔는가?

시편 24편

올바른 예배를 드릴 때

"하나님을 예배하러 나아갈 때 마음의 준비가 있어야 한다. 우리가 어떤 분의 이름으로 모이고 있는지 생각해보라. 그러면 절대 아무 생각 없이 우르르 몰려들 수 없다. 우리가 예배한다고 주장하는 분이 누구신지 생각해보라. 그러면 불난 곳에 달려가듯 그분의 존전에 허둥거리며 가게 되지는 않을 것이다."

- 찰스 스펄전(Charles H. Spurgeon)

들어가는 글

만왕의 왕을 대표하는 왕

조지 프레드릭 헨델(George Fredrick Handel)은 교회 역사상 가장 위대한 작곡가 중 한 사람이다. 유명한 오라토리오 '메시아' 는 그의 곡 중에서 가장 인기 있는 작품으로서 수많은 신자들의 마음을 움직여 하나님을 예배하게 했다. 이 걸작은 1743년 3월 23일 런던에서 초연되었다. 이 연주회에는 영국의 왕 조지 2세가 참석했다. 연주회에 온 모든 사람들은 이 감동적인 음악과 성경 본문을 듣고 깊은 감동을 받았다.

"전능하신 여호와 하나님이 통치하시도다" 라는 강렬한 가사가 포함된 '할렐루야 합창' 이 울려 퍼지자 예기치 못한 일이 일어났다. 조지 2세가 경의의 표시로 일어났던 것이다. 이것을 본 청중들도 모두 똑같이 자리에서 일어났다. 그들은 천국의 왕이시며 모든 만물과 세상의 왕들마저 통치하시는 참된 왕의 위대하심을 인정하며 전체 합창이 다 끝날 때까지 내내 서 있었다. 그 후로 지금까지 '할렐루야 합창' 을 부르면 일어서는 것이 관례처럼 되었다.

삼위 하나님의 주권성을 겸손하게 인정하고 찬양과 헌신과 삶을 그분에게 드리며 올바로 반응하는 것, 이것이 예배의 진정한 핵심이다. 진정한 예배는 가려지지 않은 하나님의 영광을 바라보며 그분의 위엄에 반응하는 것이다. 그러기 위해서는 우리의 충성을 그분께 서약하고 지고한 가치를 돌려드리며 그분의 비교 불가능한 소중함을 인정해야 한다. 참된 예배는 우리의 모든 존재를 그분께 내어드리며 우리 자신을 하나님께 드리고 싶은 불타는 열정이다.

시편 24편은 하나님의 백성들이 하나님의 영광을 인정하는 태도로 하나님을 예배하도록 이끄는 찬양시다. 이 시편은 또한 다윗이 쓴 입성 시편으로 분류되어 왔다. 언약궤를 예루살렘으로 들여온 사건, 그 사건의 기념일 혹은 그 사건을 기념하는 축제를 위해 이 시편이 쓰였다고 추정된다. 제왕 시편으로서 이 노래는 다른 제왕시들(시 47, 68, 118, 132편)을 연상케 하는 여러 가지 단서들을 담고 있다. 하나님께서 거룩한 성에 입성하심을 찬양하고 있기 때문이다.

본문 이해

올바른 예배를 드릴 때

Main Idea	다윗은 여호와를 예배하는 자들이 스스로를 적합하게 준비할 수 있게 하고, 하나님께서 예루살렘 거룩한 성으로 영광스럽게 입성하시는 것을 묘사한다.

A. 하나님의 권능을 선언함(24:1-2)

Supporting Idea	다윗은 피조 세계와 그 안의 모든 것들에 대한 주의 주권적 권세를 선언한다.

24:1. 이 시편은 땅과 거기 충만한 것과 세계와 그중에 거하는 자가 다 여호와의 것이로다라는 극적인 선언으로 시작된다. 지구 자체와 그 안에 있는 모든 것을 포함해 지구상의 모든 것이 하나님의 것이라고 말하는 것이다. 이 우주적 소유권에는 그 중에 거하는 자가 포함된다. 모든 사람들은 하나님의 주권적 지배 아래 살고 있다(출 19:5, 신 10:14, 시 50:12, 89:11).

24:2. 땅과 그 안에 있는 모든 것에 대한 하나님의 지배권을 인정하는 것은 하나님께서 그것을 만드셨기 때문이다. 여호와께서 그 터를 바다 위에 세우심이여 강들 위에 건설하셨도다. 이것은 땅이 실제로 지구의 대양 위로 떠다닌다고 말하는 게 아니라, 시적 언어를 사용해 하나님께서 기초를 세우시고 건설하신 질서정연한 피조 세계로 세상을 묘사하는 것이다(비교. 시 135:5-6, 고전 10:26). 도시 건설에서 빌려온 메타포이다(비교. 수 6:26, 왕상 16:24, 사 14:32). 거대한 성전처럼 땅은 기초가 있는 것으로 묘사되고 있다. 여기서 하나님께서 물에서 마른 땅이 드러나도록 호출하셨던 창조 행위를 떠올리게 된다(창 1:2, 9). 인간을 비롯해 모든 것을 제자리에 두신 그분은 그의 손으로 만드신 모든 것의 주인이시다.

B. 하나님의 거룩하심을 드러냄(24:3-6)

Supporting Idea	다윗은 예배하러 들어갈 수 있는 자의 모범을 언급함으로써 예배자로 하여금 거룩한 주의 존전에 들어갈 준비를 하게 한다.

24:3. 모든 만물의 주권적 주가 되시는 하나님 앞에 누가 나아갈 수 있는가? 이것은 여호와의 산에 오를 자 누군가?라는 질문 이면에 있는 설명이다. 땅의 거민들 중 주권자되신 왕의 용납하심을 얻고 그 앞에 나아갈 수 있는 자가 누구인가? 혹은 그분에게 나아가기 위해서 우리는 어떻게 스스로를 준비해야 하는가? "여호와의 산"은 시온 산이나 예루살렘을 가리킨다. 하나님께서 그곳에서 언약궤 위에 거하셨다. 다른 방식으로 질문하자면 그 거룩한 곳에 설 자가 누군가?이다. 이 언급은 시온 산 꼭대기에 위치한 예루살렘, "그의 거룩한 곳"을 가리킨다. 질문의 요지는 "이 두려운 왕과 교제할 영적인 자격이 있는 자가 누구인가?"이다.

24:4. 이 질문의 대답은 곧 손이 깨끗하며 마음이 청결한 자이다. '손이 깨끗하다'는 구절은 한 개인의 외적 행위의 순결성을 가리킨다. '마음이 청결하다'는 것은 거룩하고 더럽혀지지 않은 내적 영혼으로서 도덕적으로 더러워지지 않고 하나님께 구별된 영혼을 가리킨다. 한 개인의 인격이라고 할 수 있는 내적인 삶과 행위에 해당하는 외적인 생활이 모두 다시 강조되고 있다. 다시 말해서 하나님께 나아가 예배와 교제를 할 수 있기 위해서는 그 개인의 삶이 깨끗하고 청결해야 한다.

그러기 위해서는 구체적으로 뜻을 허탄한 데 두지 않을 것이 요구된다. 참되고 유일하신 하나님 말고 더 큰 사랑과 충성을 바치는 어떤 신도 두어서는 안 된다(출 20:3). 우상이란 하나님보다 더 사랑하고 더 두려워하거나 섬기는 모든 사람이나 사물이다. 또한 거짓 맹세를 해서는 안 된다. 이러한 일은 하나님보다 거짓 신에게 더 충성심을 바치는 행위가 될 것이다. 이런 일들은 무죄한 완벽성을 요구하는 것이 아니라 내적 동기와 외적 방법을 비롯해 한 개인의 삶의 모든 것이 한결같고 성실할 것을 요구한다.

24:5. 거룩함과 겸손함으로 하나님께 나아오는 사람은 여호와께 복을 받을 것이다. 이 축복은 하나님께 충성스러운 종들에게 그분이 베푸시는 선하심과 은혜이다. 마찬가지로 그는 구원의 하나님의 의를 얻을 것이다. 그 말(히. 체다카, sedaqa, '의')은 신실한 종들에 대한 하나님의 정당한 대우를 가리킨다. 나아가 이것은 믿음에 의한 칭의의 구

약적인 표현이다. 회개와 믿음으로 하나님께 나아가는 사람은 하나님의 의를 선언 받을 것이다.

24:6. 이는 여호와를 찾는 족속이요라는 구절은 거룩한 성소에 들어가고자 애쓰는 참된 예배자들을 가리킨다. 4절에서 규정한 대로 하나님께 나아오는 이들은 순수하게 야곱의 하나님의 얼굴을 구하는 자들이다. 여기에는 어떤 위선도 없고 오직 순결하고 겸손한 믿음뿐이다.

C. 하나님의 임재가 실현됨(24:7-10절)

Supporting Idea	다윗은 예루살렘 성이 하나님께서 그 성문으로 들어가실 수 있게 준비되어야 한다고 요청한다.

24:7. 문들아 너희 머리를 들지어다라는 구절은 예배자들이 예루살렘 성으로 입성하는 것을 가리킨다. 거룩한 성의 문들은 하나님께서 승리의 입성을 하시도록 활짝 열릴 것을 요구받고 있다. 이것은 인간의 특성을 무생물에게 부여하는 의인화로 알려진 문학적 장치다. 성문들은 땅의 주권자이신 왕의 입성을 위한 길을 내기 위해 자신을 최대한 넓게 열어야 한다. 시편 기자는 극적인 강조 효과를 내기 위해 이 표현을 반복한다. 영원한 문들아 들릴지어다. '문' 이란 단어는 성문과 동의어이다. 시편 기자는 영광의 왕이 들어가실 수 있도록 너희 자신을 준비하라고 말한다.

다윗 시대에 이것은 예루살렘 안으로 언약궤를 이동하는 행위를 가리켰다. 언약궤는 영광의 왕 혹은 하나님 임재가 가시적으로 현현함을 상징했다. 이것은 승리의 행진을 하며 성소 안으로 언약궤를 옮기라는 요청이었다. 더 위대한 다윗의 아들인 그리스도의 초림 기간의 경우 이것은 종려주일에 그리스도가 예루살렘 성으로 승리의 입성을 하신 것을 의미한다(마 21:1-11). 궁극적으로 이것은 하나님의 우편보좌에 앉으시기 위해 하늘의 시온으로 그리스도가 승천하시는 것을 가리킨다.

24:8. 그 성벽 안에서 수사학적 대답이 전해진다. 영광의 왕이 뉘시뇨? 아마 성 밖의 언약궤를 둘러싼 사람들의 것으로 보이는 대답이 이어진다. 강하고 능한 여호와시요 전쟁에 능한 여호와시로다. 이는 성에 들어가실 수 있는 분, 하나님 자신이며 이스라엘의 모든 원수들을 무너뜨리시며 전쟁에 강하시고 능한 자로 자신을 나타내신 분을 말한다.

24:9-10. 또 다시 입성을 요구하는 소리가 언약궤를 옮기는 자들에게서 들린다. 이번에는 바로 성문 밖에서이다. 문들아 너희 머리를 들지어다. 효과를 높이기 위해 영원한 문들아 들릴지어다라고 그 요청이 반복된다. 이 모든 전령의 외침은 영광의 왕이 들어가시기 위해서이다. 성 안에서 영광의 왕이 뉘시뇨라는 질문이 다시 들린다. 이번에는 성문 경비가 말하는 것 같다. 성문 밖에서 언약궤를 옮기며 모시는 자들의 대답이 들린다. 만군의 여호와께서 곧 영광의 왕이시로다.

Main Idea 복 습	다윗은 여호와를 예배하는 자들이 스스로를 적합하게 준비할 수 있게 하고, 하나님께서 예루살렘 거룩한 성으로 영광스럽게 입성하시는 것을 묘사한다.

결론

왕의 영광

영국의 빅토리아 여왕은 권좌에 오른 후 왕실의 관습에 따라 '메시아' 특별 공연을 보러 갔다. 그녀는 왕가의 의전 규칙에 정통한 사람들에게 어떻게 행동해야 하는지 교육을 받았고 '할렐루야 합창' 이 울려 퍼지면 모든 사람들이 일어난다 해도 그녀만은 일어나서는 안 된다는 것을 알고 있었다. 그 웅장한 합창곡이 울려 퍼지면서 합창 대원들이 "할렐루야! 할렐루야! 할렐루야! 전능의 왕이 다스리시네" 라고 외치고 있을 때 그녀는 매우 불편한 마음으로 앉아 있었다. 왕과 왕비들이 지키던 관례에도 불구하고 그녀는 일어나고 싶은 것처럼 보였다. 그러다 마침내 합창이 주님을 만왕의 왕으로 선언하는 클라이맥스에 도달했을 때 어린 여왕은 갑자기 자리에서 일어나 머리를 숙였다. 왕실 예법의 모든 규칙을 깨버린 그녀는 머리의 왕관을 벗어 하나님의 발 앞에 던지기라도 하듯이 일어나야겠다는 생각이 들었던 것이다.

올바른 예배란 이런 것이다. 예배란 전 인격(지, 정, 의)이 경외심과 겸손함과 찬양과 헌신으로 하나님께 반응하는 것이다. 하나님을 영광스러운 천국의 왕으로 알고 있는 모든 자들이 그 이름에 합당한 위대함을 그분에게 돌려드리기를 소망한다.

삶의 적용

하나님을 바라보는 고귀한 시각

하나님에 대한 높고 초월적 관점은 그리스도인에게 가장 중요한 것이다. 하나님을 어떻게 보느냐에 그의 삶도 달라진다. 한 개인의 인생은 하나님에 대한 그의 생각보다 더 고귀해질 수 없다. 하나님에 대한 고귀한 관점을 가질 때 그의 삶 역시 고귀하고 거룩하게 될 것이다. 한편 하나님에 대한 천박한 관점은 천박한 인생으로 이어질 것이다. 그 누구도 하나님에 대한 자신의 이해보다 더 고귀한 삶을 살 수 없다. 찰스 스펄전은 이렇게 말했다. "하나님 자녀의 관심을 끌 수 있는 가장 탁월한 과학, 가장 고상한 사고, 가장 영향력 있는 철학은 그가 아버지라고 부르는 위대하신 하나님의 이름, 본성, 위격, 사역, 행사, 실존이다."

성도의 인생도 마찬가지다. 한 개인의 삶은 하나님에 대한 그의 올바른 시각보다 결코 더 고귀하게 영위되지 않을 것이다. 그러나 우리 시대에 하나님의 영광이 어두워지고 축소되고 있다. 시편 24편과 그와 유사한 다른 시편들이 믿음에 그토록 중요한 이유가 바로 이 때문이다. 하나님에 대한 지식에 따라 우리의 삶도 달라진다. 그리스도인들이 이 시편을 통해 하나님에 대한 시각을 새로이 하고 그분의 주권성과 거룩하심과 영광을 바라보게 되기를 바란다. 그리스도인들이 그 이름에 합당한 예배를 하나님께 돌려드릴 수 있기를 바란다.

기도

하나님, 당신은 온 하늘과 땅의 주권자이십니다. 하늘과 땅의 거민들과 소유들은 당신이 기쁘신 대로 하실 수 있는 당신의 것입니다. 누가 당신의 거룩한 산에 올라갈 수 있겠습니까? 당신의 거룩한 곳에 설 자는 누구입니까? 당신으로부터 순결한 마음과 깨끗한 손을 받은 자들뿐입니다. 당신은 주 예수 그리스도의 의를 주심으로 우리에게 구원의 축복을 부어주셨습니다. 영광의 왕이요 전능하신 여호와이신 당신의 얼굴을 구합니다. 주여, 이 기도를 들으시고 주권적인 은혜로 우리에게 복을 주옵소서. 예수님의 이름으로 기도합니다. 아멘.

티칭 가이드

심층 연구

A. 땅(24:1)

이 단어(히. 에레쯔, eres)는 구약에서 네 번째로 가장 자주 사용된 단어로 2,504번 사용되었다. 에레쯔는 전체 지구(창 1:30, 18:18, 렘 25:26), 육지(레 19:29, 민 13:20), 땅에 거하는 사람들(창 6:11-13, 왕상 2:2), 토양(창 1:11, 레 25:19), 혹은 지정된 땅(창 4:16, 10:10-11, 신 34:2)을 가리킨다. 여기서는 전체 지구를 가리킨다.

B. 세계(24:1)

이 단어(히. 테벨, tebel)는 구약에서 세 가지 의미로 사용되고 있다. 첫째, 지구라는 물리적 덩어리를 가리킨다(시 9:12, 삼상 2:8, 삼하 22:16). 둘째, 지구의 사람들을 가리킨다(시 9:8, 24:1, 33:8, 96:13, 98:9, 사 13:11, 18:3, 24:4, 26:9, 18, 애 4:12). 셋째, 땅에 거주하는 것이 가능한 지역을 가리킨다(욥 37:12, 시 90:2, 잠 8:31, 사 14:17, 나 1:5). 시편 24편 1절에서 이 단어의 의미는 세 번째 용례에 해당한다. 테벨과 에레쯔는 다른 곳에서 평행법이나 서로 대조적인 의미(삼상 2:8, 시 90:2, 사 26:9, 34:1)로 사용되고 있다.

C. 터를 세우다(24:2)

이 단어(히. 야사드, yasad)는 '단단히 고정시키다 혹은 쌓다, 기초를 놓다' 라는 의미를 갖는다. 이 단어의 실제적인 혹은 문자적 의미는 어떤 구조물의 기초를 가리키는 데 사용된다(수 6:26, 왕상 5:17, 6:37, 16:34, 에 3:6, 10, 12, 사 14:32, 54:11, 슥 4:9). 야사드는 불변하고 변할 수 없는 것에 대한 비유적이거나 은유적인 의미로 사용될 수도 있다(욥 26:7, 시 78:69, 89:11, 102:25, 사 28:16, 48:13, 51:13, 54:11). 여기서는 바로 이러한 용례로 쓰였다.

D. 청결한(24:4)

이 단어(히. 바르, bar)는 구약에서 몇 번밖에 사용되지 않는 형용사이다(욥 11:4, 시 19:9, 73:1, 잠 14:4, 아 6:9-10). 바르는 바라르(barar)의 파생어이며 순결한 것(삼하 22:27, 시 18:26, 단 12:10, 습 3:9), 정결케 된 것(렘 4:11), 광을 낸 것(사 49:2), 깨끗한 것(사 52:11), 선택된 것(대상 7:40, 9:22, 16:41, 느 5:18)이다.

E. 의(24:5)

의 혹은 구원이라는 단어(히. 예샤, yesha)는 구출, 구조, 승리, 도움, 혹은 자유를 의미한다. 첫 번째 용례에서 예샤는 적으로부터의 실제적 구출을 의미하지만(민 10:9, 출 2:17, 3:12, 14:30, 삿 8:22, 시 18:3, 44:7, 렘 1:8, 19) 후에는 구속의 의미를 지니게 되었다(시 51:14, 67:2, 68:19, 79:9, 사 45:17, 22, 49:6, 52:10, 겔 37:23).

F. 만군의 여호와(24:10)

46편 7절의 '심층 연구' 참조.

교안

A. 하나님의 권능을 선언함(24:1-2)

1. 하나님께서 모든 것을 다스리신다(1절)
2. 하나님께서 모든 것을 창조하셨다(2절)

B. 하나님의 거룩하심을 드러냄(24:3-6)

1. 탐색을 위한 질문(3절)
    a. 하나님께 나아갈 자 누구인가?(3a)
    b. 하나님과 함께 거할 자 누구인가?(3b)

2. 냉철한 대답(4절)

a. 깨끗한 손을 가진 자(4a)

b. 순수한 마음을 가진 자(4a)

c. 허탄한 데 뜻을 두지 않는 자(4b)

d. 정직한 말을 하는 자(4c)

3. 확실한 결과(5절)

a. 하나님의 축복(5a)

b. 하나님의 의(5b)

4. 영적 실재(6절)

a. 이들이 하나님의 은혜를 구한다(6a)

b. 이들이 하나님의 얼굴을 구한다(6b)

C. 하나님의 임재가 실현됨(24:7-10)

1. 첫 번째 선언(7-8절)

a. 호소: 왕이 들어가실 것이다(7절)

b. 질문: 이 왕이 누구신가?(8a)

c. 응답: 강하신 왕(8b-c)

2. 두 번째 선언(9-10절)

a. 호소: 왕이 들어가실 것이다(9절)

b. 질문: 이 왕이 누구신가?(10a)

c. 응답: 만군의 여호와(10b-c)

토의 질문

1. 내 인생과 모든 피조 세계에 대한 하나님의 주권적 통치를 인정하는가?

2. 하나님의 거룩하신 지위를 올바로 이해하는가?

3. 깨끗한 손과 순결한 마음으로 하나님의 존전에 들어가는가?

4. 하나님의 존전에 올바로 나아가기 위해 어떠한 단계를 취하는가?

시편 25편

어둠 속에서 하나님의 길을 보라

"하나님의 뜻을 벗어난 채 영국의 왕이 되느니 하나님의 뜻 가운데 거하며 아프리카의 가장 깊숙한 곳에 있는 것이 낫다."

- 데이비드 리빙스톤(David Livingston)

들어가는 글

길을 밝혀주는 빛

19세기의 유명한 영국인 설교자인 F. B. 마이어(F. B. Meyer)가 북아일랜드를 출발해 영국 해안가에 위치한 항구로 배를 타고 가고 있었다. 짙은 어둠 속에서 해안의 어지러운 불빛들 외에는 아무것도 보이지 않았다. 마이어는 이 칠흑같이 어두운 밤에 어떻게 배를 항구로 항해해갈 수 있는지 물었다. 그러자 선장은 그를 선교로 데리고 올라가 물었다. "왼쪽의 해변에 있는 커다란 불빛이 보입니까?" 마이어는 보인다고 대답했다. "그러면 저 오른쪽으로 또 하나의 큰 불빛이 보입니까? 그리고 이제 이쪽으로 멀리까지 비추는 저 두드러진 빛이 보입니까? 저 세 빛을 계속 쳐다보십시오. 그러면 그 이유를 알 것입니다."

배가 앞으로 항해하자 왼쪽의 커다란 불빛이 점차 중간에 있는 것과 합쳐지기 시작했다. 그러고 나서 두 빛은 점차 세 번째 빛을 집어삼키는 듯하더니 세 빛이 하나로 합쳐졌다. 선장이 입을 열었다. "자 이제, 제가 하는 일은 오직 저 커다란 세 빛이 하나가 될 때까지 지켜보는 것입니다. 그러면 앞으로 곧장 항해할 수 있습니다."

이와 마찬가지로 신자들은 모두 하나님의 말씀이라는 등대불이 절대적으로 필요한 이 어두운 세상을 항해해야 한다. 신자들은 모두 반드시 신적 계시라는 등대불의 안내를 받아야 한다. 그 불빛이 그들을 미래로 이끌어줄 수 있다. 이것이 '다윗의 시' 시편 25편의 중심 주제이다. 인생의 암울한 시기에 그는 하나님의 인도하심으로 하나님의 뜻을 알 수 있게 해달라고 간청했다(4-5, 8-10, 12, 21절). 불확실한 길 앞에서 그는 주의 완전한 길로 인도해달라고 구했다.

이 시편의 역사적 배경에 대해서는 알려져 있지 않다. 하지만 그 배경을 보자면 시편 기자는 원수들의 공격을 받고(2-3, 19절), 시련의 올무에 걸려 있으며(15절), 지지자들로부터 고립되어 있고(16절), 마음의 낙담에 시달리며(17절) 원수들에게 미움을 받는(19절) 괴로운 시기를 보내고 있다. 절망의 시간에 그는 하나님의 완전하신 뜻에 따라 회복되어야 했다. 그래서 다윗은 하나님께 구원하심(1-3절), 인도하심(4-15절), 그리고 보호하심(16-22절)을 위해 부르짖었다. 이 시편은 각 절이 히브리 알파벳 순서대로 시작하는 교차대구적 구조를 이루어 교훈을 받고 기억하는 데 도움을 준다.

본문 이해

어둠 속에서 하나님의 길을 보라

Main Idea	다윗은 원수들로부터 구원해주심과 하나님의 길로 인도해주심, 그리고 원수들로부터 보호하심을 구하는 기도를 드린다.

A. 하나님의 구원을 바라는 기도(25:1-3)

Supporting Idea	하나님만이 자신을 원수들에게서 구원해주실 수 있음을 안 다윗은 주님께 패배의 수치에서 자신을 구해달라고 간구한다.

25:1-3. 먼저, 다윗은 여호와여 나의 영혼이 주를 우러러보나이다라고 말함으로 하나님에 대한 믿음을 확증한다. 확실히 시편 기자는 이 위기 속에서 자신을 붙들어 준 구원의 믿음을 통해 하나님과 개인적인 관계를 갖고 있었다. 다윗의 속이는 원수들은 그를 부끄럽게 만들고 그를 이기려고 애쓰지만 그는 주님 앞에서 주를 바라는 자는 수치를 당하지 아니할 것이라고 확신 가운데 선언한다(비교. 시 35:26). 수치를 당치 않게 해달라는 그의 호소는 20절에서 반복되며 이 시편의 분위기를 결정해준다.

B. 하나님의 인도하심을 바라는 기도(25:4-15)

Supporting Idea	다윗은 하나님의 인도하심을 구하며 자신을 원수들의 올무에서 풀어주고 하나님의 거룩한 뜻 가운데로 인도해달라고 기도한다.

25:4-5. 하나님께서 다윗을 그의 원수들로부터 구원해주셨기 때문에 그는 주의 뜻에 대한 전체적인 인도하심을 구한다. 다윗은 주의 도를 내게 보이시고 주의 길을 내게 가르치소서라고 기도한다. 도와 길은 하나님의 뜻에 대한 메타포이다. 다윗은 하나님께 그분의 뜻을 밝히시어 그것을 따라갈 수 있게 해달라고 간구한다. 그는 하나님의 뜻을 아는 것처럼 하지 않고 하나님께서 종일 순간순간 그의 인생을 지도해주실 것을 요청한다. 하나님은 그의 죄 된 본성을 알고 계시기 때문이다(18절).

나아가 다윗은 하나님께 자신을 진리로 인도하시고 교훈해달라고 구한다. 그는 하나님의 길이 진리 안에 있다는 것을, 그 길이 단단하고 안정적이라는 것을 알고 있다. 오직 구원의 하나님만이 다윗이 따르기 위해 배워야 할 그분의 길과 도에 따라 그를 원수들로부터 구원하실 수 있다.

25:6-7. 이 단락에서 다윗은 기억하소서라는 단어를 세 번 사용하고 있다. 그는 여호와여 주의 긍휼하심과 인자하심을 … 기억하소서라고 요청한다. 다윗은 현재에 하나님의 동일한 은혜를 얻기 위해 과거에 그에게 베푸신 하나님의 자비와 사랑을 회상하고 있다. 그러고 나서 하나님께 내 소시의 죄와 허물을 기억지 마소서라고 기도한다. 이것은 그가 마땅히 당해야 하는 것에 따라 과거의 죄를 묻지 말고 그에게 필요한 것, 즉 긍휼하심에 따라 그를 대해달라고 하나님께 요청하는 것이다. 이어서 다윗은 하나님의 한 가지 속성, 즉 하나님의 선하심을 기억함으로써 스스로를 위로한다.

25:8-10. 다윗은 하나님의 뜻을 구하려는 노력으로 하나님의 위대하심에 관심을 돌린다. 그는 여호와는 선하시고 정직하시다고 선언한다. 그러므로 그가 교훈하시고 지도하시고 가르치신다고 말한다. 나아가 그는 반역의 길로 가고(7절) 하나님의 길을 벗어나 자기 길로 되돌아간 죄인을 교훈하신다. 하나님의 뜻은 반드시 따라야 하며 결코 피하거나 의심하는 태도도 대해서는 안 되는 것이다. 이는 여호와의 모든 길은 그 언약과 증거를 지키는 자에게 인자와 진리이기 때문이다.

25:11-14. 하나님의 이름이 그의 종을 통해 영광을 받기 위해서 다윗은 하나님께 자신의 죄악을 사해주시도록 정기적으로 기도해야 한다. 나아가 하나님께서 그 길로 가르치시는 사람은 여호와를 경외하는 사람이다(비교. 시 111:10, 잠 1:7, 3:32). 이 길은 무작위로 선택되는 길이 아니라 하나님께서 직접 택하신 길이다. 하나님에 대한 그러한 거룩한 경외심은 다윗의 자손에게까지 계속될 평안으로 이어진다. 이 언약은 하나님께서

이스라엘에게 하신 약속을 가리킨다(비교. 출 20:12, 레 26:3, 신 4:1). 사람이 친구를 신뢰하여 자신의 은밀한 의중을 털어놓듯이 하나님의 친밀함이 경외하는 자에게 있다. 당신의 언약을 밝히시는 하나님의 사적인 접근은 오직 그분을 경외하는 자들에게만 해당된다.

25:15. 다윗의 눈은 자신을 둘러싼 수많은 위험들을 바라보기보다는 항상 여호와께만 집중한다. 이는 오직 그분만이 다윗의 발을 그물에서 벗어나게 하실 것이기 때문이다. 오직 하나님만이 다윗의 대적들이 쳐놓은 올무를 해결하실 수 있다. 다윗은 하나님께 집중함으로써 그분의 방향과 길로 나아갈 수 있었다.

C. 하나님의 지키심을 구하는 기도(25:16-22)

Supporting Idea	목숨을 노리는 적들로부터 지켜줄 방어물을 찾던 다윗은 하나님께 자신의 됨됨이를 기억해달라고 간구한다.

25:16-19. 다윗은 교차대구적 구조(A-B-A)로 된 이 시편의 첫 주제로 되돌아간다. 1-7절과 16-22절은 평행을 이루는 단원(A)으로 하나님의 보호를 구하는 기도인 반면 8-15절(B)은 하나님의 인도하심을 구하는 기도이다. 마지막 단원(16-22절)은 적들로부터 하나님의 지켜주심을 구하는, 짧고 스타카토처럼 끊김이 있는 요청 기도이다. 다윗은 그를 미워하는 원수들에게 에워싸여 있기 때문에 고립되고 외롭고 괴로우며 마음의 근심이 많고 곤난 중에 있고 곤고와 환난을 당하고 있다. 이 맹렬한 시련 속에서 그는 하나님께 돌이키사 이 고통에서 그를 끌어내시고 그의 모든 죄를 사하시라고 간청한다.

25:20-22. 이 위기 속에서 다윗은 하나님께서 그의 생명을 지키시고 원수들에게서 그를 구원해주실 것을 구한다. 그는 하나님께 피하면서 주님이 원하실 성실과 정직으로 살겠다고 결심한다. 다윗은 하나님께 이스라엘을 그 모든 환난에서 구속해주시도록 구하면서 이 시편을 끝맺는다. 이것은 이스라엘을 곤경에서 구원해달라고 하나님께 구하는 왕의 중보기도이다.

Main Idea 복 습	다윗은 원수들로부터 구원해주심과 하나님의 길로 인도해주심, 그리고 원수들로부터 보호하심을 구하는 기도를 드린다.

결론

거미줄이 가져다 준 구원

그리스도를 믿는 신자였던 프레드릭 놀란(Frederick Nolan)은 북아프리카의 종교 박해 때 목숨을 부지하기 위해 적들로부터 도망치는 중이었다. 은신할 곳이 전혀 없는 상태에서 언덕과 계곡까지 쫓기던 놀란은 지쳐서 길가의 동굴 속에 들어가 쓰러지다시피 누운 채 적들에게 곧 발각될 예상만 하고 있었다. 죽음을 기다리던 그는 거미 한 마리가 거미줄을 짜는 것을 보았다. 몇 분이 지나지 않아 거미는 동굴 입구에 아름다운 거미줄을 쳐놓았다. 이윽고 그곳에 도착한 추적자들은 놀란이 그 동굴에 숨어 있지는 않은지 의심했다. 하지만 입구에 거미줄이 쳐 있는 것을 보고 그곳에 아무도 없을 것이라고 생각했다. 그렇게 추적자들은 가버렸고 놀란은 목숨을 구할 수 있었다. 그곳을 탈출한 그는 이렇게 썼다.

> "하나님께서 계시는 곳에는 거미의 거미줄이 성벽과 같다.
> 하나님께서 계시지 않는 곳에는 성벽이 거미줄과 같다."

하나님의 임재는 다윗을 보호하는 성벽이 되어 추격하는 적들로부터 그를 지켜주었다. 그는 하나님을 믿음으로 구원을 얻었다. 하나님을 경외하는 신자에게 주님은 계속해서 피난처와 은신처가 되어주신다.

삶의 적용

약함 속의 강함

깨닫든 깨닫지 못하든 모든 그리스도인은 주님께 의지하며 살아간다. 예수님은 직접 "나를 떠나서는 너희가 아무것도 할 수 없음이라"(요 15:5)고 말씀하셨다. 사람은 주님을 의지하지 않으면 영원하고 항구적인 가치가 있는 어떤 일도 이룰 수 없다. 우리 스스로의 힘으로는 하나님께서 진정으로 가치 있게 여기시는 어떤 일도 할 수 없다. 그러나 이것은 기억하고 적용하기 쉽지 않은 교훈이다. 신앙생활을 하면서 대부분의 신자들은 자기 의존적이고 스스로의 힘에 의지하는 경향이 있다. 이것은 이 시편에 드러난 다윗의 죄(자기 의존성의 죄)였고 또한 현재 많은 그리스도인들이 타락하는 원인이다. 하나님 앞에서 너무 약해서 쓰임 받지 못하는 사람은 아무도 없다(스스로 너무 강한 자들만이 쓰임 받지 못할 뿐이다). 신자들이 자신들의 비천한 부적절함과 연약함을 깨닫고, 약할 때 진정으로 강하다는 것을 알아 하나님의 무한한 능력 안에 안식할 수 있기를 바란다.

기도

하나님, 적에게 둘러싸여 있을지라도 당신을 신뢰하는 법을 가르쳐주십시오. 오 하나님, 당신의 길을 볼 수 있게 허락해주십시오. 당신의 길을 가르쳐주시고 우리를 진리로 인도해주십시오. 당신의 이름을 위해, 당신의 영광을 위해 우리 죄를 용서해주시고 당신만이 베푸실 수 있는 자비로 우리에게 얼굴을 돌이켜주십시오. 당신을 경외합니다. 당신만이 우리 죄악과 우리를 멸하려고 하는 자들을 피해 숨을 수 있는 피난처이심을 인정합니다. 당신만이 은혜로우시므로 구원을 위해 오직 당신만을 의뢰합니다. 예수님의 이름으로 기도합니다. 아멘.

심층 연구

A. 하나님(25:2)

이 단어(히. 엘로힘, elohiym)는 참되신 하나님을 가리키는 일반 이름으로서 히브리어 성경 전반에서 사용된다. 때로는 이방신들(창 35:2, 4, 출 12:12, 18:11, 23:24, 삿 17:5, 룻 1:15, 삼상 7:3, 17:43, 삼하 7:23, 왕상 11:2, 대하 2:5, 시 86:8)이나 천사(시 8:5, 97:7), 인간(시 82:6), 재판장(출 21:6)을 가리키기도 하지만 일차적으로는 무에서 모든 만물을 창조하신 참되신 한 하나님을 가리킨다. 실제로 엘로힘은 종종 창세기 전반부에서 하나님에 대해 사용되었다. 엘로힘의 의미에 대해서는 논쟁이 분분하지만 하나님의 초월성을 가리키는 것으로 보인다. 복수형은 권세와 위엄이 많으심을 암시하고 또한 한 분 하나님 속에 있는 위격의 복수성을 고려하게 한다. 이것은 확실히 후에 구약과 신약에서 더 풍성하게 발전되는 하나님의 삼위일체설을 내포하고 있다. 이 복수성은 선정된 구절들을 통해 분명하게 확인할 수 있다(비교. 창 1:26, 3:22, 사 6:8).

B. 진리(25:5)

51편 6절의 '심층 연구' 참조.

C. 기억하라(25:6-7)

다윗은 시편 25편에서 하나님께 세 번이나 자기를 '기억하실' (히. 자카르, zakar) 것을 구했다. 이 단어는 과거 사건에 대해 사용할 때는 '관조하다, 회상하다, 기억을 되살리다' 라는 뜻의 동사이지만 하나님께서 실제로 뭔가를 망각하셨다가 이제 그것을 떠올린다는 의미는 아니다. 오히려 이 단어는 하나님께서 과거에 당신의 종에게 하신 약속에 근거해 스스로 행동하신다는 개념을 전달하는 데 사용된다. 이 단어는 구약 전반에서 하나님께서 당신의 백성들에게 하신 언약적 약속들을 기억하시거나 이행하심을 가리켜 사용되고 있다(비교. 창 8:1, 9:15, 19:29, 출 2:24, 6:5-6, 시 98:3, 105:8, 42, 106:45, 렘 31:34).

D. 언약(25:10, 14)

이것은 시편에서 언약(히. 베리트, berit)이라는 단어가 처음으로 쓰인 예이다. 베리트는 개인이나(창 21:27) 국가 사이와 같은(삼상 1:11, 수 9:6, 15) 양자 간에 맺는 구속력 있는 협정이나 조약이었다. 하나님께서는 종종 선택된 백성인 이스라엘과 자신의 관계를 묘사하기 위해 이 단어를 사용하셨다. 그러나 상호 협정이 수반되는 사람들 간의 언약과는 달리, 하나님과 백성들 간의 언약은 일방적인 언약, 혹은 오직 하나님 측의 신실하심에 근거한 협정이었다. 이 언약은 선택한 당신의 백성들을 보호하고 보존하기 위해 하나님께서 일방적으로 시작하고 제정하신 것이었다. 이 언약이 지닌 일방적인 성격은 "나는 너희 하나님이 되고 너는 내 백성이 되리라"(레 26:12, 출 19:5)는 진술에서 분명하게 드러난다.

E. 지키다(25:20)

이 단어(히. 샤마르, shamar)는 '어떤 것의 주위에 울타리를 두르다' 혹은 '감시하다'라는 뜻이다. 이 단어는 구약의 여러 다른 문맥에서 400번 넘게 사용되었고 그 중 일부는 정원(창 2:15)이나 양떼(창 30:31), 혹은 문(사 21::11)의 감독자로 일하는 사람을 가리킨다. 시편에서 이 단어는 물리적 보호(시 34:20), 영혼의 보존(시 86:2)과 자기 백성에 대한 모든 것을 포괄하는 돌보심(시 121:3-4, 7)을 가리킨다.

교안

A. 하나님의 구원을 바라는 기도(25:1-3)

1. 수치에서 내 생명을 보호하소서(1-3a)
    a. 당신을 신뢰하나이다(1-2절)
    b. 당신을 바라나이다(3a)
2. 내 원수들이 수치를 당케 하소서(3b)
    a. 그들이 속이나이다(3b)
    b. 그들에겐 이유가 없나이다(3b)

B. 하나님의 인도하심을 바라는 기도(25:4-15)

1. 하나님의 인도하심을 구하다(4-7절)
    a. 당신의 길을 보여주소서(4절)
    b. 당신의 진리로 나를 인도하소서(5절)
    c. 자비로 은혜를 베푸소서(6절)
    d. 당신의 사랑으로 나를 용서하소서(7절)
2. 하나님의 선하심을 인정하다(8-10절)
    a. 하나님께서 나를 교훈하실 것이다(8절)
    b. 하나님께서 나를 인도하실 것이다(9-10절)
3. 하나님의 은혜를 구하다(11절)
    a. 당신을 인하여 나를 용서하소서(11a)
    b. 당신의 이름으로 나를 용서하소서(11b)
4. 탐색을 위한 질문을 제기하다:
    누가 하나님을 두려워하는가?(12a)
5. 약속의 대답을 받다(12b-15절)
    a. 하나님께서 그를 교훈하실 것이다(12b)

b. 하나님께서 그를 축복하실 것이다(13절)
c. 하나님께서 그를 신뢰하실 것이다(14절)
d. 하나님께서 그를 구원하실 것이다(15절)

C. 하나님의 지키심을 구하는 기도(25:16-22)

1. 공격에서 나를 구하소서(16-19절)
2. 비방에서 나를 구하소서(20-21절)
3. 곤경에서 나를 구속하소서(22절)

토의 질문

1. 나는 하나님의 길을 알고자 노력하며 그 길을 걸어가고자 애쓰고 있는가?

2. 주님의 언약과 법을 지키고 있는가?

3. 성실한 삶을 살며 정직하게 행하고 있는가?

시편 26편

신실함으로 행함

"명성에 상처를 입히는 것보다 인간에게 가할 수 있는 더 큰 위해는 없다."

- 존 칼빈(John Calvin)

들어가는 글

경건하게 사는 사람들은 이 타락한 세상에서 박해를 받을 것이다. 이러한 박해는 불신자들이 언어로 공격하는 형태를 띠기도 한다. 신자들은 그런 공격을 받을 때 자신의 어떤 인격적인 결함 때문이 아니라 주님에 대한 헌신 때문에 박해가 일어난다는 확신을 가져야 한다. 다윗은 이스라엘의 왕으로 통치하면서 바로 이런 일을 경험했다. 거짓된 비방이 일어나 그가 성전의 하나님께 나아가는 데 과연 영적으로 적합한지 도전하며 국가를 이끌어갈 그의 역량에 의문을 표시했다(비교. 시 15, 24편). 설상가상으로 다윗을 향한 이러한 비난은 그의 폐위와 죽음을 구하는 살인자들인 "허망한 사람"(4절)과 "간사한 자"(4절)에 의해 이루어졌다. 그들은 왕을 몰락시키기 위해 뇌물에 의지하는 등 수단과 방법을 가리지 않았다. 다윗을 파멸시키고 끌어내리는 것이 그들의 목표였다.

그러한 공격 앞에서 다윗은 하나님의 집으로 가서(4-6절) 하나님의 영광에 초점을 맞추며(8절) 하나님께서 지켜주실 것을 호소한다. 이 '다윗의 시'는 하나님의 영광을 찬미하기 위해 주의 집에 나타난 다윗에게 집중하는 세 시편(시 26-28편) 중 첫 번째이다.

본문 이해

신실함으로 행함

Main Idea	다윗은 엄밀한 점검을 거쳐 왕이 적들에게 받는 정죄에 대해 무죄하다는 것이 밝혀지면 자신을 신원하고 구원해달라고 하나님께 구한다.

A. 판단을 구하는 기도(26:1)

26:1. 이 시편은 무고함의 입증을 구하는 다윗의 부르짖음으로 시작된다. 여호와여

나를 판단하소서. 이것은 적들이 제기하는 거짓 정죄에 대한 자신의 결백을 증명하기 위해서 "나를 재판해보소서"라는 의미다. 그는 도덕적으로 신실한 완전함에 행하였다고 확신한다. 완전함에 행하다(blameless life)라는 것은 그가 죄가 없는 완전한 존재라는 의미가 아니라 그의 삶이 신실한 의도와 변함없는 헌신으로 특징지어진다는 의미에서 사용되었다.

그는 책망 받을 일 없이 살아왔고 그에 대한 비난에 대해 결백하다고 주장한다. 그는 자신에 대한 사악한 소문과 비난들이 사실이 아님을 알고 있다. 그의 삶은 그가 요동치 아니하고 여호와를 의지하였다는 사실을 기반으로 한다. 인간의 비방과 정죄에 맞서 다윗은 하나님의 최종적인 판결을 구하며 하늘에 호소한다. 그것만이 중요하기 때문이다.

B. 엄밀한 점검을 구하는 기도(26:2-8)

26:2-3. 다윗은 자신의 모든 삶의 영역을 하나님께서 엄밀히 조사해주실 것을 요청한다. 그는 그러한 영적 조사가 자신의 결백함을 증명해줄 것이라고 확신하며 나를 살피시고 시험하사 내 마음과 뜻을 단련하소서라고 하나님께 말씀드린다. 그는 하나님의 그러한 철저한 조사를 통해 자신이 적들의 비난으로부터 혐의를 벗을 것이라고 확신한다. 주님의 인자하심이 항상 그 목전에 있으면서 그가 하나님의 말씀의 진리 중에 행할 수 있도록 동기를 부여해주기 때문이다.

2:4-5. 다윗은 자신의 결백에 대한 더 확실한 증거로서 자신이 죄인들의 모든 습성을 멀리했음을 강조한다. 그는 허망한 사람과 같이 앉지 아니하였사오니라고 강변한다. 그는 그들의 세속적인 조언을 구하지도 않았고 행악자들과 동행치도 아니했다. 어떤 부분에서도 그는 죄악 된 인간들의 생활 방식에 동화되지 않았다(비교. 시 1:1). 다윗은 내가 행악자의 집회를 미워하오니라고 증언한다. 그는 그들의 악한 길을 거부하고 그들이 대변하는 모든 것을 혐오했다.

26:6-8. 다윗은 죄인들을 거부한 것과 반대로 하나님의 백성들이 예배하러 모이는 주의 집을 사랑한다고 말한다. 그는 하나님의 백성들이 주의 이름을 높이려고 모이는 장소인 단 앞에서 무죄하므로 손을 씻는다. 하나님을 예배하는 그의 가장 큰 기쁨은 주의 영광이 거하는 곳에서 하나님에 대한 감사의 소리를 큰 소리로 들리는(외치는) 것

이다. 하나님의 영광은 이 예배자들에 대한 그분의 신적 속성과 완전하심에 대한 계시였다.

C. 구원을 구하는 기도(26:9-11)

26:9-10. 마지막으로 다윗은 자신이 거부했던 동일한 사람들을 가리키며(4-5절) 죄인들을 심판하면서 그의 생명을 함께 거두어가지 마시도록 요청하며 기도한다. 이들은 그의 생명을 앗아가고자 하는 살인자들이다. 그들은 그를 해하도록 다른 사람들에게 영향을 미치려고 뇌물이 가득한 사람들이다. 다윗은 하나님께 그들의 정죄에서 자신을 구해달라고 호소한다.

26:11. 이 죄인들과 반대로 다윗은 나의 완전함에 행한다고, 도덕적 순결과 성실의 삶을 산다고 고백한다. 그는 악인들의 거짓된 정죄와 직접적인 공격에서 자신을 구속해(히. 파다, pada, '구조하다')달라고 하나님께 구한다.

D. 확인의 기도(26:12)

26:12. 다윗은 자신이 공적인 예배자들의 회중에 자리를 잡고 있으므로 내 발이 평탄한 데 섰사오니라고 결론 내린다. 그곳은 주 안에 있는 단단한 터전 혹은 미끄러져 떨어지는 일이 일어날 수 없는 장소이다. 그곳, 하나님의 집에 있는 그가 여호와를 송축하기 위해서 강건하게 서 있기로 맹세하므로 그의 발밑은 견고하다.

결론

인격적으로 성실한 삶을 영위하는 것이 얼마나 중요한지는 아무리 강조해도 지나치지 않는다. 신자는 언제나 하나님의 임재 안에 있고 하나님의 엄중한 검사 아래 있는 것처럼 살아야 한다. 오직 주님 앞에 있는 것처럼 살아야 우리는 위선적이거나 이중적이지 않은 삶을 살 수 있다. 한 개인의 신념과 됨됨이 간에는 일관성이 있어야 한다. 당신의 삶을 하나님께서 그렇게 살피실 때 어떤 것이 밝혀지겠는가? 대다수의 그리스도인들이 주님께 자신들의 삶을 엄중하고 철저하게 조사해달라고 요청할 수 있겠는가? 다윗은 그렇게 할 수 있었고 오늘날 그리스도인들도 그러해야 한다. 아마 많은 이들이 그들의 방식을 바꾸거나 삶의 일부를 온전히 성실한 수준으로 회복시켜야 할 필요가 있을 것이다. 이 시편 연구를 통해 개인적으로 거룩함을 회복하는 시간이 되기를 바란다.

어려움과 고통스러운 환경에 직면할 때 신자는 하나님의 영광에 초점을 맞추어야 한다. 같은 마음을 품은 성도들이 공동체를 이루어 드리는 예배는 고통스러운 영혼에게 힘의 원천이 된다. 하나님의 영광을 갈망하고 기뻐하는 것보다 더 든든한 내적 요새는 존재하지 않는다.

teaching guide

티칭 가이드

교안

A. 판단을 구하는 기도(26:1)

1. 주님 앞에서 완전하게 행한다고 주장함(1a)
2. 주님을 의지한다고 주장함(1b)

B. 엄밀한 점검을 구하는 기도(26:2-8)

1. 나를 엄밀히 살피소서(2절)
   a. 내 마음을 시험하소서(2a)
   b. 내 손을 시험하소서(2b)
2. 내 결백을 밝혀주소서(3-8절)
   a. 당신이 인도하시는 대로 가리이다(3절)
   b. 당신이 거부하시는 것을 거부하나이다(4절)
   c. 당신이 미워하시는 것을 미워하나이다(5절)
   d. 당신이 금하시는 것을 고백하나이다(6절)
   e. 당신이 행하시는 것을 전하리이다(7절)
   f. 당신이 사랑하시는 것을 사랑하나이다(8절)

C. 구원을 구하는 기도(26:9-11)

1. 나를 구원하소서(9-10절)
   a. 죄인들의 파멸에서(9절)
   b. 죄인들의 기만에서(10절)
2. 나를 구속하소서(11절)

a. 저는 결백하나이다(11a)

b. 당신은 자비로우시니이다(11b)

D. 확인의 기도(26:12)

1. 확신의 음성(12a)
2. 찬양의 맹세(12b)

시편 27편

흔들림 없는 확신

"인간이 하나님을 예배하는 가운데서 아름다움과 기쁨을 경험하지 않는다면 자발적으로 예배하고자 하지 않을 것이다."

- 존 오웬(John Owen)

들어가는 글

가중되는 역경을 맞이할 때 모든 성도는 흔들림 없는 확신으로 특징지어지는 신뢰, 즉 하나님에 대한 단호한 믿음을 가져야 한다. 이것이 주님에 대한 소망의 노래인 시편 27편에 기록된 다윗의 경험이다. 이 시편은 다윗이 하나님의 집에서 주를 구하는 데 초점을 맞춘 세 편의 연속된 시편(26, 27, 28편) 중 두 번째 시편이다. 그는 하나님에 대한 승리에 찬 확신으로 환난에 에워싸여 있을 때조차 그분의 임재와 영광의 계시와 가까운 하나님의 집에 있는 축복을 선언한다.

환난의 날에(5절) 많은 원수들의 도전을 받을 때(2-3, 12절), 다윗은 성소에서 하나님을 찾았고(4-6절) 주 안에서 큰 용기와 힘을 얻었다. 하나님께서 아직 그를 구원해주시지 않은 상태였지만 그는 하나님의 도움이 반드시 올 것을 확신했다. 이 '다윗의 시'는 당신의 백성들을 돕고 지켜주시겠다는 하나님의 약속을 강력하게 증언한다.

본문 이해

흔들림 없는 확신

Main Idea	다윗이 생명이 위협당하는 상황에서 하나님께 부르짖자 하나님의 은혜의 빛이 그의 어둠 속에 비쳐든다.

A. 하나님에 대한 다윗의 확신(27:1-3)

27:1. 다윗은 하나님에 대한 큰 확신을 표현한다. 이는 주님이 그의 빛(거룩함, 진리, 생명, 긍정적이고 선한 모든 것, 그리고 어둠을 쫓아내는 모든 것에 대한 메타포)이시기 때문이다. 나아가, 하나님은 그의 구원이시다. 이는 그분이 그를 해악에서 건져내신 분

이라는 뜻이다. 덧붙여서 다윗은 하나님께서 그의 생명의 확실한 보호자인 생명의 능력('요새화된 튼튼한 장소' 라는 의미)이심을 알았다. 그러므로 그는 그 누구도 두려워하거나 무서워할 필요가 없었다. 하나님과의 이러한 인격적인 관계는 나의라는 말이 세 번 반복되면서 강조되고 있다.

27:2-3. 대적, 원수, 행악자가 다윗을 공격할 때도, 군대가 전쟁을 일으켜 그를 포위한다 해도 그는 하나님의 보호하심을 확신하며 안연하다. 그들은 철저히 패배하며 실족하여 넘어질 것이다. 하나님과 함께하는 사람을 이길 자는 어디에도 없기 때문이다.

B. 하나님에 대한 다윗의 헌신(27:4-6)

27:4-6. 하나님에 대한 다윗의 확신은 주님에 대한 헌신에서 나온 것이다. 그는 하나님의 얼굴과 은혜를 구하도록 도전하는 살아있는 믿음을 소유했다. 그가 청한 한 가지는 가장 중요한 것, 즉 하나님 그분이었다. 그는 그 어떤 것보다 하나님의 영광을 위해 살기를 원했다. 그래서 여호와의 집에 거할 수 있게 해달라고 요청한다. 그곳에서 그는 여호와의 아름다움을 앙망할 것이다. 하나님을 경배하고자 갈망하는 장소는 그 전이 될 것이다. 이것은 아직 지어지지 않은 솔로몬의 성전이 아니라 장막(성막)을 가리킨다.

여기 여호와께서 거하시는 곳에서 다윗은 바위 위에 높이 놓인 것처럼 환난에서 안전하게 보호받을 것이다. 그러므로 하나님의 집은 원수들의 위협을 피하는 은신처가 될 것이다. 여기서 그는 제사를 드리며 노래하고 여호와를 찬양할 것이다.

C. 하나님을 향한 다윗의 부르짖음(27:7-12)

27:7-10. 분명히 아직 다윗에게 하나님의 구원은 임하지 않았다. 그래서 그는 하나님께 여호와여 내가 소리로 부르짖을 때에 들으소서라고 큰 소리로 부르짖는다. 나를 긍휼히 여기시라는 간구는 그에게 하나님의 도우심이 절박함을 암시한다. 다윗은 여호와를 구했으나 응답이 지연되자 하나님께서 그를 외면하고 버리고 떠나신 것처럼 보였다. 응답이 지체되자 하나님께서 노하여 그를 떠나버리신 것 같은 인상을 받은 것이다. 그러나 다윗은 부모가 그를 버린다 해도 하나님께서는 그렇게 하지 않으실 것을 스스로에게 일깨운다.

27:11-12. 하나님의 신실하심에 비추어 다윗은 나를 가르치시고 죄의 구부러짐이 없는 확고하고 안전한 길인 평탄한 길로 인도하소서라고 기도한다. 많은 대적과 위증자가 그에게 죄를 뒤집어씌우고 파멸시키려고 길가에 기다리고 있다 해도 하나님께서 그들의 악한 욕망에 그를 넘기지 말아달라고 기도한다.

D. 하나님 안에서 다윗이 한 격려(27:13-14)

피에 굶주려 그의 목숨을 노리는 대적들에게 에워싸여 있으면서(비교. 26:9) 다윗은 산 자들 중에 있을 것이라고 확신한다. 하나님께서 그의 생명을 보호해주실 것이다. 그 동안에 그는 구원의 타이밍을 항상 완벽하게 맞추시는 여호와를 바랄 것이다. 이것은 다윗이 적에게 에워싸여 위협을 받는 동안 담대하고 용기를 갖기 위해 스스로에게 한 자기 격려이다. 마지막으로, 그는 여호와를 바랄지어다라고 반복한다. 이것은 긍정적이고 인내심 있는 간절한 자세로 여호와를 기대하라는 의미다. 나아가 그는 자신에게 주 안에서 강하고 담대하라고 권면한다.

결론

신자들은 위협과 어려움에 직면할 때 항상 주를 찾아야 하며 특히 공적인 예배 장소에서 그러해야 한다. 하나님의 집에서 우리는 큰 힘을 얻는다. 하나님께 예배를 드리고 말씀을 가르치는 곳이기 때문이다. 주의 집에서, 하나님의 영광이 계시되는 회중 속에서 그분의 임재가 종종 현실로 이루어진다. 교회는 모이는 것을 포기하지 말고 공적인 찬양 장소에서 서로를 격려해야 한다.

teaching guide

티칭 가이드

교안

A. 하나님에 대한 다윗의 확신(27:1-3)

1. 하나님께서 내 생명을 구원하실 것이다(1절)
2. 하나님께서 내 원수를 무너뜨리실 것이다(2절)
3. 하나님께서 내 안전을 지키실 것이다(3절)

B. 하나님에 대한 다윗의 헌신(27:4-6)

1. 하나님의 집에 거할 것이다(4a)
2. 하나님의 집에서 기뻐할 것이다(4b)
3. 하나님의 집에서 믿음이 깊어질 것이다(5-6절)

C. 하나님을 향한 다윗의 부르짖음(27:7-12)

1. 나를 들으소서(7절)
2. 나를 도우소서(8-10절)
3. 나를 가르치소서(11a)
4. 나를 인도하소서(11b)
5. 나를 보호하소서(12절)

D. 하나님 안에서 다윗이 한 격려(27:13-14)

1. 산 자들의 땅에 있으라(13절)
2. 하나님을 바라라(14a, c)
3. 강하고 담대하라(14b)

시편 28편

응답된 기도로 인해 기뻐함

"신실한 기도는 절대 길을 잃은 적이 없다. 어떤 기도는 다른 기도보다 항해 시간이 더 오래 걸리지만 결국에는 더 풍성한 화물을 싣고 돌아온다. 그래서 기도하는 영혼은 응답을 기다림으로써 승자가 된다."

- 윌리엄 거널(William Gurnall)

들어가는 글

신앙생활의 가장 유쾌한 한 가지 측면은 응답된 기도의 역동성이다. 땅에서 드린 기도와 하늘에서 주신 응답 간에는 직접적인 인과 관계가 존재한다. 믿음의 삶은 하나님께서 그분의 완전한 뜻에 따라 응답해주실 것이라는 기대 속에 사는 것이다. 믿음은 하나님께서 그분의 완전한 길로 행하실 것을 믿는 것이다.

이 시편에서 다윗은 하나님의 사역을 망치고자 하는 악한 사람들(3-4절) 때문에 위험에 처했다(5절). 다시 한 번 그는 여호와를 의지하며 하나님의 역사에 아무 관심도 없는 불경건한 자들에 대한 하나님의 심판을 구한다. 다윗은 하나님의 역사를 기다리면서 자신은 그 심판을 받지 않고 하나님께서 악인들로부터 자신을 분리해주실 것을 원한다. 이 암울한 시간에 하나님께서는 다윗의 힘이 되어주셨고 모든 해로부터 그의 방패와 영혼의 목자가 되셨으며 그를 보호하시고 필요한 것을 채워주셨다.

이 시편은 또 다른 '다윗의 시'로서 하나님의 집과 "성소"(2절)를 중심으로 하는 세 시편 중 세 번째 자매 시편이며, 나머지 두 시편은 시편 26편과 27편이다.

본문 이해

응답된 기도로 인해 기뻐함

Main Idea	다윗은 악인들로부터 자신을 구원해달라고 주님께 구하고 그의 기도를 들으시는 하나님을 찬양한다.

A. 다윗의 부르짖음(28:1-2)

28:1-2. 다윗은 여호와여 내가 부르짖으오니 나의 반석이여라고 부르짖는다. 주님은

그의 안전이시다. 그는 내게 귀를 막지 마소서라고 기도한다. 하나님께서 잠잠하셔서 그의 긴박한 간구를 듣지 않으신 듯한 모습을 보인다면 그는 무덤(히. 보르, bor)에 내려가는 자들과 같을 것이다. 무덤은 죽음의 메타포이다. 다시 말해서, 다윗은 하나님께서 기도에 응답하시지 않는다면 자신의 인생은 하나님의 구원 없이 살다가 죽는 불신자들과 전혀 다를 바 없다고 생각한다. 다윗이 하나님을 의지하는 것은 그가 손을 든 모습으로 상징되고 있다. 이는 그가 성소(지성소)를 향해 손을 뻗었음을 가리킨다. 이 성소는 하나님의 임재를 상징하는 언약궤를 모신 성막 가장 깊숙한 곳이었다. 다윗은 하나님의 도움이 절실하게 필요했다.

B. 다윗의 간구(28:3-5)

28:3. 보다 구체적으로, 다윗은 자신을 심판당하는 악인들과 함께 끌지 마시도록 하나님께 구한다. 행악하는 자들은 외적으로 경건한 것 같은 인상을 주며 이웃에게 화평을 말하지만 실제로 그 마음에 악독을 품고 있기 때문에 하나님의 심판을 받아 마땅한 자들이다. 그래서 그는 위선적인 죄인들과 함께 심판을 받지 않게 해달라고 구한다.

28:4-5. 다윗은 하나님의 공의를 구하며 하나님께서 악한 저희의 행사대로 갚아주시도록 간구한다. 이것은 그를 대신해 하나님의 진노가 임하게 해달라고 구하는 냉정한 저주이다. 그는 그들에게 그들이 받아 마땅한 벌, 즉 무서운 심판을 내려달라고 하나님께 구한다. 그들의 행위는 너무나 악해서 여호와의 행하신 일을 생각지 아니한다. 하나님의 행하심을 망치는 자들은 분명히 멸망 받을 것이다.

C. 다윗의 찬양(28:6-9)

28:6-7. 갑자기, 환경적으로 아무 변화가 없음에도, 다윗의 기분이 깊은 근심에서 가장 즐거운 찬양으로 바뀐다. 하나님께서 선한 일을 행하실 것을 믿는 그는 하나님의 신원하심을 기대한다. 다윗의 이 극적인 변화는 하나님께서 그의 간구하는 소리를 들으셨던 적이 있음을 깨달으면서 일어났다. 그는 그의 마음이 의지하는 여호와를 찬송함이여라고 크게 기뻐한다. 여호와는 그의 힘이시다. 그는 이 위기를 온전히 견디도록 힘을 주셨다. 또한 하나님은 그의 방패시며 원수들의 공격에서 그를 보호하신다. 그가 이 도우심을 인해 하나님을 찬송할 때 그의 마음은 기쁨으로 뛴다.

28:8. 하나님은 그를 믿는 모든 저희 백성들의 힘이시며 그들이 모든 시련을 끝까지 이기도록 힘을 주신다. 마찬가지로 하나님은 그 기름 부음 받은 자의 구원의 산성이시다. 다윗의 이러한 언급은 이스라엘의 기름 부음 받은 왕이라는 자신의 위치를 가리킨다. 하나님은 왕을 구원하시는 분이다.

28:9. 다윗은 전 민족을 대신해 개인적인 중보기도를 드리는 것으로 시편을 마무리한다. 그는 모든 원수들로부터 주의 백성을 구원하시고 주의 산업에 복을 주시도록 구한다. 여기서 주의 산업 역시 하나님의 백성들을 가리킨다(비교. 신 4:20, 왕상 8:51). 그는 나아가 저희의 목자(비교. 시 23:1, 미 5:4, 7:14)이신 하나님께 목자가 양떼를 이끌 듯이 그들을 영원토록 이끌어달라고 호소한다.

결론

주님은 인생의 모든 상황에서, 심지어 극도로 고통스러운 시련 속에서도 신자의 모든 것이 되신다. 그분은 붙드시는 온전한 은혜로 당신의 자녀를 도우신다. 신자들이 너무나 연약해서 하나님의 뜻 안에서 단 한 발자국도 전진할 수 없다고 느낄 때 주님은 당신의 양떼들이 해를 당치 않게 그들을 구원하시며 양떼 중 가장 연약한 양이라도 앞으로 옮겨주시는, 늘 우리와 함께하시는 목자이다. 구속받은 자들은 하나님을 부르라. 그분은 그들의 기도에 귀를 막지 않으신다. 우리의 힘이 연약한 양들을 대신한 하나님의 놀라운 역사를 통해 나타나기 때문에 하나님을 향해 침묵하지 말라(고후 12:9).

교안

A. 다윗의 부르짖음(28:1-2)

1. 내 소리를 들으소서(1-2a)
2. 나를 도우소서(2b-d)

B. 다윗의 간구(28:3-5)

1. 무고한 자를 보호하소서(3절)
    a. 악인들로부터(3a)
    b. 위선자들로부터(3b)
2. 불순한 자들을 벌하소서(4-5절)
    a. 그들의 악한 행위에 대해(4절)
    b. 그들의 냉담한 마음에 대해(5절)

C. 다윗의 찬양(28:6-9)

1. 하나님께서 내 소리를 들으셨도다(6절)
2. 하나님께서 나를 도우셨도다(7-9절)
    a. 하나님은 나의 힘이시다(7a, 8a)
    b. 하나님은 나의 방패시다(7a)
    c. 하나님은 나의 노래시다(7b)
    d. 하나님은 나의 구원이시다(8b-9a)
    e. 하나님은 나의 목자시다(9b)

시편 29편

주권자의 위엄

"주권성은 하나님의 전 존재의 특징이다. 그분은 모든 속성에서 주권자가 되신다."

- A. W 핑크(A. W. Pink)

들어가는 글

하나님은 비교 불가능하고 무제한적인 주권을 가지고 계신다. 그 위대함으로 인해 모든 피조물들은 그분께 영광을 돌려야 한다. 그분의 홀의 통치는 만물로 확대된다. 그러므로 그분의 주권성을 인정하는 모든 사람들은 그분께 영광을 돌려야 한다. 이 시편은 그 이름에 합당한 찬양을 드리는 하나님에 대한 또 다른 신뢰의 노래이다. 이것은 '다윗의 시' 로서 다윗은 이 시편에서 천둥과 번개가 땅 위로 움직이는 것을 본다. 그는 그것을 하나님의 나타나심인 신현현으로 해석했다. 날씨를 주관하시는 주권자 하나님께 영광과 능력을 돌려드려야 한다.

천군 천사들이 경배를 드리는 하늘에서부터(1-2절) 중동을 휩쓸고 지나가는 무시무시한 천둥(3-9절)과 지구를 덮었던 전 지구적인 홍수(10절)에 이르기까지 여호와는 당신이 만든 만물의 주권자적 왕으로 좌정하고 계신다. 정해진 목적에 따라 모든 사건들을 지휘하시는 하나님께서는 당신 백성들의 선을 위해 모든 민족들과 나라들과 사건들을 다스리신다(11절). 땅과 바다를 두고 서로 경쟁하는 이방 신들을 반박하는 논증인 시편 29편은 모든 피조물을 다스리시는 참된 하나님을 찬양한다.

본문 이해

주권자의 위엄

Main Idea	다윗은 모든 피조물에게 하늘과 땅과 사람들의 주권자가 되신 하나님을 예배하라고 요청한다.

A. 하늘에 대한 하나님의 주권(29:1-2)

29:1-2. 이 시편은 다윗이 아마 천사들로 보이는 권능 있는 자들에게 여호와의 위대하심을 경배하도록 요청하며 천상의 영광으로 시작된다. 하나님의 이 이름은 이 시편에서 18번 사용되고 있다. 천사들의 주된 직무 중 하나는 하나님의 본유적 영광 혹은 그분의 계시된 본성의 충만함과 속성과 능력을 인정하는 것이다. 천상의 초자연적 존재들로 이루어진 천사 합창대의 그러한 찬양은 그의 이름에 합당하다. 그들은 그분의 거룩한(히. 코데쉬, 15편 1절의 '심층 연구' 참조) 옷(빛남)을 입고 그분을 경배한다.

B. 땅에 대한 하나님의 주권(29:3-10)

29:3-4. 이 시편은 천상에서 땅으로 시야를 이동하여, 폭풍우의 두려운 소리를 하나님의 주권성을 선포하는 소리로 본다. 여호와의 소리는 뇌성을 발하는, 지중해의 많은 물 위에 형성된 무시무시한 폭풍우였다(삼상 7:10, 욥 37:4-5, 시 18:13, 사 30:30-31). 이 힘 있는 폭풍은 하나님의 전능하심을 반영한다.

29:5-7. 이 폭풍우는 내륙으로 이동해 레바논 삼림으로 불어가 가장 키가 크고 강한 나무들을 뿌리 채 뽑으며 백향목을 꺾어 부순다. 시룐(헬몬 산에 대한 페니키아 식 이름)이 당당한 위세를 자랑하며 속은 레바논의 높은 산맥들이 여호와의 장단에 맞추어 춤을 추며 들송아지처럼 뛰게 만든 이 폭풍 때문에 하나님께 굴복한다. 이 모든 것은 화염을 가르시며 그 소리로 포효하시는 여호와의 명령에 의해 이루어진 것이다(사 46:9-10).

29:8-9. 이 폭풍은 계속해서 북 레바논 산맥에서 남부의 가데스 광야로 이동한다. 번개를 동반한 폭풍이 치자 광야 바닥이 흔들리고 번개가 삼림을 쳐서 유린한다. 이 번개로 나무가 있는 지역이 초토화되어 삼림이 다 발가벗겨진다. 성전의 예배자들은 "영광이여"라고 말하지 않을 수 없다(위의 천상의 찬양을 반향한다, 1-2절).

29:10. 이 폭풍우는 훨씬 더 무서운 폭풍, 즉 노아 시대(히. 마불, mabbul, 창 6-11장에서만 발견됨)의 전 지구적 홍수(창 6-8장)와 비교가 되지 않는다. 그날에 여호와는 땅을 심판하시고 악인들을 죄악으로 인해 물에 수장하시며 영영토록 왕으로 좌정하셔서 다스리신다(창 6:5-7).

C. 인간에 대한 하나님의 주권(29:11)

29:11. 하늘과 땅을 다스리시는 주권자인 하나님께서는 자기 백성에게 힘을 주시며 자기 뜻을 이루도록 그들 안에서 역사하신다. 여호와는 권능을 더 크게 보여주시며 인생의 폭풍 속에서도 자신이 하나님이며 그들의 궁극적 선을 위해 일하신다는(창 50:20, 롬 8:28) 변치 않는 확신으로 그들의 마음을 고요하게 하시며 자기 백성에게 평강의 복을 주신다.

결론

천사들이나 구속받은 성도들이나 모든 피조물은 하나님을 예배하며 하나님께 영광을 돌려드리기 위해 존재한다(롬 11:36). 인간의 가장 지고한 목적은 오직 홀로 거룩하신 하나님께 능력과 영광을 돌려드리는 것이다. 주권자 되신 여호와께 영광을 돌려드리는 가운데 우리는 영혼 속에서 울리는 이 장엄한 주제에 따라 삶을 영위해야 한다. 바울은 고린도의 그리스도인들에게 "그런즉 너희가 먹든지 마시든지 무엇을 하든지 다 하나님의 영광을 위하여 하라"(고전 10:31)고 말했을 때 이 점을 이해하고 있었다. 그리스도인의 삶에서 가장 우선적인 동기는 말이나 행동 모두 하나님의 영광을 위하여 일하는 것이어야 한다(골 3:17). 그러므로 모든 성도들은 "영광이라" 고 외치며 비길 데 없는 그 이름에 합당한 영광을 돌려드려야 한다.

고안

A. 하늘에 대한 하나님의 주권(29:1-2)

1. 천사들이 그분의 능력을 찬양한다(1절)
2. 천사들이 그분의 영광을 찬양한다(2절)

B. 땅에 대한 하나님의 주권(29:3-10)

1. 천둥에 대한 주권성(3-9절)
    a. 폭풍을 모으며 말씀하신다(3a)
    b. 천둥을 꿰뚫으며 말씀하신다(3b-6절)
    c. 번개를 치며 말씀하신다(7-9절)
2. 전 지구적 홍수에 대한 주권성(10절)
    a. 그분이 위에 좌정해 계신다(10a)
    b. 그분이 영원히 좌정하신다(10b)

C. 인간에 대한 하나님의 주권(29:11)

1. 그분이 능력을 주신다(11a)
2. 그분이 평강을 주신다(11b)

시편 30편

하나님의 칼

"하나님께서는 고난과 환난을 당신의 자녀들을 훈련하고 돕는 수단으로 사용하신다."

- 존 맥아더(John MacArthur)

들어가는 글

나머지를 모두 깎아내라

미켈란젤로는 많은 사람들에게 역사상 가장 뛰어난 예술가로 인정받는 비범한 재능을 가진 인물이었다. 그는 조각가, 디자이너, 화가, 건축가로 뛰어난 능력을 자랑했다. 몇 가지 예를 들면, 모세 상과 다윗 상은 오늘날까지 널리 인정받으며 세계적인 갈채를 받고 있다. 한번은 미켈란젤로가 울퉁불퉁하고 단단한 이태리 대리석 덩어리를 어떻게 조각해 유명한 다윗 상과 같은 아름다운 예술품을 만들어낼 수 있었느냐는 질문을 받았다. 그 위대한 조각가는 이렇게 대답했다. "어렵지 않습니다. 단지 다윗과 닮지 않은 부분을 모두 끌로 깎아내면 됩니다."

평생에 걸친 성화 과정을 통해 하나님께서 모든 그리스도인의 삶에서 하고 계시는 일이 바로 이것이다. 하나님께서는 우리의 모습 중에서 예수 그리스도를 닮지 않은 부분들을 모두 끌로 깎아내고 계신다. 죄로 인해 망가져 단단하고 울퉁불퉁한 인간성을 선택하고 주 예수 그리스도를 닮지 않은 모든 것을 깎아내는 일을 기뻐하신다. 이렇게 하나님께서 그리스도를 닮지 않은 모든 것을 쳐가는 작업을 할 때 그 끌질을 견디는 것은 고통스러운 과정일 수 있다. 하지만 하나님께서는 우리가 의와 거룩함의 열매를 맺고 당신 아들의 형상으로 자랄 수 있음을 아시고 사랑의 훈계를 통해 우리에게서 불필요한 것들을 잘라내고 계신다.

이것이 시편 30편에 기록된 다윗의 경험이다. 이 감사의 시편은 다윗이 자기를 의지한 죄로 인해 하나님께 사랑의 징계를 받는 모습에 초점을 맞추고 있다(6절). 이 신적 형벌은 그의 인생에서 절대 사소한 문제가 아니었다. 하나님께서 생명이 위독할 정도의 중병이라는 고통스러운 시련을 그에게 주셨던 것이다. 하나님의 진노가 무섭게 내리치는 것을 느끼고 죽음의 경계에서 비틀거리던 다윗은 자비를 구하고 용서를 받았다. 그는 주님과 새로운 시작을 할 수 있을 정도로 힘을 얻었다. 슬퍼하던 그의 영혼은 즐거워하고 춤추고 찬양함으로 회복되었다.

이 시편은 성전 '봉헌', 문자적으로 '집의 봉헌' 을 할 때 다윗이 쓴 감사의 '노래' 이다. 봉헌이 구체적으로 어떤 사건인지 관해서는 그 시점에 혼란이 있다. 성전을 짓기 위한 부지와 건축 자재를 봉헌한 때인지(비교. 대하 21:26, 22:1), 아니면 다윗의 궁전 낙성식을 가리키는 것인지, 다윗이 아라우나에게 산 땅의 위치를 말하는 것인지(삼하 24장, 대상 21장), 시온의 새로운 궁궐 낙성식을 말하는 것인지(삼하 5:11-12) 분명치 않다. 다윗의 목숨이 위험할 정도로 병에 걸렸다는 사실은 역사에 기록되어 있지 않다. 많은 주석가들은 이 시편 제목의 정확성을 부정하기 위해 이 사실을 이용했다. 하지만 왕궁의 실록에서 누락되었다고 해서 이 사건의 역사성마저 부정할 수는 없다.

본문 이해

하나님의 칼

Main Idea	자기를 의지함으로 인해 생명이 위독할 정도로 중병에 걸린 후 다윗은 회개하며 하나님께 부르짖는다. 하나님께서는 그 부르짖음을 들으시고 그의 죄를 용서하시며 그의 병을 낫게 해주신다.

A. 하나님께 징계를 받은 후의 기쁨(30:1-5)

Supporting Idea	하나님께서 다윗을 무덤의 심연에서 건져내신 후 다윗은 주님 안에서 기뻐하겠다는 결심을 밝힌다.

30:1-3. 이 시편에서 다윗은 마지막에서부터 시작한다. 가혹하지만 주님이 주신 사랑의 징계를 받았던 때를 회상하는 것이다. 그는 하나님께서 그의 죄로 인해 닥쳤던 이 고통스러운 시련에서 그를 건져내주셨음을 기뻐한다(비교. 6절). 다윗은 이 기뻐함을 통해 주를 높이겠다고 결심한다. 그분이 다윗을 거의 죽음에 이를 뻔한 경험이었던 깊음에서 끌어내셨기 때문이다(비교. 71:20, 130:1). 여기서 사용된 언어는 우물에서 물을

긷는 것과 관련이 있다(비교. 출 2:16:19). 그러므로 하나님께서는 다윗을 깊은 구멍에서 건져내신 셈이다.

다윗은 자신이 죽음에 직면해 있고 그 사건이 원수들이 기뻐할 빌미가 될 것을 알았다(비교. 시 35:19, 24-27, 38:16, 삼하 1:17-20). 그는 하나님께 도움을 구한다. 하나님께서는 죄 때문에 병에 걸린 그를 고치시고(6절) 죽음의 무덤으로 내려가지 않도록 건져주신다(시 28:1, 30:3, 88:4). 나아가 거의 죽음으로 끌고 갈 뻔한 죄에 대한 신적 심판에서 그의 생명을 건져주시며 그를 음부에서 끌어내셨다(고전 11:30, 약 5:19-20, 요일 5:16).

30:4-5. 주의 용서하심에 흥분된 다윗은 모든 성도들에게 여호와를 찬양하고 그의 거룩한 이름을 찬송하라고 요청한다. 왜인가? 그의 죄에 대해 하나님께서 내리시는 진노의 징계는 잠시 동안만이지만 그 은총은 평생이며 영원히 지속될 것이기 때문이다(비교. 사 54:7-8). 다윗은 하나님의 진노와 은혜, 그의 울음과 기쁨이라는 대조적인 내용에 독자들이 관심을 기울이게 한다. 진노와 울음은 밤에 일어나지만 은혜와 기쁨은 아침에 찾아온다. 하나님의 징계하시는 심판으로 인한 울음은 저녁 동안에 지속되지만 아침에 기쁨이 올 때에는 곧 사라질 것이다.

B. 하나님께서 징계하시는 이유(30:6)

Supporting Idea	하나님께서는 자급자족할 수 있다는 마음과 주님으로부터의 자기 중심적 독립이라는 죄 때문에 다윗을 징계하셨다.

30:6. 다윗은 교만하여 형통하다고 생각했고(경솔한 안락함을 암시하는 히브리 단어를 사용함) 스스로를 기만해서 "영영히 요동치 아니하리라"라고 생각하게 되었다. 아마도 선물을 주시는 분보다 선물을, 창조주보다 창조 세계를 더 좋아하고 중시하기 시작했던 것 같다(비교. 신 8:11-20, 32:2-5, 단 4:28-37). 어떤 경우이든, 그는 자기 자신의 안정과 지위를 믿기 시작했다. 그의 죄는 하나님으로부터 독립해 자급자족할 수 있다는 태도에 있었다.

C. 하나님께서 내리신 징계의 실상(30:7)

Supporting Idea	하나님께서는 범죄한 다윗에게서 당신의 임재를 거두어 가시는 것으로 그를 징계하셨다.

30:7. 주님은 다윗을 떠나 하나님이 필요함을 그가 볼 수 있게 하심으로 그를 징계하셨다(비교. 시 32:3-4, 38:1-17). 이전에 하나님께서는 많은 축복으로 은혜를 베푸셨다. 하나님의 힘 안에서 다윗은 강한 산처럼 강인했다. 하지만 하나님께서는 그에게서 당신의 얼굴을 가리우셨다. 이것은 그의 삶에서 하나님과의 교제와 은혜를 거두어 가셨음을 묘사한다(비교. 시 13:1). 그래서 다윗은 근심하고 심히 동요가 되었고 더 이상 평안하지 않았다. 다윗은 이제 하나님의 고통스러운 징계로 고통당하고 있다.

D. 하나님께서 징계를 거두심(30:8-12)

Supporting Idea	다윗은 회개하며 자신을 변론한 후 하나님의 용서하심을 받았고 그의 슬픔은 기쁨의 외침으로 변한다.

30:8-10. 다윗은 하나님의 급속한 징계에 반응하며 여호와여 내가 주께 부르짖고라고 말한다. 징계의 고통으로 괴로워하면서 자기 자신의 공로가 아니라 자비하심에 근거해 여호와께 간구한다. 겸손한 마음으로 나의 피가 무슨 유익이 있으리요라고 하나님과 변론한다. 다윗은 자신의 생명을 빼앗아 가시면 그가 하나님께 드리던 찬양이 그칠 것이라고 말하면서 하나님을 설득한다. 다시 말해서 "하나님, 죽음의 먼지 속에서 어떻게 당신을 찬양할 수 있겠습니까?"라고 말하는 것이다.

다윗은 교훈을 깨달은 후 여호와여 들으시고 나를 긍휼히 여기소서라고 간청한다. 이것은 하나님의 징계를 거두게 하는 유일한 방법인 회개의 부르짖음이다(비교. 시 32:5, 51:4-9).

30:11-12. 다윗은 베옷을 입고 슬퍼함으로 후회와 회개를 표현한다. 다윗은 하나님께서 그의 죄 고백을 들으시고 징계라는 하나님의 손을 거두어 가셨음을 알고 있다. 주님은 당신이 주신 고통의 결과인 슬픔을 변하여 마음의 기쁨을 표현한 춤이 되게 하셨다(삼상 18:6, 시 149:3, 150:4). 정결하게 된 다윗의 마음은 잠잠치 아니하고 하나님을 찬송

할 수 있었다.

하나님의 자비로 인해 다윗은 생명을 위협하는 질병에서 나았고 이로 인해 그의 마음은 찬양으로 가득하다(비교. 사 38:20, 즉 히스기야의 회복). 죄 사함으로 인해 새롭게 얻은 기쁨은 여호와 나의 하나님이여 주께 영영히 감사하리이다라는 그의 고백에서 나타난다.

Main Idea 복 습	자기를 의지함으로 인해 생명이 위독할 정도로 중병에 걸린 후 다윗은 회개하며 하나님께 부르짖는다. 하나님께서는 그 부르짖음을 들으시고 그의 죄를 용서하시며 그의 병을 낫게 해주신다.

결론

"너와는 이제 끝이다"라고 하나님께서 말씀하시는 것이 징계가 아니다. 징계를 받음이 하나님께 버림을 받았다는 증거도 아니다. 징계는 신자의 유익을 위해 아버지께서 사랑으로 행동하고 계신다는 명확한 증거이며 방황하는 자녀를 돌아오게 하는 방편이다. C. S. 루이스(C. S. Lewis)가 말했듯이 "하나님께서는 우리가 기뻐할 때 우리에게 속삭이시듯 말씀하신다. 우리가 일을 할 때는 일반적인 목소리로 말을 걸어오신다. 고통 중에 있을 때에는 소리쳐 말씀하신다." 모든 그리스도인의 삶에는 하나님의 음성에 귀 기울이지 않고 그분의 명령에 순종하지 않는 길을 선택하는 시기가 있다. 그러면 주님은 엄격한 징계를 사용해 신자들이 마음을 돌이키고 그분의 교훈에 순종하게 하신다.

다윗이 하나님의 고통스러운 징계라는 극단적인 밑바닥에서 하나님의 용서를 체험하는 황홀한 기쁨을 누렸듯이 그리스도인은 양 극단을 경험할 것이다. 고백하지 않은 죄로 인해 주님이 당신의 자녀들을 징계하셔야 할 슬픈 때가 있는가 하면 회개하는 심령을 기쁨으로 채워주시는 승리의 시기도 있다. 죄를 고백할 때 밤에는 울음이 있겠지만 아침에는 기쁨이 찾아올 것이다.

삶의 적용

고백하는 생활 방식

모든 그리스도인들은 하나님께 죄를 고백하고 회개해야 한다. 상한 심령으로 자신이 잘못했음을 겸손히 인정할 때 하나님께서는 언제라도 용서해주실 것이다. 하지만 죄를 숨기고 침묵을 지키며 고백하지 않고 회개를 억누르는 경우에는 반드시 하나님께서 사랑의 징계를 내리신다. 그러나 이 매는 성도의 개인적인 성결을 회복시키고자 하는 사랑의 의도로 사용된다. 그러므로 모든 성도는 하나님의 용서하심을 구하며 자신의 죄에 대한 그분의 지적에 즉시 동의해야 한다. 하나님께서 죄를 깨닫게 해주실 때 성도는 주님께 돌아가 용서를 구해야 한다. 주님은 당신 백성들의 구세주시다. 그분은 당신에게 속한 자들을 위해 당신의 능력을 보이는 일을 기뻐하신다(대하 16:9).

기도

하나님, 우리 삶에 개입하시는 은혜에 감사드립니다. 우리가 부르짖을 때 당신은 그 부르짖음을 들으시고 영적인 치유와 육체적인 치유를 주셨습니다. 당신의 백성들에게 내리는 진노는 잠시뿐이지만 은혜는 평생 함께한다는 것을 확신하며 당신의 거룩한 이름에 감사를 드립니다. 예수 그리스도 안에서 우리의 것이 된 이 은혜를 인해 감사드립니다. 당신의 희생으로 우리의 슬픔이 기쁨으로 변했습니다. 예수님의 이름으로 기도합니다. 아멘.

심층 연구

A. 무덤(30:3)

이 단어(히. 셔올, sheol)는 구약에서 66번 사용되고 있고 죽은 자들과 무덤과 지하 세계의 영역을 가리킨다. 의인들(창 37:35)과 불의한 자들(민 16:30) 모두 셔올에 가게 될 것이다. 사람들이 셔올에 가는 것은 하나님께서 그들을 데려가시기 때문이다(삼상 2:6). 그곳은 인간의 의식적 실존의 장소로서(시 16:10) 그 누구도 돌아올 수 없는 곳이다(욥 16:22, 17:14-16). 신약에 나오는 상당 어구는 헬라어인 게헨나(gehena)가 아니라 하데스(hades)(비교. 마 11:23, 여기서 예수님께서는 이사야 14장 13-15절을 인용하며 이 단어를 사용하셨다)이다. 모든 인간의 영혼이 동일하게 최후의 운명을 맞지 않는다 해도 모든 인간의 육신은 셔올로 갈 것이다.

B. 은총(30:5)

이 단어(히. 라손, rason)는 종종 우월한 존재가 열등한 존재에게 베푸는 것으로서(신 33:16, 시 5:12, 사 49:8, 60:10, 61:2) '기쁨, 바람, 선의, 혹은 친절' 의 의미가 있다. 예를 들어, 잠언에서 라손은 신하들을 대하는 왕에게 사용되었다(잠 14:35, 16:13, 15). 그러나 이 단어는 또한 일반적으로 어떤 사람이 다른 사람에게 받아들여지기를 바라면서 사용되기도 한다(잠 10:32, 11:27).

C. 근심하다(30:7)

이 단어(히. 바할, bahal)는 구약의 아람어 단원들(다니엘서)에서 11번의 상당어가 발견된 것을 포함해 구약에서 50번 사용되었다. 이 단어는 '공포에 질리다, 놀라다, 혼란스럽다' 라는 의미가 있다. 이것은 하나님께서 민족들(출 15:15, 시 2:5, 6:10, 83:17, 사

13:8, 겔 27:35)과 이스라엘(출 7:27, 26:18)에게 야기하신 고통의 반응을 가리킨다. 마찬가지로 사람들은 하나님을 생각하고 두려워하거나 비탄에 잠기게 된다(욥 23:15, 시 104:29, 단 4:5, 5:6). 이 단어는 또한 사람들이 다른 이들에게 가할 수 있는 두려움을 나타내는 데 사용되기도 한다(삼상 28:21, 삼하 4:1).

D. 자비(30:8)

이 단어(히. 하난, hanan)는 히브리어 성경에서 78번 사용되었다. 일반적으로 '탄원하다, 애원하다, 혹은 간청하다' 라는 의미를 갖는다. 대부분은 강자가 약자에게 베푸는 것이다. 예를 들어, 솔로몬(왕상 8:33, 47, 59, 9:3, 대하 6:24, 37)과 시편 기자(시 142:1)가 여호와께 구했던 것을 묘사할 때뿐 아니라 모세가 하나님께 드린 간구(신 3:23)를 묘사할 때 사용되었다.

교안

A. 하나님의 징계를 받은 후의 기쁨(30:1-5)

1. 다윗이 여호와를 높여 드리다(1-3절)
    - a. 하나님께서 나를 일으키셨도다(1절)
    - b. 하나님께서 나를 회복시키셨도다(2절)
    - c. 하나님께서 나를 건져내셨도다(3절)
2. 다윗이 다른 이들을 격려하다(4-5절)
    - a. 여호와를 찬송하라(4a)
    - b. 그의 이름을 찬양하라(4b-5절)
3. 하나님의 노염이 은총으로 바뀌다(5a)
4. 인간의 울음이 기쁨으로 바뀌다(5b)

B. 하나님께서 징계하시는 이유(30:6)

1. 다윗은 스스로 형통하다고 생각했다(6a)
2. 다윗은 점점 자기를 신뢰했다(6b)

C. 하나님께서 내리신 징계의 실상(30:7)

1. 하나님께서 얼굴을 숨기셨다(7a-c)
2. 다윗이 근심했다(7d)

D. 하나님께서 징계를 거두심(30:8-12)

1. 다윗이 하나님께 구한 것(8, 10절)
    a. 자비(8, 10절)
    b. 도우심(10절)
2. 다윗이 하나님과 변론하다(9절)
    a. 죽으면 하나님을 찬양할 수 없다(9a)
    b. 죽음 속에서는 하나님의 진리를 선포할 수 없다(9b)
3. 다윗이 하나님 안에서 기뻐하다(11-12절)
    a. 슬픔이 변해 춤이 되다(11a)
    b. 베옷을 벗고 찬양하다(11b-12a)
    c. 침묵하다가 감사를 드리게 되다(12b)

토의 질문

1. 하나님께서는 죄로 인해 어떻게 나를 징계하셨는가?

2. 나를 위한 하나님의 개입하심에 대해 나는 얼마나 자주 하나님을 찬양하는가?

3. 하나님께서는 나를 어떻게 강하게 하시고 견고한 산처럼 서 있도록 하셨는가?

4. 슬픔이 기쁨으로 바뀌고 하나님만이 주실 수 있는 기쁨으로 충만해진 경험이 있는가?

시편 31편

하나님은 나의 반석이시라

"곤경으로 우리는 연약해지지 않는다. 그것은 다만 우리가 얼마나 연약한 존재인지 드러낼 뿐이다."

- 무명

들어가는 글

인간의 모든 약점은 하나님의 힘을 신뢰할 수 있는 기회가 된다. 자신의 무능함에 대한 자각은 항상 성도가 하나님의 전능하심에 자신을 맡기는 계기가 되어야 한다. 시편 31편에서 다윗은 바로 이런 경험을 했다. 그는 또 다시 인생의 고통스러운 경험을 하고 있었고 이로 인해 하나님과 그분의 능력을 더욱 전폭적으로 신뢰할 수밖에 없었다. 이런 의미에서 그는 약할 때 강했다.

이 특별한 경우 다윗은 너무 강해져 가장 가까운 친구들과 열렬한 지지자들조차 그를 버릴 수밖에 없던 음모에 처했다. 홀로 버려진 그는 심리적으로 고통스럽고 육체적으로 고갈되어 하나님 외에는 그 누구도 의지할 이가 없었다. 다윗은 심각한 고통에 가득 차서 주님을 의지해야 했다. 그러자 그의 고통은 확신으로 바뀌었다.

이 시편은 모든 것이 충족되는 하나님의 자원들을 기뻐하는 시편 기자의 흔들림 없는 하나님에 대한 신뢰를 전하고 있다. 이 '다윗의 시' 는 아마 성전 예배에서 예배 인도자의 낭독이나 찬양대의 합창으로 '영장' 에 의해 사용되었을 것이다(대상 23:5, 30).

본문 이해

하나님은 나의 반석이시라

Main Idea	다윗은 어려움에 에워싸이고 고통으로 신음하지만 자기를 구원하실 하나님에 대한 신뢰를 표현한다.

A. 다윗의 부르짖음(31:1-5)

31:1-2. 이 시편은 하나님께서 부르짖음을 들으시고 원수들에게서 자신을 구해달라

는 다윗의 긴급한 호소로 시작된다. **여호와여 내가 주께 피하오니**(피난처, 히. 하사, hasa, '보호를 받기 위해 도망하다', '피신하다'). 하나님께서는 다윗을 위해 원수들의 공격으로부터 그를 보호하셨다. **내게 귀를 기울여**는 자신에게 관심을 기울여달라고 하나님께 구하는 담대한 요청이다. 다윗은 **내게 견고한 바위와 구원하는 보장이 되소서**라고 말한다. 하나님에 대한 이런 강한 동의어가 반복되는 것은 하나님에 대한 시편 기자의 신뢰가 얼마나 강한지 보여준다. 하나님께 "보장(강한 요새)"이 되어 달라고 구함으로 다윗은 그의 궁극적인 보호자가 되시는 하나님을 신뢰한다. 다윗은 광야의 바위 틈 속에 자주 피하기는 했지만(삼상 23:25) 그의 진정한 안전은 주님 안에서 얻을 수 있었다.

31:3-4. "주는 나의 반석과 산성이시니"라는 구절은 이전 절을 재진술한다. 하나님께서는 다윗을 위하여 **그물**에서 그를 빼어내신 후 그를 인도하실 것이다. 다윗은 하나님의 뜻을 좇을 수 있도록 자신을 빼내달라고 구한다. 다윗은 지금 능력 많으신 하나님께 구원해달라고 부르짖고 있는 것이다. 이렇게 간구하는 근거는 자신의 선함에 있지 않고 하나님의 의에 있다. 그는 자신의 명성을 위해서가 아니라 **주의 이름을** 위하여 구원을 구했다.

31:5. 다윗은 하나님에 대한 전적인 신뢰를 표현하며 **내가 나의 영을 주의 손에 부탁하나이다**라고 기도한다. 이 구절은 후에 다윗보다 더 위대하신 분인 주 예수님께서 십자가에 달리셨을 때 인용하신 구절이다(눅 23:46). 시편 기자는 자신의 목숨을 주님의 손에 맡기기로 결정했다. 이것은 하나님에 대한 전적 의존을 묘사한 그림이다. 그는 **진리의 하나님 여호와여 나를 구속하셨나이다**(구속하소서-NIV)라고 부르짖는다. 하나님께서는 당신의 백성들을 돕겠다고 약속하셨다. 그는 거짓말을 할 수 없는 분이시다(딛 1:2).

B. 다윗의 열정(31:6-8)

31:6-8. 다윗은 이어서 그의 기도를 끌어가는 강력한 열정, 하나님의 거룩한 이름의 영광을 위한 열심과 질투심을 표현한다. 그는 **내가 허탄한 거짓을 숭상하는 자를 미워하고**라고 선언한다. 그는 하나님을 거부한 자들을 거부한다. 이런 의미에서 그는 하나님 없는 자들의 악한 생활방식과 사악한 신념들과 관련되는 것을 거부한다(비교. 시 1:1).

그는 하나님의 인자하심을 인하여 기뻐하고 즐거워하겠다고 맹세한다. 그가 이런 맹세를 하는 것은 하나님께서 그의 곤란을 감찰하시고 그의 환난을 알고 계심을 확신하기 때문이다. 그는 하나님께서 그의 발을 넓은 곳에 세우실 것이라고 믿는다. 이것은 기초가 단단한 넓은 장소로서 그를 에워싼 위협과 위험을 피할 수 있는 곳이다.

C. 다윗의 고통(31:9-13)

31:9-10. 고난 속에서 다윗은 황폐해지고 정서적으로, 육체적으로, 정신적으로 고갈되었다. 그의 눈은 근심으로 쇠하였다(이것은 눈물을 의미한다). 그의 혼과 몸은 근심으로 가득해서 어디에도 활력이 남아 있지 않고 다 빠져버렸다. 그의 생명은 슬픔으로 탈진되었다. 아무 기력도 남아 있지 않다. 자신감도 일시적이기는 하지만 사라져버렸다.

31:11-13. 나아가, 다윗은 내가 욕을 당하고 내 이웃에게서는 심히 당하니, 심지어 그의 친구들이나 원수들에게 치욕이 되는 두려움이 된다고 말한다. 그의 친구들은 파기(깨어진 질그릇 조각)처럼 그를 버렸다. 다시 말해 그를 내동댕이쳤다. 낙담과 수치심 속에서 그는 그의 생명을 빼앗고자 꾀하는 원수들의 시도뿐 아니라 그들의 비방 역시 심각하다고 말한다. 시편 기자에게 가장 빈번히 사용되는 무기는 혀였다.

D. 다윗의 간구(31:14-18)

31:14-16. 박해에도 불구하고 다윗의 주님에 대한 신뢰는 흔들림이 없다. 그는 하나님께서 원수들로부터 그를 건지실 것을 믿는다. 그는 인생의 모든 사건과 환경이 하나님의 주권적 통치 아래 있음을 깨닫고 내 시대가 주의 손에 있나이다라고 기도한다. 하나님의 인자하심에 의해 그 통치가 결정된다. 그러므로 주의 얼굴을 주의 종에게 비취시고는 하나님의 은혜를 구하는 기도이다(비교. 시 4:6, 44:3, 67:1, 80:3, 7, 9, 119:35).

31:17-18. 나로 부끄럽게 마시고라는 구절은 다윗의 원수들이 음모에 성공한다면 그가 안게 될 치욕을 말한다. 다윗은 자신이 죽음으로 침묵하게 되기보다 악인이 부끄럽게 되어 음부에서 잠잠케 되기를 원한다. 그를 비방한 거짓 입술이 벙어리가 되어야 한다는 것이다. 그들이 의인, 즉 자신에 대해 무례히 말했기 때문이다. 그는 자신이 직접 복수를 하기보다 분노를 시행하시도록 그 일을 하나님께 맡겨드린다.

E. 다윗의 찬양(31:19-22)

31:19-20. 하나님의 건져주심을 기다리면서 다윗의 마음은 그를 두려워하는 자들을 위해 쌓아두시고 그들과 값없이 공유될 놀랍고도, 충분한 은혜를 공급하시는 하나님의 선하심을 노래하는 마음으로 충만하다. 그는 하나님께서 직접 악인들의 음모로부터 그를 주의 은밀한 곳에 숨기실 것을 확신한다.

31:21-22. 하나님의 선하심을 근거로 다윗은 여호와를 찬송할지어다 견고한 성에서 그 기이한 인자를 내게 보이셨음이라고 외친다. 포위된 성으로 묘사된 무서운 시련 속에서 다윗이 큰 위험에 처해 있을 때 하나님께서는 신실함을 버리지 않으셨다. 때로 다윗은 죽을까 무서워서 하나님께 "주의 목전에서 끊어졌다!" 라고 소리쳤다. 그럼에도 불구하고 그는 마음을 집중하고 주께서 나의 간구하는 소리를 들으셨나이다라고 말한다. 그렇게 해서 다윗은 하나님의 도우심과 건지심을 기대하며 하나님께 영광을 돌린다.

F. 다윗의 선언(31:23-24)

31:23-24. 다윗은 하나님께 찬양을 드린 후 이어서 온 마음과 영혼과 힘을 다해 모든 성도들이 여호와를 사랑할 것(신 6:5)을 요청하며 타인들을 향한 설교를 한다. 하나님의 모든 백성들은 하나님을 찬양해야 한다. 이는 그들이 버림받고 공격을 당할 때 그분이 성실한 자를 보호하시기 때문이다. 그러나 교만함으로 일어나 경건한 자들을 해치는 교만히 행하는 자들은 여호와께 복종하기를 거부한다. 그러나 하나님께서는 교만한 자들을 치실 것이다. 보복은 하나님께 속한 것이다. 그러므로 우리는 여호와 안에서 강하고 담대해야 한다. 하나님께서 당신을 바라는 자들을 지켜주시기 때문이다.

결론

성도들은 모두 어느 정도는 그들을 대적하는 악한 사람들에게 에워싸일 때가 있다. 그러므로 우리는 인생의 모든 사건이 하나님의 완전한 시간 안에서 조율되고 실행되고 있음을 지속적으로 스스로에게 일깨워주어야 한다. 마찬가지로 우리는 택하신 자들을 위해 준비해두신 하나님의 놀라운 선하심을 기억해야 한다. 주님은 직접 신실한 자들을 보호하시어 그들이 만나게 될 폭풍을 뚫고 나아갈 수 있게 하신다. 주님은 가장 연약한 배들에게 견딜 수 있는 능력을 보이길 기뻐하신다. 신자는 낙심해서는 안 된다. 무한하신 하나님께서 그를 위협하는 유한한 인간들보다 훨씬 더 큰 분임을 알고 용기를 내야 한다.

교안

A. 다윗의 부르짖음(31:1-5)

1. 나를 건져주소서(1-2절)
2. 나를 인도하소서(3절)
3. 나를 지켜주소서(4-5절)

B. 다윗의 열정(31:6-8)

1. 경건치 않은 자들을 거부하다(6a)
2. 하나님 안에서 기뻐하다(6b-8절)
    a. 하나님께서 그를 보신다(6b-7절)
    b. 하나님께서 그를 구원하신다(8절)

C. 다윗의 고통(31:9-13)

1. 슬퍼하고 있다(9-10절)
2. 조롱을 당하고 있다(11-12절)
3. 비방의 고통을 받고 있다(13절)

D. 다윗의 간구(31:14-18)

1. 승리를 구하다(14-16절)
    a. 나를 구원하소서(14-15절)
    b. 내게 비추소서(16절)
2. 보복을 구하다(17-18절)

a. 내 원수들을 수치스럽게 하소서(17a-c)

b. 내 원수들을 잠잠케 하소서(17d-18절)

E. 다윗의 찬양(31:19-22)

1. 하나님은 선하시다(19절)
2. 하나님은 위대하시다(20절)
3. 하나님은 은혜로우시다(21-22절)

F. 다윗의 선언(31:23-24)

1. 여호와를 사랑하라(23절)
2. 여호와를 바라라(24절)

시편 32편

타락한 삶에 대한 솔직한 대화

"죄의 어두운 바닥까지 내려가서야 비로소 그것이 하나님에 대한 전면적인 반역이라는 사실을 알게 된다."

- 알렉산더 맥라렌(Alexander MacLaren)

들어가는 글

이름은 달라도 똑같은 독

19세기 유명한 감리교 복음주의자인 F. 윌버 채프만(F. Wilbur Chapman)은 죄에 대해 꾸준히 설교하는 오스트레일리아의 유명한 목회자에 대한 이야기를 들려주었다. 설교가 끝나자 교회 직원 중 한 명이 그와 이야기를 하려고 찾아왔다. 그는 그 목사에게 "죄에 대해 그렇게 노골적인 설교는 삼가주시면 좋겠습니다. 죄를 그렇게 강조하는 설교를 아이들이 듣는다면 더 쉽게 죄인이 될 겁니다. 죄를 뭐라고 부르시던 간에 그렇게 노골적으로 말씀하지는 말아주십시오"라고 말했다.

그러자 목사는 의자에서 일어나 벽장 쪽으로 걸어가더니 '쥐약'이라고 표시된 작은 병을 가지고 돌아왔다. 그는 "무슨 말씀인지 알겠습니다. 라벨을 바꾸면 좋겠다는 말씀이 아닙니까? 하지만 제가 '쥐약'이라고 쓰인 라벨을 떼어내고 '페퍼민트 에센스'와 같은 좀더 부드러운 이름을 여기에 붙인다고 생각해보십시오. 이름이 부드러울수록 이것은 더 위험한 물건이 되지 않겠습니까?"라고 말했다.

시편 32편이 지닌 가치 중 하나가 여기에 있다. 이 시편은 라벨을 바꾸고 죄의 결과를 축소하지 않음으로써 신자의 삶에서 고백하지 않은 죄가 얼마나 파괴적인 힘을 지녔는지 직접적으로 드러낸다. 다윗의 인생에서 드러났듯이, 하나님께 죄를 지을 때 근심이 생기고 활기가 사라지게 된다. 그러나 또한 다윗의 인생에서 목격했듯이, 죄를 고백할 때 하나님의 영광을 위해 살고자 하는 열정뿐 아니라 놀라운 기쁨도 되살아났다. 영감어린 이 웅장한 문학 시를 통해 우리는 죄를 고백하는 일이 활기차고 승리하는 신앙생활에 필수라는 결론에 도달한다.

이 시편은 다윗이 이스라엘의 왕으로 통치하던 시기를 반영하고 있다. 그는 후방에 남아 있으면서 군대를 보내어 암몬 족속과 전쟁을 치르게 했다. 이 기간에 그는 밧세바와 음란한 죄에 빠져들었다(삼하 11:1-5). 설상가상으로 그는 그녀의 남편이자 헷 족속인 우리야를 죽임으로써(삼하 11:6-17) 자신의 죄를 은폐하고자 했다. 그 다음해 다윗은 영혼의 깊은 고통 속에서 죄로 인해 괴로워하는 양심을 안고 살았다. 그는 정서적으로 괴로웠고 육체적으로는 병이 들었으며 정신적으로는 혼란스러웠다.

선지자 나단이 왕을 찾아와(삼하 12:1-15) 부자와 가난한 사람의 이야기를 해주었다. 한 사람은 많은 양이 있었고 또 한 사람은 어린양 한 마리만 있었다. 많은 양을 가진 부자는 아무런 통지도 없이 가난한 자의 어린양을 빼앗아갔다. 다윗은 이 이야기를 듣자 "여호와께서 살아계시는 한 이 짓을 한 그 남자는 죽음을 당해야 마땅하다"며 화를 냈다. 이 말에 나단은 "당신이 바로 그 부자입니다"라고 말했다. 죄악을 지적당한 다윗은 "내가 여호와께 득죄하였나이다"라고 고백했다. 나단은 이 고백을 듣자 "여호와께서 당신의 죄를 사하셨으므로 당신은 죽지 않을 것입니다"라고 말했다.

이 시편은 다윗이 하나님께 지은 죄를 고백함으로써 얻은 기쁨을 기록하고 있다. '다윗의' 이 시편은 선지자 나단의 책망이 있은 후 쓴 시다. 이것은 가르치고 교훈하기 위한 목적이라는 뜻의 마스길이다. 구체적으로 말해, 하나님의 백성들이 여호와께 자기 죄를 고백하도록 가르치기 위해 다윗이 쓴 시다.

본문 이해

타락한 삶에 대한 솔직한 대화

Main Idea	죄 고백에 따르는 하나님의 용서와 축복을 경험한 다윗은 이 용서의 길로 가도록 다른 사람들을 교훈한다.

A. 죄악에서 정결함을 받은 다윗(32:1-2)

Supporting Idea	이 시편은 다윗이 죄 용서를 받고 찬양하는 것으로 시작된다.

32:1a. 이 시편은 산상설교처럼 '행복하다, 기쁘다, 혹은 풍성하다'로 번역될 수 있

는 복이 있도다로 시작한다. 나아가 이 단어는 그 뜻을 강조할 때 사용되는 복수 형태로 되어 있다(즉, 풍성하거나 흘러넘치는 축복). 다윗은 하나님의 용서하심에서 오는 즐거운 행복을 선언하고 선포하는 것으로 시작한다. 이것은 "허물의 사함을 얻은 자는 얼마나 풍성하고 넘치는 축복을 받았는가" 라고 번역할 수 있다. 허물이라는 단어는 고의적으로 하나님을 떠나서 반항하는 사람을 암시한다. '사함을 얻다' (히. 나사, nasa)라는 단어는 문자적으로 '어떤 사람의 죄가 사라지게 하다' 라는 뜻이다.

고백되지 않은 죄는 하나님의 백성들에게 얹힌 무거운 짐과 같아 정신적으로 심리적으로 그들을 짓누른다. 여기에는 용서가 암시되어 있고 다윗이 하나님께 자기 죄를 고백하고 이로 인해 하나님의 용서하심을 얻기 때문에 후에 언급된다(비교. 시 103:12, 사 1:18, 38:17, 43:25, 미 7:19, 요일 1:9). 다윗은 밧세바와 간음죄를 지었고 그의 인생에 대한 하나님의 권위에 도전했다.

32:1b. 다윗은 이 축복이 그 죄의 가리움을 받은 자에게 임한다는 것을 또한 알았다. 다윗이 지은 죄의 산–간음에서 살인으로, 그것이 또 다시 위선으로 이어지므로–이 이제 하나님으로 인해 가리움, 혹은 덮임을 받았다. 하나님께 자신의 죄를 고백함으로써 죄의 더러움이 눈에서 사라지게 되었다. 다시 말해 하나님의 시야에서 보이지 않게 되었다. '가리우다' 라는 단어(히. 카사, kasa)는 카파르(kaphar)에서 파생되었다. 이 단어는 이스라엘의 대제사장이 성전 뜰에서 희생 제물로 바쳐진 짐승에게서 피를 취하는 대속죄일의 심상을 그리고 있다. 대제사장은 이 피를 지성소로 가져가서 언약궤의 속죄소에 뿌렸다.

32:2. 다윗은 계속해서 여호와께 정죄를 당치 않는 자가 참으로 복된 자라고 말한다. 이 죄는 한 개인의 인격을 더럽히고 부패하게 만든다. 주님은 은혜롭게도 다윗에게 이 죄를 계산하지 않기로 작정하셨다. 이것은 그가 진 빚과 받아 마땅한 형벌이 더 이상 장부에 남아 있지 않다는 뜻이다. 다윗은 죄로 인해 더러워지고 타락했지만 하나님께서 용서하심으로 그의 죄를 계산하지 않게 하셨다. 나아가, 이 축복의 상태는 마음에 간사가 없는 사람을 위한 것이다. 다윗은 자신의 죄를 합리화하고 은폐함으로써 수개월 동안 자신을 기만하며 살았다.

B. 죄를 은폐한 다윗(32:3-4)

Supporting Idea	다윗은 주님께 죄를 고백하지 않다가 정신적으로나 육체적으로 하나님의 징계의 손을 경험했던 때를 상기한다.

32:3-4. 갑자기 시편은 현재(1-2절)에서 과거로 이동한다. 다윗은 자신의 죄를 숨기고 억눌렀다. 그는 밧세바와 우리아에 대해 죄를 지은 후 토설치 않으며 하나님께 자기 죄를 고백하길 거부했던 그 시기에 대해 이야기하고 있다. 다윗은 양심으로 인해 하나님의 도덕법을 자각하게 되었다. 선악의 법인 하나님의 법을 위반하자 그의 영혼 안에 경고음이 울렸다. 성경은 분명히 뿌린 대로 거둔다고 말한다(비교. 갈 6:7). 육신으로 심는 자는 육신으로 거둘 것이다.

다윗은 그의 뼈가 쇠하였다고 말한다. 이는 주님의 손이 그를 누르시기 때문에 몸의 기력과 활력이 말라버렸다는 뜻이다. 그것은 다윗의 몸에 육체적인 징계를 가하시는 하나님의 손이었다. 나아가 다윗은 내 진액이 화하여 여름 가물에 마름같이 되었나이다라고 지적한다. 다윗은 죄를 고백하지 않아 몸이 쇠약해지고 고갈되는 연약함에 빠졌다. 또한 종일 신음했다고 말하는 것으로 보아 정서적으로 심히 괴로웠을 것이다. 그의 영혼은 쓰라렸고 고통으로 뒤틀렸고 절망하고 낙심해 있었다. 삶에 대한 욕구가 서서히 고갈되어 가고 있었다.

C. 죄를 고백한 다윗(32:5)

Supporting Idea	다윗은 스스로를 기만하는 일을 포기하고 주님께 자신의 죄를 인정하고 드러내며 고백한다.

32:5. 5절은 이 시편의 가장 핵심적인 절로서 다윗에게는 점진적 전환점으로 작용한다. 다윗이 동일한 진리를 속사포처럼 연속해서 각기 다른 방식으로 세 번에 걸쳐 언급하는 것을 주의해보라. 이러한 연속적 언급은 그가 자복하고 … 아뢰며 … 숨기지 아니하였다로 이루어진다. 다윗은 이렇게 큰 폭의 변화에 대해 말하면서 내가 내 허물을 여호와께 자복하였다고 말한다. 그는 자신의 죄가 하나님에 대한 범죄였기 때문에 하나님께 죄를 고백했다. 모든 죄는 궁극적으로 하나님께 짓는 것이다. 설령 그것이 다른 사람들

에게 지은 죄라고 해도 그렇다(비교. 삼하 12:13, 시 51:4).

다윗은 또한 **주께 내 죄를 아뢰고**라고 쓴다. 이것은 나단이 그를 책망했을 때 그 죄를 숨기려고 하지 않았다는 뜻이다. '아뢰다' (은폐하지 않았다)라는 구절에는 무엇인가를 밝히기 위해 공개적인 곳으로 가져간다는 의미가 있다. "그 죄의 가리움을 받은"이라고 번역된 1절의 단어와 동일하지만 여기서는 '가리지 않았다' 라는 부정문으로 되어 있다. 죄를 고백하는 것은 하나님 앞에서 우리 죄를 폭로하며 있는 그대로를 노출하는 것이다.

그러고 나서 다윗은 자신의 영혼을 향해 **내 허물을 여호와께 자복하리라고** 말한다. '고백하다' (히. 야다, yada)는 공개적으로 거리낌 없이 말하며 심지어 공적인 찬양의 노래를 부른다는 의미다. 여기서 이 단어는 하나님께 자신의 죄를 공개하며 자신의 죄에 대해 자신에게 공식적으로 말한다는 의미로 사용된다. "대저 나는 내 죄과를 아오니"라고 하나님께 말한 시편 51편 3절에서 다윗은 이 고백의 행위를 했다. 다윗은 그의 삶에 대한 하나님의 주권적 통치를 벗어났음을 알았다. 참된 회개를 알리는 행동 이후 다윗은 **주께서 내 죄의 악을 사하셨나이다**라고 주님께 말한다. '사하다' (히. 나사, nasa)라는 단어는 문자적으로 "죄의 짐이 사라지게 하다"라는 의미가 있다. 고백하기 전까지 죄는 무거운 짐인 것이다.

D. 죄에 대한 다윗의 조언(32:6-11)

Supporting Idea	다윗은 하나님의 백성들이 하나님께 자신들의 죄를 고백하는 방법에 대해 가르치고 조언한다.

32:6. 다윗은 하나님의 용서하심을 경험한 후 참된 신자라면 하나님께 가고 **주를 만날 기회를 타서 그분께 기도해야** 한다고 격려한다. 경건한 자들이 하나님께 드려야 할 기도는 하나님의 용서를 구하면서 자신의 죄를 고백하는 기도이다(5절). 다윗은 계속해서 **진실로 홍수가 범람할지라도 저에게 미치지 못하리이다**라고 말한다. 이 심상은 목숨을 위협하는 폭풍이나 홍수에 완전히 압도된 신자에게 해당한다. 이 강력한 **홍수**는 무서운 결과를 초래하는 하나님의 징계의 홍수이다.

32:7. 다윗은 믿음과 신뢰로 하나님을 신뢰했다. 그는 인생의 폭풍 속에서도 주님을

향해 주는 나의 은신처이오니라고 말할 수 있었다. 아이러니하게도 하나님께서는 다윗에게 하나님 자신으로부터의 은신처가 되셨다. 다윗을 징계하는 이는 바로 하나님이셨다. 그를 무겁게 짓누른 것은 그분의 손이었다. 신자에게 용서는 하나님께서 내리시는 징계로부터의 구원이다.

나아가 다윗은 환난에서 나를 보호하시고라고 외친다. '보호하다' (히. 나사르, nasar)는 파수꾼이 환난에서 그 성을 보호하며 경비를 서듯이 '호위하다, 보호하다. 숨기다' 혹은 '은닉하다' 라는 의미가 있다(렘 31:6). 하나님께서는 당신의 종 다윗을 보호하시면서 그를 구원의 노래로 에워싸셨다. 절망의 심연에서 찬양의 고지대로 뛰어오르는 이 시편은 구원의 노래이다. 이 고통스러운 시련 속에서 가장 위대한 찬양 몇 편이 흘러나온다.

32:8-9. 다윗은 또한 다른 사람들에게 조언한다. 내가 너의 갈 길을 가르쳐 보이고 너를 주목하여 훈계하리로다. 다윗은 자신의 경험에 기초해 다른 이들을 훈계한다. 너를 주목하여 훈계하리로다 너희는 무지한 말이나 노새같이 되지 말지어다. 주님은 사람들에게 기수가 이끄는 대로 가기를 거부하는 고집 센 말이나 노새처럼 되지 말라고 권면하셨다. 오히려 경건한 사람들은 자발적으로 하나님께 신속히 반응해야 한다. 다윗은 죄를 향해 돌진하는 야생마와 같았다. 하지만 죄를 고백하는 문제에 관한 한 그는 고집 센 노새처럼 버티고 있었다.

하나님의 주권적 통치에 겸손히 엎드리지 않을 사람에게 주는 경고는 분명하다. 주님께 복종하지 않으면 자갈과 굴레로 단속을 받아야 할 것이다. 하나님의 백성이 불순종하는 아이들처럼 행동한다면 하나님께서는 그들을 주목케 하고 통제하기 위한 엄중한 수단으로 이것을 사용하실 것이다(비교. 잠 26:3). 경건한 자들의 끈질긴 불순종은 하나님의 징계의 손을 자초한다(히 12:5-11).

32:10-11. 다윗은 악인의 많은 슬픔과 여호와의 인자하심을 대조시킨다. 이 많은 슬픔은 비탄을 의미했다. 때로 이 단어는 질병을 가리키는 데 사용되었다. 다윗은 주님을 신뢰하고 있었기 때문에 주의 인자하심이 그를 에워싸리라는 것을 알고 있었다. 이 인자하심(히. 헤세드, hesed)은 하나님의 언약적 사랑, 그를 신뢰하는 자들에 대한 하나님의 구속력 있고 무조건적 헌신(23편 6절의 '심층 연구' 참조)을 가리킨다.

이 시편은 의인들에게 여호와를 기뻐하며 즐거워하라는 선언으로 시작된 것과 동일한 방식으로 마무리된다. 모든 신자들에게 하나님의 용서하심을 기뻐하라고 요청하는 것이다. 구체적으로 말해, "마음이 정직한 너희들아 다 즐거이 외치라"는 요청이다.

Main Idea 복습	죄 고백에 따르는 하나님의 용서와 축복을 경험한 다윗은 이 용서의 길로 가도록 다른 사람들을 교훈한다.

결론

용서에 대한 솔직한 대화

이 시편은 모든 신자에게 매우 절박한 필요를 제공해준다. 바로 죄에 대한 솔직한 이야기다. 세상은 우리에게 죄에 대한 왜곡된 시선을 제공해왔고 그것은 교회 내 그리스도인들의 사고에까지 스며들었다. 이 시편에서 교훈을 얻고 다음의 사실을 명심하자.

인간은 그것을 '사고'라고 말하고,
하나님은 '증오'라고 말씀하신다.
인간은 그것을 '실책'이라고 말하고,
하나님은 '신성모독'이라고 말씀하신다.
인간은 그것을 '우연'이라고 말하고,
하나님은 '선택'이라고 말씀하신다.
인간은 그것을 '어쩌다 생긴 오류'라고 말하고,
하나님은 '적의'라고 말씀하신다.
인간은 그것을 '황홀한 것'이라고 말하고,
하나님은 '치명적인 것'이라고 말씀하신다.
인간은 그것을 '연약함'이라고 말하고,

하나님은 '죄악' 이라고 말씀하신다.
인간은 그것을 '쾌락' 이라고 말하고,
하나님은 '문둥병' 이라고 말씀하신다.
인간은 그것을 '자유' 라고 말하고,
하나님은 '불법' 이라고 말씀하신다.
인간은 그것을 '사소한 일' 이라고 말하고,
하나님은 '비극' 이라고 말씀하신다.
인간은 그것을 '실수' 라고 말하고,
하나님은 '미친 짓' 이라고 말씀하신다.
인간은 그것을 '연약함' 이라고 말하고,
하나님은 '고의적인 것' 이라고 말씀하신다.

그러나 하나님께 죄를 고백할 때 그분은 미쁘시고 의로우셔서 우리 죄를 사해주시고 모든 불의에서 우리를 깨끗케 해주신다. 이것이 용서에 대한 솔직한 대화이다.

삶의 적용

죄를 심각하게 생각하라

이 시편을 적용하면서 우리는 신자의 삶 속에서도 죄가 지닌 심각성에 대해 깨닫게 된다. 모든 죄악 된 태도, 생각 혹은 행위는 궁극적으로 하나님에 대한 반역이다. 죄가 큰 문제이든 겉으로 보기에 사소한 것이든 혹은 인간의 눈에 드러난 것이든, 드러나지 않은 것이든 그것은 한 개인의 삶에 대한 하나님의 통치에 직접적으로 도전하는 것이다. 죄는 우리 자신의 길로 가기 위해서 의도적으로 하나님의 권위에 반항하기로 작정하는 행위다. 그것은 하나님에 대한 반역이며 음모이다. 따라서 신자들은 죄를 사소하고 작은 문제로 축소하거나 하찮은 것으로 생각해서는 결코 안 된다. 신자들은 하나님께서 죄를 심각하게 보시는 것과 똑같이 심각하게 죄를 다루어야 한다. 죄는 결코 사소하거나 진부한 문제가 아니다. 그리스도는 죄 때문에 죽으셨다. 신자들은 깊은 충심과 경건한 슬픔으로 주님께 자신들의 죄를 인정해야 한다. 값없이 베푸시는 하나님의 은혜에 결코 편승해서는 안 되고 오직 그분의 용서하심을 구하며 그 존전에서 자신을 낮추어야 한다.

기도

하나님, 우리가 당신의 뜻에 도달하지 못할 때가 얼마나 많은지 모릅니다. 여태껏 죄로 우리의 삶을 더럽혀왔습니다. 우리의 인생을 다스리시는 당신의 주권적 권세와 권리에 반역해왔습니다. 우리의 죄를 용서하시고 덮어주시며 자비를 베풀어주시길 간구합니다. 우리의 죄를 감추거나 자백하지 않으려고 고집 피우지 않게 도와주십시오. 죄를 고백하고 용서받는 기쁨을 알 수 있도록 우리가 가야 할 길을 가르쳐주십시오. 예수님의 이름으로 기도합니다. 아멘.

심층 연구

A. 죄(32:1-2)

이 시편의 첫 두 절에서는 죄에 대해 네 개의 단어가 사용되고 있다. 허물(1a), 죄들(1b), 죄(2a), 간사(2b)가 그것이다. 각 단어는 죄의 실체에 대한 중요한 뉘앙스를 전달해준다.

이 절들은 히브리 시의 평행법이 쓰인 한 예이다. 이 네 단어는 나란히 배치되어 죄가 무엇인가에 대한 전체적인 스펙트럼을 담아내고 있다. 다윗이 지금 죄로 인해 타락하는 과정을 추적하고 있음에 유의하라. 제일 먼저 하나님에 대한 반역과 그분의 권위에 대한 반항을 묘사한다. 그러고 나서 하나님께서 인간을 위해 지정해주신 길을 벗어나는 것, 의에서 떠나는 것을 죄로 묘사한다. 이어서 죄책감이 그를 휩싸며 그는 내면으로부터 썩기 시작한다. 마침내 인간은 스스로에게 자기 죄를 정당화할 정도로 자신을 기만하고 그 문제 다루기를 거부한다.

죄를 가리키는 첫 번째 단어인 허물(1a, transgression)은 히브리 단어 페샤(peshah)에서 파생했다. 이 단어는 문자적으로 '가버림, 떠남, 반역, 혹은 도전'이라는 의미가 있다. 허물은 하나님의 주권적 권위를 의도적으로 반역하는 행위이며 백성들의 삶을 다스리는 그분의 권리를 인정하지 않는 것이다. 허물은 단순히 한 개인이 그의 죄로 다른 사람에게 상처를 주는 것만이 아니다. 그것은 언제나 궁극적으로 하나님에 대한 반역 행위이다.

두 번째는 죄들(1b, sins)이라는 단어이다. 이것은 히브리 단어, 하타아(hataa)를 번역한 것으로서 죄에 대한 다른 뉘앙스를 전달한다. '과녁을 놓치다, 길을 벗어나다, 잘못된 길로 가다, 길을 잃다'라는 뜻이 있다. 이 단어는 궁술 용어로서 활과 화살을 갖춘 사냥꾼이 목표물이나 짐승을 겨냥한 것을 묘사한다. 그는 화살을 쏘지만 과녁에서 빗나가 목표물에 이르지 못한다(롬 3:23). 이것, 즉 하나님 말씀의 과녁을 놓치는 것이 죄다. 그것은 한 개인의 삶이 기준에 미치지 못하는 것이다. 기준이란 하나님의 영광, 즉 그분의 모든 신적 완전성의 총체, 구체적으로는 하나님의 거룩함을 말한다.

세 번째는 죄(2a, sin 혹은 iniquity-KJV)라는 단어이다. 이것은 '부패한, 꼬인, 구부러진, 심술궂음'을 의미하는 히브리어 아원(awon)을 번역한 것이다. 죄에 대한 첫 번째 단어인 허물이 하나님과 우리의 관계적 측면에서 죄를 기술하고, 두 번째 단어는 하나님의 말씀에 대한 우리의 관계를 다룬다면, 이 세 번째 단어는 한 개인의 자기 자신과의 관계에 초점을 맞춘다. 모든 죄는 자기를 더럽히고 부패하게 하며 인격을 왜곡시키고 자신의 고결함을 타협하는 것이다. 한 개인이 죄를 짓는 만큼 그 사람은 영혼이 왜곡된 피조물이 되고 만다. 다윗은 범죄했을 때 부정하고 더러워졌다. 시편 51편 2절은 "나의 죄악을 말갛게 씻기시며 나의 죄를 깨끗이 제하소서"라고 말한다. 시편 51편 10절은 "내 속에 정한 마음을 창조하시고"라고 간구한다. 다윗은 그의 죄로 더러워지고 오염되고 왜곡되었기 때문에 내면이 더럽다고 생각했다.

죄에 대해 사용된 네 번째 단어인 간사(2b, deceit)는 자기기만에서처럼 '기만'을 의미하는 히브리어 레미야(remiya)를 번역한 것이다. 이것은 다윗이 밧세바에게 간음죄를 짓고 우리야에게 살인죄를 지은 다음 해에 그에게 일어난 일을 가리킨다. 그는 가책을 느끼는 자신의 양심에 대해 그 일을 합리화하고 죄를 은폐하려고 마음속으로 죄에 기만당한 채 살았다. 비극적으로, 그는 자신의 죄가 그렇게 나쁜 행동이 아님을 스스로에게 확신시키는 일을 능숙하게 해내며 거짓된 삶을 살았다. 그래서 그는 시편 51편 6절에서 "중심에 진실함을 주께서 원하시오니 내 속에 지혜를 알게 하시리이다"라고 죄를 고백하며 기도한 것이다.

B. 자복하다(32:5)

이 단어(히. 야다, yada)는 '자백하다, 알게 하다'라는 뜻이 있다. 익히 알려진 사실에 대한 인정과 선언을 강조한다. 이 단어는 구약에 쓰인 가장 중요한 히브리 단어 중 하나로 944번 사용되었다. 이 단어는 어떤 사람이나 대상에 대해, 남편이 성적 관계를 통해 아내를 아는 것처럼(창 4:1) 깊고 철저한 지식을 얻는다는 의미다. 여기서 이 단어는 피상적 지식이 아니라 친밀한 지식을 갖고 있는 것을 철저하게 드러냄을 의미한다.

C. 사하다(32:5)

'사하다' 에 해당하는 단어(히. 나사, nasa)는 '일으키다, 들어 올리다, 옮기다, 가져가 버리다' , '머리를 들게 하다' (즉 '인구 조사를 하다' , 출 30:12 참조), '얼굴을 들게 하다' (즉 '누군가를 정면으로 직시하다' , 삼하 2:22 참조), '손을 들어 올리다' (즉 '맹세하다' , 삼상 20:23 참조), '목소리를 높이다' (즉 '애통하다, 울부짖다' , 창 21:16 참조), '자신의 영혼을 들어 올리다' (즉 '전적으로 의존하다' , 신 24:15 참조)라는 의미가 있다. 그러나 여기서 한 개인의 죄를 들어 올려 제하는 이는 사람이 아니라 하나님이시다. 우리가 죄를 고백할 때 하나님께서는 우리의 죄를 맡아서 없애버리신다.

고안

A. 죄악에서 정결함을 받은 다윗(32:1-2)

1. 그의 도전이 용서받다(1a)
2. 그의 타락이 가리움을 받다(1b)
3. 그의 더러움이 전가되지 않다(2a)
4. 그의 기만이 해결되다(2b)

B. 죄를 은폐한 다윗(32:3-4)

1. 자신의 죄를 감추다(3a)
2. 자신의 죄로 고통당하다(3b-4절)

C. 죄를 고백한 다윗(32:5)

1. 자신의 죄를 인정하다(5a)
2. 자신의 죄를 드러내다(5b)
3. 자신의 죄를 고백하다(5c)

4. 자신의 죄에서 깨끗함을 얻다(5d)

D. 죄에 대한 다윗의 조언(32:6-11)

1. 하나님께 기도하라(6절)
2. 하나님 안에서 안식하라(7절)
3. 하나님께 배우라(8절)
4. 하나님께 복종하라(9절)
5. 하나님을 신뢰하라(10절)
6. 하나님 안에서 기뻐하라(11절)

토의 질문

1. 주님께 고백하지 못한 채 계속 지니고 다니며 스스로를 정죄하는 나의 죄는 무엇인가?

2. 죄를 더 이상 숨기지 않고 하나님께 고백할 때 어떤 기쁨을 누릴 수 있는가?

3. 내 마음은 어떤 면에서 하나님께 깨끗이 씻음 받을 필요가 있는가?

시편 33편

우리의 주권자를 찬양하라

"하나님의 주권성은 그의 손에 들린 금홀로서 그의 말씀이나 사역, 자비나 심판으로 모든 이들을 무릎 꿇게 할 것이다.

- 토마스 브룩스(Thomas Brooks)

들어가는 글

하나님의 백성들은 끊임없이 계속해서 찬양하는 삶을 살아야 한다. 그 예배의 중심에는 만물을 다스리시는 하나님의 주권성에 대한 분명한 선언이 있어야 한다. 이 감사의 노래를 통해 시편 기자는 모든 땅에 대한 하나님의 절대적 통치를 인해 그를 찬양하라고 의인들에게 요청한다. 특히 그는 모든 이방 국가들에 대한 하나님의 통치를 생각했다. 우리에게는 알려지지 않은 특정 사건 때문에 하나님께서 이스라엘을 침입국의 위협에서 구원해내신 내용으로 이 시편을 쓰게 된 것이다. 아마 이 시편은 여호사밧(대하 20장)이나 히스기야(왕하 19장) 왕이 침략 국가로 인해 경험한 것과 같이 놀라운 국가적 승리를 거둔 후에 쓰였을 것이다.

역사적 배경이 무엇이든, 이 무명의 찬양 시편은 제1권(1-41편)에서 표제가 없는 단 네 편의 시편 중 하나이다. 나머지 표제가 없는 시편은 1, 2, 10편이다. 이 시편은 서론에 해당하는 세 절(1-3절)과 결론에 해당하는 세 절(20-22절)로 절정에 이르며 완벽한 대칭을 이룬다. 본론은 각기 여덟절로 된 두 개의 동등한 단락으로 나뉜다(4-11절, 12-19절). 이 시편의 22절은 22개의 히브리 알파벳에 의해 결정된 것이라는 주장이 제기되어 왔다.

본문 이해

우리의 주권자를 찬양하라

Main Idea 시편 기자는 의인들에게 주의 능력의 말씀, 완전한 속성, 그리고 신실하신 행위를 찬양하라고 요청한다.

A. 기쁨에 대한 요청(33:1-3)

33:1-2. 이 첫 세절은 예배에 대한 요청이며 와서 하나님을 경배하라는 권면이다. 여호와를 즐거워하라는 '기쁨에 겨워 크게 노래하다' 라는 의미의 '기쁨의 외침' (비교. 32:7, 11)과 동일한 히브리어 어근에서 파생했다. 열렬한 그 찬양은 당연하고 적절하며 아름다운 것이었다. 시편 기자는 수금으로 여호와께 감사하고 열 줄 비파로 찬송할지어다라고 말한다. 모든 악기들로 찬양을 하나님께 드려라. 이 두 악기는 찬양 반주에 사용되는 전체 오케스트라를 상징한다. 신자들은 하나님을 찬양할 마음이 일어나도록 하기 위해 가능한 한 모든 도움이 필요하다(하나님을 예배하는 데 사용된 악기들의 목록을 더 자세히 알고 싶다면 시편 150편 참조).

33:3. 새 노래는 하나님에 대한 믿음의 헌신을 하기 전에 부르던 옛 노래와 반대로 하나님께 돌려드리는 노래를 말한다. 옛 노래는 세속적이고 무의미하며 세상적이고 인간 중심적인 가나안 노래로서 작가의 마음을 반영한다. 하지만 새 노래는 거룩하고 영원하며 하나님 중심적이며 구속받은 심령을 반영한다. 또한 새 노래는 하나님에 대한 찬양을 표현하고자 하는 새로운 이유와 새로운 충동이다. 모든 찬양의 노래는 하나님의 은혜를 새롭게 각성하게 해주는 구속받은 심령에서 흘러나와야 한다(비교. 사 43:18-19).

B. 기쁨의 이유(33:4-19)

33:4-5. 찬양에는 항상 이유가 있다. 그 이유들은 하나님 자신, 구체적으로 하나님의 성품과 그 사역에서 발견된다. 위대한 신학 위에 항상 위대한 송영이 지어진다. 여호와의 말씀은 정직하며(옳고 진실하며-NIV)라는 구절은 그 행사가 다 진실하시기 때문에 하나님께서 명하신 모든 것이 완벽하게 옳고 절대적으로 진실하다는 뜻이다. 그분은 결코 당신의 본성에 벗어나는 행동을 하지 않으시며 오직 당신의 거룩한 성품과 일치하는 길로만 행하신다. 저는 정의와 공의를 사랑하시기 때문에 역시 그와 동일한 방식으로 신실하게 행하신다. 세상에 여호와의 인자하심이 충만한 이유가 바로 여기에 있다. 그분의 모든 사역은 그분의 변함없는 성품에서 비롯된다.

주님의 뜻은 영원히 서 있고 그 마음의 계획은 세대에서 세대로 계속된다. 불변하는 것은 이교도들의 뜻이 아니라 하나님의 뜻이다. 주님은 처음에 세우신 계획 A를 다른 계획 B나 C로 바꾸는 일이 절대 없이 계속 그것을 이행하고 계신다.

33:6-9. 시편 기자는 그 입 기운으로 그분이 무(無)에서 만물을 만드셨다고 말한다. 다시 말해서, 엑스 니힐로(ex nihilo, 무에서)에서 창조하셨다고 선언한다. 전능하신 능력으로 그는 곡식을 곳간에 쌓는 농부처럼 바닷물을 모아 무더기같이 쌓으셨다. 그러므로 온 땅은 여호와를 두려워해야 한다. 그가 모든 생명에 대해 그러한 능력을 행사하시기 때문이다. 저가 말씀하시매 어떤 반대나 실수 없이 일이 이루었다.

33:10-11. 마찬가지로 하나님께서는 인간사를 통치하신다. 여호와께서 그의 주권적 뜻과 반대로 움직이려고 하는 열방의 도모를 폐하신다. 항상 변하는 무능한 인간의 계획과 반대로 여호와의 도모는 영영히 서 있다. 그 심사(그의 마음의 뜻)는 사람들의 뜻과 달리 영원히 불변한다. 이 세상을 말씀으로 지으신 하나님께서는 계속 그것을 통치하시며 당신의 은밀한 계획에 따라 만물을 다스리신다(비교. 엡 1:11).

33:12-15. 오직 하나님과 그분의 계시된 뜻을 따라가는 백성들만 그 기업의 풍성함을 알게 될 것이다. 하나님께서 당신의 계획을 실행하실 때 우리의 생활과 환경과 필요에 대한 온전한 지식을 갖고 행하실 것이다. 여호와께서 하늘에서 감찰하사 모든 인생을 보심이여. 그분은 자신의 거처에서 세상의 모든 거민을 하감하신다. 하나님께서는 땅의 모든 사람들을 꿰뚫어보며 살피신다. 아무도 그분의 완벽한 시야를 피할 수 없다(비교. 히 4:13). 모든 이의 마음을 지으신 하나님께서는 당신의 주권적 목적들과 일치하도록 만물을 통치하신다.

33:16-19. 궁극적으로 승리는 하나님께 속한 것이기 때문에 시편 기자는 많은 군대로 구원 얻은 왕이 없다고 선언한다. 여호와를 경외하는 자를 … 살피사라는 구절은 그를 경외하고 신뢰하는 모든 신자, 다른 말로 표현하면 그 인자하심을 바라는 자를 가리킨다. 하나님께서는 저희 영혼을 사망에서, 위협하는 민족들의 손에서(10절) 건져내시고 기근 시에도 살게 하실 그를 신뢰하는 하나님의 백성들을 지키기 위해 그들을 대신해 역사하실 것이다. 하나님께서는 적절한 순간에 당신 백성들의 생활 속에 개입하실 것이다.

C. 기쁨의 선택(33:20-22)

33:20-22. 사람들은 즐거워하라는 요청에 따라 들은 것에 믿음으로 반응한다. 우리

영혼이 여호와를 바람이여라는 구절은 하나님에 대한 그들의 확고한 헌신을 재확인해준다. 그들이 이렇게 하나님을 바랄 수 있는 것은 저는 우리의 도움(비교. 20:6)과 방패(비교. 3:3)시기 때문이다. 그분이 통치하시므로 백성들은 이 하나님을 의지한다(히. 바타치, batach, '의존하다, 들러붙다').

시편은 백성들이 주의 인자하심(히. 헤세드, hesed, 5, 18절, 23편 6절의 '심층 연구' 참조)을 우리에게 베푸소서라고 간구하는 것으로 끝맺는다. 그들이 그분을 바랄 때 그분은 온갖 위기 속에서 그들을 붙드시고 힘을 주실 것이다. 그것은 올바른 소망이며 결코 신자를 낙심케 하지 않는다.

결론

하나님에 대한 개인적인 믿음을 통해 구속함과 의롭다함을 받은 모든 사람들은 주님께 즐거운 찬양을 돌려드려야 한다. 찬양은 하나님께서 우리를 위해 행하신 많은 선한 일들로 인해 우리 마음이 하나님께 올바르게 반응하는 것이다. 하나님께서는 우리가 환경과 시련에서 눈을 돌려 하나님을 바라보기를 원하신다. 하나님은 소망하는 마음으로 당신을 예배하라고 우리를 초청하신다. 모든 신자의 노래는 하나님의 은혜를 새롭게 자각하는 데서 비롯되어야 하며 오래된 진리에 대한 새로운 음성으로 부르는 것이어야 한다. 찰스 스펄전은 이렇게 쓴 적이 있다. "낡고 닳아빠진 찬양을 드리지 말고 노래마다 생명과 영혼과 마음을 담으라. 이는 우리가 날마다 새로운 자비를 얻으며 주님의 일과 말씀에서 새로운 아름다움을 보기 때문이다."

티칭 가이드

고안

A. 기쁨에 대한 요청(33:1-3)

1. 기쁘게 노래하라(1-3b)
    a. 찬양으로(1절)
    b. 수금으로(2a)
    c. 비파로(2b)
    d. 새 노래로(3a)
    e. 공교한 연주로(3b)
2. 기뻐하며 외치라(3c)

B. 기쁨의 이유(33:4-19)

1. 하나님의 말씀은 전능하다(4-9절)
    a. 그분은 인간 역사를 다스리신다(4-5절)
    b. 그분은 창조를 명하신다(6-9절)
2. 하나님의 뜻이 모든 것을 다스린다(10-11절)
    a. 인간의 계획을 파기하신다(10절)
    b. 하나님 당신의 뜻을 든든하게 세우신다(11절)
3. 하나님의 눈은 모든 것을 본다(12-19절)
    a. 만물을 살피신다(12-14절)
    b. 만물을 평가하신다(15-17절)
    c. 모든 신자들을 살피신다(18-19절)

C. 기쁨의 선택(33:20-22)

1. 하나님을 바라라(20절)
2. 하나님을 신뢰하라(21절)
3. 하나님을 소망하라(22절)

시편 34편

감사하는 태도

"모든 예배와 기도의 정점은 경배와 찬양과 감사이다."

- 마틴 로이드 존스(Martyn Lloyd Jones)

들어가는 글

그들 중 한 명도 내게 감사하지 않았다

1세기 전 시카고 근처의 미시간 호수 부근에 위치한 노스웨스턴 대학에서 학생들이 주축이 되어 자원봉사 구조대를 만들었다. 이 구조대원 중 한 사람은 난파당한 배의 선원들을 구조한 일로 유명해졌다. 1860년 9월 8일 미시간 호 연안에서 얼마 떨어지지 않은 대학 캠퍼스 근처 호수에서 승객들을 가득 태운 증기선인 레이디 엘진 호가 좌초되었다. 비상 조난 요청을 받은 노스웨스턴 대학의 구조대는 즉각 구조팀을 조직해 강으로 갔다. 그 위급한 날, 학생들 중에 사역을 준비하고 있었던 젊은이 에드워드 스펜서(Edward Spencer)가 있었다.

한 여성이 물 속 먼 곳에서 난파된 배의 잔해에 매달린 것을 본 스펜서는 코트를 벗어 던지고 세찬 물살을 헤치고 헤엄쳐 나가 결국 그녀를 구해 해변으로 옮겼다. 젊은 스펜서는 그날 16번이나 더 무서운 파도에 용감하게 뛰어들어 수많은 생명을 구조했다. 이 젊은 영웅은 완전히 지치고 탈진해 실신하고 말았다. 스펜서는 그 비극적인 날에 실신한 이후로 몸이 완전히 회복되지 못했다. 그는 나빠진 건강으로 인해 사역에 복귀하지 못한 채 불편한 몸을 이끌고 남은 인생을 은둔하며 살아야 했다.

오랜 세월이 흐른 후 시카고의 무디기념교회 목사인 R. A. 토레이(R. A. Torrey)가 로스앤젤레스의 한 모임에서 이 사건에 대해 이야기하고 있을 때 청중 속의 한 남자가 에드워드 스펜서가 그 자리에 참석했다고 큰 소리로 이야기했다. 토레이는 강단으로 스펜서를 초청했다. 박수갈채가 쏟아지는 가운데 백발의 노인이 된 그는 천천히 계단을 올라와 강단에 섰다. 토레이는 그에게 특별히 기억에 남는 것이 무엇인지 물었다. "목사님, 이것 하나밖에는 없습니다. 내가 구조해준 17명의 사람들 가운데 단 한 명도 내게 고맙다고 한 사람이 없었다는 점입니다"라고 스펜서는 대답했다.

다윗은 감사하지 않는 죄에 빠지지 않기를 원했다. 그래서 특별히 위험한 상황에서 그를 구원해주신 하나님께 감사를 드리기 위해 시편 34편을 썼다. 그의 삶에서 압박은 현실적이고 점점 더 가중되며 그를 절망으로 몰아갔다. 그러나 온전히 하나님만 신뢰하며 그분을 불렀을 때 그의 두려움은 가벼워졌다. 주님은 절망적인 상황에서 그를 구원해주셨다.

이 시편은 끔찍한 환경 속에서 주님이 구원해주신 데 대해 다윗이 쓴 찬양의 노래이다. 이때는 다윗이 '아비멜렉 앞에서 미친 척 했던' 때였다. 때로 아비멜렉은 고유명사로 사용되지만 블레셋 왕을 가리키는 일반 호칭이기도 했다(창 20장, 21:22-34, 26장). 애굽에서는 바로라는 단어가, 로마에서는 시저라는 단어가 사용되었던 방식과 마찬가지로 이 단어는 왕조를 지명하는 데 사용된 것이다. 여기서는 후자의 의미에 해당할 것이다. 그렇다면 언급된 통치자는 아마도 아기스일 것이다. 이 왕에 대한 정보는 사무엘상 21장 10-15절에 기록되어 있다.

이것은 다윗이 사울 왕과 이스라엘 군대에 포위당해 있을 때의 사건이다. 위기 상황에 몰렸음을 안 그는 주님께 자신을 생명의 위협으로부터 건져달라고 간구했다. 하나님께서는 다윗의 긴급한 기도에 응답하시어 그를 적으로부터 건져주셨다. 이에 다윗은 하나님께서 구원해주신 것에 대한 감사를 표현하고 있다.

시편 34편은 시편에서 세 번째로 나오는 교차대구적 구조로 각 절은 히브리 알파벳의 순서대로 시작된다. 이러한 문학적 기법의 목적은 시편을 기억하도록 돕고 시편의 구조적 완벽성을 강조하기 위함이다.

본문 이해

감사하는 태도

Main Idea	성도들은 하나님께서 두려움과 환난에서 당신의 백성들을 구원하실 것을 깨닫고 전능하신 구원에 대해 하나님을 찬양해야 한다.

A. 다윗의 경배(34:1-3)

Supporting Idea	모든 성도들은 함께 그분을 경배하며 영광을 돌려드리라는 요청을 받는다.

34:1-3. 다윗은 찬양에 대한 강력한 선언으로 시작하면서 내가 여호와를 송축함이여라고 외친다. 그는 그를 위해 하나님께서 행하신 모든 것을 인정한다. 그를 향한 찬양이 항상 그의 입에 있을 것이라고 말하며 하나님에 대한 예배를 계속 이어간다. 그러한 찬양은 전염성이 있다. 다윗은 곤고한 자가 이를 듣고 기뻐하기를 원한다.

나와 함께 여호와를 광대하시다 하며 함께 그 이름을 높이세라는 구절은 주님의 위대하심을 높이며 경배하자고 다른 성도들에게 권유하는 것이다. 다윗은 하나님의 성품과 그를 위한 하나님의 역사를 인정한다. 그는 듣는 모든 자들이 하나님을 찬양하는 일에 동참할 것을 권면한다.

B. 다윗의 증언(34:4-7)

Supporting Idea	다윗은 환난 날에 주를 부를 때 그분이 그의 기도를 듣고 응답하셨다고 증언한다.

34:4-5. 자신이 기도했던 내용과 하나님께서 개입하신 방식 간에 직접적인 상관성이 있음을 깨달은 다윗은 내가 여호와께 구하매 내게 응답하시고라고 증거한다. 응답하심은 하나님께서 모든 두려움에서 그를 건지신 것으로 직접 나타났다. 주님은 두려움에 빠져 있던 다윗의 마음을 평강으로 흘러넘치게 하셨다. 그의 얼굴은 기쁨으로 광채를 입었다.

34:6-7. 다윗은 자신을 이 곤고한 자로 혹은 스스로를 구원할 자원이 전혀 없는 자로 밝힌다. 그가 하나님을 부르자 주님이 들으시고 그 모든 환난에서 구원해주셨다. '환난'이라는 단어는 '제한을 받다, 결박되다, 억압되다' 라는 뜻이 있다. 그러나 이 불가능한 상황에서 다윗은 여호와의 사자로 인해 극적인 구원을 받았다. 이 구절은 아마 그리스도의 현현이나 성육신 이전에 주 예수 그리스도의 나타나심으로 보이는 주님의 특별한 현현을 가리킬 것이다(비교. 창 16:7, 18-19, 31:11, 수 5장, 삿 6, 13장). 그는 주를 경외하

는 자를 둘러 진 치고 저희를 건지시는 분이다. 여호와께서 자신을 구원하셨듯이 하나님께서 그분을 경외하며 찬양하는 모든 자들을 구원하실 것이라고 다윗은 확신한다(비교. 단 3장).

C. 다윗의 지혜(34:8-14)

Supporting Idea	다윗은 신적인 지혜로 백성들을 훈계하며 하나님께서 기뻐하실 경건한 삶을 살기 위해서 하나님 안에서 만족하고 그분을 경외해야 한다고 말한다.

34:8-10. 다윗은 주님을 신뢰하라고 온 백성들에게 요청하면서 여러 개의 명령문을 사용한다. 맛보라(8절), 경외하라(9절), 오라(11절), 금하라(13절), 버리라(14절), 행하라(14절), 찾으라(14절), 따르라(14절). 그는 여호와의 선하심을 맛보다 알지어다라고 선언한다. 그는 듣고자 하는 모든 자들이 자신이 하나님 안에서 얻었던 영혼의 만족을 동일하게 얻을 것을 명한다. '복이 있도다'는 '행복하고 만족하다'라는 뜻이 있다(1편 1절의 '심층 연구' 참조). 이것은 주님 안에 피하는 사람을 가리킨다. 하나님 안에 닻을 내린 사람은 참된 행복을 알고 있다.

깊은 경외심을 갖고 여호와를 경외하는 자들은 부족함이 없을 것이다. 하나님을 두려워하는 자들은 그분이 그들에게 하신 말씀을 이루시는 것을 보게 될 것이다. 이 진리를 설명하기 위해 다윗은 먹이 사슬 중 가장 으뜸인 동물의 왕 사자가 여호와를 찾는 자 앞에서 궁핍하여 주릴 것이라는 점을 지적한다. 하나님 안에 피하면 그들은 모든 좋은 것에 부족함이 없을 것이다. 하나님은 선하시므로(8절) 그분의 자녀들은 그분으로부터 모든 좋은 것을 받게 될 것이다(10절).

34:11-14. 다윗은 지혜로운 스승으로서 말하며(잠 1:8, 10, 2:1, 3:1, 8:32) 회중들에게 너희 소자들아 와서 내게 들으라 내가 여호와를 경외함을 너희에게 가르치리로다라고 호소한다. 신자들이라고 해도 이 중요한 교훈을 꾸준히 배워야 한다(비교. 욥 28:28, 시 111:10, 잠 1:7, 9:10, 전 12:13). 이 두려움은 이중적인 반응으로 연결된다. 부정적으로 말해, 다윗은 악을 버리라고, 특별히 궤사한 말을 하는 악을 버리라고 충고한다. 긍정적으로는 선을 행하며 화평을 찾아 따르라고 조언한다.

여호와를 두려워하는 삶은 단순히 마음이나 생각의 상태 이상의 것을 의미한다. 그것은 올바른 행동으로 나타나는 삶이다. 이 거룩함의 증거들은 하나님을 진정으로 두려워하는 사람에게 나타나는 표지다.

D. 다윗의 경탄(34:15-22)

Supporting Idea	다윗은 주님이 상하고 마음이 겸손한 의인들을 높이실 것이라고 말한다.

34:15-16. 이 마지막 단원은 의인에게 초점을 맞추고 있다. 여기서 의인들은 네 번이나 언급된다(15, 17, 19, 21절). 다윗 자신이 경건한 사람의 전형이었고, 그가 하나님께 받은 보호는 또한 하나님의 모든 성도들이 받는 보호이다. 다윗은 주의 눈과 귀가 의인들을 향해 열려 있으며 그들의 절박한 곤경을 보시고 **저희의 부르짖음**을 들으시며 그들의 고통에 응답하신다는 확신이 있었다. 하나님의 보호하심은 다윗의 원수들에 대해 주님이 대적하실 정도로 강력해서 그들의 **자취가 땅에서 끊기게** 될 것이다. 이것은 그의 대적들이 철저히 패배해 곧 잊힐 것이라는 의미다.

34:17-18. 다윗은 개인적인 경험을 통해 의인들이 고통 가운데 외칠 때 그가 들으시고 **저희의 환난에서 건지셨음**을 증언한다. 이방신들처럼 멀리 떨어져서 거리를 두지 않고 **여호와는 마음이 상한** 자, 비천하고 통회하는 자를 가까이 **하신다**. 그는 중심에 **통회하는 자**, 혹은 시련으로 지치고 황폐해진 모든 자를 해악에서 구원하신다.

34:19-21. **의인이** 어떤 고난을 당하든, **여호와께서 그 모든 고난에서 건지신다**. 세상의 박해에 에워싸임을 당할 때 의인은 여호와의 개입과 보호를 경험하게 될 것이다. 그분은 **그 모든 뼈**, 혹은 그의 전 존재를 **꺾이지 않도록 보호하신다**. 의인을 공격한 악한 압제자들이 여호와의 **죄를 받을 것이다**. 의를 위하여 핍박을 받을 때 모든 성도들은 그러한 확신으로 믿음을 더욱 강하게 해야 한다(비교. 마 5:10-12, 요 15:18-20, 16:33).

34:22. 다윗은 이 시편 전체를 마무리하며 **여호와께서 그 종들의 영혼을 구속하시나니**라고 결론을 내린다. '구속하다'라는 단어(히. 파다, padah)는 '무서운 해에서 대속하다, 혹은 구출하다'라는 뜻이며, 애굽에서 이스라엘이 받은 구원을 가리키는 데 사용되었다(비교. 신 7:8, 9:26, 13:5, 15:15, 24:18). 다윗은 **저에게 피하는 자는 다 죄를 받지 않음**

을 확신한다.

Main Idea 복습	성도들은 하나님께서 두려움과 환난에서 당신의 백성들을 구원하실 것을 깨닫고 전능하신 구원에 대해 하나님을 찬양해야 한다.

결론

하나님의 이름을 부르다

여호와의 이름을 부르는 것이 얼마나 놀라운 능력으로 나타나는지 모른다! C. S. 루이스는 "세대가 흘러오면서 용기가 필요할 때마다 사람들은 '빌리 버드, 날 도와줘요!' 라고 외칠 수도 있지만 정말로 의미 있는 일은 전혀 일어나지 않는다. 하지만 1900년 동안 인간이 용기가 필요하여 '주 예수님, 저를 도와주세요!' 라고 외칠 때마다 중대한 일이 일어났다"라고 말했다. 루이스의 말이 옳다. 신자들은 주 예수 그리스도의 이름을 부를 때 하나님의 무한한 능력을 깨닫게 된다. 그 이름을 부르는 것만으로도 삶의 모든 필요를 채우기에 충분하다. 이 시편의 경험을 통해 다윗은 바로 이 사실을 깨달았다.

나아가 신자들이 위협적인 환경에 꼼짝없이 갇혀 있을 때 주의 이름을 부르면 바로 정확히 하나님의 구원을 경험할 수 있다. 구속받은 자들이라면 확신을 갖고 주의 이름을 부르라. 이 감사 시편에 나오는 다윗의 증언이 모든 신자들에게 격려가 되어 하나님께 간구를 올려드리고 싶은 마음이 생기길 바란다.

삶의 적용

혈육보다 더 가까운 분

신자들은 시련과 환난을 만날 때 시편 34편의 "여호와는 마음이 상한 자에게 가까이 하신다"(18절)는 진리를 기억해야 한다. 하나님께서는 기쁠 때나 힘들 때나 항상 성도들과 함께하겠다고 약속하셨다. 다른 사람들은 의인들을 버린다 하더라도 하나님께서는 절대 버리지 않으신다. 그분은 형제보다 더 가까운 친구이다. 그분은 당신의 백성들과 영원히 함께하신다. 그분은 "주를 경외하는 자를 둘러 진 치신다"(7절). 그분은 가장 필요한 순간에 가장 가까이 다가오신다. 주님은 중심에 통회하는 자를 구원하신다. 신자의 영혼이 주 안에서 자랑하는 것은 당연한 일이다. 주님은 모든 두려움에서 그들을 건지시는 분이기 때문이다. 하나님의 백성들이 그분을 의지하고 어려울 때 힘을 얻길 바란다.

기도

하나님, 우리 아버지, 당신, 오직 당신만이 선하십니다. 항상 하나님을 영화롭게 하고 우리를 향한 당신의 광대한 능력을 인정하기 원합니다. 우리에게 자비를 베푸시고 그 얼굴을 우리에게 비추시어 당신만이 선하심을 맛보아 알게 해주십시오. 우리 삶에 시련을 주시어 우리로 하여금 구원을 부르짖게 하시는 당신의 섭리에 감사드립니다. 주 예수 그리스도의 이름으로 기도합니다. 아멘.

심층 연구

A. 건지다(34:4)

이 단어(히. 나살, nasal)는 '낚아채 가버리다, 구조되다, 끌려가다' 혹은 '피하다' 라는 뜻이 있다. 이것은 다윗이 그의 목숨을 노리는 원수들에게서 자신을 건져달라고 하나님께 간구했을 때 수없이 사용한 단어이다. 다른 시편에서 이 단어는 자신의 죄(시 39:8)와 무덤(시 86:13)에서의 구원에 대해 말하며 구원의 의미로 사용된다. 아삽은 "우리 구원의 하나님이여 주의 이름의 영광을 위하여 우리를 도우시며 주의 이름을 위하여 우리를 건지시며(나살) 우리 죄를 사하소서" (시 79:9)라고 썼다. 시편에서 나살이 참으로 많이 사용된 것을 고려할 때 시편에서 두드러진 주제 중 하나가 구원임을 알 수 있다.

B. 의인(34:15, 17, 19, 21)

'의인' (히. 차디크, saddiq)이란 표현은 구원에 대해 오직 하나님만 신뢰하는 사람을 가리킨다. 이 단어 자체는 '기준에 대한 일치' , 즉 하나님의 완전한 거룩함에 대한 일치를 의미한다. 이것은 실제적인 의나 하나님의 속성에 대한 인간의 점진적 일치뿐 아니라 오직 하나님만이 선언하실 수 있는 신분적 의, 하나님 앞에서 인간이 갖는 올바른 법적 위치를 모두 가리킨다. 후자와 관련해서 의인의 삶이란 곧 하나님의 거룩한 성품의 불변하는 기준에 점진적으로 일치해가는 삶이다. 이것은 '의롭다' 고 말하는 또 다른 방식이다.

C. 눈, 귀, 얼굴(34:15-16)

이 세 단어는 인간적인 용어로 신인동형론(anthromorphism)이라는 문학적 장치를 통해 하나님을 묘사한다. 신인동형론이라는 용어 자체는 두 개의 헬라어, 안스로포스(인간, anthropos)와 모르페(형태, morphe)에서 파생했다. 이것은 인간의 신체 모습을 가리키는 단어를 사용해 하나님을 묘사한 것이므로 비유적으로 해석되어야 한다. 문자적인 의미가 아니라 비유적인 표현들로 초월적인 하나님이 인간의 세속적 언어로 반복 묘사되고 있다. 이러한 비유적 표현들(즉, 눈, 귀, 얼굴)이 사용되는 것은 유한하고 타락한 인간에게 영원하시고 이성의 이해를 넘어서신 하나님을 이해시키기 위한 것이다.

신인동형론은 인간의 유한한 지성에 무한하신 하나님을 묘사하기 위한 것이다. 이러한 표현은 대부분 구약의 시와 예언 부분에 나타난다(창 3:8, 6:8, 49:24, 출 15:3, 24:11, 수 4:24, 민 12:8, 신 11:12, 13:18, 32:10, 대하 16:9, 시 10:17, 17:6, 18:6, 사 59:1-2, 렘 7:13, 호 11:8). "하나님은 영이시고"(요 4:24) 육체를 갖지 않으신다고(비교. 신 4:12) 성경이 명확히 밝히기 때문에 하나님께 적용된 이런 인간적인 표현들을 문자 그대로 해석해서는 안 된다. 이스라엘 백성들이 눈에 보이지 않는 하나님을 표현하기 위해 어떤 형상도 만들지 말라는 명령을 받은 이유가 여기에 있다(신 4:15-19). 하나님께서는 육체가 없으시므로 새긴 상으로는 그분을 알릴 수 없다. 그러나 삼위 하나님의 제2위이신 분이 예수 그리스도의 위격으로 성육신하셨다는 점을 유념하라.

교안

A. 다윗의 경배(34:1-3)

1. 하나님은 늘 경배 받으셔야 한다(1절)
2. 하나님에 대한 찬양은 전염성이 있다(2절)
3. 하나님은 모든 이의 찬양을 받으실 분이다(3절)

B. 다윗의 증언(34:4-7)

1. 하나님께서 나를 구원하셨다(4절)

2. 하나님께서 나를 기뻐하셨다(5절)

3. 하나님께서 나를 보호하셨다(6-7절)

  a. 환난에서(6절)

  b. 주님의 천사들을 통해(7절)

C. 다윗의 지혜(34:8-14)

1. 하나님을 맛보라(8절)
2. 주님 앞에서 두려워 떨라(9절)
3. 주님을 의지하라(10절)
4. 악에서 돌아서라(11-14a)
5. 선을 행하라(14b)

D. 다윗의 경탄(34:15-22)

1. 하나님께서 보시도다(15a)
2. 하나님께서 들으시도다(15b-17a)
3. 하나님께서 구원하시도다(17b-20절)
4. 하나님께서 심판하시도다(21절)
5. 하나님께서 구속하시도다(22절)

토의 질문

1. 집단 예배뿐 아니라 개인적인 예배를 통해서도 하나님을 찬양하는 시간을 갖고 있는가?

2. 내 인생에서 하나님의 선하심을 맛보고 경험했는가?

3. 내 죄와 실패로 인해 마음이 상하고 영혼이 짓이겨져 있지 않은가?

4. 하나님께서 원수들로부터 나를 건져내셨던 많은 시간들을 헤아려 보라.

시편 35편

전쟁 선포

"생명을 노리는 무서운 적과 싸우는 사람들처럼 우리는 기도로 맹렬하게 맞붙어 싸워야 한다."

- J. C. 라일(J. C. Ryle)

들어가는 글

의인들은 타락한 인간의 사고에 의해 지배되는 악한 시스템 때문에 분명히 불의한 자들의 반대에 부딪힐 것이다. 그러한 영적 전쟁에서 신자는 승리와 보호하심을 위해 하나님을 불러야 한다. 다윗은 이 저주 시편에서 하나님께 속히 일어나 그의 원수들을 심판해달라고 구하며 그러한 모습을 보여준다. 그것은 그의 목숨을 없애고자 노리는 압제자들에 대해 신적인 개입을 구하는 호소였다. 다윗은 아마 전쟁터에서 적군에게 포위된 위험한 상황에 처해 있었을 것이다. 사울과 그의 부하들에게 추적당하는 시기로 추측해볼 수도 있다(삼상 23:15). 혹은 이전에 언약을 맺은 적이 있는 이방 세력에게 공격받고 있는 상황일 수도 있다.

일부 주석가들은 이 시편이 시편 34편의 자매편으로 쓰였다고 생각한다. '여호와의 사자' 가 시편 전체를 통틀어 이 두 편에서만 언급되고 있고(34:7, 35:5-6) 두 시편 모두 임박한 위험에서 구원해달라고 부르짖고 있기 때문이다. 배경이 어떤 것이든, 다윗은 그의 원수들과 대적하심으로 자신을 지켜달라고 하나님께 호소하고 있다.

본문 이해

전쟁 선포

Main Idea	다윗은 자기를 죽이려고 하는 원수들을 멸해달라고 하나님을 부른다.

A. 다윗의 호소(35:1-3)

35:1-3. 이 시편은 원수들을 심판해달라는 시편 기자의 열렬한 호소로 시작된다. 다

윗은 법률상의 표현과 군사상의 표현을 섞어서 여호와여 나와 다투는 자와 다투시고 나와 싸우는 자와 싸우소서라고 부르짖는다. 전쟁이 벌어지고 있는 때인지라 다윗은 하나님께 자신을 대신해 원수들을 공격해달라고 간구한다. 방패와 손 방패와 창은 갑옷의 부장품이며 전쟁 무기였다. 다윗은 하나님께서 자기를 쫓는 자들에게 그것들을 사용하시길 원한다. 그는 하늘의 전사에게 그분의 전투를 벌이시라고 요청한다.

B. 다윗의 대적(35:4-10)

35:4-6. 다윗은 하나님께서 확실히 지켜주시는 가운데 그의 생명을 노리는 자들이 부끄러워 수치를 당하며 물러가 낭패를 당하게 되기를 원한다. 그는 성육신 이전의 그리스도를 가리키는 여호와의 사자(비교. 34:7)가 그의 적들을 쳐서 철저히 패배시켜 몰아내주시기를 기도한다. 그는 그들의 길이 어둡고 미끄럽게 해달라고 구한다.

35:7-10. 다윗의 적들은 그물과 함정으로 그를 잡을 음모를 꾸미고 있었다. 하지만 그들의 공격은 정당한 것이 아니었다. 그는 그들이 자기 꾀에 빠지기를 바란다. 이 단락은 찬양의 맹세로 마무리된다. 내 영혼이 여호와를 즐거워함이여. 다윗은 그의 모든 뼈로 여호와를 구했다. 그는 기쁨에 넘치는 찬양으로 여호와와 같은 자가 누구리요?라고 묻는다. 이것은 가난한 자와 궁핍한 자를 노략하는 악인들에게서 구하시는 하나님의 비교할 수 없는 유일무이성과 우월성을 인정하는 것이다.

C. 다윗의 정죄(35:11-18)

35:11-14. 다윗은 대적들에 대한 증거를 제시함으로써 하나님 앞에서 자신을 변호한다. 법정에 선 것처럼 하나님께 호소하고, 대적들을 불의한 증인들이라고 부르며, 그들에게 나와서 그들의 유죄를 증거하는 기록 앞에 서보라고 도전한다. 그는 내게 선을 악으로 갚았다고 말하면서 그들의 협의를 공식적으로 기소한다. 적들이 아플 때 다윗은 그들의 선을 위해 애썼지만 그들은 부당한 증오심을 갖고 그를 뒤쫓았다.

35:15-18. 다윗이 어려움에 처하자 그의 원수들은 기뻐하며 모여 그를 대적했다. 그들은 그를 찢으며 조롱했다. 다윗은 여호와께 그의 변호자가 되어달라고 간구한다. 이 단원 역시 다윗이 새로운 결의로 약속을 드릴 때 마음에서 우러나오는 찬양의 맹세로 마무리한다. 내가 대회 중에서 감사하며.

D. 다윗의 충성(35:19-28)

35:19-21. 원래의 주장으로 돌아온 다윗은 대적들을 심판해달라고 하나님께 요청하며 이 시편을 마무리하기 시작한다. 그는 나의 원수 된 자로 나로 인하여 기뻐하지 못하게 하시며라고 기도한다. '기뻐하다' 라는 단어는 세 번 사용되면서(19, 24, 26절) 그들의 악의적 조롱을 나타낸다. 그들은 다윗이 악한 일을 하는 것을 보았다고 주장하지만 실제로 그는 그런 적이 없었다.

35:22-26. 다윗은 연속해서 명령문을 사용하며 하나님의 보호하심을 구한다. 그는 잠잠하지 마옵소서 깨셔서 나를 공판하시라고 촉구한다. 다윗은 그의 원수들에 대한 하나님의 심판이 그들의 악한 의도와 악행에 걸맞는 것이라고 구한다. 나의 해를 기뻐하는 자들로 부끄러워 낭패를 당케 하시며. 이것은 그들이 다윗에게 안겨주고자 했던 악의적인 파멸이었다.

35:27-28. 다윗은 앞의 두 단원에서처럼(비교. 9-10절, 18절) 찬양의 선언으로 이 단원을 마무리한다. 그는 여호와께서 그 종의 형통을 기뻐하시기 때문에 그분을 기꺼이 부르고 즐거워하라고 그의 충실한 지지자들에게 요청한다. 마찬가지로 다윗도 여호와를 높이며 종일토록 찬양할 것이다.

결론

이 시편을 적용할 때 잘못된 결론을 내릴 가능성이 있다. 원수들에 대한 보복을 부르짖는 시편을 이해하고자 할 때 우리는 균형 잡힌 접근을 해야 한다. 다윗은 개인적인 보복을 추구하기는커녕 오히려 원수들을 용서하고 해치지 않은 것으로 유명했다. 예를 들어, 사울의 목숨을 살려준 그의 태도는 원수 사랑의 모델이 되었다. 분명히 모든 그리스도인들은 자신들을 반대하는 사람들을 이와 같이 대해야 한다. 즉 선으로 악을 갚아야 한다.

그러나 다윗은 기도할 때 하나님께서 그를 위해 변호하시고 그의 원수들을 물리쳐주시도록 요청했다. 이 요청은 자신의 유익이 아닌 하나님의 영광을 위해서였다. 하나님의 영광을 위하여 그분의 일을 하고자 할 때, 우리를 대적하는 사람들이 있다면 하나님께서 다루어주시도록 기도해야 한다. 전쟁은 우리가 아닌 하나님께 속한 것이다. 원수 갚는 일을 주께 맡기라.

teaching guide

티칭 가이드

교안

A. 다윗의 호소(35:1-3)

1. 내 대적과 싸우소서(1절)
2. 내 도움이 되소서(2-3a)
3. 내 영혼을 위로하소서(3b)

B. 다윗의 대적(35:4-10)

1. 그들을 수치스럽게 하소서(4절)
2. 그들을 몰아내소서(5절)
3. 그들이 패배하게 하소서(6-8절)
    a. 그들의 길을 어둡게 하소서(6절)
    b. 그들의 계획을 망하게 하소서(7-8절)

마무리: 찬양의 맹세(9-10절)

C. 다윗의 정죄(35:11-18)

1. 그들이 선을 악으로 갚는다(11-14절)
    a. 그들이 내게 해가 닥치게 하려고 애쓴다(11-12절)
    b. 그들이 내 기도를 받는다(13-14절)
2. 그들이 내 불행을 기뻐한다(15-17절)
    a. 내가 넘어질 때 나를 비방한다(15-16절)
    b. 내가 넘어질 때 나를 유린한다(17절)

마무리: 찬양의 맹세(18절)

D. 다윗의 충성(35:19-28)

1. 불경건한 자들에 대한 하나님의 보응을 구한다(19-21절)
   a. 그들이 나로 인해 기뻐한다(19a)
   b. 그들이 나를 미워한다(19b)
   c. 그들이 나에 대해 거짓을 말한다(20절)
   d. 그들이 나를 향해 입을 크게 벌린다(21절)
2. 경건한 자들에 대한 하나님의 신원하심을 구한다(22-26절)
   a. 하나님, 침묵하지 마옵소서(22a)
   b. 하나님, 멀리 계시지 마옵소서(22b)
   c. 하나님, 주무시지 마옵소서(23a)
   d. 하나님, 나를 위해 싸우소서(23b)
   e. 하나님, 나를 신원하소서(24-25절)
   f. 하나님, 그들로 수치를 당케 하소서(26절)

마무리: 찬양의 맹세(27-28절)

시편 36편

인간이 계획할지라도 하나님이 이루신다

"온 인류의 미움을 받고 있다면, 이 꿀이 그들의 쓴맛을 단맛으로 바꾸어줄 것이다."

- 찰스 스펄전(Charles H. Spurgeon)

들어가는 글

인간의 악한 마음을 그대로 내버려두면 인간은 끝 간 데 없이 타락할 것이다. 그러나 인간이 아무리 악해지더라도 하나님은 훨씬 더 크신 분이므로 당신의 뜻대로 모든 것을 다스리신다. 이것이 인간의 철저한 죄성과 만물에 대한 하나님의 주권성을 밝힌 시편 36편의 주제이다.

인본주의적 철학과 세속 종교들은 인간을 높이고 하나님은 낮추어 실제로 이 둘을 동일한 위치에 놓음으로써 두 극단의 엄청난 차이를 최소한으로 줄이려고 한다. 그러나 성경은 그러한 어리석음을 절대 보여주지 않는다. 진실로 하나님은 높이 계시고 고귀하시어 죄악 된 인간과 무한히 분리되는 분이시다. 이 시편은 타락한 인간의 실상을 있는 그대로 드러내며(부패하고 정죄 받은 존재) 하나님을 그 속성 그대로 높여 드린다(사랑과 의가 충만하시고 죄악에 노하시는 분). 인간의 비천함(하나님의 영광에 이르지 못하는 존재)을 인정하고 하나님의 고귀하심(모든 만물을 다스리시는 분)을 받아들이는 자가 지혜롭다.

표제에 의하면 이 시편은 다윗에 의해 '영장을 위해' 쓰였다. 다윗은 자신을 '여호와의 종' 으로 밝힌다.

본문 이해

인간이 계획할지라도 하나님이 이루신다

Main Idea 다윗은 악한 인간의 부패함을 하나님의 선하심과 대조하며 하나님께서 경건한 자들을 높이시고 악인들을 심판하시도록 기도한다.

A. 인간의 죄성(36:1-4)

36:1. 이 시편은 다윗의 마음에 떠오른 신탁(개역성경에는 표기되지 않음 - 선지자들에 의해 선포된 것과 같은 마음의 깊은 부담, 사 13:1)의 형태를 띠고 있다. 마음 깊은 곳에서 감지되는 메시지는 악인의 죄얼에 대한 것이다. 첫 네 절에 소개된 내용은 인간 타락에 대한 정확한 서술이다(비교. 시 14:1-3). 불경건한 자들은 하나님을 두려워함(히. 파하드, pahad, '공포')이 없다. 이것은 하나님 앞에 설 최후의 심판 날이 없는 것처럼 여기며 주님에 대한 어떤 두려움도 없이 산다는 의미다. 그들은 하나님을 생각하지 않으려 하고 죄로 인해 하나님의 영원한 저주를 받는다는 진리를 거부한다. 다시 말해서 경건하지 않은 자들은 하나님을 경외하길 거부한다.

36:2-3. 불경건한 자는 하나님을 무시하며 스스로 자긍하고 타락의 깊은 나락으로 점점 더 굴러 떨어지면서 더 이상 자기 죄악을 드러낼 수 없고 인정하거나 미워할 수 없는 지경에 이를 정도로 자신이 자기 실존의 중심이 된 사람들이다. 패역한 마음에서 나오는 그의 말은 죄악과 궤휼이다. 그것은 타락한 인격에서 나오는 말이다. 설상가상으로 그는 지혜롭지 못하고 어리석다(비교. 시 94:8). 죄악 속으로 더 깊이 빠져들기 때문에 더 이상 선행을 행하지 않는다. 오히려 부정한 일을 행한다.

36:4. 악한 사람은 심지어 밤에 죄악을 꾀하고 하나님께 범죄하고 반역할 새로운 방법들을 고안해낸다. 단순히 악한 길로 빠져드는 것이 아니라 이제는 고의적이고 의도적인 결심을 하고 스스로 불선한 길에 선다. 나아가 선악을 분별하는 모든 의식을 잃고 선을 추구하고자 하는 도덕적 결의를 상실했기 때문에 악을 싫어하지 않는다. 사실 그는 철저히 죄악에 내어준 바 되어 양심은 마비되고 마음은 회개의 선을 넘어 굳어버렸다.

B. 하나님의 우월성(36:5-12)

36:5-6. 다윗은 갑자기 초점을 이동한다. 타락한 인간의 외면에서 하나님의 초월적 거룩하심으로 초점을 상향 조정하는 것이다. 하나님의 몇 가지 속성을 항목별로 소개하며 하나님의 사랑이 하늘에 있다고(미친다고) 선언하며 그분의 인자하심을 확인한다. 그는 죄악에 빠져 허우적대며 질퍽거리는 인간 위로 솟아 있는 하나님의 무조건적 은혜와 변치 않는 자비를 찬송한다. 하나님께서는 회개하는 죄인들에게 그 은혜와 자비를 풍성히 베푸신다. 다윗은 하나님의 성실하심이 공중에 미친다고 선언한다. 그분의 성실

하심에는 제한이나 한계가 없다. 하나님의 의로우심 혹은 의로운 심판은 요동치 않는 하나님의 산들과 같다. 하나님께서는 거룩한 심판을 통해 선을 보상하시고 죄를 벌하시며 오직 의로운 일만 행하실 수 있다.

36:7-10. 하나님의 선하심으로 인해, 선행을 그친(비교. 3절) 죄악 된 인간들과 반대로 다윗의 입에서는 찬송이 터져나온다. 주의 인자하심 때문에 하나님을 의지하는 모든 인생(높은 자든, 낮은 자든, 부자든, 가난한 자든)은 죄와 인생의 폭풍을 피할 피난처를 얻는다. 그들은 주의 선의 살찐 것으로 풍족하며 풍성한 생명의 원천에서 쉬지 않고 흘러나오는 하나님의 복락의 강수로 마시운다. 이 강수는 언제까지나 그 물을 마시는 모든 자들을 만족케 하고 생명을 붙들어줄 것이다. 그 원천이신 하나님 자신이 절대 고갈되지 않는 분이기 때문이다. 다윗은 계속 하나님께 초점을 맞추며 주를 아는 자에게 주의 인자하심을 계속하시라고 간구한다.

36:11-12. 마지막으로, 다윗은 하나님의 보복을 확인한다. 그는 교만한 자의 발이 미끄러져 넘어지게 해달라고 구한다. 이것은 아마 전쟁에서 승리한 장군이 패장의 목을 발로 밟던 고대 관습을 가리킬 것이다. 하나님께서는 하나님 당신의 원수들이기도 한 다윗의 모든 대적들을 정복하시고 수치에 처하게 하실 것이다.

결론

인본주의적인 세속 철학들은 죄악 된 인간을 높이고 거룩한 하나님은 자신들의 수준으로 끌어내림으로 신자들의 사고에 침투해 영향을 미치고자 한다. 그러나 이 시편은 인간의 유죄를 확인하고 하나님을 높여드리며 인간과 하나님의 원래 위치를 인정한다. 죄를 거부하고 심판하시는 하나님께서 어떻게 그러한 악인을 받아주실 수 있는가? 이는 오직 예수 그리스도의 십자가를 통해서만 가능하다. 갈보리 산에서의 죽음을 통해 하나님의 아들이 자기 몸으로 세상의 죄를 지시고 그들의 죄에 대한 정당한 대가를 지불하시며 십자가에서 흘린 보혈을 통해 하나님과 그들을 화해시키셨다(고후 5:21).

이 시편은 그리스도 예수의 구속이 필요함을 강조함으로써 하나님의 은혜를 찬양한다. 인간이 하나님을 높이고 자신을 낮출수록 이 거대한 간격을 줄여주는 그리스도 안에 있는 하나님의 은혜를 더 찬양하게 될 것이다.

고안

A. 인간의 죄성(36:1-4)

1. 인간은 교만하다(1-2절)
    a. 하나님에 대한 두려움이 없다(1절)
    b. 자신에 대한 겸손이 전혀 없다(2절)
2. 인간은 패역하다(3절)
    a. 악한 말(3a)
    b. 오염된 지혜(3b)
    c. 타락한 행위(3c)
3. 인간은 음모를 꾸민다(4절)
    a. 악을 모의한다(4a)
    b. 악을 좇는다(4b)

B. 하나님의 우월성(36:5-12)

1. 하나님은 인자하시다(5절)
    a. 은혜로우시다(5a)
    b. 성실하시다(5b)
2. 하나님은 의로우시다(6절)
    a. 요동치 않으신다(6a)
    b. 불가해하시다(6b)
3. 하나님은 선하시다(7-10절)
    a. 당신의 백성들을 보호하신다(7절)

b. 당신의 백성들을 만족케 하신다(8절)

c. 당신의 백성들을 붙드신다(9-10절)

4. 하나님은 보응하신다(11-12절)

a. 교만한 자를 심판하신다(11절)

b. 악행을 행하는 자를 제하신다(12절)

시편 37편

멀리 내다보라

"일반적으로 죄인들은 여기 이 땅에서 심판을 받지 않는다. 그들의 형은 심판 날까지 보류된다. 지금은 심판의 때가 아니다. 심판은 앞으로 올 것이다."

- 찰스 스펄전(Charles H. Spurgeon)

들어가는 글

불의한 자들이 신자들보다 이 세상에서 득세하는 것처럼 보일 수도 있다. 하지만 의인들은 겉으로 드러난 모습이 기만적이라는 것을 명심해야 한다. 최종 판단을 하실 이는 하나님이다. 시편 37편은 인생의 두 길을 대조해 드러낸다는 면에서 시편 1편과 마찬가지로 지혜 시편이다. 경건한 자의 길과 불의한 자의 길이 있다. 양자 간에는 거대한 간극이 존재한다. 천국과 지옥처럼 그 둘은 멀리 떨어져 있다.

이것은 '다윗의' 시편으로 그는 자기 주변에서 목도한 일, 즉 악인의 형통함과 의인의 고난당함을 기록했다. 다윗은 종종 경건한 자들이 희생당하며 불의한 자들이 득세할 때 분노하지 말고 하나님께 시선을 고정하라고 도전한다. 이 노래는 대부분의 시편들과 달리 하나님을 향한 것이 아니라 독자를 직접 대상으로 하며 독자에게 주님을 신뢰할 것을 요청한다. 이 시편의 문체는 경건한 자와 불의한 자를 구분하고 경건한 자에게 주님을 신뢰할 것을 권면하는 잠언의 간결한 지혜 시들에 쓰인 문체와 유사하다. 그러한 올바른 믿음을 통해 의인들은 땅을 유업으로 받으며(9, 22, 29절) 땅에서 반드시 제거될 악인들에 대해 안달하거나 염려하지 않고 하나님의 축복을 누리게 될 것이다(22, 28, 34, 38절).

이 시편은 알파벳식 아크로스틱으로 두 절마다 히브리 알파벳의 순서에 따라 첫 글자가 시작된다.

본문 이해

멀리 내다보라

Main Idea	경건한 자들은 주님이 그들을 악에서 구해주실 것을 믿어야 한다. 악인들이 형통해 보인다 해도 결국에는 멸망당할 것이기 때문이다.

A. 다윗의 조언(37:1-11)

37:1-2. 첫 단락은 경건한 자들에게 주는 연속적인 권면으로 시작한다. 이 권면 중에는 부정적인 것도 있고(1, 7-8절), 긍정적인 것도 있다(3-5, 7-8절). 각 권면은 하나님의 지혜를 드러낸다. 이 시편은 행악자를 인하여 불평하여 하지 말라는 명령으로 시작한다. 이 명령은 두 번 더 반복된다(1, 7-8절). '불평하다' 로 번역된 단어는 '열 받다, 혹은 분노로 뜨겁다' 는 의미의 히브리 동사를 번역한 것이다(비교. 잠 24:19). 다윗은 신자들에게 일시적으로 계획에 성공하는 악인들로 인해 격심한 염려에 빠지지 말라고 교훈한다. 마찬가지로, 의인들은 그들과 처지가 바뀌기를 원하는 양 그들을 투기해서도 안 된다. 오히려 신자들은 풀과 같이 베임을 당하고 소망 없이 쇠잔할 악인의 미래를 볼 줄 아는 장기적 안목을 가져야 한다.

37:3-4. 대신 의인들은 여호와를 의뢰해야 하며 혹은 그분만을 의지해야 한다. 그들은 악을 추구하는 데 기쁨을 갖는 것이 아니라 여호와를 기뻐하거나 혹은 하나님 안에서 만족을 얻어야 한다(비교. 시 1:1). 하나님을 기뻐하면 의로운 갈망을 갖게 되고 그로 인해 하나님께서 마음의 소원을 이루어주실 것이다.

37:5-7a. 다윗은 의인들에게 너의 길을 여호와께 맡기라고 충고한다. 이것은 그들의 길을 두루마리처럼 굴려서 하나님께 드리라는 뜻이다. 하나님께서는 그들의 의를 빛같이 나타내시며 혹은 그들의 삶이 그분의 충만한 신적 공의로 빛나게 하실 것이다. 하나님께서는 현재의 영광을 추구하는 악인들과 다르게 미래에 완벽한 때가 되면 의인들을 신원해주실 것이다. 의인들은 스스로 복수하려고 하지 말고 여호와 앞에 잠잠하고 참아 기다려야 한다.

37:7b-11. 다윗은 처음의 충고를 반복한다. 자기 길이 형통하며 악한 꾀를 이루는 자를 인하여 불평하지 말지어다. 그는 앞에 나오는 2절의 생각, 즉 잠시 형통하게 보이는 죄인들이 결국 파멸당할 것이라는 생각(전 3:16-17)으로 되돌아간다. 지금까지 그는 경건한 자와 불경건한 자를 계속 대조하는 방식을 사용했다. 그는 이 행악하는 자가 마지막 날에 끊어지며 영원한 파멸에 들어가기 전에 죽을 것이므로 분을 그치라고 말한다. 여호와를 기대하는 자(온유한 자)는 땅을 차지할 것이다(비교. 마 5:5).

B. 다윗의 경계(37:12-22)

37:12-17. 다윗은 불경건한 자들의 미래에 대해 강력히 경고한다. 악인이 의인 치기를 꾀하며 해칠 궁리를 하지만 주께서는 조소하시며 웃으실 뿐이다. 마지막 날 하나님과 계산할 그날이 이를 것이다. 악인들이 가난한 자들을 향해 칼을 빼내 든다 해도 오히려 그것이 그들을 겨누며 자기의 마음을 찌를 것이다. 그들의 힘이 부러질 것이다. 이 세상에서 의인의 적은 소유가 많은 악인의 풍부함보다 훨씬 더 승하다. 다윗은 길게 내다보라고 말한다. 악인의 팔은 부러질 것이다. 그러나 주님은 자신을 의지하는 의인은 붙드신다.

37:18-22. 다윗은 여호와께서 완전한 자의 날을 아신다고 선언한다(비교. 시 90:12). 다시 말해서 그분은 그들과 관계를 맺어 그들을 보호하시고 형통하게 하신다(비교. 1:6). 환난이나 기근과 같이 어려움이 올 때 악인들처럼 그들은 부끄럽지 않으며 오히려 하나님의 손이 갖다 주는 풍족함을 누릴 것이다. 그러나 악인은 멸망하고 연기처럼 흔적도 없이 사라질 것이다. 그들은 주님으로 인해 엄청난 상실의 고통을 당하고 영원한 지옥에 던져질 것이다.

C. 다윗의 확신(37:23-34)

37:23-26. 다윗은 의인들의 축복에 더 집중적으로 초점을 맞춘다. 여호와께서 그를 의지하는 자들의 길을 기뻐하시며 그 걸음을 정하게 만드신다. 그가 어려운 역경을 만나 넘어진다 해도 여호와께서 손으로 붙드심으로 아주 엎드려지지 않는다. 다윗은 확실히 연로했고 이제 하나님의 신실하심을 경험했던 자신의 인생을 뒤돌아본다. 그는 내가 어려서부터 늙기까지 의인이 버림을 당한 것을 보지 못하였도다라고 말한다. 그러므로 그들은

후하게 꾸어줄 정도로 풍성함을 누리며 풍요가 그들의 자손에게까지 넘쳐흘러 결코 걸식하지 않는다.

37:27-29. 다윗은 의인들에게 악에서 떠나 선을 행하라고 일깨운다. 이것은 회개하고 구별되며 거룩한 생활 방식대로 살 것을 요청하는 것이다. 이렇게 행하는 자는 하나님의 보호와 채우심을 경험하며 항상 안전하게 살 것이다. 다윗은 하나님께서 그 성도(신실한 자들)를 버리지 않으신다는 확신을 준다. 악인은 심판으로 끊어지나 의인들은 영영히 보호를 받으며 땅을 차지하며 대대자손까지 거기 영영히 거할 것이다.

37:30-34. 의인의 덕목은 주목할 만한 가치가 있다. 하나님의 법이 그 마음을 차지하고 있기 때문에 그의 입은 지혜와 공의를 말한다. 하나님의 진리가 그의 일상생활에 철저히 영향을 미쳐서 그 걸음에 죄악 된 길로 빠지는 실족함이 없다. 악인이 의인을 매복해 노릴 때조차 여호와께서 그들을 구해주시고 그 손에 버려두어 법정에서 거짓 고발로 정죄를 당하도록 두시지 않을 것이다. 그러므로 의인은 여호와를 바라야 한다. 악인들은 끊어짐을 당해도 여호와를 바라는 자들은 하나님의 보호를 경험할 것이다. 때가 되면 하나님께서 당신의 백성을 높여 그 땅을 차지하게 하실 것이다.

D. 다윗의 결론(37:35-40)

37:35-38. 마지막으로 다시 다윗은 악인과 완전한 사람을 대조시킨다. 악인은 처음에 푸른 나무처럼 형통하며 힘과 성공이라는 온갖 외양을 갖추지만 곧 멸망한다. 그러나 완전한 사람과 정직한 사람은 결국 영광스러운 미래를 맞이한다. 현재이든, 영원이든 현재의 모든 불의는 하나님으로 인해 바로잡힐 것이다. 그분의 백성들은 그분을 기다려야 한다.

37:39-40. 다윗은 긍정적인 확언으로 결론내리며 의인의 구원은 여호와께 있으니라고 선포한다. 여호와는 그를 의지한 모든 자들의 산성(히, 마오즈, maoz, '튼튼하게 요새화된 장소')이시므로 이 신적 구원을 얻게 된다.

결론

우드로우 윌슨(Woodrow Wilson) 대통령은 "궁극적으로 실패할 대의에서 일시적인 성공을 맛보기보다는 궁극적으로 성공할 명분에서 일시적인 패배를 맛보는 편이 낫다"라고 말했다. 상황을 평가할 때는 항상 긴 안목을 가져야 한다. 가장 중요한 것은 출발이 좋은 것이 아니라 마지막이 좋은 것이다. 이것이 시편 37편에서 다윗이 주는 지혜이다. 불의한 자들이 초반에 성공하는 모습을 보고 우리 역시 잘못된 길로 가서는 안 된다. 길게 바라보아야 한다. 주를 의지하는 자들은 결국 승리한다.

티칭 가이드

교안

A. 다윗의 조언(37:1-11)

1. 두려워하지 말라(1-2절)
    - a. 악인들이 처음에 형통할 수 있다(1절)
    - b. 악인들은 결국 멸망할 것이다(2절)
2. 하나님에 대한 믿음을 가지라(3-7a)
    - a. 주를 의지하라(3절)
    - b. 주 안에서 기뻐하라(4절)
    - c. 주께 맡기라(5-6절)
    - d. 주를 기다리라(7a)
3. 두려워하지 말라(7b-11절)
    - a. 악인들이 처음에 형통할 수 있다(7b-8절)
    - b. 악인들은 결국 멸망할 것이다(9-11절)

B. 다윗의 경계(37:12-22)

악인들:

1. 악을 꾀하지만 곧 멸망한다(12-13절)
2. 스스로 강하게 하지만 곧 넘어진다(14-15절)
3. 형통하지만 곧 시들 것이다(16-17절)
4. 번성하지만 곧 망할 것이다(18-20절)
5. 꾸지만 곧 잃을 것이다(21-22절)

C. 다윗의 확신(37:23-34)

의인에 관하여 주님은:

1. 기뻐하신다(23절)
2. 붙드신다(24절)
3. 필요를 채우신다(25-26절)
4. 보호하신다(27-28절)
5. 형통하게 하신다(29절)
6. 교훈하신다(30-31절)
7. 건지신다(32-33절)
8. 높이신다(34절)

D. 다윗의 결론(37:35-40)

1. 악인과 의인의 큰 차이(35-38절)
    a. 악인은 망할 것이다(35-36, 38절)
    b. 의인은 형통할 것이다(37절)
2. 큰 구원(39-40절)
    a. 주가 의인들을 건지신다(39a, 40a)
    b. 주가 의인들을 지키신다(39b, 40b)

시편 38편

타락한 생활의 엄청난 대가

"찍혀 불에 타기보다는 성장을 위한 가지치기를 받는 편이 더 낫다."

- 존 트랩(John Trapp)

들어가는 글

성도의 삶에서 질병과 고난은 항상 개인적인 죄의 결과는 아니지만(비교. 욥 1-2장) 때로 그것이 죄의 결과인 경우도 있다. 예를 들어, 유다의 왕 웃시야는 오직 제사장만 들어갈 수 있는 거룩한 장소에 들어갔다가 문둥병에 걸린 교만한 사람이었다(대하 26:16-23). 고린도의 교인들은 주의 만찬에 적절치 못한 태도로 참석한 죄로 인해 육체적인 질병에 걸렸다(고전 11:29-30). 경건한 자들이 겪는 고난과 병의 상당 부분이 죄의 직접적인 결과라는 것에는 의문의 여지가 없다. 그러한 죄는 하나님 앞에서 고백되어야 한다(약 5:14-18).

시편 38편의 기자인 다윗의 삶에 바로 이런 일이 일어났다. 다윗은 애통의 시편 중 하나인 시편 38편(비교. 시 6, 32, 51, 102, 130, 143편)에 하나님께 자기 죄를 고백한 내용을 기록했다. 그는 이 죄를 그가 겪고 있는 고통스러운 경험의 직접적인 원인으로 해석했다. 여기서 그는 고통스러운 질병에서 건져달라며 긴박하게 '탄원' 한다. 그런데 더 깊이 들여다보면 여기에는 그의 죄 고백이 담겨 있다(3-4절). 그는 자신의 죄로 인해 하나님께 징계를 받았음을 깨달았다.

본문 이해

타락한 생활의 엄청난 대가

Main Idea	다윗은 그에게 커다란 슬픔을 가져다준 하나님의 심판하시는 엄중한 손 아래서 상한 심령으로 하나님께 죄를 고백하며 부르짖는다.

A. 다윗의 부르짖음(38:1-4)

38:1-4. 다윗은 자신이 죄로 인해 고난을 당하고 있음을 깨닫고 구원해달라고 부르

짖는다. 여호와여 주의 노로 나를 책하지 마시고 분노로 나를 징계치 마소서. 그는 하나님의 징계로 고통당하고 있음을 깨닫는다. 그것은 그의 몸을 찌르는 살과 같다. 구체적으로 말하자면 육신의 성함이 그의 살에 전혀 없다. 모든 병을 하나님의 형벌로 볼 수는 없지만 이 경우는 하나님의 형벌이었고 다윗은 그 점을 알고 있다. 그는 자신의 죄악이 무거운 짐 같아서 감당할 수가 없다. 그래서 구원을 얻어야 했다.

B. 다윗에 대한 징계(38:5-16)

38:5-10. 다윗은 하나님의 징계가 가져온 파괴적인 결과를 묘사한다. 죄와 자신이 당하고 있는 고통 간의 직접적인 원인과 결과를 지적하며, 내 상처가 썩어 악취가 나오니 나의 우매한 연고로소이다라고 탄식한다. 그가 맞이한 죄의 육체적이고 정신적인 결과는 명백했다. 그것은 슬픈 중에 다님, 등의 열기, 마음의 불안, 소원, 탄식으로 묘사된 비통함이 특징이었다. 이러한 비통함의 궤멸적인 영향력이 너무나 엄청나서 그의 마음은 압박감에 방망이질하고 기력이 쇠하며 안색이 창백해짐으로 인해 얼굴빛이 어두워진다.

38:11-16. 친구들은 그의 상처에서 나는 악취 때문에 그를 피한다. 동시에 원수들은 그에게 올무를 놓으며 그가 연약한 틈을 타서 그를 이용하려고 한다. 다윗은 마음 깊이 통회하며 하나님께 그의 죄를 고백한다. 다른 사람들에게 자신을 합리화시키지 않고 원수들의 정죄를 듣지 못하는 듯이 귀먹은 자처럼 하며 벙어리처럼 그들에게 대답하지 않는 편을 선택한다. 대신에 그의 불행을 기뻐하는 자들 앞에서 인내로 주를 기다릴 것이다.

C. 다윗의 고백(38:17-20)

38:17-20. 동시에 다윗은 죄 때문에 자신이 고난을 당하고 있음을 깨닫고 자신의 죄악을 고하기로 선택한다. 비록 자신이 죄 때문에 고난을 당하고 있기는 하지만 원수들이 무리하게(이유 없이) 그를 미워하며 악으로 선을 갚는다는 사실 또한 그는 알고 있다. 그는 그를 공격하고 있는 자들에게 아무 잘못도 하지 않았다. 그러나 하나님의 징계하시는 손 아래에서 자신이 고통을 당하고 있다고 믿는다.

D. 다윗의 요청(38:21-22)

38:21-22. 다윗은 시작할 때와 같은 방식으로, 즉 하나님께 고통에서 자신을 구해달라는 간구로 시편을 마무리한다. 그는 나를 버리지 마소서 속히 나를 도우소서라고 부르짖는다. 그가 구원을 받기 위해서는 하나님께서 속히 행동하셔야 한다.

결론

신자들이 꾸준히 하나님께 죄를 고백하는 것이 중요하다. 주님은 모범으로 보여주신 기도에서 우리에게 하나님의 용서하심을 끊임없이 구하라고 가르치셨다. 그러기 위해서는 우리의 죄악을 하나님께 인정해야 한다(마 6:12). 죄 때문에 우리를 징계하시는 사랑의 하나님께서 얼마나 많은 병과 고난을 우리에게 주시는지 알면 아마 충격을 받을 것이다. 우리는 주님께 "하나님이여 나를 살피사 내 마음을 아시며 나를 시험하사 내 뜻을 아옵소서 내게 무슨 악한 행위가 있나 보시고 나를 영원한 길로 인도하소서"(시 139:23-24)라고 정말이지 절박하게 구해야 한다. 하나님께서 우리 죄를 보여주시며 하나님의 눈으로 우리 자신을 보게 하실 때 우리는 그분에게 우리의 죄를 아뢰어야 한다(시 51:4). 오직 그분만이 죄를 용서하실 수 있다(시 32:2).

교안

A. 다윗의 부르짖음(38:1-4)

1. 하나님의 구원을 요청하다(1-2절)
   a. 나를 책망하지 마소서(1a)
   b. 나를 징계하지 마소서(1b-2절)
2. 자신의 죄를 깨닫다(3-4절)
   a. 내가 범죄하였도다(3절)
   b. 내가 유죄이다(4절)

B. 다윗에 대한 징계(38:5-16)

1. 내 상처가 곪는다(5절)
2. 내 영이 슬퍼하도다(6절)
3. 내 육신이 열에 들끓는다(7절)
4. 내 마음이 신음한다(8절)
5. 내 영혼이 탄식한다(9절)
6. 내 기력이 쇠하다(10절)
7. 내 친구들이 떠난다(11절)
8. 내 대적들이 음모를 꾸민다(12절)
9. 청각과 언어 능력에 문제가 생긴다(13-16절)

C. 다윗의 고백(38:17-20)

1. 내 죄가 하나님 앞에 있도다(17-18절)

a. 그것은 죄악이다(17-18a)

b. 그것은 죄이다(18b)

2. 내 고통은 하나님으로부터 왔도다(19-20절)

a. 내 적들이 나를 미워하도다(19절)

b. 내 원수들이 나를 대적하도다(20절)

D. 다윗의 요청(38:21-22)

1. 하나님, 나를 멀리하지 마소서(21절)

2. 하나님, 지금 오소서(22절)

시편 39편

강인한 사랑

"하나님께서는 사랑하는 자를 사랑으로 징계하시고, 사랑으로 치실 때마다 곧 그러한 영혼들에게 영원토록 유익한 교훈을 가르치실 것이다."

- 토마스 브룩스(Thomas Brooks)

들어가는 글

하나님께서는 자녀들이 범죄할 때 그들을 징계하신다. 이것은 자녀들을 사랑하지 않기 때문이 아니라 정말로 사랑하시기 때문이다. 진정한 사랑은 사랑하는 상대에게 가장 유익한 것을 추구한다. 하나님의 징계의 손에 어떻게 반응하는가에 따라 그 사람의 영적인 상태를 알 수 있다. 하나님의 징계 아래에서 자신을 겸손히 낮추며 거친 말을 하지 않도록 마음과 입을 절제하는 신자는 지혜롭고 성숙한 사람이다.

다윗은 하나님의 징계에 대한 자신의 반응을 시편 39편에서 기록하면서 바로 이런 경험을 했다. 그는 완강한 교만으로 반응하지 않고 자신을 낮추고 죄를 고백하는 길을 택했다. '영장' 으로 한 노래는 이 시편이 성전 예배에서 사용되었으며 레위인 성가대나 전체 성가대의 지도자에 의해 낭송되었으리라는 것을 암시한다. 또한 그것은 다윗의 성가대 지도자 중 한 사람인 '여두둔' 을 위한 것이었다(대상 16:41-42, 25:1, 6, 대하 5:12).

본문 이해

강인한 사랑

Main Idea	다윗은 자신의 죄를 고백하며 자신이 하나님께 한 약속을 지키지 못한 것에 대해 하나님의 자비를 구한다.

A. 다윗의 침묵(39:1-3)

39:1-3. 다윗은 짐승에게 자갈을 먹이듯이 그의 입을 지켜 혀로 하나님께 죄를 짓지 않겠다고 결심한다. 악인이 하나님의 고통스러운 징계에 반응하는 그의 말을 듣고 오

해하게 해서는 안 되었기 때문이다. 그래서 그는 마음이 뜨거워져 더 이상 자신을 억제할 수 없을 때까지 잠잠하였다. 침묵으로 인해 고통이 덜어진 것은 아니었다. 오히려 더 악화되었다. 마침내 그가 말한 것은 개인적으로 하나님께 탄식하며 홀로 있었을 때였다.

B. 다윗의 간구(39:4-6)

39:4-5. 다윗은 주님께 쏟아 부었던 탄원을 기록하고 있다. 그는 여호와여 나의 종말을 알게 하사라고 기도한다. 다시 말해서 그는 자신의 생명이 결국 끝난다는 확실한 사실과 땅에서의 생애가 실제로 얼마나 짧은지 깨닫게 해달라고 하나님께 기도한다. 다윗은 그의 일생이 없는 것 같음을 깨달았다. 그것은 고대의 가장 작은 측정 단위인 손 넓이에 불과했다(왕상 7:26).

39:6. 유한한 인간은 이리저리 나다니는 연약한 그림자에 불과하다. 인간은 재물을 쌓지만 죽음과 더불어 잃어버릴 뿐이며 그 후에는 누가 취할는지 알지 못한다는 것을 깨달으며 헛되이 그러한 수고를 한다. 그래서 다윗은 하나님께 인생의 무상함을 깨닫게 해달라고 구한다.

C. 다윗의 죄(39:7-11)

39:7. 다윗은 자신이 당하고 있는 고통스러운 징계에서 구원 받기를 구하며 유일한 소망의 원천이신 하나님을 의지한다. 그는 주여 내가 무엇을 바라리요?라고 묻는다. 이 질문에는 "하나님 외에는 아무도 바랄 수 없다"는 대답이 함축되어 있다. 그는 나의 소망은 주께 있나이다라고 선언한다(비교. 25:5, 21, 33:20, 62:5, 71:5). 그는 구원에 대한 유일한 소망이 하나님 바로 그분임을 알고 있다.

39:8-11. 다윗은 나를 모든 죄과에서 건지시며라고 간구한다. 그는 자신이 당하고 있는 고난이 자신의 죄로 인해 주님이 주신 징계가 분명함을 인정하며 하나님께 죄를 고백한다. 이 고통스러운 과정은 하나님께서 하시는 일이기 때문에 다윗은 잠잠해야 함을 깨닫는다. 그는 하나님께서 죄악을 견책하사 사람을 징계하실 것을 알고 그에게서 하나님의 징계하시는 손을 거두어달라고 기도한다. 그러한 하나님의 징계 아래에서는 인간이 열심히 일해 쌓은 재물이 좀먹은 것처럼 갑자기 사라질 것이며, 인간은 허사(한숨의

숨)에 지나지 않는다. 이 심상은 생명의 짧음을 묘사한다.

D. 다윗의 복종(39:12-13)

39:12-13. 이 고통스러운 징계에서 구해달라고 하나님께 부르짖은 다윗은 마침내 주님께 복종한다. 그는 하나님께 나의 부르짖음에 귀를 기울이실 것을 간구한다. 그는 자신이 하나님 앞에서 이 세상을 지나가는 객과 거류자로 살고 있음을 깨닫는다. 그는 하나님께 어떤 권리도 주장할 수 없다. 다윗은 주는 나를 용서하사("내게서 당신의 징계를 거두어가소서"라는 뜻) 나의 건강을 회복시키소서라고 간구한다. 그렇지 않을 때 다윗은 자신이 하나님의 징계 중에 죽어 산 자의 땅에 더 이상 존재하지 않게 될까봐 두려워했다.

결론

성도가 살아가는 모든 영역에서 영적 훈련을 대신할 것은 전혀 없다. 의인들은 자신의 삶을 꼼꼼히 점검하고 내적인 면과 외적인 면에서 끊임없이 나타나는 죄와 잘못을 살핌으로써 모든 영역을 살피는 법을 배워야 한다. 이렇게 자기를 점검하는 과정에서 형사처럼 모든 단서를 추적해야 한다. 주님의 거룩하고 의로운 기준에 비추어 자신의 모든 말과 생각과 행동을 점검해야 한다. 자신을 훈련하는 일은 결코 사소한 일이 아니다. 하나님의 백성으로서 그 싸움을 완수했을 때 상급이 우리를 기다릴 것이다.

티칭 가이드

교안

A. 다윗의 침묵(39:1-3)

1. 내 입을 열지 않는다(1절)
2. 내 마음이 눌려 괴롭다(2-3a)
3. 내 근심이 심하다(3b)

B. 다윗의 간구(39:4-6)

1. 인생의 무상함을 보여주소서(4-5b)
    a. 인생은 며칠에 불과하나이다(4a)
    b. 인생은 날아가나이다(4b-5c)
2. 인간의 유약함을 알게 하소서(5c-6절)
    a. 인생은 한 순간이다(5c)
    b. 인생은 그림자이다(6절)

C. 다윗의 죄(39:7-11)

1. 죄에 대한 고백(7-8절)
    a. 내 소망은 여호와 안에 있다(7절)
    b. 내가 여호와께 죄를 지었다(8절)
2. 죄에 대한 징계(9-11절)
    a. 내가 하나님께 맞는다(9-10절)
    b. 내가 하나님께 견책을 받는다(11a)
    c. 내가 하나님께 드러남을 당했다(11b)

D. 다윗의 복종(39:12-13)

1. 하나님, 나의 기도를 들으소서(12절)
2. 하나님, 나를 도우소서(13절)
    a. 당신의 징계를 거두소서(13a)
    b. 위로와 격려를 베푸소서(13b)

시편 40편

수령에서 찬양으로

"하나님께서는 안전한 착륙은 약속해도 평온한 비행은 약속하지 않으신다."

- 무명

들어가는 글

고통 중에 맛보는 기쁨

몇 년 전 장로교 목사이자 미 상원의 담당 목사인 로이드 존 오길비(Lloyd John Ogilvie)는 그의 인생에서 극도로 어려운 한 해를 보냈다. 그의 아내는 다섯 번의 대수술을 받았고 그 후 방사선 치료와 화학 치료를 받았다. 간사 여러 명이 그를 떠났다. 사방에서 심각한 어려움들이 닥쳐왔다. 이 모든 일로 인한 심각한 심리적 낙심과 우울한 마음이 그를 짓눌렀다.

오길비는 그때의 위기를 생각하면서 주님 안에서 그가 발견했던 풍성한 기쁨에 대해 이렇게 썼다. "온갖 어려움 중에서 발견한 가장 놀라운 것은 내가 기쁨을 느낄 수 없는 상황에서 기뻐할 수 있다는 것이었다. 패배감에 휩싸일 온갖 이유가 있었지만 나는 기쁨을 느꼈다. 온갖 어려움에도 불구하고 [하나님께서는] 내가 사랑받고 있고, 그 어떤 것도 나와 하나님을 끊어놓을 수 없다는 확신을 내게 주셨다. 그것은 행복이나 흥분된 기쁨의 감정이 아니라 나를 통한 성령의 끊임없는 교류였다. 그분은 어떤 경우에도 만사가 내가 계획한 대로 이루어질 것이라는 안일한 확신을 주지 않으시고, 당신이 모든 것을 주장하시며 나와 내 가족에게 하루를 살기에 충분한 용기, 즉 은혜를 주실 것이라는 확신을 주셨다. 기쁨은 언제나 거기에서 왔다."

주 안에서 모든 신자들이 누릴 수 있는 기쁨이 바로 이런 것이다. 시편 기자인 다윗은 인생의 가장 어려운 시기 중 한 때에 그러한 기쁨을 발견했다. 그는 우리에게 용기를 주기 위해 시편 40편에 그의 경험을 기록해놓았다. 그가 겪은 고통스러운 상황이 무엇인지 알지 못하지만 그의 영혼은 심히 괴로워하고 있었다. 그는 자신의 시련을 끔찍한 수렁에 비유한다.

어쩌면 그것은 그를 집어삼킬 것 같은 배척이라는 수렁이었을지 모른다. 사울 왕의 질투심과 증오는 무자비한 추적으로 이어졌다. 가는 곳마다 그는 다윗을 뒤쫓았고 그로 인해 다윗은 절망했다. 어쩌면 그것은 가정 문제라는 수렁이었을지 모른다. 다윗은 아들 압살롬이 그에게 반역을 일으켰을 때 그의 가정이 안고 있는 문제를 확실히 알았다. 어쩌면 그것은 다윗이 스스로 판 죄의 수렁이었을지도 모른다. 어쩌면 그것은 다윗이 종종 자신의 외로운 처지를 실토했듯이 고독의 수렁이었을지 모른다. 어쩌면 사소한 것이라고 생각해 내버려두었다가 악화된 마음의 문제였는지 모른다. 그 수렁이 무엇이든 간에 그것은 다윗에게 실재하는 고통이었다.

이러한 시련 속에서 다윗은 여호와의 이름을 부르며 하나님에 대한 신뢰를 표현한다. 구원의 손길이 임했고 다윗의 마음에는 새로운 노래가 솟는다. 이 시편은 다윗의 환난을 넘어서서 메시아의 도래를 바라본다(6-8절, 비교. 히 10:5-10). 그는 모든 희생 제사를 종식시킬 더 위대하신 다윗을 바라보았다.

본문 이해

수렁에서 찬양으로

Main Idea	다윗은 여호와께서 과거에 자신을 환난에서 구해주신 것을 회상하며 현재의 시련에서도 구원해주실 것을 간구한다.

A. 다윗의 찬양(40:1-5)

Supporting Idea	다윗은 환난당할 때 도우신 과거의 하나님을 찬양한다.

40:1-2. 다윗은 과거에 하나님께 구원 받았던 경험을 보고하며 시편을 시작한다. 그는 아직 큰 고통 중에 있지만 하나님의 개입하심을 기다리며 고요히 체념한 상태로 여호와를 기다리고 기다렸던 특정한 시기를 회상한다. "인내함으로 기다리다(NIV)"라는 구절은 문자적으로 '기다리고 기다리다'라는 뜻이다. 하나님께서는 다윗의 부르짖음을 들으셨다. 이것은 다윗이 여호와를 소리쳐 부른 후 하나님께서 그를 구원해주실 것

을 기다렸다는 의미다.

다윗은 하나님께서 그를 기가 막힐 웅덩이와 수렁에서 끌어올리셨다고 증언한다. 그는 고통이 너무나 극심해서 자신의 힘으로는 도무지 피할 수 없었던 경험을 묘사한다. 이 시련은 진흙과 진창의 웅덩이로 묘사되어 있으며 그가 갇혀서 꼼짝달싹할 수 없었던 인생의 한 시기를 상징한다. 아마 그것은 개인적인 죄(비교. 12절, 삼하 11장), 곤경(삼상 18:10-17, 23:15-29), 가족의 문제(삼하 15-18장), 정서적 고통(삼하 18:19-33), 심지어 적이 파놓은 실제 함정(시 7:15)이라는 황량한 웅덩이였을 것이다.

웅덩이가 무엇을 가리키든 간에 하나님께서는 다윗을 구해주시고 그를 끌어올리셔서 그의 발을 반석 위에 두심으로 은혜로운 개입을 하셨다. 이로 인해 그의 걸음이 견고해지게 되었다. 주님은 밑이 꺼지는 모래와 웅덩이의 진흙탕에서 다윗을 끌어올려 바닥이 단단한 곳에 두셨다. 하나님의 행동에 대한 생각이 진전되고 있음을 눈여겨보라. 귀를 기울이사 … 들으시고 … 끌어올려 … 두사 견고케 하시다.

40:3. 다윗은 또한 하나님께서 그의 입에 새 노래를 두셨다고 증언한다. 이것은 그의 마음에 흘러넘친 풍성한 기쁨을 가리킨다. 이 새로운 은혜의 사역으로 다윗은 새로운 찬송을 부르게 되었다. 이 찬양은 철저히 공개적이고 제한받지 않았기 때문에 그는 많은 사람이 당신의 백성들을 위해 그토록 기이한 일을 행하신 여호와를 보고 두려워할 것이라고 인정한다. 다윗의 증언으로 인해 많은 사람들이 여호와를 의지하고 싶은 독려를 받을 것이다.

40:4. 다윗은 하나님을 의지하는 모든 자들이 큰 축복을 받을 것이라고 말한다. 복이 있다는 것은 풍성한 행복과 넘쳐흐르는 기쁨이 충만하다는 것이다. 이 은혜는 자기 의존적이고 하나님을 의지하지 않는 교만한 자들을 본받지 않고 하나님께 확고하고 대담하게 헌신하는 자의 것이다.

40:5. 다윗은 과거를 생각하면서 여호와 나의 하나님이여 주의 행하신 기적이 많다고 결론 내린다. '기적' 은 과거에 다윗의 삶에 나타난 하나님의 개입을 가리킨다. 우리를 향하신 주의 생각이란 구절은 당신 백성을 위한 하나님의 섭리를 가리킨다(롬 8:28). 이것은 너무나 다면적이어서 그것의 총체를 그 누구도 셀 수가 없다. 그것은 그러한 축복이 가득한 주권적 명령이기 때문에 다윗은 내가 들어 말하고자 하나 주의 앞에 베풀 수도 없고 그 수를 셀 수도 없나이다라고 쓴다. 이것은 자기를 의지하는 자들에 대한 축복의

계획에 있어서 하나님이 얼마나 선한 분인지 보여준다.

B. 다윗의 맹세(40:6-8)

Supporting Idea	다윗은 하나님의 전적인 뜻을 행하는 일에 철저히 헌신한다.

40:6. 다윗은 주께서 나의 귀를 통하여 들리시기를 제사와 예물을 기뻐 아니하시며라고 쓴다. 여기서 '들리시기를' (my ears you have pierced-NIV)은 보다 문자적으로는 '파다' 로서 '열리다' 라는 뜻이다. 하나님에 의해 귀가 '열려서' 하나님의 말씀에 순종할 수 있게 되는 것이다. 다윗은 하나님께 번제와 속죄제를 드리라는 성경의 명령을 얕보는 것이 아니다. 오히려 그 제사를 드릴 때 필수적인 마음의 태도, 즉 하나님의 명령을 간절히 들으려고 하는 마음과 그것에 순종하려고 하는 자발성을 강조한다. 하나님께서는 희생 제사보다는 당신의 뜻에 순종하는 것을 원하신다(비교. 삼상 15:22, 사 1:11-17).

40:7-8. 다윗은 계속해서 그때에 내가 말하기를 내가 왔나이다 나를 가리켜 기록한 것이 두루마리 책에 있나이다라고 말한다. 다윗은 왕위에 등극한 때로 추정되는 시기에 하나님의 명령을 지키겠다고 한 약속, 즉 주님에 대한 그의 헌신을 기억한다. 두루마리 책은 아마 다윗이 개인적으로 가진 하나님의 율법 사본이었을 것이다. 그것은 왕이 대관식 때 받는 사본으로 국가를 다스리는 데 필요한 거룩한 헌장 역할을 했다(비교. 신 17:18-20, 왕상 2:3, 왕하 11:12). 다윗은 하나님의 말씀이 요구하는 것이 무엇이든 그것을 하겠다고 맹세한다. 그래서 그는 나의 하나님이여 내가 주의 뜻 행하기를 즐기오니 주의 법이 나의 심중에 있나이다라고 쓴다. 다시 말해서 다윗은 자원하는 마음으로 하나님의 율법에 순종하겠다고 맹세한다. 하나님께 순종하는 것은 그의 마음에 기쁨이었다.

C. 다윗의 선포(40:9-10)

Supporting Idea	다윗은 하나님께 찬양을 돌리며 사람들에게 의와 신실함을 공개적으로 선포한다.

40:9-10. 내가 대회 중에서 의의 기쁜 소식을 전하였나이다라는 구절은 하나님의 수많

은 축복에 대해 다윗이 감사하고 있음을 보여준다. 다윗은 감사한 나머지 예배 드리고 있는 모든 회중들에게 그것을 선언하지 않을 수 없었다. 그는 하나님의 구원에 대한 좋은 소식을 다른 이들과 나누는 것이 자신의 의무라고 생각한다. 여호와여 내가 내 입술을 닫지 아니할 줄을은 다윗이 회중 가운데서 잠잠히 있을 수가 없다는 의미다. 모든 회중이 주의 선하심을 알기를 원한 그는 내가 주의 의를 내 심중에 숨기지 아니하고 주의 성실과 구원을 선포하였으며라고 말한다.

D. 다윗의 간구(40:11-17)

Supporting Idea	하나님의 의로우심을 안다 하더라도 여전히 인간에게 그를 짓누르는 환난이 찾아올 수 있다. 이러한 경험 속에서 우리는 하나님의 구원을 구해야 한다.

40:11-12. 이 시편의 마지막 단원에서 다윗은 환난이 언제라도 찾아올 수 있음을 깨닫고 미래의 구원을 위한 기도를 드린다. 다윗은 다시 한 번 도우심을 위해 하나님을 의지하며 여호와여 주의 긍휼을 내게 그치지 마시고라고 간구한다. 그는 하나님의 인자와 진리가 그에게 임하여 죄로 인한 환난에서 그를 보호해주시기를 구한다. 그는 자신이 또 다른 수렁에 빠진 것을 보고(비교. 2절) 또 다시 하나님께 부르짖는다. 과거와 달라진 것이 있다면 현재의 시련은 다윗 자신이 자초한 것이라는 점이다. 그는 나의 죄악이 내게 미친다고 인정한다. 그는 자신이 죄를 저지른 결과 찾아온 무수한 재앙으로 고통당하고 있다. 실제로 그의 환난은 그의 머리털보다 많다. 이러한 인정은 다윗이 율법을 통해 하나님의 의로우심에 대한 올바른 시각을 갖게 되고(10절) 이제 자신의 죄악 됨을 볼 수 있게 되었음을 보여준다.

40:13-15. 다윗은 긴박하게 여호와여 속히 나를 도우소서라고 부르짖는다. 하나님은 그의 유일한 구원의 근원이시다. 다윗은 주님을 인내하며 기다렸지만(1절) 여호와께 속히 도우소서라고 구하는 자신을 보게 된다. 다윗은 하나님께서 그의 생명을 노리는 많은 사람들에게 수치와 낭패를 주실 것을 구한다. 그는 그들이 다 물러가 욕을 당케 하시고 그를 수치스럽게 만들고자 하는 자들이 자기 수치로 인하여 놀라게 해주시도록 구한다. 다윗은 자신이 직접 적들을 심판하려고 하지 않는다. 대신에 여호와께서 그의 목숨

을 노리는 자들을 심판해주시길 기다린다. 이것은 자신을 멸망시키려고 하던 사울을 대하는 그의 태도에서 가장 모범적으로 드러난다(비교. 삼상 24:6, 26:11).

40:16-17. 그러나 반대로 하나님을 구하는 모든 자들은 힘을 얻고 즐거워하기를 원한다. 주를 의지하는 자들은 그 안에서 기뻐하게 될 것이다. 이것은 다윗의 기도에 하나님께서 응답하신 결과였다. 그러나 하나님께서 행동하고 개입하시기 전에는 나는 가난하고 궁핍하다라고 다윗은 증거한다. 이 진술은 적들 앞에서 자신이 무기력함을 인정한 것이다. 현재 당하는 환난 속에서 다윗은 주께서는 나를 생각하시오니라고 말한다. 그러고 나서 하나님을 향해 직접 주는 나의 도움이시요 건지시는 자시라고 선언한다. 그는 하나님 외에는 아무 도움이 없음을 안다. 그는 이 기도의 긴박성을 다시 언급하며 시편을 끝맺는다. 나의 하나님이여 지체하지 마소서.

Main Idea 복습	다윗은 여호와께서 과거에 자신을 환난에서 구해주신 것을 회상하고 현재의 시련에서도 구원해주실 것을 간구한다.

결론

하나님께서 우리를 빚으시는 과정

하나님께서는 우리를 당신이 원하는 사람들로 만들기 위해 인생의 시련과 고난을 주신다. 부당하게 당하는 것이든, 혹은 우리 자신의 죄가 가져온 결과이든 하나님께서는 그것들을 사용하셔서 우리를 경건한 자들로 빚으신다.

> 하나님께서 인간을 훈련시키고
> 전율케 하고 숙련시키고자 하실 때,
> 가장 고귀한 역할을 감당할 수 있는

사람을 빚으시기를 원하실 때,
온 세상이 놀랄 참으로 위대하고 담대한 사람을 창조하시고자
온 맘으로 원하실 때,
그분이 쓰시는 방법들, 그분의 방식들을 보라!
당당히 선택하신 자들을 완전한 자로 만들려고
얼마나 가혹한 방법을 사용하시는지!
망치로 두들기고 상처를 내고
강력한 일격을 가해
오직 하나님만이 아시는
시련으로 된 진흙으로 바꾸어 가시는지!
그의 마음은 고통으로 울부짖으며
간구의 손을 들어 하나님을 향한다!
그의 선을 하나님께서 책임지실 때
그는 구부러지지만 결코 깨지지 않는다.
그분이 선택한 자들을 어떻게 사용하시며
온갖 용도로 어떻게 녹여내시는지!
매사에 그의 영광을 빛내도록 이끄신다.
하나님은 그의 행로를 아신다!
- 무명

삶의 적용

근심이 없는 자식은 없다

어떤 그리스도인도 시련과 환난을 피해갈 수 없다. 실제로 성경의 모든 성자들도 마

찬가지였다. 나아가 하나님의 죄 없으신 아들인 주 예수 그리스도도 마찬가지였다. 하나님께서는 죄가 없는 독생자를 두셨다고 하지만 근심이 없는 아들들은 한 명도 두지 않으셨다. 야고보는 "내 형제들아 너희가 여러 가지 시험을 만나거든 온전히 기쁘게 여기라"(약 1:2)고 쓰면서 이 사실을 확인해주었다. 그는 '너희가 시련을 만난다면' 이라고 쓰지 않고 '너희가 시련을 경험할 때마다' 라고 썼다. 우리는 누구나 어려운 시기를 겪는다는 전제가 깔려 있는 것이다.

시련은 백성들의 인생을 향한 하나님의 완전한 계획에 따라 하나님께서 주시는 것이다. 시련은 하나님의 영광과 신자의 유익을 목적으로 한다. 하나님께서는 시련을 사용하셔서 의인들로 하여금 더욱 당신을 의지하게 하며 이 세상에 대한 관심을 버리고 그들의 삶에서 죄를 몰아내며 또 다른 세상에서 완성될 영원한 실체들을 위해 살도록 하신다.

그러나 신자들은 하나님께서 때가 되면 그들을 구원하실 것이며 그들의 마음에 새 노래를 주시며 굳건한 반석 위에 세워주실 것을 확신할 수 있다. 어떤 어려움을 겪고 있든 하나님께서 그 일에 영원한 목적을 갖고 계시며 자비를 주저 없이 베푸실 것을 우리는 확신할 수 있다. 그분은 이 세상에서든, 저 세상에서든 당신의 완전한 뜻에 따라 고난당하는 종을 구원하실 것이다.

기도

하나님, 당신의 길은 우리의 길과 다르고 당신의 생각도 우리의 생각과 같지 않습니다. 우리는 모두 수없이 넘어지지만 당신은 우리의 부르짖음을 들으시고 당신의 백성과 당신 이름의 영광을 위해 놀라운 기적들을 수없이 행하셨습니다. 당신과 같은 분이 없습니다. 당신의 백성들에게 계속 신실하시기를 구하며 원수들로부터 우리를 기꺼이 구원해주시길 원합니다. 우리의 가장 큰 기쁨이 당신의 뜻을 행하는 것이 되어 주변 사람들에게 당신의 영광스러운 의를 선언하게 해주십시오. 그래서 주님이 당신 백성들의 도움이시며 구원자이심을 온 세상이 알게 해주십시오. 유일하신 하나님과 인간의 구세주이신 예수 그리스도의 이름으로 기도합니다. 아멘.

심층 연구

A. 기다리고 기다리다(40:1)

'인내하며 기다리다' (NIV)라는 구절은 문자적으로 '기다리고 기다리다' 라는 뜻이다. '기다리다' 에 해당하는 이 단어(히. 카와, qawa)는 무슨 일이 일어날지 보기 위해 기다린다는 뜻이 아니라 어떤 일이 일어날 것을 확신하며 기다린다는 뜻이다. 기대감을 갖고 주님을 확고하게 의지하며 기다린다는 뜻이다(비교. 창 49:18, 시 37:8-9, 119:95, 130:5).

B. 기적(40:5)

이 단어(히. 팔라, pala)는 신비하고 기적적이거나 놀라운 무엇인가를 의미한다. 시편 72편 18절에서 솔로몬은 "홀로 기사를 행하시는 여호와 하나님 곧 이스라엘의 하나님을 찬송하며"라고 썼다. 다윗이 시편 40편에서 말한 이 기적들은 인간의 노력으로 생긴 것이 아니라 하나님의 섭리적 개입에 의한 것이었다. 그것들을 기적이라고 부르는 이유는 하나님의 능하신 행위를 관찰할 때 마음속에 생기는 효과 때문이다. 다시 말해서 그것은 하나님의 강력한 개입을 목격한 사람의 마음속에 생긴 놀라움과 경이로움을 표현한다. 이 단어는 시편 전반에 걸쳐 사용되고 있다(시 9:1, 26:7, 75:1, 145:5).

C. 내가 왔나이다(40:6-8)

이 구절들은 히브리서 10장 5-7절에서 히브리서 기자가 인용하고 있다. 이 신약의 인용문은 그리스도가 오시기 전으로 거슬러 올라가 구약의 초기 헬라어 역본인 70인역에서 인용한 것이다. 흥미로운 점은 이 절들이 하나님의 제1위와 제2위 간의 대화, 즉 삼위일체 하나님 간의 대화로 보인다는 것이다. 아들이신 예수 그리스도가 성부 하나님께 말씀하며 성부의 뜻에 복종하고 있다. 그분은 세상에 들어가 많은 이들을 위한 희생 제물로 죽겠다는 데 동의하고 있다. "내가 여기 있나이다"(NIV)는 인간의 몸을 입고 세상에 들어가 그를 믿는 모든 자들을 대신해 죄를 지라는 아버지의 뜻을 아들이 자발적으로 복종한다는 개념을 전달한다. 이것은 이사야가 성전에서 하나님의 영광을 본 후 보인 것과 동일한 반응이다(비교. 사 6:8).

교안

A. 다윗의 찬양(40:1-5)

1. 하나님께서 나의 기도를 들으셨도다(1절)
2. 하나님께서 나를 구원하셨도다(2절)
3. 하나님께서 나를 떨리게 하셨도다(3절)
4. 하나님께서 나를 축복하셨도다(4-5절)
    a. 그분을 신뢰하는 자로서(4절)
    b. 그분을 소중히 여기는 자로서(5절)

B. 다윗의 맹세(40:6-8)

1. 내가 하나님의 말씀을 들을 것이다(6절)
2. 하나님의 말씀에 주의할 것이다(7-8절)
    a. 그분의 뜻을 행하기 위해(7-8a)
    b. 그분의 말씀에 순종하기 위해(8b)

C. 다윗의 선포(40:9-10)

1. 하나님의 의를 선언하노라(9절)
2. 하나님의 신실하심을 선언하노라(10절)

D. 다윗의 간구(40:11-17)

1. 나를 보호하소서(11-12절)
    a. 내 고통으로부터(12a)
    b. 내 죄로부터(12a)
2. 나를 구원하소서(13절)
3. 나를 지키소서(14-16절)
    a. 내 생명을 노리는 자들로부터(14-15절)
    b. 하나님의 사랑을 구하는 자들과 더불어(16절)
4. 나를 기억하소서(17절)
    a. 나는 가난하나이다(17a)
    b. 하나님은 전능하시니이다(17b)

토의 질문

1. 파멸의 수렁에서 나를 건져주신 하나님을 찬양하는가?

2. 내 삶에 나타난 하나님의 역사를 다른 사람들에게 신실하게 선포하는가?

3. 삶에 환난이 닥칠 때 나는 누구에게 도움을 의지하는가?

4. 주의 뜻을 행하는 일을 나는 기뻐하는가?

시편 41편

배신당하고 상하지만 축복을 받다

"자비를 베푸는 자는 자비의 팔에 안긴다."

- J. P. 랭(J. P. Lange)

들어가는 글

모든 신자의 영적 상태를 시험해보기 가장 좋은 방법 중 하나는 그가 성공할 때 어떤 모습을 하는지 보는 것이 아니다. 오히려 그 사람의 됨됨이는 고난에 반응하는 모습에서 가장 적나라하게 드러난다. 고난은 한 사람의 영혼을 드러내어 보여준다. 이 시편에서 다윗은 인생에서 바로 그러한 시점에 있었다. 그는 큰 고난을 당하고 있었지만 축복이 함께했다. 이 시편은 다윗이 심각한 질병에 걸리고(3절) 그의 죽음을 열망하는 '친구들' 의 비방(5-8절)에 에워싸였을 때 하나님의 자비를 구하는 열정적인 기도이다. 가까운 한 친구가 그에게 해를 입히려고 특히 애를 썼다(9절).

이 위험한 곤경 속에서 다윗은 자신의 인생에 나타난 하나님의 축복을 인정하고(1-3절) 자신의 죄를 고백했다(4절). 그는 자신이 연약한 자들에게 자비를 베풀어왔음을 알고(1절) 하나님을 향해 자비를 구한다(10절). 그는 하나님께서 그의 성실함을 기뻐하심을 깨닫고(11절) 여호와께 지금과 영원토록 자신을 붙들어주시기를 구한다(12절).

이 '다윗의 시' 는 '영장을 위한' 것이었다. 중심 주제는 자비를 베푸는 자들이 자비를 받는다는 것이다.

본문 이해

배신당하고 상하지만 축복을 받다

Main Idea	다윗은 하나님의 백성들에게 자비를 베풀며 자기 죄를 고백하는 자들이 하나님의 자비하심을 입을 것이라고 가르친다.

A. 다윗의 보상(41:1-3)

41:1. 첫 행은 이 시편의 일반적인 주제를 언급하고 있다. 빈약한 자를 권고하는 신자

가 복이 있다는 것이다. 이것은 무기력한 자들에게 자비를 베푸는 자들이 하나님의 자비를 얻을 것이라는 말이다. 예수님께서는 "긍휼히 여기는 자는 복이 있나니 저희가 긍휼히 여김을 받을 것임이요"(마 5:7)라고 말씀하셨다. 복이 있다는 것은 오직 하나님만이 주실 수 있는 행복과 만족감과 평강을 안다는 뜻이다(비교. 시 1:1). 또한 여호와는 재앙의 날에 그러한 자비를 베푼 자들을 건지실 것이다. 이것은 왕인 다윗에게 해당하는 것이었다. 그가 연약하고 가난한 자들을 보호했기 때문에(잠 29:14, 31:8-9) 하나님께서는 그를 보호하셨다.

41:2-3. 자비를 베푸는 자들에게는 더 영적인 축복이 임할 것이다. 구체적으로는 여호와께서 저를 보호하시고 약속의 땅에서 복을 받게 하실 것이다(시 37:22). 나아가, 다윗은 여호와께서 병상에서 저를 붙드실 것임을 알고 있다. 병상은 뒷부분에서 악한 병(8절)이라고 언급된 병을 가리킨다. 이러한 것들, 즉 행복과 보호와 안전과 건강은 연약한 자들을 보호하는 자에게 주시는 하나님의 축복이다.

B. 다윗의 요청(41:4)

41:4. 다윗은 병과 씨름하는 사람으로서 회복을 구하며 기도를 드린다. 다윗은 여호와여 나를 긍휼히 여기소서 그리고 병에서 고치소서라고 기도한다. 그는 자신이 다른 사람들에게 베풀듯이 자비를 베풀어달라고 구한다. 그를 고통스럽게 하고 있는 병은 그가 죄를 지은 결과였다. 그래서 다윗은 하나님께 내가 주께 범죄하였사오니라고 고백한다. 그는 자신의 죄와 육체적 질병 사이의 인과 관계를 잘 알고 있다(비교. 시 6:1-2, 32:3-5, 39:1-8).

그래서 자신의 병이 하나님의 고통스러운 징계임을 믿고 하나님께 죄를 고백한다.

C. 다윗의 책망(41:5-9)

41:5-6. 다윗이 중병에 걸려 있는 동안(3절), 그의 원수들은 언제라도 죽이려 달려들 태세가 된 독수리들처럼 그를 에워싸고 있다. 다윗은 좌절하며 나의 원수가 내게 대하여 악담하기를 저가 어느 때에나 죽고 그 이름이 언제나 멸망할꼬라고 말한다고 지적한다. 그들은 내내 친구처럼 가장해왔지만 그가 쇠약해지자 그런 상태를 이용해 그를 비방한다. 다윗의 대적들은 그와 그의 자손들의 왕권을 박탈해 모든 사람들이 그의 존재를 잊

게 만들고 싶었을 것이다. 하지만 다윗은 그것을 똑바로 직시한다. 다윗은 병상에 누운 그를 보러 오는 사람이 있으면 그가 거짓으로 충성을 바치듯이 말한다는 것을 알았다. 하지만 이 불성실한 위선자는 마음속으로는 간악(비방)을 쌓으며 다윗 앞에 있을 때조차 다윗에게 불리한 말을 하려고 했다. 그러고 나서 이 비방자는 그의 면전을 떠나가 다윗에 대한 거짓말을 퍼뜨리고 다녔다.

41:7-8. 다윗은 이 사람들이 다 그에게 대해 수군거리고 그를 퇴위시키려는 음모를 꾸민다는 것을 깨닫는다. 그들은 악한 병이 저에게 들었으니 이제 저가 눕고 다시 일지 못하리라는 나쁜 소문을 퍼뜨린다. 다윗의 병이 매우 위중한 가운데 그들은 왕의 직무와 책임을 수행할 그의 능력에 대한 백성들의 확신을 무너뜨리기를 바란다. 아마 이스라엘 왕인 다윗을 폐위시키기 위한 계획이 실행되고 있었을 것이다.

41:9. 설상가상으로, 다윗은 자신이 신뢰하며 개인 식탁에서 그의 떡을 먹던 그의 가까운 친구들도 그를 배신했다고 선언한다. 다윗은 이 내부자가 그에게 그 발꿈치를 들었다고 탄식한다. 이것은 다윗에게 가해진 해를 묘사한 그림이다. 먼저 이것은 다윗을 배신한 아히도벨의 반역을 가리키며(삼하 16:20-17:3, 23), 예언적인 의미에서는 열두 제자 중에서 유다가 그리스도를 배신할 것을 가리킨다(요 13:18).

D. 다윗의 회복(41:10-12)

41:10. 다윗은 하나님께 다시 간구하며 긍휼과 건강을 구하는 것으로 결론을 내리기 시작한다. 그는 이 병상에서 일으키사 나로 저희에게 보복하게 해달라고 호소한다. 이 간청은 정의와 국가적 안정에 대한 소망이 동기가 되고 있다.

41:11-12. 다윗은 연약한 자들에게 자비를 베풀고(1절) 자기 죄를 고백했기 때문에(4절) 하나님께 주께서 나를 기뻐하시는 줄을 내가 아나이다라고 말할 수 있다. 그의 완전함이 훼손되지 않았기 때문에 하나님께서 그를 붙드시고 주의 앞에서 영영히 세우실 것을 안다(시 23:5-6). 그는 일시적일 뿐 아니라 영원토록 하나님 안에서 안전하다.

E. 다윗의 기쁨(41:13)

41:13. 이 마지막 구절은 시편 제1권의 결론에 해당하는 송영이다(비교. 72:18-19, 89:52, 106:48, 150:6). 여호와 이스라엘의 하나님을 찬송할지로다. 인간에 대한 축복으로

시작되었던 것이(시 1편) 하나님에 대한 찬양으로 높아진다(41:13).

결론

이 시편은 심각한 시련 속에서 고통당하는 모든 신자들을 위한 모범적 반응을 제공한다. 다윗의 삶에서 증명되었듯이 겸손은 하나님과 동행하는 사람의 주요한 덕으로 강조되고 있다. 신자들은 겸손한 마음으로 모든 어려움 속에서 하나님을 부르며 그분께 복종해야 한다. 하나님을 의지하는 자들이 그분의 자비하심을 기대할 수 있기 위해서는 다른 사람들에게 자비를 베풀어야 한다. 예수님께서는 "무엇이든지 남에게 대접을 받고자 하는 대로 너희도 남을 대접하라"(마 7:12)고 말씀하셨다. 의인들은 배신을 당하고 사람들의 중상을 당할 때도 긍휼을 베풂으로써 하나님께서 원하시는 길을 가야 한다.

teaching guide

티칭 가이드

고안

A. 다윗의 보상(41:1-3)

1. 나의 행복은 주 안에 있다(1a)
2. 내 도움은 여호와로부터 온다(1b-2절)
3. 내 건강은 하나님께서 주신다(3절)

B. 다윗의 요청(41:4)

1. 주여 내게 긍휼을 베푸소서(4a)
2. 주여 나를 용서하소서(4b)

C. 다윗의 책망(41:5-9)

1. 대적들이 다윗을 무시한다(5-8절)
    a. 그들이 나를 미워한다(5절)
    b. 그들이 내게 거짓을 말한다(6절)
    c. 그들이 나를 비방한다(6b)
    d. 그들이 나에 대해 음모를 꾸민다(7-8절)
2. 친구가 다윗을 배신한다(9절)
    a. 그는 다윗과 가깝다(9a)
    b. 그가 다윗에 대한 음모를 꾸민다(9b)

D. 다윗의 회복(41:10-12)

1. 그의 힘이 회복되다(10절)

2. 그에 대한 보호가 회복되다(11절)

3. 그의 순수함이 회복되다(12절)

E. 다윗의 기쁨(41:13)

1. 하나님께서 보좌에 앉아 계신다(13a)

2. 하나님은 영원하시다(13b)

3. 하나님은 인내하신다(13b)

시편 42편

낙심에 대한 확실한 처방책

"낙심하고 비참한 태도로 투덜거리기보다 하나님에 대해 그가 어떤 분이시며 어떤 일을 하시고 또한 어떤 일을 해오셨는지, 그리고 그분이 행하겠다고 맹세하신 일이 무엇인지 스스로에게 상기시켜라."

- 마틴 로이드 존스(Martyn Lloyd-Jones)

들어가는 글

하나님 크신 능력 참 신기하도다

윌리엄 쿠퍼(William Cowper)는 교회의 가장 위대한 찬송가 작가 중 한 사람이며 하나님의 강력한 도구로 쓰임 받은 사람이다. 그러나 이 뛰어난 작곡가는 심각한 낙심에 잘 빠졌고 심지어 우울증에도 빈번히 시달렸다. 그가 처음 절망의 공격을 받은 때는 젊을 때였다. 그는 성 알반스 정신병원에 수용되었고 그곳에서 여러 차례 자살을 시도했다. 의사 중 한 사람이 쿠퍼에게 성경책을 주었고 그는 그것을 읽기 시작했다. 하나님의 은혜를 깨달은 그는 그리스도를 믿었고 영광스러운 구원을 받았다.

회심한 지 일 년 후 쿠퍼는 정신병원을 떠나 유명한 존 뉴턴(John Newton)을 만났다. 그는 그의 목사이자 가까운 친구가 되었다. 두 사람은 뉴턴의 '놀라우신 주 은혜', '시온성과 같은 교회'와 쿠퍼의 '하나님 이루시는 일', '샘물과 같은 보혈은'을 비롯해 수많은 소중한 노래들을 수록한 찬송가집을 공동으로 출간했다. 그러나 회심과 사역의 확대에도 불구하고 쿠퍼는 여전히 우울증 발작과 씨름했다. 이로 인해 그는 종종 죽음을 바랄 정도로 낙심에 빠지기도 했다.

우울증의 공격으로 쿠퍼는 더욱 깊이 하나님을 추구하지 않을 수 없었다. 영혼을 고문하는 이 경험을 바탕으로 그는 유명한 찬송가 '하나님 이루시는 일'을 썼다. 이것은 하나님에 대한 흔들림 없는 신뢰를 표현한 노래로서 그의 고통스러운 마음이 하나님 안에서 새롭게 얻은 힘과 위로를 증언한다. 인생의 심각한 절망을 경험한 한 사람이 있었다. 하지만 그는 하나님을 의지하는 법을 배웠다.

1. 주 하나님 크신 능력 참 신기하도다
   바다와 폭풍 가운데 주 운행하시네
2. 참 슬기로운 그 솜씨 다 측량 못하네
   주님 계획한 그 뜻은 다 이뤄지도다
3. 검은 구름 우리들을 뒤덮을지라도

그 자비하신 은혜로 우리를 지키네
4. 어둠에서 소경같이 나 헤맬지라도
주 나를 불쌍히 보사 앞길을 비추리

윌리엄 쿠퍼의 생애와 저술에서 알 수 있듯이 아무리 강한 신자라 하더라도 극심한 낙담과 절망에 빠질 수 있다. 그러나 쿠퍼는 하나님을 신뢰함으로 영혼이 안정되고 평강을 누릴 수 있었다. 시편 42편에서 시편 기자가 표현한 것이 절망의 시기에 하나님에 대해 가졌던 바로 이 믿음이다. 가중되는 시련과 고통스러운 번민 속에서 시편 기자는 황폐해진 마음을 추슬러 하나님을 바라보았다. 시편 기자는 하나님께 의지하는 가운데 그에게 필요한 위로를 얻었다. 낙심이 극심했지만 하나님 안에서 얻은 위로는 더 컸다. 이 시편은 모든 신자들에게 우울함과 낙심을 어떻게 극복할지 보여준다. 이 시편은 낙담한 영혼이 위를 바라보며 하나님을 의지함으로 얻은 평강을 묘사하고 있다.

시편 42편에는 교훈의 시편이라는 뜻의 마스길(maskil)이라는 표제가 붙어 있다. 다르게 말해서, 이것은 하나님을 의지해 어려운 시기를 극복하라는 지혜의 교훈이다. 이 시편은 저자가 누구인지 밝혀지지 않았지만 '고라 자손들' 에 의해 쓰였고 '영장을 위한' 것이었다. '고라의 자손들' 은 고라의 부친인 그핫의 후손들이었다(대상 6:22-48, 9:17-32, 대하 20:19). 그들은 성막이 광야에 있던 시기와 예루살렘 성전 건축 후에 음악을 만들고 연주했다(비교. 민 26:11).

이 시편은 시편 제2권의 첫 시편이며 하나님의 이름을 사용하는 데 있어 흥미로운 변화를 보여준다. 제1권에서 하나님을 가리켜 지배적으로 사용된 여호와(272번)라는 이름이 제2권에서는 엘로힘(164번)이라는 이름으로 변화된다. 게다가 시편 42편 5, 11절과 43편 5절의 반복된 후렴이 암시하듯이 시편 43편은 42편의 연장이거나 확대인 것으로 보인다.

본문 이해

낙심에 대한 확실한 처방책

Main Idea	시편 기자는 심각한 낙망 속에서 하나님의 임재를 간절히 바라며 하나님을 소망하도록 스스로의 영혼을 독려한다.

A. 낙심의 일차적 원인(42:1-4)

Supporting Idea	시편 기자는 자신의 삶을 들여다보며 자신이 극심한 낙심에 빠져 있는 이유들을 돌이켜본다.

42:1-2. 이 시편은 간절한 갈망을 언급하며 시작된다. 하나님이여 사슴이 시냇물을 찾기에 갈급함같이 내 영혼이 주를 찾기에 갈급하나이다. 시편 기자에게 이 시기는 정서적인 가뭄과 영적 메마름의 시간이었다. '갈급하다' 라는 단어는 히브리어로 '강렬하고 절실한 욕망을 갖다' 라는 뜻이다. 그의 강렬한 열망은 사람들이나 재물 혹은 번영에 대한 것이 아니라 하나님에 대한 것이었다. 물이 절박하게 필요한 목마른 사슴처럼 시편 기자는 내 영혼이 하나님 곧 생존하시는 하나님을 갈망하나니라고 외친다. 시편 기자의 모든 소망과 신뢰와 확신은 생명이 없는 이방 우상의 신들이 아닌 생존하시는 하나님께 있다. 그의 갈망은 자존하시고 독립적이시며 자율적이시고 기꺼이 당신 백성들의 도움이 되어주시는 참된 하나님을 향한 것이다.

시편 기자의 더 깊은 절망은 내가 어느 때에 나아가서 하나님 앞에 뵈올꼬?라는 질문에 반영되어 있다. 이것은 하나님의 무소부재하심을 부정하는 게 아니라 하나님의 임재가 실제로 충족되기를 갈망하는 것이다. 시편 기자는 예루살렘 성전의 공적인 예배에 동참하지 못함으로 인한 소외감과 외로움으로 고통당하면서 개인적으로 하나님을 더 깊이 자각하게 되기를 갈망한다.

42:3. 하나님을 향한 극심한 갈증은 종일 네 하나님이 어디 있느뇨?라고 비아냥대는 사람들이 만든 적대적인 환경으로 인해 더욱 심해진다. 이들은 시편 기자의 원수들로

서 그로 하여금 하나님의 속성에 대해 의심하고 두려워하며 낙심하도록 조롱하는 사람들이다. 그의 원수들은 실제로 시편 기자가 아닌 하나님을 공격 목표로 삼고 있다. 그들은 "네가 필요로 할 때 너의 하나님은 어디 계시느냐? 지금 네 하나님이 어디 있느냐? 하나님께서 너와 함께한다고 생각했다. 그런데 지금 그는 어디 계시느냐?"라고 묻고 있다. 시편 기자는 너무나 절망해서 내 눈물이 주야로 내 음식이 되었도다라고 외친다. 이 대적들의 지칠 줄 모르는 조롱에 그는 결국 큰 슬픔에 빠졌고 아무 음식도 먹을 수 없었다.

42:4. 시편 기자는 자신의 현재 조건에 대해 생각하다가 과거의 긍정적인 것에 생각이 미친다. 그는 예루살렘과 격리된 자신의 처지를 고통스럽게 떠올리면서(6절) 이제 이 일을 기억하고 내 마음이 상하는도다라고 쓴다. 이러한 감동적인 기억은 내가 전에 성일을 지키는 무리와 동행하여 저희를 하나님의 집으로 인도하던 예루살렘의 공적 예배 기간에 시편 기자가 경험한 넘치는 기쁨에서 이끌어낸 것이다. 그는 예루살렘 성의 거리를 지나 하나님의 집으로 사람들의 행렬을 인도했다. 그는 이 행렬을 성전으로 직접 이끌고 예배하도록 한 구심점이었다.

역설적이게도 과거의 이 즐거운 기억들은 그가 현재 낙담하는 원인이 된다. 이 거대한 행진에는 성일을 지키는 무리들의 기쁨과 찬송의 소리가 동반되었다. 시편과 거룩한 노래들을 부르는 일이 포함되었음은 의심의 여지가 없다. 이런 일은 세 번의 연례 순례 절기(유월절, 초실절, 초막절 비교. 출 23:17, 34:18-26, 레 23:4-44, 신 16:1-17) 동안 이루어졌을 것이다. 그때 또한 순례단이 예루살렘 성과 성전 언덕으로 올라가면서 성전으로 올라가는 노래(시 120-134편)를 불렀을 것이다.

B. 낙심에 대한 믿음의 처방책(42:5)

Supporting Idea	시편 기자는 자신이 우울한 원인을 정확히 찾아내고자 자문한 뒤 하나님에 대한 신뢰를 주장한다.

42:5. 시편 기자는 자신의 영혼과 마음에 대고, 내 영혼아 네가 어찌하여 낙망하며 어찌하여 내 속에서 불안하여 하는고?라고 묻는다. 자신의 슬픈 상태에 대해서 자기 점검과 성찰을 하도록 스스로를 도전하기 위해 이런 질문을 하는 것이다. 시편 기자는 필요

한 처치 방법을 구하기 전에 자신이 우울해하는 원인을 알아보고자 한다. 이러한 자기 성찰을 통해 시편 기자는 자신의 영혼에게 하나님을 바라라고 명령한다. 이것은 영적으로 낙심하고 괴로워 절망하고 있는 영혼을 치료하는 과정의 일부이다.

시편 기자는 하나님과 고립되어 있다고 느꼈지만 하나님께 소망을 둠으로써 이성을 통해 자신의 감정과 기분을 극복했다. 더욱이 계속해서 내가 오히려 찬송하리로다라고 한다. 이러한 찬양은 주께서 시편 기자의 구세주요 하나님이시라는 믿음에서 연유한다. 그는 하나님의 변함없는 성품에 소망을 두어야 했다. 하나님의 불변하는 속성을 신뢰할 때 우울함에서 구원 받는 것이다.

C. 낙심의 심층적 원인(42:6-10)

Supporting Idea	시편 기자는 계속해서 자신이 우울해하는 원인을 알아보기 위해 자신의 영혼을 깊이 들여다본다.

42:6. 시편 기자는 우울한 감정에서 벗어나려고 노력하지만 그의 영혼은 그 속에서 낙망이 된다. 그는 예루살렘에 있으면서 주님을 예배하던 시간을 회상한다. 그는 내가 요단 땅에서 주를 기억하나이다라고 쓴다. 이곳은 헬몬 산이 위치한 예루살렘 북동쪽 요단 강 너머에 있는 지역을 가리킨다. 이 시편을 쓴 고라의 자손들은 성전에서 하나님께 예배하는 일을 감당했는데, 그만 사역의 지위를 박탈당했다. 그들은 헬몬 산과 미살 산을 기억한다. '미살' 이라는 단어는 '작은 언덕' 혹은 '작은 산' 이란 뜻이며 아마 예루살렘 북동쪽의 헬몬 산 줄기 중 다소 낮은 봉우리를 가리킬 것이다. 그래서 시편 기자는 고향의 포근함과 편안함을 빼앗긴 채 본국의 외진 지역에 살고 있다.

42:7. 흐르는 시냇물을 찾던 시편 기자(1-2절)는 이어서 사나운 물이 그의 영혼을 덮치는 것을 본다. 그의 고통은 사나운 물에 대한 인유를 통해 비유적으로 묘사되어 있다. 주의 폭포 소리에 깊은 바다가 서로 부르며. "깊은 바다가 서로 부르며" 라는 구절은 심해의 파도 중 하나가 심해의 또 다른 파도에게 소리쳐 불러, 비유적인 의미에서, 시편 기자를 익사시키려고 협력하는 장면을 묘사한 것이다. 그는 계속해서 주의 파도와 물결이 나를 엄몰하도소이다라고 말한다. 사나운 폭풍 속에서 난파된 배의 파편 한 조각에 매달린 선원처럼, 그는 아무런 구조의 희망도 없이 앞뒤로 휩쓸리고 물을 들이키며 빠른 속

도로 물속으로 빠져들고 있다.

시편 기자를 덮치는 폭포, 파도와 물결은 가중되는 시련을 상징한다. 그럼에도 불구하고 이것들은 하나님의 통제를 받는다. 이러한 것들은 하나님의 완전한 통제 아래 있고 시편 기자의 선을 이루는 방향으로 작용한다.

42:8a-b. 시편 기자는 아무리 곤경에 휩싸여 있을지라도 여호와께서 그에게 그 인자함을 베푸신다고 말할 수 있다. 이 사랑은 조건 없는 언약적 사랑(23편 6절의 '심층 연구' 참조)이며 당신의 백성을 향한 하나님의 영원한 사랑과 자비다. 시편 기자는 하나님의 사랑이 그분의 택한 백성들을 실망케 하지 않는다는 것을 알고 있다. 그는 밤에는 하나님의 찬송이 그와 함께한다고 말한다. 고통스러운 시련 때문에 밤에 눈을 뜨고 깨어 있지만 하나님의 사랑으로 다시 위로를 받는다. 시편 기자가 하나님의 임재를 항상 느끼지는 못하더라도 하나님께서 그와 함께하시지 않은 때는 단 한 번도 없다.

42:8c-9. 시편 기자는 계속해서 생명의 하나님께 기도를 드린다. 그는 내 반석이신 하나님께 말하기를이라고 기도를 시작한다. 시편 기자는 하나님이 난공불락의 성, 자신을 무너뜨리려고 하는 파도를 피해 숨을 수 있는 반석(비교. 시 18:1-2)이심을 알고 있다. "어찌하여 나를 잊으셨나이까?"라는 믿음의 질문은 하나님께서 즉각 그를 돕기 위해 오지 않으셨기 때문에 제기된다. 시편 기자의 기도는 응답되지 않고 하나님께서 들으시거나 관심을 기울이시지도 않는 것처럼 보인다. 그래서 그는 내가 어찌하여 원수의 압제로 인하여 슬프게 다니나이까?라고 반문한다. '슬프다' 라는 단어는 문자적으로 '재투성이다', '색깔이 어두워지다' 혹은 '검다' 라는 뜻을 가진 다양한 의미의 히브리어(카다르, qadar)이다. 시편 기자는 주의 원수들의 조롱으로 정서적으로 황폐해지고 괴로움에 시달린다.

42:10. 이 압제는 시편 기자에게 신체적으로도 영향을 미치기 시작한다. 그는 내 뼈를 찌르는 칼같이 내 대적이 나를 비방하여라고 쓴다. 육신의 고통은 대적들이 가혹하고 직접적인 공격을 해서 생긴 것이다. 이 사람들은 스스로 하나님의 원수들로 나서고 따라서 그의 원수들이 되기도 하다. 문자적으로 이것은 '내 뼛속의 고통' 혹은 '나의 뼈를 꺾으며' 라고 읽힌다. 대적들의 조롱은 시편 기자에게 치명적인 괴로움을 안겨주었다. 원수들은 그의 목숨을 앗아가기 위해 칼이나 창을 사용하지 않지만 혀의 칼을 쓴 그들의 공격은 시편 기자의 살을 도려내는 것 같다. 원수들은 구체적으로 "네 하나

님이 어디 있느냐?" 라고 조롱했다. 시편 기자가 경악할 정도로 이 조롱은 종일토록 계속 된다.

D. 낙심에 대한 최종 처방책(42:11)

Supporting Idea	이러한 곤경에 직면해 시편 기자는 고난과 시련과 고통 중에도 하나님을 찬양하기로 선택한다.

42:11. 시편 기자는 내 영혼아 네가 어찌하여 낙망하며 어찌하여 내 속에서 불안하여 하는고라고 물으며 앞 절(5절)을 반복한다. 그는 너는 하나님을 바라라라고 스스로에게 이름으로써 이 질문에 대답한다. 모든 상황을 승리하는 방향으로 처리하실 수 있는 하나님의 능력을 그가 깊이 확신했다는 뜻이다. 그는 하나님께서 자신을 도우시고 완전한 지혜와 계획과 완벽한 때와 완전한 능력으로 그분의 선을 이루기 위해 역사하실 것이라는 긍정적인 기대를 갖고 하나님을 의지하도록 스스로의 마음을 격려한다.

'바라다' (히. 야차, yacha)는 미래에 대해 하나님에 대한 확고하고 강한 믿음을 갖고 그분의 완벽한 때를 기다린다는 의미다. 시편 기자는 이미 5절에서 이 치료책에 대해 처방한 적이 있다. 이제 그는 이 단순한 처방을 반복한다. 너는 하나님을 바라라. 시편 기자는 구세주이신 하나님을 바라며 또한 하나님의 속성과 그분이 했던 일, 하고 계신 일, 앞으로 하실 일에 대해 하나님을 찬송할 것이다.

Main Idea 복습	시편 기자는 심각한 낙망 속에서 하나님의 임재를 간절히 바라며 하나님을 소망하도록 스스로의 영혼을 독려한다.

결론

불신앙의 문제

환난과 낙심에 에워싸일 때 영적 우울증에 대한 단순하지만 확실한 처방책이 있다. 고통당하는 영혼을 위한 치유책은 언제나 하나님께서 우리를 실망케 하는 법이 없다는 것을 깨닫고 그분만 소망하는 것이다.

마틴 로이드 존스 박사는 그의 베스트셀러인 「영적 침체: 영적 침체의 원인과 치료(Spiritual Depression: Its Causes and Cure, 새순출판사)」에서 이 점을 다루며 다음과 같이 썼다.

> 모든 영적 침체의 궁극적 원인은 불신앙이다. 그것이 불신앙 때문이 아니라면 사탄이라 해도 아무것도 할 수 없다. 영적 침체는 우리가 하나님의 말씀을 듣는 대신 사탄의 말에 귀를 기울여 그에게 굴복하고 그의 공격에 넘어지기 때문에 온다. 시편 기자가 계속해 자신에게 "너는 하나님을 바라라 나는 … 내 하나님을 오히려 찬송하리로다"라고 상기시킨 이유가 여기에 있다. 그는 자신에게 하나님을 상기시킨다. 그 이유는 무엇인가? 그가 낙담해 있고 하나님을 망각해버려서 하나님과 하나님의 능력과 하나님과의 관계에 대한 믿음과 확신이 하나님께서 원하시는 상태에 있지 않았기 때문이다… 인생의 불행 가운데 대부분이 스스로에게 명령하는 대신 자신의 소리에 귀 기울인다는 사실에 기인하고 있음을 아는가? … 이제 이 남자에 대한 처방을 내리겠다. 즉 자아가 그에게 말하도록 허락하지 않고 그가 자신에게 말하기 시작하는 것이다. "내 영혼아 네가 어찌하여 낙망하는고?"라고 묻는 것이다. 그의 영혼은 그를 낙심에 빠뜨렸고 그를 짓밟았다. 그러므로 그는 일어서서 "자아여, 내가 네게 말하노니 잠시 주의 깊게 들어보라"고 말해야 한다.

삶의 적용

하나님을 바라보라

신자가 어려움을 겪고 있을 때 해결책은 항상 동일하다. 하나님을 소망하는 것이다. 이것은 시편 기자의 지혜로운 조언이다. 감당하기 힘든 환경에 처했을 때 우리는 주님을 확신하고 신뢰해야 한다. 인간의 눈에는 너무나 단순한 처방으로 보일 수 있지만 이것이야말로 하나님께서 주신 해결책이다. 그러나 불행하게도, 시련이 계속될 때 우리는 공포에 빠져 인간이 만든 해결책에 의지하고 싶은 유혹을 받는다. 이러한 해결책들로는 절대 고통에서 헤어날 수 없다. 어떤 이들은 어려움을 해결하기 위해 자기만의 일이나 취미에 의지한다. 어떤 이들은 슬픔을 마비시키기 위해 신상품을 구입하거나 뭔가를 새롭게 추구하는 방식에 의존한다. 또 어떤 이들은 고통을 줄이기 위해 술이나 마약에 의지하지만 괴로움만 더해갈 뿐이다.

영구적인 평강과 순수한 만족은 오직 한 곳, 하나님에 대한 소망에서만 얻을 수 있다. 절망의 웅덩이에 아예 완전히 빠져버리고 싶은 유혹을 받을 때 우리는 마음을 훈련하고 우리의 의지가 하나님을 소망하도록 해야 한다. 인생의 절망적인 순간에서 그 어떤 것도, 그 누구도 우리를 끌어올릴 수 없다.

기도

하나님, 당신의 변함없는 성품에 감사드립니다. 당신은 우리의 반석이십니다. 인생의 폭풍이 휘몰아치더라도 당신의 사랑은 평생 우리와 함께 있습니다. 진실로 우리 인생의 하나님이신 당신을 찬양하고 경배합니다. 우리 마음의 지고한 소원은 당신이 우리와 만나주시는 것입니다. 낙망한 우리의 영혼을 구해주십시오. 당신의 신실하심을 기억하도록 가르쳐주십시오. 다시 축제의 자리에 들어가 당신을 경배하길 원합니다. 예수님의 이름으로 기도합니다. 아멘.

심층 연구

A. 불안하다(42:5)

이 단어(히. 하마, hama)는 시끄러운 소리나 소음 혹은 큰 소동이나 소란을 가리키며 '소란스럽다' 혹은 '불안하다' 라는 뜻이 있다. 이 단어의 파생어는 사람이 신음하거나 소리 지르는 것(시 77:3, 사 59:11, 렘 6:23), 물이 으르렁거리는 소리를 내는 것(시 46:3), 심장이 쿵쾅거리는 것(렘 4:19), 그리고 마음이 측은한 것(렘 31:20)의 의미로 쓰인다. 여기서는 고통스러운 근심이 가득 찬 마음의 깊은 신음을 가리킨다.

B. 깊은(42:7)

이 단어(히. 테홈, tehom)는 여러 가지 방식으로 물을 말하는 데 사용된다. 이를테면 지중해(요 2:5)와 같은 거대한 수역이나(시 77:16, 사 51:10, 63:13) 지하수의 공급(신 8:7, 시 78:15) 등을 말할 때 쓰인다. 이 단어는 종종 신이 진노하여 발생한 괴멸적인 홍수처럼 파괴와 심판의 이미지로도 사용된다. 또한 다윗이 "저가 위에서 보내사 나를 취하심이여 많은 물에서 나를 건져내셨도다"(시 18:16)라고 말할 때처럼 인생의 거대한 환난을 가리킬 때 사용되기도 한다. 이 단어는 하나님께서 노아 시대의 악한 세대를 심판하기 위해 보내신 물을 말하며 사용되었다(창 7:11, 8:2). 또한 하나님께서 두로 성을 파멸하기 위해 깊은 바다로 덮치게 하신 일과 관련해 사용되었고(겔 26:19) 열방들에 대한 신적 심판과 관련해 사용되었다(합 3:10).

C. 슬프다(42:9)

이 단어(히. 카다르, qadar)는 구약에서 19번 사용되었고 '어둡거나 검다' 는 뜻을 갖고 있다. 애통한 상태(비교. 욥 30:28, 렘 14:2)나 애곡하게 하는 행위(겔 31:15)를 묘사하는 데 쓰였다. 또한 주의 날에 천체들의 어두워짐을 묘사하기 위해 종말론적 의미로 사용되기도 한다(사 13:10, 렘 4:28, 요 2:10, 30-31, 3:15, 습 1:15). 이러한 의미에서 이 단어는 하나님의 진노의 임박한 심판 때문에 갖는 극도의 슬픔을 암시하고 있다.

고안

A. 낙심의 일차적 원인(42:1-4)

1. 공적 예배에 참석하지 못함(1-2절)
2. 언어적 조롱(3절)
3. 즐거운 추억(4절)

B. 낙심에 대한 믿음의 처방책(42:5)

1. 자기 성찰의 질문(5a-b)
   a. 네가 어찌하여 낙망하는가?(5a)
   b. 네가 어찌하여 불안하여 하는가?(5b)
2. 필연적인 대답(5c-6a)
   a. 인내하며 소망을 가지라(5c)
   b. 찬양의 마음을 가지라(5d)

C. 낙심의 심층적 원인(42:6-10)

1. 물리적 격리(6절)
2. 밀려오는 시련(7절)
3. 불면의 밤(8절)
4. 응답되지 않는 기도(8c-9절)
5. 괴롭히는 사람들(10절)

D. 낙심에 대한 최종 처방책(42:11)

1. 자기 성찰의 질문(11a)
   a. 네가 어찌하여 낙망하는가?(11a)
   b. 네가 어찌하여 불안하여 하는가?(11b)
2. 필연적인 대답
   a. 인내하며 소망을 가지라(11c)
   b. 찬양의 마음을 가지라(11d)

토의 질문

1. 하나님께서 만나주시기를 나는 갈망하는가?

2. 이 갈망은 내 삶에서 어떻게 표현되고 있는가?

3. 어둠과 절망의 음침한 밤을 나는 어떻게 극복할 수 있는가?

4. 대적들과 원수들과 직면할 때 나는 어디에 내 소망을 두는가?

5. 나는 나의 영적인 상태를 점검하려고 노력하며 나 자신에게 질문하는가?

시편 43편

소망을 붙들라

"우리를 지키는 것은 우리의 신뢰가 아니라 우리가 지키실 것이라고 믿는 하나님 이시다."

- 오스왈드 챔버스(Oswald Chambers)

들어가는 글

환난이 찾아오면 우리는 승리하거나 무너진다. 다시 말해서 환난을 통해 하나님께 더 가까이 가거나 아니면 하나님으로부터 더 멀어질 수 있다. 깊은 고통을 겪으면서 여전히 예전 상태 그대로 남아 있는 사람은 없다. 그 모든 것은 한 개인이 믿음을 어디에 두느냐에 따라 달라진다. 주님을 신뢰하는 사람에게 고난의 시간은 주님께 더 깊이 의존하는 시기가 된다. 시편 기자도 그러했다. 그는 시련을 통해 하나님께 더욱 가까이 나아갔다.

시편 43편은 42편의 에필로그이다. 시편 42편에서 시편 기자는 자신이 어려움에 처해 있음을 보고 흔들리지 않는 것들을 더욱 의지하게 된다. 폭풍이 잦아들 기미가 전혀 보이지 않자 그는 시편 43편에서 계속 압제를 당하는 가운데 하나님을 찾는다. 이 시련의 원인은 경건치 않은 민족(1절)으로, 그들은 아마 다메섹의 아람족들이었을 것이다. 그들은 대적하는 원수가 되어(2절) 이스라엘의 안전을 위협했다. 이러한 상황에서 시편 기자는 예루살렘을 떠나야 했고(3절) 그로 인해 하나님께 그를 다시 안전하게 돌아가게 해달라는 기도를 드리고 있는 것이다(1절).

그는 하나님께서 자신을 예루살렘의 거룩한 산으로 다시 인도하여 제단에서 다시 하나님을 예배할 수 있도록 해달라고 기도한다(3절). 하나님을 섬기지 않는 이방 나라 때문에 처한 위험 속에서 절망하는 중에 그는 자신에게 하나님을 소망하고 의지하라고 도전한다(5절). 이 시편은 어떤 절망에 빠져 있든 모든 성도들에게 주는 메시지다. 그 메시지는 분명하고 확실하다. "너는 하나님을 바라라" (5절, 비교. 시 42:5, 11).

본문 이해

소망을 붙들라

Main Idea	시편 기자는 하나님께 자신을 거룩한 하나님의 임재 안으로 인도하여 그의 원수들 앞에서 자신을 변론해달라고 요청한다.

A. 변론을 구하는 기도(43:1)

43:1. 시편 기자는 법정 용어를 사용해 하나님께 하나님이여 나를 판단하시되 경건치 아니한 나라에 향하여 내 송사를 변호하시며라고 부르짖는다. 그는 하나님께서 그를 심문하는 재판장인 동시에 이스라엘의 안전을 위협하는 불경건한 나라로부터 자신을 변호하는 변호사가 되어주시기를 원한다. 이것은 원수들로부터 그를 변론해주기를 바라는 기도로서 그들 앞에서 자신의 사건을 변호해달라고 하나님께 구하는 것이다. 하나님께서 그의 생명을 위협하는 간사한 사람들에게서 그를 건져주시기를 원한다. 그 나라가 어느 나라인지는 언급되어 있지 않다.

B. 애통의 기도(43:2)

43:2. 확신이 점점 강해진 시편 기자는 주는 나의 힘이 되신 하나님, 즉 모든 공격에서 그를 보호해주실 수 있는 분이라고 자랑한다. 그럼에도 불구하고 원수들이 그보다 더 우세한 것처럼 보이는 상황에서 하나님께서 그를 버리신 듯한 느낌을 받는다. 그는 어찌하여 나를 버리셨나이까?라고 탄식한다. 하나님께서 그의 확실한 보호가 되신다면 내가 어찌하여 원수의 압제로 인하여 슬프게 다니는지 궁금한 것이다. 겉으로 보기에는 하나님께서 그를 버리신 것 같다.

C. 회복을 구하는 기도(43:3-4)

43:3. 시편 기자에 대한 하나님의 변호는 예루살렘으로 그를 예배하도록 이끌어주심으로 입증될 것이다. 그는 주의 빛과 주의 진리를 보내어 나를 인도하사 주의 성산과 장막

에 이르게 하소서라고 기도한다. 그는 성막이 있는 예루살렘, 공적인 예배 장소로 지정된 곳을 가리키고 있다. 시편 기자의 개인적인 안내자로 의인화된 하나님의 빛은 개인이 하나님의 진리를 이해하기 위해서는 반드시 필요한 하나님의 깨닫게 하심이다. 다시 말해서, 그는 하나님께서 주신 말씀을 이해함으로써 예루살렘에서 예배할 수 있도록 인도하심을 받을 것이다. 시편 기자는 예루살렘에 돌아갈 수 있기 전에 먼저 상황을 역전시키는 하나님의 섭리적 돌보심이 필요하다.

43:4. 시편 기자는 일단 예루살렘에 돌아가면 하나님의 단에 나아갈 것이다. 하나님은 그의 극락이 되시며 그 영혼의 만족이 되시기 때문이다. 그곳에서 그는 수금으로 하나님을 찬양할 것이다.

D. 성찰의 기도(43:5)

43:5. 앞 시편의 익숙한 후렴(42:5, 11)을 반복하면서 시편 기자는 자신의 마음을 살피며 내 영혼아 네가 어찌하여 낙망하며 어찌하여 내 속에서 불안하여 하는고라고 묻는다. 그는 하나님이 그토록 위대하시다면 자신이 어떻게 그토록 감정적으로 고통당할 수 있는지 의문을 갖는다. 그러나 그는 스스로에게 너는 하나님을 바라라라고 명한다. 다시 말해서 주님에 대한 확신을 가지라는 것이다. 그는 외부로 눈을 돌려 자신을 에워싼 원수들에게 초점을 맞추지 말고 위에 계신 하나님을 바라보아야 한다. 그는 굳은 결의로 홀로 그의 얼굴을 도우시는 하나님(그의 구세주와 하나님-NIV)을 찬양하기로 결심한다.

! 결론

인생의 어려움 속에서 신자는 마음을 하나님께로 향하며 그 안에 영혼의 닻을 내려야 한다. 주변의 상황이 어떠하든 흔들림 없는 소망을 하나님께 두어야 한다. 이렇게 하기 위해서는 하나님에 대한 확고한 믿음을 훈련해야 한다. 하나님의 속성, 특별히 과거에 백성들을 향한 그분의 신실하심은 오늘날 성도들에게 힘을 주는 위로가 되어야 한다. 오직 하나님만이 당신 백성들의 구세주와 붙드시는 자가 되신다. 그분만이 캄캄한 시련과 환난에서 우리를 구해주실 수 있다.

teaching guide

티칭 가이드

교안

A. 변론을 구하는 기도(43:1)

1. 나를 변호해주소서(1a)
2. 내 생명을 보존해주소서(1b)

B. 애통의 기도(43:2)

1. 어찌하여 나를 버리셨나이까?(2a)
2. 어찌하여 나로 압제를 당하게 하셨나이까?(2b)

C. 회복을 구하는 기도(43:3-4)

1. 당신의 진리를 허락해주소서(3a)
2. 당신의 성전으로 인도해주소서(3b-4절)
    a. 그러면 당신의 단에 나아갈 것입니다(4a)
    b. 그러면 당신을 찬양할 것입니다(4b)

D. 성찰의 기도(43:5)

1. 질문: 나는 어찌하여 낙망하고 있는가?(5a)
2. 대답: 하나님을 바라라(5b)

시편 44편

공격을 당하는 한 나라

"시험은 중요하고 필연적이다. 스스로에 대해 알아야 하기 때문이다."

- J. 러셀 하우든(J. Russell Howden)

들어가는 글

갑작스럽고 예기치 않은 국가적 위기는 누구에게나 비상사태이다. 그것이 외국 군대의 공격이든 안에서 일어난 내부 갈등이든, 즉 내전이든 그러한 시간은 한 민족을 황폐하게 하고 그들로 하나님을 구하게 만드는 계기가 될 수 있다. 이것이 시편 44편의 상황이었다. '고라의 자손'이 쓴 이 마스길 시편은 유다가 이방의 압제자의 손에 처절한 패배를 당한 후 하나님께 드린 민족적인 탄식이었다.

실제 역사적인 배경은 확실하지 않다. 하지만 이스라엘이 과거에 수많은 승리를 누렸지만(1-8절) 이제 아마 앗시리아나 바벨로니아 제국으로 보이는 적군의 끔찍한 공격으로 휘청거리고 있다는 사실(11, 14절)은 확실히 드러나 있다. 이로 인한 손실이 너무나 심각해서 유다는 국제적으로 조롱을 당한다(13절). 시편 기자는 이러한 국가적 패배가 부당하게 일어났다고 주장한다(9-16절). 그는 심지어 아무 잘못도 드러나지 않을 것이라고 기대하면서 하나님께 백성들의 잘못을 지적해달라고 요청한다(9-16절). 그는 하나님께 일어나시어 그들의 압제에서 당신의 백성을 구원해달라는 요청으로 글을 맺는다(23-26절).

본문 이해

공격을 당하는 한 나라

Main Idea	시편 기자는 자기 백성들을 대신해 과거에 하나님께서 주신 승리들을 기뻐하고, 현재 당하는 패배로 인해 혼란스러워하며, 이스라엘을 위한 하나님의 승리가 회복되게 해달라고 기도한다.

A. 형통했던 과거(44:1-8)

44:1-3. 시편 기자는 하나님께서 과거에 당신의 백성을 위해 주신 승리들을 언급하며 시편을 시작한다. **하나님이여 주께서 … 옛날에 행하신 일을 … 우리 귀로 들었나이다.** 시편 기자는 하나님께서 그들을 애굽인들로부터 어떻게 구해주셨는지(출 15:6, 시 17:7, 118:16), 그리고 여호수아의 지도 아래 그들에게 어떻게 땅을 주셨는지(수 24:17-18) 유다 조상들이 자기 아들들에게 이야기해주었던 내용을 회상한다. 그렇게 함으로써 하나님께서 **열방을 쫓으시고 열조를 심으셨다**(출 15:17, 시 80:8-12, 암 9:15)고 자랑한다. 이 신적 개입이 너무나 명확해서 시편 기자는 **저희가 자기 칼로 땅을 얻어 차지함이 아니요**라고 말한다. 시편 기자는 유다가 전쟁에 이긴 것은 하나님께서 **저희를 기뻐하셔서** 승리를 주신 것임을 알았다(신 4:37, 8:17-18, 9:4, 6).

44:4-8. 시편 기자는 이러한 강력한 승리에 기초해 하나님께 찬양을 드린다. **주는 나의 왕이시니 야곱에게 구원을 베푸소서.** 전투는 이스라엘 백성들이 했지만 승리를 주신 이는 하나님이셨다. 현 세대에서도 하나님께서는 **우리를 미워하는 자로 수치를 당케 하**셨다. 시편 기자는 하나님께서 유다의 원수들을 무너뜨리심으로 유다가 승리를 얻게 하셨기 때문에 **우리가 하나님으로 자랑하였나이다**라고 선언한다(시 34:2). 그러므로 하나님의 백성들은 **우리가 하나님의 이름을 영영히 감사하리이다**라고 응답할 수 있다. 승리를 주신 하나님께 감사를 드리자!

B. 고통스러운 현실(44:9-22)

44:9-12. 갑자기 시편의 초점과 어조가 변한다. 과거의 승리에도 불구하고 유다 민족은 이제 비극적인 패배를 당한 상태이다. 하나님께서는 그들을 **버려 열방 중에 먹힐 양 같게 하시며** 당신의 택한 백성들을 대적하는 것처럼 보인다. 주님은 그들에게 소유로 주셨던 바로 그 땅에서 그들을 몰아내시고 있는 것 같다.

44:13-16. 시편 기자는 **주께서 우리로 이웃에게 욕을 당케 하시고 둘러 있는 자가 조소하고 조롱하나이다**라고 하나님께 탄식한다(신 28:37, 삼상 9:7, 렘 24:10). 그는 **수치가 내 얼굴을 덮었나이다**라고 덧붙인다. 하나님께서 패배한 민족에게 주셨던 굴욕과 수치스러움을 비유적으로 묘사한 것이다.

44:17-19. 유다가 당한 이러한 패배들에서 가장 혼란스러운 점은 그들이 그런 일을

당할 이유가 없는 것 같다는 점이다. 시편 기자는 이 모든 일이 우리에게 임하였으나 우리가 주를 잊지 아니하며(우리가 주를 잊지 않았음에도 불구하고 이 모든 일이 우리에게 일어났나이다-NIV)라고 확인한다. 하나님에 대한 그들의 충성은 강하고 동요함이 없었다. 시편 기자는 민족을 대변하며 우리 마음이 퇴축지 아니하고 우리 걸음도 어긋난 길로 가지 않았음을 지적한다. 이것은 내외적으로 유다 민족에게 흠이 없어 보인다는 뜻이다. 그럼에도 불구하고 하나님께서는 그들을 상하게 하시고 사망의 그늘로 덮으셨다.

44:20-22. 유다가 하나님을 망각했거나 이방 신을 좇았다면 하나님께서는 분명히 그것을 알고 계셨을 것이다. 하지만 그들이 끊임없이 죽임에 직면했고 도살할 양같이 여김을 받았다고 시편 기자는 지적한다. 이 동일한 심상은 이사야가 메시아를 언급한 대목에서 사용된다(사 53:7). 아무런 설명 없이 하나님께서는 당신의 백성들이 원수들에게 파멸당하도록 허락하셨다.

C. 긍정적 전망(44:23-26)

44:23-24. 자신들의 무시무시한 곤경을 생각하고 시편 기자는 그들의 도움이 되어 달라고 하나님을 부른다. 주여 깨소서!는 행동하시도록 하나님을 자극하는 요청이다. 하나님은 주무시는 분이 아니지만 그들에 대해 전혀 행동하시지 않는 모습은 이러한 인상을 준다. 그는 하나님께서 그들에게 전혀 능력을 쓰시지 않는 것처럼 어찌하여 주의 얼굴을 가리우시나이까?라고 반문한다.

44:25-26. 하나님께서 행동하실 때까지 시편 기자는 우리 영혼은 진토에 구부린다고 탄식한다. 그래서 그는 절망 속에서 부르짖는다. 일어나 우리를 도우소서 주의 인자하심을 인하여 우리를 구속하소서. 이 시편은 하나님께서 이전에 하셨던 것처럼 원수들에 대한 승리를 그들에게 주시기 위해 개입하실 것을 구하는 열정적인 간구로 마무리된다.

결론

국가적 비극이 아무리 위협적으로 보인다 하더라도 주님을 의지하면 항상 미래에 대한 소망이 있다. 과거에 유다에 승리를 가져다 주셨던 하나님은 그 이름을 부르는 자들에게 현재에도 승리를 주실 수 있는 하나님이시다. 하나님께서는 의인들을 에워싼 문화적, 사회적 대격변마저 사람들의 마음이 하나님을 찾는 계기가 되도록 사용하실 수 있다. 고대의 시편 기자처럼 하나님의 백성들은 국가적 도덕적 혼란에서 그들을 구속해달라고 하나님을 불러야 한다. 하나님의 구속하시는 권능이 미치지 않을 정도로 절망적인 상황은 절대 없다.

teaching guide

티칭 가이드

교안

A. 형통했던 과거(44:1-8)

1. 그들이 가나안 땅에 심겨졌다(1-3절)
   a. 하나님께서 그들을 그곳으로 인도해주셨다(1-2절)
   b. 하나님께서 그들을 일으켜 세우셨다(3절)
2. 그들이 그 땅에서 보호를 받았다(4-8절)
   a. 하나님께서 승리를 선포하셨다(4절)
   b. 하나님께서 대적들을 무찌르셨다(5-6절)
   c. 하나님께서 그들을 건져주셨다(7-8절)

B. 고통스러운 현실(44:9-22)

1. 그들의 군사적 재앙은 생생한 현실이다(9-16절)
   a. 그들은 패배했다(9-10절)
   b. 그들은 추방을 당했다(11-12절)
   c. 그들은 멸시를 받았다(13-14절)
   d. 그들은 수치를 당했다(15-16절)
2. 도덕적 딜레마가 흔들렸다(17-22절)
   a. 그들은 헌신되어 있다(17-18절)
   b. 그들은 패배를 당했다(19절)
   c. 그들은 환멸을 느꼈다(20-22절)

C. 긍정적 전망(44:23-26)

1. 하나님이여 깨어나소서(23-24절)
2. 하나님이여 우리를 구속하소서(25-26절)

시편 45편

왕실의 결혼 축가

"아름다운 결혼보다 더 사랑스럽고 친근하며 매혹적인 관계나 교제는 없다."

- 마틴 루터(Martin Luther)

들어가는 글

하나님께서 제정하신 최초의 제도는 결혼으로서 그것은 인간에 대한 하나님의 선하심을 표현했다. 에덴에서 이루어진 최초의 결혼 예식을 시작으로 그 이후의 결혼을 통해 한 남자와 한 여자가 결합하는 것은 하나님께서 피조물에게 축복하심에 대한 찬양이었다. 시편 45편은 결혼에 나타난 하나님의 선하심을 묵상하고 있다. 모든 시편 중에서도 독특한 이 시편은 왕의 결혼식 날 그에게 바치는 칭송의 노래이다.

여기서 왕은 다윗 왕조의 일원임이 분명하지만 그가 정확히 누구인지 알려져 있지 않다. 신부는 외국의 공주였다(10, 12절). 결혼 예식은 왕의 국제적인 명성을 반영한다. 많은 고위 인사들이 혼인 잔치에 참석해서 호화로운 선물을 바쳤다(12절). 이 시편이 왕실 결혼식에 한 번 이상 사용되었다는 것은 의심의 여지가 없다. 그것은 결혼의 기쁨과 축복을 찬양하는 영감에 찬 문학 걸작품이다

표제는 이 시편이 마스길일 뿐 아니라 '혼인의 노래' 임을 밝힌다. 결혼의 거룩한 덕에 대한 지혜를 가르치는 것이 그 목적이었다. '고라의 자손들의' 노래인 이 시편은 레위인 성전 성가대의 한 일원이 써서 '소산님(백합) 가락에 맞추어' 불렀다.

본문 이해

왕실의 결혼 축가

Main Idea	시편 기자는 혼인 예식을 하는 왕의 장엄함과 찬란함을 찬양한다.

A. 기쁨이 넘치는 시편 기자(45:1)

45:1. 첫 절은 시편의 작문 과정을 엿볼 수 있는 희귀한 기회를 제공해주며 일종의 프

롤로그 역할을 한다(비교. 삼하 23:2, 시 36:1, 39:1-3, 49:3, 73:2-3, 78:2-3). 시편 기자의 마음은 왕의 결혼에 대한 좋은 말(noble theme-NIV)로 인해 감정이 벅차 있다. 그는 내 혀는 필객의 붓과 같도다라고 선언한다. 영광스러운 경사에 대한 자신의 감정을 신성한 언어로 표현한 것이다.

B. 신랑이 된 왕(45:2-9)

45:2. 시편 기자는 강렬한 언어로 신랑을 묘사한다. 신랑이 될 왕은 인생보다 아름답다. 이것은 문자적으로 그가 아름답고 탁월하다는 뜻이다. 그의 입술(말이나 명령)은 여호와의 은혜로 기름 부음을 받았다. 이 왕이 하나님의 통치를 받으며 명령한 것이 그의 모든 백성들에게 축복이 되었다.

45:3-5. 승리하는 총사령관이며 국가 안보를 지키는 책임자인 왕은 모든 옳은 일을 하려고 전장에 나가기 위해 칼을 차라는 도전을 받는다. 그는 찬란한 영화와 위엄을 입은 능한 자로 지상에서 하나님을 대표한다. 그는 결혼 예복보다 더 찬란한 참된 위대함으로 자신을 장식해야 한다. 그는 두렵고 영웅적인 행위로 진리와 온유와 공의를 보호하며 민족의 원수들에 대해 승전해야 한다. 날카로운 그의 살은 왕의 원수의 염통을 뚫기 위해서 부하들을 통제하며 적을 겨냥해 쏘아야 한다. 그는 백성들을 지키는 자이며 정의를 수행하는 자이다.

45:6-7. 이 절에서는 왕이 하나님으로 호칭되어 있거나, 그의 보좌가 하나님의 보좌로 언급되어 있거나, 혹은 가능성이 더 크겠지만, 하나님의 보좌가 왕의 보좌를 다스리는 것으로 인식되고 있다. 그러므로 이 왕에 대한 하나님의 주권적 통치가 표현되어 있다. 하나님이여 주의 보좌가 영영하며. 공평한 홀로 무장된 천국의 보좌가 왕의 세상 보좌를 인도해주고 있다. 시편 기자는 왕이 정의를 사랑하고 악을 미워하시니라고 하나님께 말한다. 이러한 감정은 거룩함의 두 극단적 열정으로서 전자는 후자를 반드시 동반한다. 하늘의 왕은 그의 동류들보다 더 높아지고 즐거움의 기름으로 부음을 받은 것으로 인식된다. 기름 부음은 특별한 사명을 감당하기 위해 구별된 사람을 상징한다(2편 2절의 '심층 연구' 참조). 신약은 이것이 궁극적으로 주 예수 그리스도에 대한 메시아적 언급임을 보여준다(히 1:8-9).

45:8-9. 세상의 왕이 입는 호화로운 결혼 예복에는 몰약과 침향과 육계의 향기가 있

다. 이러한 향은 왕들이 쓰는 값비싼 것이었다(아 4:14). 왕은 상아 궁에서 정사를 관장했고 그 궁에는 현악이 흘러넘쳤다.

C. 찬란하게 빛나는 신부(45:10-12)

45:10-11. 시편 기자는 왕의 신부를 딸이라고 부른다. 그는 네 백성과 아비 집을 잊어버릴지어다라고 말한다. 그녀가 가족을 떠나 남편과 맺어질 때가 된 것이다(창 2:24). 시편 기자는 이어서 왕이 너의 아름다움을 사모하실지라라고 덧붙인다. 그녀는 왕이 사모하는 대상이다. 그러므로 그녀는 그에게 헌신과 존경을 바침으로 마음껏 저를 경배해야 한다.

45:12. 두로의 딸이라는 구절은 무역의 중심지로 유명한 페니키아 성을 의인화한 표현이다. 두로는 왕의 결혼식을 축하하기 위해 예물을 갖고 이 예식에 참석할 것이다.

D. 장엄한 행렬(45:13-15)

45:13-15. 시편 기자는 왕비가 신랑인 왕 앞에 도착하는 의식을 묘사하고 있다. 그녀는 결혼 예복과 금으로 수놓은 옷을 입어 영화로웠다. 격식대로 차려 입은 그녀는 아마 탈 것에 실려 왕에게 인도되었을 것이다. 신부 들러리나 시녀들이었을 그녀의 동무 처녀들이 그녀를 뒤따라 기다리고 있는 왕에게로 이끌려간다. 동무들과 함께 왕의 딸이 왕궁에 들어가자 기쁨과 즐거움으로 그 경사가 빛난다.

E. 왕으로 통치할 후손(45:16-17)

45:16. 시편 기자는 그들의 형통한 미래를 기대하며 왕에게 왕의 아들들이 왕의 열조를 계승할 것이라고 말한다. 다시 말해서 이 새로운 결합으로 생길 후손이 왕과 그의 조상들의 빛나는 발자취를 따를 것이며 왕위 계승자로서 가문을 계속 지속할 것이다. 이 미래의 아들들은 군왕의 왕관을 쓸 것이며 세계를 다스릴 것이다.

45:17. 결혼 노래를 통해 시편 기자는 내가 왕의 이름을 만세에 기억케 하리니라고 맹세한다. 이 시편을 읽는 모든 사람은 왕을 기억할 것이며 그를 향한 하나님의 선하심을 기뻐할 것이다. 이 영감에 찬 시로 인해 만민들까지 영영히 그를 찬송할 것이라고 시편 기자는 약속한다.

결론

이 시편의 결혼 예식을 읽으면서 우리는 더 크신 다윗의 아들 주 예수 그리스도의 또 다른 미래의 결혼식에 대해 생각하지 않을 수 없다. 그 결혼식 때 그분은 구속받은 신부와의 영원한 결합을 축하하실 것이다(계 19:1-10). 사도 요한은 요한계시록 19장에서 어린양의 혼인 잔치에 대한 이야기를 쓰면서 시편 45편의 이 장면을 근거로 했음에 틀림없다. 장차 올 이날에 만왕의 왕이신 그리스도가 당신의 택함 받은 신부인 교회에 대한 기쁨을 누리실 것이다. 그녀는 의로운 행실로 만든 결혼 예복을 입을 것이다(계 19:6-8).

이 시편은 다윗의 미래의 아들인 오실 메시아에 대해 적용되어 왔다. 그는 두 번째 재림 때 다윗의 보좌에 앉아 온 땅을 다스리실 것이다(계 20:1-10). 신약은 이 시편의 6-7절을 그리스도에게 직접적으로 적용한다(히 1:8-9). 그러므로 부활하여 다스리시는 주 예수 그리스도를 통한 이 시편의 메시아적 성취는 의심할 여지가 거의 없다.

teaching guide

티칭 가이드

고안

A. 기쁨이 넘치는 시편 기자(45:1)

1. 내 열정이 흘러넘친다(1a)
2. 내 붓이 필객의 것처럼 능숙하다(1b)

B. 신랑이 된 왕(45:2-9)

1. 그의 은혜로운 말씀(2절)
2. 그가 찬 칼(3절)
3. 그의 영광스러운 위엄(4절)
4. 그의 위대한 승리(5절)
5. 그의 통치의 홀(6-7절)
6. 그의 기쁜 마음(8절)
7. 그의 손님들(9절)

C. 찬란하게 빛나는 신부(45:10-12)

1. 가족과의 이별(10절)
2. 신랑에 대한 복종(11절)
3. 멀리서 온 그녀의 시녀들(12절)

D. 장엄한 행렬(45:13-15)

1. 그녀의 예복(13-14a)
2. 그녀의 시녀들(14b)

3. 그녀의 나아감(15절)

E. 왕으로 통치할 후손(45:16-17)

1. 그의 아들들이 군왕이 될 것이다(16절)
2. 그의 성공은 영원할 것이다(17절)

시편 46편

우리의 강한 성

"우리는 하나님께 찬양을 돌려드리기 위해 이 시편을 노래한다. 하나님은 우리와 함께하시며 능력과 기적으로 모든 광적인 영과 지옥의 문과 사탄의 꺼지지 않는 증오와 세상과 육신과 죄의 모든 공격으로부터 그분의 교회와 말씀을 보존하시기 때문이다."

- 마틴 루터(Martin Luther)

들어가는 글

내 주는 강한 성이요

마틴 루터는 하나님께서 교회를 개혁하기 위해 강력한 도구로 사용하신 교회사의 핵심 인물 중 한 명이다. 1527년은 그의 인생에서 가장 어려운 시기였다. 종교개혁 주도라는 10년간의 힘든 시간이 흐른 그해 4월 22일 설교 도중에 어지럼증으로 그는 설교를 중단하지 않을 수 없었다. 루터는 죽음의 공포를 느꼈다. 7월 6일 친구들과 저녁 식사를 하고 있던 도중에 또 귀에 윙윙거리는 소리와 함께 통증을 느껴 자리에 누웠고 다시 한 번 자신의 죽음이 가까이 와 있음을 강하게 느꼈다. 그후 얼마간 기력을 회복했지만 후유증으로 사람을 지치게 만드는 우울증에 시달리기 시작했다. 게다가 심장병과 심각한 장 합병증으로 죽음의 공포가 더욱 깊어졌다.

이런 시련 속에서 루터는 "나는 일주일 이상을 죽음의 지옥 속에서 보냈다. 온 몸이 고통 속에 있었고 지금도 떨리고 있다. 그리스도께 철저히 버림받은 나는 절망과 하나님에 대한 신성모독의 폭풍과 마음의 동요로 괴로웠다"라고 썼다.

설상가상으로 무시무시한 흑사병이 독일에 시작되어 비텐베르그까지 확산되었다. 많은 사람들이 죽음의 공포에 싸여 도망을 쳤다. 하지만 루터와 그의 아내 케이티는 병자와 죽어가는 자들을 돌보는 것이 그들의 의무라 생각하고 떠나지 않았다. 케이티가 둘째 아기를 임신한 상태였지만 루터의 집은 병원으로 사용되었고 그곳에서 그는 많은 친구들의 임종을 지켜보았다. 그러던 중 예고도 없이 루터의 한 살 된 아들 한스가 심각한 병에 걸렸다. 사방에서 죽음의 손이 옥죄어 오는 가운데 루터는 이전과는 완전히 다른 마음으로 하나님을 피난처로 삼지 않을 수 없었다. 시편 46편은 그의 영혼에 힘이 되었다.

루터는 이 시편의 진리를 찬송가로 표현했는데 그것이 그의 가장 유명한 찬송가 '내 주는 강한 성이요' 이다. 가장 연약한 순간에도 우리의 모든 것을 채워주시고 피난처 되신 하나님을 장엄하고 우레 같은 소리로 선포한 이 찬송은 종교개혁의 영원한 상징이 되었다.

내 주는 강한 성이요 방패와 병기 되시니
큰 환란에서 우리를 구하여 내시리로다
옛 원수 마귀는 이때도 힘을 써 모략과 권세로
무기를 삼으니 천하에 누가 당하랴

내 힘만 의지할 때는 패할 수밖에 없도다
힘 있는 장수 나와서 날 대신하여 싸우네
이 장수 누군가 주 예수 그리스도 만군의 주로다
당할 자 누구랴 반드시 이기리로다

이 땅에 마귀 들끓어 우리를 삼키려 하나
겁내지 말고 섰거라 진리로 이기리로다
친척과 재물과 명예와 생명을 다 빼앗긴대도
진리는 살아서 그 나라 영원하리라

마틴 루터처럼 시편 46편의 저자는 고통스러운 때에 하나님 안에서 위로와 피할 곳을 찾았다. 이 찬양의 배경에 대해서는 알려진 것이 없지만 아마 예루살렘을 포위하며 공격을 시도한 이방 군대에게 승리한 후에 쓰였을 것이다. 암몬과 모압과 세일 산의 군대들이 멸망한 후 쓰였을 가능성도 있다(대하 20:1-30). 혹은 히스기야 왕이 재위 기간에 산헤립 왕과 앗시리아 군대를 파멸한 후 기록되었을 수도 있다(왕하 18-19장).

표제에 의하면 이 시편은 '고라 자손' 중 한 명이 쓴 것이며 '영장'을 위한 것이었다(고라의 자손에 관한 배경은 시편 42편의 '들어가는 글'을 보라). 알라못은 음악의 고저를 가리키며 이 시편이 최고음부와 소프라노를 위한 높은 음의 음악이었음을 암시할 수도 있다. 이것은 고음 악기들을 가리키기 위해 차용되었을 가능성이 있다(비교. 대상 15:20).

본문 이해

우리의 강한 성

Main Idea	시편 기자는 늘 함께하시는 임재를 통해 원수들로부터 의인들을 보호하시는 하나님의 능력을 찬양한다.

A. 요동함 없는 우리의 피난처(46:1-3)

Supporting Idea	시편 기자는 하나님께서 견고한 피난처로서 낙심되고 황폐한 환경 속에서 당신의 백성들에게 안전을 주신다고 선언하는 것으로 시작한다.

46:1. 낙담되는 환경에 처했을 때 하나님은 우리의 피난처가 되시고 그분의 백성들은 그 안에서 보호와 힘과 안정을 얻는다. 하나님은 피난처로 묘사되어 있다. 이것은 하나님이 위험 속에서 안전하고 튼튼한 피난처요 무너지지 않는 산성 혹은 보호를 받을 수 있는 성이라는 뜻이다. 나아가 시편 기자에게 환난이 찾아올 때 하나님께서는 그의 힘이 되시어 그가 불같은 시련을 견딜 수 있도록 붙드시고 힘을 주신다. 환난을 만난다는 것은 '꼼짝달싹할 수 없게 되다 혹은 갇히다, 메이다 혹은 몸이 낄 정도로 좁은 곳에 있다' 는 뜻이다. 시편 기자는 도무지 빠져나갈 수 없는 바위와 딱딱한 무언가의 사이에 끼여 있다. 그러나 하나님께서는 그와 함께하시며 환난 중에 큰 도움이 되시고 당신의 백성들에게 언제라도 함께하시며 즉각 힘이 되어주시는 분이다.

46:2-3. 모든 것을 붙드는 하나님의 능력을 이해한 시편 기자는 우리는 두려워 아니하리로다라고 쓴다. 이것은 전능자의 위대하심에 영감을 받아 하나님에 대한 신뢰를 담대하게 선언하는 것이다. 시편 기자와 하나님의 백성들은 어떤 상황에 당면해 있든지 두려워할 이유가 전혀 없다. 하나님께서 통치하고 계시기 때문이다. 시편 기자는 계속해서 땅이 변하든지 산이 흔들려 바다 가운데 빠지든지라고 기록한다. 이것은 높은 산맥의 융기를 일으킨 큰 지진으로 상징되는 혼란을 묘사한 것이다. 안정과 연속성을 상징하

는 산들이 바다로 무너져 내리는 것 같은 형국이다. 바닷물이 흉용하고 뛰놀고 그것이 넘침으로 산이 요동한다.

이 심상은 지진이 일어나는 상황을 가리킨다. 산들이 바다 가운데 처박히고 그에 반응해 바다가 주어진 경계를 넘어 홍수를 일으킨다. 파괴적인 이 모든 혼란에도 불구하고 우리는 두려워 아니할 것이다. 하나님께서 다스리고 계시기 때문이다.

B. 결코 마르지 않는 우리의 시내(46:4-7)

Supporting Idea	하나님께서는 당신 백성들의 원수를 파멸시킬 준비를 하신 채 예루살렘에 거하시며 그 임재하심의 보호로 만족을 주는 강이 되신다.

46:4. 땅의 기초가 흔들리고 무너져 내린다 하더라도 한 시내가 있어 나뉘어 흘러 하나님의 성을 … 기쁘게 한다. 포효하며 거품을 일으키는 사나운 물들과 달리 하나님의 시내들은 끊어지지 않고 하나님의 성의 거민들을 기쁘게 한다. 시내(streams)는 아마 실로암 시내를 가리키는 것 같다. 그것은 예루살렘 성민들의 유일한 수원으로서 하나님의 보좌에서 흘러내리는 강일 것이다(겔 47:1-12, 슥 14:8, 계 22:1-2). 예루살렘은 종종 하나님의 성으로 명명되었다(시 9:11, 48:1-2, 사 60:14). 예루살렘은 지극히 높으신 자의 장막이 되는 성으로 간주되었다. 성소는 성전과 언약궤가 위치한 성전 언덕을 가리킨다.

46:5-7. 아마 예루살렘은 이방 침략자들의 공격을 받았던 것 같다. 하지만 시편 기자는 성의 운명을 이렇게 기술한다. 하나님께서 그 성중에 거하시매 성이 요동치 아니할 것이라. 적군이 훤화하며 성이 가장 공격에 취약한 시각인 새벽에 예루살렘을 공격하겠다고 위협했지만 하나님께서 도우실 것이기 때문에 모두 평안하다.

열방들이 침공과 멸망의 노골적인 위협을 가한다 하더라도 여호와께서 소리를 발하셔서 말씀하심으로 모든 다른 소리들을 삼켜버리시며 그로 인해 땅이 녹을 것이다. 그러므로 고라의 자손들은 만군의 여호와께서 우리와 함께하신다고 확신 있게 노래할 수 있다. 만군의 여호와(Lord Almighty)라는 구절은 문자적으로 '만군의 주' 이다. 그분은 당신이 선택한 성과 거룩한 백성들을 지키실 것이다(비교. 시 24:10, 48:8, 59:5). 시편 기자는 계속해서 야곱의 하나님은 우리의 피난처시로다라고 말한다. 이것은 이스라엘의 하나님, 즉 하나님 그분이 곧 높고 안전한 장소인 피난처라는 뜻이다(시 46:11, 48:3, 59:9, 16-17, 62:2, 6, 94:22).

C. 무적의 통치자(46:8-11)

Supporting Idea	하나님께서는 당신의 백성들을 위협하는 악한 세력들과 싸워 당신의 이름을 영화롭게 하시므로 전쟁은 하나님께 속한 것이다.

46:8-9. 전투에 이어 시편 기자는 독자에게 와서 여호와의 행적을 볼지어다 그가 땅을 황무케 하셨도다라고 권한다. 여호와의 행적은 약속의 땅 정복에서 왕정기에 이르기까지 이스라엘 역사에서 계속해서 나타났다. 황폐함은 아마도 여호와와 여호와의 백성 이스라엘의 적들의 시체로 뒤덮인 들판을 가리킬 것이다.

나아가 시편 기자는 하나님께서 땅 끝까지 전쟁을 쉬게 하심이여라고 선언한다(비교. 사 2:4, 겔 39:9, 미 4:3, 슥 9:10). 이것은 그가 패배한 적들에게 강화를 강요할 것이라는 의미다. 강요된 평화는 아래의 진술, 즉 활을 꺾고 창을 끊으며 수레를 불사르시는도다(비교. 사 9:4, 겔 39:9-10, 호 2:18, 미 4:1-4)를 통해 추론할 수 있다. 결국에는 하나님께서 당신의 백성들을 구원하고 승리하신다는 확신을 가지라.

46:10-11. 여기서 화자가 시편 기자에서 하나님으로 바뀐다. 하나님께서는 소동을 벌이는 자들에게 우주적인 명령을 내리신다. 너희는 가만히 있어 내가 하나님 됨을 알지어다. 이것은 성찰하라는 요청이 아니라 하나님의 신속한 심판이 시행되기 전에 그분께 복종하고 그분을 인격적으로 친밀하게 알라는 구속적 요청이다. 나아가 하나님께서는 계속해서 내가 열방 중에서 높임을 받으리라고 말씀하신다.

하나님께서는 위협을 가하는 열국들을 파멸시키심으로 당신의 이름을 그들 앞에서 높이신다. 시편 기자는 7절의 내용을 반복하여 독자에게 이 피난처가 누구인지 말해준다. 만군의 여호와께서 우리와 함께 계시니 야곱의 하나님은 우리의 피난처시로다. 이 하나님은 만군의 여호와 혹은 문자적으로 여호와 사바옷(Jehovah Sabbaoth, '심층 연구' 참조)이다. 나아가 그는 야곱의 하나님, 이스라엘의 조상들인 족장들의 하나님이시다.

Main Idea 복 습	시편 기자는 늘 함께하시는 임재를 통해 원수들로부터 의인들을 보호하시는 하나님의 능력을 찬양한다.

결론

삶과 죽음 앞에서

마틴 루터는 1546년 2월 18일 임종을 맞을 즈음 이미 중요한 종교개혁가와 교회사의 주도적 인물 중 한 사람으로 인정을 받고 있었다. 그는 독일 아이슬레벤의 침상에 누워 임종을 기다리면서 마지막으로 이런 말을 남겼다. "우리 하나님은 구원을 주시는 하나님이시다. 하나님은 우리로 죽음을 피하게 하시는 주님이시다." 마지막까지 흔들리지 않았던 루터는 주님에 대한 믿음을 강하게 지켰다. 하나님은 이 세상에서 살 때뿐만 아니라 죽음 앞에 섰을 때에도 그의 강한 성이며 결코 흔들림 없는 성채이셨다. 온갖 시련 속에서 하나님을 믿는 그분의 백성들에게도 그러한 분이 되어주시기를 바란다.

환난 때에 항상 함께하며 도움이 되신 하나님만이 신자들이 심각한 어려움에 휘말릴 때 달려가 피하는 강한 성이 되셔야 한다. 신자들은 오직 하나님과 그 아들 예수 그리스도에 대한 믿음을 통해 하나님의 맹렬한 진노로부터 영원한 구원을 얻을 것이다.

삶의 적용

주님 안의 피난처

환난과 어려운 환경이 위협할 때 그리스도인들은 얼마나 쉽게 두려움에 빠지는가! 인생의 폭풍은 종종 너무나 위협적이어서 우리의 마음이 혼미해진다. 어려움이 심각해질수록 우리는 낙심하고 흔들리게 된다. 시야를 하나님께 고정시키는 것이 중요한 이유가 바로 여기에 있다. 우리의 문제에 초점을 맞추면 두려움이 자라지만 하나님을 의지하면 믿음이 자라고 평강과 위로를 얻게 된다.

기도

오, 주님, 주님만이 인생의 고통에서 우리의 피난처와 힘이 되어주십니다. 온 세상이 무너져 내린다 하더라도 우리는 시온의 거룩한 성소를 바라볼 것입니다. 주님만을 의지하도록 가르치셔서 다른 사람들이 당신의 역사를 바라보게 인도해주십시오. 오, 야곱의 하나님, 우리의 눈을 열어주셔서 이 모든 날을 초월하여 높이 계신 당신을 바라보게 해주십시오. 예수님의 이름으로 기도합니다. 아멘.

심층 연구

A. 피난처(46:1)

이 단어(히. 마세, mahseh)는 사나운 자연으로부터 안전을 제공하는 강하고 튼튼한 구조물을 가리킨다(사 4:6, 욥 24:8). 여기서 사용된 것처럼 비유적인 의미에서 마세는 해치고 파괴하고 심지어 죽이려고 하는 원수들을 피할 피난처를 가리킨다. 시편 기자는 하나님을 그분 백성들의 피난처라고 생각했다(시 14:6, 46:1, 61:3, 62:8, 71:7, 91:2, 9). 이 단어는 하나님께서 당신의 백성들을 지키심을 강조하기 위해 사용되었다.

B. 도움(46:1)

이 단어(히. 에즈라, ezra)는 연약하고 무기력한 사람에게 지원하고 원조하는 것을 의미한다. 하나님의 도우심을 간구하는 데 쓰일 뿐 아니라(시 35:2, 44:26) 하나님께서 의인들을 온전히 도우심을 확신하는 것을 나타내기 위해 시편에서 광범위하게 사용되고 있다(시 22:19, 27:9, 40:17). 다른 구절에서 이 단어는 시편 기자가 심각한 어려움 속에서 하나님의 신속한 행동을 요청할 때 사용된다(시 22:19, 38:22, 40:13, 70:1, 71:12). 이와 대조적으로 인간의 도움은 쓸모가 없다(시 60:11, 108:12).

C. 힘(46:1)

이 단어(히. 오즈, oz)는 하나님의 전능한 속성을 서술하기 위해 시편 전반에서 사용되고 있다(시 62:11, 63:2). 이 단어는 모든 만물을 다스리시는 하나님의 강한 음성(시 68:33)과 모든 반대를 물리치시는 그의 강한 팔을 가리킨다(시 89:10). 이 힘은 하나님께서 이스라엘을 애굽에서 인도해내시어 광야를 거쳐 약속의 땅으로 들이시기 위해 온갖 장애물들을 극복하신 출애굽 사건을 통해 증명되었다(출 15:13). 이 단어는 하나님 안에서 얻는 안전과 안정성을 전달하기 위해 사용된다(시 30:7). 그분은 견고한 망대(시 61:3)요 힘의 반석(시 62:7)이시기 때문이다. 하나님의 백성들은 예배를 통해 그분에게 그 힘을 돌려드려야 한다(시 29:1, 96:7).

D. 하나님의 임재(46:5)

하나님의 임재는 그 성민들을 멸망시키려고 하는 자들로부터 예루살렘 성을 보호했다. 반대로, 구름이 성전을 떠나는 것으로 나타난 하나님의 부재(겔 10장)로 인해 남왕국은 느부갓네살 2세와 바벨론 침공으로 멸망하게 된다. 이로 인해 주전 586년 예루살렘과 성전이 파괴되고 유다 백성들이 대거 바벨론으로 이주하는 결과가 빚어졌다(비교. 왕하 24:1-25:21).

E. 만군의(46:7)

이 단어(히. 세바오트, sebaot)는 인간의 군대(출 7:4, 시 44:9), 혹은 천체들, 즉 해와 달과 별(창 2:1, 신 4:19, 사 40:26)이나 천사들과 같은 천상의 피조물들(수 5:14, 왕상 22:19, 시 148:2)과 같이 엄청난 수의 무리들을 가리킨다. '만군의 여호와', 혹은 '만군의 주' 라는 칭호는 우주의 모든 세력들에 대한 하나님의 주권성이라는 개념을 전달한다. 이것은 또한 하나님을 천상의 군대(신 33:2, 수 5:14, 시 68:17)뿐 아니라 이스라엘의 군대(삼상 17:45)도 포함하는 군대의 하나님으로 지칭한다. 이 단어는 구약에서 하나님의 특별한 이름으로 쓰이는데 모든 창조 공간에 대한 그분의 주권적 통치를 나타내며 구약에서 486번 사용되고 있다. 여호와는 가장 강한 전사요 가장 전능한 왕이시다.

군사적인 의미를 함축한 세바오트는 군사적인 의미를 넘어서서 천국과 지상 영역의 세력들을 아우른다(비교. 삼상 17:45). 그러므로 '만군의 여호와' 라는 하나님의 이름은 스스로 당신 백성들을 대신해 개입할 준비가 되신 분으로 자처하며 모든 만물을 통치하시는 하나님을 암시한다(시 80:19, 84:1, 사 28:5-6, 암 4:13, 5:8-9, 9:5-6).

F. 산성(피난처, 46:7, 11)

이 단어(히. 미스갑, misgab)는 '접근이 불가능할 정도로 높다' 라는 의미의 사가브(sagab)를 어원으로 한다. 산성은 절벽과 같은 높은 곳에 지어진 것(사 33:16)이며 때로 요새화된 벽으로 둘러싸여 있었다(사 25:12). 7절과 11절에서처럼 비유적인 의미로 사용될 때 이 단어는 하나님께서 시편 기자에게 보호의 요새이며 적의 공격에 대한 확실한 방어물이 되어주신다는 의미다. 시편에서 미스갑은 바위와 구원자와 피난처(시 9:9, 18:2), 요새, 구원자, 방패(시 144:2)와 같은 보호의 의미를 강조하는 다른 성경 용어들과 결합되어 있다.

고안

A. 요동함 없는 우리의 피난처(46:1-3)

1. 하나님은 전능하시다(1a)
2. 하나님은 무소부재하시다(1b)
3. 하나님은 모든 것에서 우리를 보호하신다(2-3절)
    a. 땅이 흔들린다 해도(2a)
    b. 산이 무너진다 해도(2b)
    c. 바다 물결이 넘친다 해도(3a)
    d. 산들이 흔들린다 해도(3b)

B. 결코 마르지 않는 우리의 시내(46:4-7)

1. 하나님은 당신의 백성들을 만족케 하신다(4절)
2. 하나님은 당신의 백성들을 붙드신다(5-6절)
3. 하나님은 당신의 백성들을 구원하신다(7절)

C. 무적의 통치자(46:8-11)

1. 하나님께서 심판자로 일하신다(8-9절)
2. 하나님께서 주권적으로 다스리신다(10절)

3. 하나님께서 능력으로 보호하신다(11절)

토의 질문

1. 나는 어떤 환경이나 사람으로 인해 두려워하거나 위협을 받는가?

2. 내 삶에서 만군의 여호와가 당신 자신을 알리시는 방법은 무엇인가?

3. 주위 사람들에게 와서 하나님의 역사를 보라고 요청하며 그들과 대화해본 적이 있는가?

시편 47편

통치하심을 노래하다

"세상은 우리로 하여금 왜소한 느낌이 들게 하지만 하나님께서는 세상을 왜소하게 만드신다."

- J. I. 팩커(J. I. Packer)

들어가는 글

하나님은 당신의 뜻대로 모든 나라와 민족을 다스리시는 만물에 대한 유일무이한 주권자이시다. 우월한 이 지위 앞에 그의 모든 백성들은 기뻐하며 모든 것을 주관하시는 그분께 찬양을 돌려드려야 한다. 이 당당한 주제가 시편 47편의 주제이며 만물을 다스리시는 하나님의 왕권에 대한 극적인 선언이다. 인정하든 인정하지 않든 만인과 만물은 그분의 통치 아래 있다. 세상 나라들에게 선언해야 할 메시지의 핵심이 이것이다. 즉 하나님은 만물에 대한 유일한 주권자이시다. 그분만이 하나님이시며 절대 권위를 소유하시고 하늘을 통치하신다. 하나님의 백성들이 기뻐할 이유가 여기에 있다. 하나님은 열방(3, 8절), 만민(3절), 이스라엘(4, 9절), 원수들(5절), 방백들(9절), 왕들(혹은 방패, 9절)을 비롯해 온 땅(2, 7절)을 다스리신다.

표제에 의하면 이 시편은 '영장'을 위한 것으로, 이것은 아마 이스라엘의 예배 중 성가대 지도자가 사용하도록 모음집에 추가되었을 것이라는 의미다. 성전 예배에서 이 시편이 사용될 때 레위 성가대의 인도자나 성가대 자체가 이 시편을 낭송했을 수도 있다. 그러므로 이 시편은 다윗이 성전 예배에서 섬기도록 임명한 고라의 후손들로 구성된 레위 성가대를 가리키는 '고라 자손의' 것이었다.

본문 이해

통치하심을 노래하다

Main Idea	시편 기자는 하나님께서 온 땅의 위대한 왕으로서 만물을 통치하고 다스리신다고 선언한다.

A. 하나님의 기이하심을 기뻐함(47:1-4)

47:1. 모든 만민들은 만물을 다스리시는 하나님을 기뻐하라는 요청을 받는다. 손바닥을 치고라는 구절은 열광적인 찬양을 표현한 것이다(왕하 11:12, 사 55:12). 즐거운 소리로 … 외칠지어다는 동일한 축제의 희열을 표현한다. 서두에 나오는 예배에 대한 이 요청은 모든 사람들에게 확대되는 우주적인 것으로서 나라들에게 하나님을 찬양하라고 권면한다. 이어서 하나님께서 그토록 우리의 열렬한 예배를 받으셔야 하는 이유가 제시된다.

47:2-3. 지존하신 여호와는 엄위하시고('두려움' 이나 '경외심' 과 관련이 있는 단어)라는 구절은 하나님의 절대적인 주권성을 묘사한다. 그분의 보좌는 만물 위에 높이 들려 있다. 그분은 온 땅에 큰 임금이 되신다. 모든 세상의 왕들은 제한적인 권세를 가지지만 하나님의 권세는 절대적이고 우주적이며 전혀 방해받지 않는다. 여호와께서 만민을 우리에게 복종케 하신다는 구절은 원수들을 멸하시고 당신의 백성들에게 승리를 주시는 하나님께서 자유로이 주권을 행사하시는 것을 묘사한다(시 2, 110편).

47:4. 우리를 위하여 기업을 택하시나니라는 구절은 하나님께서 약속의 땅을 당신이 택한 백성인 이스라엘에게 주셨음을 의미한다(창 12:7, 17:8, 출 3:8, 신 1:8). 이 가나안 땅은 야곱의 영화로 묘사되거나, 족장 야곱으로 상징되는 이스라엘이 큰 기쁨을 얻는 곳으로 묘사된다. 그것은 그가 사랑하신 하나님의 택함 받은 자들이었다. 이 사랑은 그분의 특별하고 선별적이며 언약적인 '사랑' 을 뜻한다(말 1:2).

B. 하나님의 올라가심을 기뻐함(47:5-7)

47:5-7. 시편 기자는 하나님께서 즐거이 부르는 소리와 나팔 소리(숫양의 뿔에 대한 언급)로 하나님의 나타나심이 선언되는 가운데 세상을 다스리시려고 그분의 보좌로 당당하게 올라가신다고 말한다(출 19:16, 19). 당신의 백성들을 위해 전쟁에서 승리하신 그분은 정당한 통치 자리에 다시 오르신다. 6절에서 하나님을 찬양하라는 내용이 네 번 등장한다. 이 구절은 하나님의 백성들이 승리하신 하나님께 영광을 돌리라는 요청을 반복하는 역할을 한다. 활기찬 예배를 드려야 할 이유는 명확하다. 시편 기자는 하나님은 온 땅에 왕이시기 때문이라고 그 이유를 선언한다. 그분만이 만물을 다스리시므로 우리의 찬양을 받기에 합당하시다.

C. 하나님의 권세를 기뻐함(47:8-9)

47:8. 하나님께서 열방을 치리하시므로 그들의 모든 노력들, 심지어 그들의 악한 반역조차 오래 전에 예정된 그분의 영원한 목적을 이루는 데 기여한다. 하나님께서는 그 거룩한 보좌에 앉으셔서 당신의 주권적 뜻을 실행하시며 당신이 기뻐하시는 뜻대로 행하신다.

47:9. 마지막 날을 기대하며 열방의 방백들(국가 지도자들)이 하나님의 왕권을 인정하기 위해 그분의 보좌 앞에 모일 것이다. 그들은 아브라함의 하나님의 백성으로서 그 보좌 앞에 모일 것이다. 이것은 그들 역시 겸손히 엎드려 경배하며 그분의 권세에 복종할 것이라는 뜻이다. 마지막 날에 많은 이방인들이 믿고 구속을 받은 후 하나님의 통치 아래 살 것이다. 그러므로 모든 백성들로 모든 인류에 대한 그분의 절대적이고 우주적인 통치를 인정하며 기뻐하게 하라.

결론

궁극적으로, 이 시편은 천년왕국 때 그리스도를 통해 하나님께서 온 세상을 통치할 것을 예고하고 있다(계 20장). 그 영광스러운 날, 그리스도는 두 번째 재림에 바로 이어서 모든 민족들에 대한 세상적 통치를 시작하실 것이다(계 19장). 이 세상의 왕국들은 우리 주와 그리스도의 왕국이 될 것이다(계 11:15). 이 땅에 그리스도의 왕국을 세울 극적인 때가 오면 그분은 하늘에서 내려와 유일무이한 만왕의 왕과 만군의 주로서 예루살렘의 보좌로 오르는 웅장한 행진을 하실 것이다.

현재의 불확실성과 국제적인 위기에 맞서 신자들은 하늘에서 하나님께서 다스리시며 곧 이 세상에 당신의 아들을 다시 보내어 세상에서 그의 왕국을 시작하도록 하실 것을 기뻐해야 한다(살전 4:13-18, 고전 15:51-58).

teaching guide

티칭 가이드

교안

A. 하나님의 기이하심을 기뻐함(47:1-4)

1. 예배에 대한 요청(1절)
    - a. 손바닥을 치라(1a)
    - b. 즐거운 소리를 외치라(1b)
2. 예배의 이유(2-4절)
    - a. 하나님께서 세상을 다스리신다(2절)
    - b. 하나님께서 민족들을 다스리신다(3절)
    - c. 하나님께서 이스라엘을 다스리신다(4절)

B. 하나님의 올라가심을 기뻐함(47:5-7)

1. 예배의 이유(5, 7a)
    - a. 하나님께서 높은 곳에서부터 다스리신다(5a)
    - b. 하나님께서 세상을 다스리신다(7a)
2. 예배에 대한 요청(5-6, 7b)
    - a. 즐거운 소리를 외치라(5a)
    - b. 나팔 소리를 울리라(5b)
    - c. 찬양을 부르라(6, 7b)

C. 하나님의 권세를 기뻐함(47:8-9)

1. 예배의 이유(8-9b)
    - a. 하나님께서 민족들을 다스리신다(8절)

b. 하나님께서 구속받은 자들을 다스리신다(9a)

c. 하나님께서 왕들을 다스리신다(9b)

2. 예배에 대한 요청(9c)

a. 하나님의 위대하심을 선언하라(9c)

b. 하나님의 지존하심을 선언하라(9c)

시편 48편

시온, 우리 하나님의 성

"시온 성과 같은 교회 그의 영광 한없다
허락하신 말씀대로 주가 친히 세웠다
반석 위에 세운 교회 흔들 자가 누구랴
모든 원수 에워싸도 아무 근심 없도다."

- 존 뉴턴(John Newton)

들어가는 글

예루살렘은 하나님의 택함을 받은 성이었고 그분의 거룩한 영광이 가장 온전하게 드러나던 곳이었다. 다윗은 예루살렘에서 왕국을 통일하고 언약궤를 들여왔다. 솔로몬은 예루살렘에서 하나님의 영광을 위한 집인 성전을 지었다. 그리스도는 예루살렘에서 자신을 이스라엘에게 나타내시고 십자가에 못 박히시고 부활하셨으며 하늘로 다시 오르셨다. 부활하신 그리스도의 복음은 예루살렘에서 가장 먼저 선포되었고 예루살렘에서 교회가 시작되었다. 그리고 그리스도는 재림하실 때 예루살렘으로 돌아오실 것이다.

찬양의 노래인 이 시편은 거룩한 성인 예루살렘에서 나타난 하나님의 활동에 초점을 맞추고 있다. 하나님께서는 다윗의 성 중에 계시고 그 성은 원수들로 인해 요동하거나 패배하지 않을 것이다. 심히 아름답고 뛰어난 시온 산의 높은 곳에 위치한 예루살렘은 하나님의 성이며 온 세상의 기쁨이다. 시편 기자는 시온에 거하시며 그것을 보호하시는 하나님께 찬양을 돌려 드린다.

표제에 의하면 이 시편은 '노래' 로 오케스트라 반주와 함께 불렀을 찬양의 시편이란 뜻이며 '고라의 자손들이' 인도했다.

본문 이해

시온, 우리 하나님의 성

Main Idea	시편 기자는 거룩한 성 예루살렘의 영광과 그 성을 하나님께서 돌보심을 인해 하나님을 찬양한다.

A. 시온에 대한 묘사(48:1-2)

48:1. 하나님의 성인 예루살렘의 위대함은 오직 하나님의 위대하심으로만 설명할 수

있다. 성에서 그분의 영광을 보여주시며 오직 그곳에만 거하시는 분은 여호와시다. 그러므로 이 시편은 여호와는 광대하시니 … 극진히 찬송하리로다라는 선언으로 시작한다. 그분의 임재로 인해 거룩한 산에 있는 성이 거룩하게 된다.

48:2. 난공불락의 성으로서 주변 지형보다 더 높은 곳에 있는 예루살렘은 터가 높고 아름답다. 온 세계가 즐거워하며 다른 나라들의 흠모를 받는다(왕상 10:1-13). 페니키아 최고의 신 엘의 가상의 거주지인 북방(Zaphon)에 비유되는 시온 산은 참되고 유일하신 하나님의 성이다. 시온 산은 예루살렘이 건축된 터가 산등성이었기 때문에 그렇게 명명되었다.

B. 시온에 대한 보호(48:3-8)

48:3. 하나님은 예루살렘의 궁중에 계시면서 특별히 그 성에 임재하시기 때문에 예루살렘의 피난처(히. 미스갑, misgob, '높고 안전한 곳')시다. 이것은 그 성의 외벽이 아니라 하나님 자신이 예루살렘의 참된 요새라는 의미다. 그 성의 궁중과 피난처의 힘은 마차나 말이나 성벽이나 망대가 아니라 그 성 안에 하나님께서 임재하심에 있다.

48:4-7. 침략을 해온 열왕은 거룩한 성을 공격하기 위해 연합군을 결성하지만(모여) 패배한다. 그들은 격심한 고통에 완전히 사로잡혀 해산하는 여인같이 두려워 빨리 갔다(도망갔다). 지중해를 항해하는 뛰어난 다시스의 상선들이 전복되어 동풍에 산산조각 나듯이(깨뜨리시도다) 예루살렘을 무너뜨리려고 진군해온 군대들을 하나님께서 깨뜨리실 것이다(멸망케 하실 것이다).

48:8. 그리하여 하나님 자신이 거룩한 성을 영영히 견고케 하신다. 만군의 여호와, 문자적으로 '군대들의 주'(the Lord of armies)가 그 성의 보호자가 되신다(46편 7절의 '심층 연구' 참조).

C. 시온의 기쁨(48:9-11)

48:9-11. 예루살렘의 성벽 안에서 보호를 받으며 예배자들은 이방 침략군의 위협에도 불구하고 하나님의 인자하심을 생각한다. 패배해 고향으로 퇴각하지 않을 수 없게 된 강대국의 병사들이 하나님의 승리를 전하면서 찬송도 땅 끝까지 미친다. 그러나 또한 나아가 유다의 딸들(유다의 촌락들)과 더불어 시온 산이 기뻐한다. 그들의 거민들이 수많

은 기이한 판단을 행하시는 하나님을 알고 경배하기 때문이다.

D. 시온의 운명(48:12-14)

48:12-14. 시편 기자는 하나님의 백성들에게 예루살렘의 항구적 안전을 생각해보라고 요청하며 결론을 내리기 시작한다. 그들은 그 망대와 성벽과 궁전을 살피기 위해 시온을 편답해야 한다. 그렇게 할 때 비로소 그 성의 참된 위대함은 바위나 벽돌로 이루어져 있지 않음을 알게 될 것이다. 그 위대함은 인간의 눈으로 볼 수 있는 것이 아니라 영영히 계실 하나님 안에 있었다. 이 눈에 보이지 않는 보호자는 예루살렘이 공격을 받을 때 그들의 인도자가 될 것이다.

결론

궁극적으로 이 시편은 예루살렘이 적대적인 적들에게 에워싸일 대환난의 마지막 때를 예고하고 있다. 아직 다가오지 않은 미래의 시간이기는 하지만 시온의 가장 암울한 때에도 하나님께서는 시온을 지켜주실 것이다. 주 예수 그리스도이신 메시아가 하늘에서 강림하여 그분의 옛 성을 지키기 위해 감람산으로 돌아오실 것이다(사 24:23, 계 14:1). 마지막 날 하나님께서는 그 아들 예수 그리스도의 재림을 통해 거룩한 성을 철저히 지켜주실 것이다. 그때까지 중동에는 엄청난 불안이 떠나지 않을 것이며 예루살렘은 계속해서 위기를 겪게 될 것이다.

티칭 가이드

고안

A. 시온에 대한 묘사(48:1-2)

1. 하나님께서 세우셨다(1절)
2. 영광 가운데 높임을 받는다(2절)

B. 시온에 대한 보호(48:3-8)

1. 하나님은 시온의 피난처가 되신다(3절)
2. 하나님은 시온을 지켜주신다(4-7절)
    a. 왕들이 싸움을 걸어온다(4절)
    b. 왕들이 그 성에서 도망간다(5절)
    c. 왕들이 그 성을 두려워한다(6-7절)
3. 하나님은 시온의 안전이 되신다(8절)

C. 시온의 기쁨(48:9-11)

1. 시온이 하나님을 묵상한다(9절)
2. 시온이 하나님을 찬양한다(10절)
3. 시온이 하나님을 기뻐한다(11절)

D. 시온의 운명(48:12-14)

시편 49편

풍요함의 빈곤

"우리가 살아 있을 때 재물이 우리를 떠나버릴 수 있다. 죽을 때 우리는 재물들을 남겨두고 가야 한다."

- 토마스 풀러(Thomas Fuller)

들어가는 글

가장 멍청한 바보는 이 세상에서 재물을 추구하며 살다가 영원히 자신의 영혼을 잃어버리는 사람이다. 부자들이 만족함을 누리는 것처럼 보일 수 있지만 그들의 번영은 일시적일 뿐이다. 죽음은 모든 사람에게 다가오며 무덤은 누구에게나 평등하다. 이 세상을 떠날 때 우리는 모든 재물을 내려놓아야 하고 다시는 그 재물을 누릴 수 없다. 그러니 결코 지킬 수 없는 것을 위해 살아야 할 이유가 어디 있는가? 가장 위대한 보물은 영원토록 지속되며 진정한 만족을 주는 것, 바로 영생이다. 오직 하나님을 믿는 자들만이 이 세상에서 참된 부를 소유할 것이다. 나아가 오직 그들만이 죽음에서 구속을 받고 하나님과 영원히 살게 될 것이다.

이것은 재물을 신뢰하는 모든 자들에게 시편 49편이 주는 경고이다. 시편 기자는 경건한 자들에게 형통하게 사는 악인들을 부러워하거나 그들의 재물로 인해 유혹에 빠지지 말라고 조언한다. 그들은 모두 파멸을 당할 것이다. 그러나 경건한 자들은 하나님을 위해 살아야 하며 참된 부가 있는 보이지 않는 미래의 세상을 위해 살아야 한다.

본문 이해

A. 시편 기자의 요청(49:1-4)

Main Idea	시편 기자는 악인들은 곧 멸망할 것이므로 그들의 형통함을 부러워하지 말라고 신자들에게 요청한다.

49:1-4. 시편 기자는 사회의 귀천을 막론하고 세상의 만민들에게 요청한다. 그는 그의 입으로 말하는 것을 들으라고 요구한다. 사람들은 그의 말에 귀 기울여야 한다. 그는 명철(히. 테부나, tebuna '사려 깊음, 통찰, 분별함')을 줄 지혜(히. 호크마, hokma, '성

공적인 삶의 기술')의 말을 할 것이다. 시편 기자는 솔로몬과 유사한 표현을 써서 내가 비유에 내 귀를 기울여 그것을 가르치겠다고 말한다. 사람들은 이 시편이 수금 반주에 맞추어 노래로 불리는 것을 들었을 것이다.

B. 시편 기자의 조언(49:5-15)

49:5-6. 시편 기자는 환난의 날(기만하는 자들로 인해 야기된 악한 날)이 올 때 자신이 두려워해야 할 이유가 무엇인지 모른다. 그는 재물을 의지하고 거대한 부를 자랑하는 자들의 성공이 잠시뿐이라는 것을 알고 있다. 그들이 교만하게 으스댄다 하더라도 하나님께서 심판으로 그들을 끌어내리실 것이다.

49:7-9. 재물은 그 형제를 구속하지(히. 파다, pada, '몸값을 치르고 석방하다, 구입하다') 못하며 죽음에서 피하게 할 수 없다. 생명은 너무나 귀한 것이어서 돈으로 살 수 없다. 아무리 부유한 사람이 아무리 큰돈을 지불해도 죽음과 썩어짐이라는 확고한 운명에서 스스로를 구원하기에 결코 충분하지 않다.

49:10-12. 인생을 관찰해본 사람이라면 누구든지 지혜로운 사람이 우준하고 무지한 사람들과 마찬가지로 죽을 것임을 명백히 안다. 모든 이들은 죽을 때 저희의 재물을 타인에게 끼칠 것이다(전 2:19-21). 남긴 재산에 그들의 이름이 남아 있다 하더라도 그들의 새 집은 무덤일 수밖에 없다. 아무리 많은 돈을 가진 사람이라 하더라도 장구치 못할 것이기 때문에 죽음을 피할 수 없다. 그는 멸망하는 짐승처럼 죽을 것이다(전 3:19).

49:13-15. 자신을 신뢰하는 사람들(NIV)이란 구절은 교만한 부자들을 가리킨다. 그들의 운명은 음부로 끌려가는 양과 같을 것이다. 이 세상에서든, 음부 너머의 세상에서든 궁극적으로 정직한 자가 악인들에 대해 승리할 것이다. 의인들과 관련해, 시편 기자는 하나님께서 직접 속전을 지불하시고 음부에서 그들의 생명을 구속하실 것을 알고 있다. 이것은 인간이 절대 지불할 수 없는 속전이다(7-8절). 그러므로 시편 기자는 자신이 죽은 후에 하나님께서 자신을 그분께로 인도하실 것을 알고 있다. 그것은 자기 자신을 믿는 자들과 다른 운명이다(시 73:24).

C. 시편 기자의 경계(49:16-20)

49:16-19. 재물이 있음에도 불구하고 악인들은 멸망할 것이기 때문에(6-14절) 경건

한 자들은 부자들의 재물에 마음이 빼앗기지 않도록 해야 한다. 시편 기자는 사람이 치부하여 … 할 때에 너는 두려워 말지어다라고 경고한다. 부자들은 죽을 때 가져가는 것이 없을 것이다(비교. 전 5:15). 무의미한 인생의 일시적인 장식품을 부러워할 이유가 어디 있는가? 자신들의 재물을 의지한 부자들은 사후에 영영히 빛을 보지 못할 것이다.

49:20. 극적인 냉담함으로 이 시편을 마무리하면서 시편 기자는 이 세상에서 존귀에 처하지만(부유하지만) 하나님과 영원과 구속에 대한 영적 진리를 깨닫지 못한 사람에 대해 묘사한다. 그러한 사람은 멸망하는 짐승과 같다. 그들은 죽음과 함께 곧 없어지고 말 덧없는 재물을 갖고 있다. 하나님을 두려워하는 것이 훨씬 더 유익하다.

결론

세속적인 재물이 주는 덧없는 쾌락은 기만적이고 매혹적이어서 그로 인해 사람들이 하나님을 떠날 수 있다. 의인들은 기만과 속임에 넘어가지 않고 참된 만족을 얻기 위해 하나님을 의지해야 한다. 예수님은 "사람이 만일 온 천하를 얻고도 제 목숨을 잃으면 무엇이 유익하리요 사람이 무엇을 주고 제 목숨을 바꾸겠느냐"(마 16:26)라고 말씀하셨다. 이 질문에 내포된 대답은 너무나 명확해서 우리 주님은 그것에 대한 답을 주실 필요조차 없으셨다. 분명히 이 세상을 얻고 그 대가로 천국을 잃는 것은 무익하다. 그러한 것은 영원한 상실이다.

재물의 기만성이 너무나 심각해서 예수님은 "부자는 천국에 들어가기가 어려우니라"(마 19:23)고 말씀하셨다. 가난하든, 부자든 의인들은 세상의 이득이 아니라 하나님을 의지해야 한다. 사람들은 믿음에 부유하며 천국에 재물을 쌓아야 한다.

teaching guide

티칭 가이드

교안

A. 시편 기자의 요청(49:1-4)

1. 모든 민족들에게 요청하다(1-2절)
    - a. 귀하고 천한 자를 향한 요청(1-2a)
    - b. 부자와 가난한 자를 향한 요청(2b)
2. 명철을 갖고 외치다(3-4절)
    - a. 지혜를 베풀다(3a)
    - b. 명철을 주다(3b)
    - c. 잠언(비유)을 말하다(4a)
    - d. 오묘한 말을 설명하다(4b)

B. 시편 기자의 조언(49:5-15)

1. 경건치 않은 자들을 두려워 말라(5-14절)
    - a. 그들은 스스로를 구속할 수 없다(5-9절)
    - b. 그들은 스스로를 구원할 수 없다(10-12절)
    - c. 그들은 스스로를 다스릴 수 없다(13-14절)
2. 생명의 하나님께 초점을 맞추라(15절)
    - a. 그분만이 우리를 구속하실 수 있다(15a)
    - b. 그분만이 우리를 재회하게 하실 수 있다(15b)

C. 시편 기자의 경계(49:16-20)

1. 부자들이 모든 것을 버려두고 떠날 것이다(16-17절)

    a. 재물(16a, 17a)
    b. 영광(16b, 17b)
2. 부자들이 결코 빛을 보지 못할 것이다(18-19절)
    a. 현재의 번영(18절)
    b. 영원한 파멸(19절)
3. 부자들이 짐승처럼 멸망할 것이다(20절)

시편 50편

무가치한 예배

"내가 가장 소중히 여기던 우상이 어떤 것이었든 그것을 주님의 왕좌에서 끌어내리고 오직 주님만을 섬기도록 도우소서."

- 윌리엄 쿠퍼(William Cowper)

들어가는 글

예배가 외적으로는 모두 적합하고 그럴듯하며 심지어 세련되고 아름다워 보일 때가 있다. 하지만 하나님께서는 예배를 보실 때 그 예배의 진정한 실체를 바라보신다. 하나님께서는 냉담하고 무관심한 찬양을 매우 싫어하신다. 외적인 의식과 공허한 판에 박힌 순서에서 비롯되는 그러한 무가치한 예배에는 올바른 마음의 태도가 빠져 있다. 그러한 예배자의 마음은 하나님과 멀리 떨어져 있기 때문에 하나님께서는 그러한 무의미한 행위를 가증하게 여기신다(비교. 사 1:11-1, 마 15:7-9, 계 3:15-16).

시편 50편은 잘못된 예배를 드리던 때에 대한 통찰을 준다. 하나님께서 당신의 백성들을 당신 앞으로 소환하여 그들의 미온적인 예배에 대한 답변을 요구하는 법정이 배경으로 제시된다. 하나님께서는 백성들이 희생 제물을 준비하지 못한 것에 대해 정죄하시는 것이 아니라 감사가 결여된 자기 충족적인 태도로 나아오는 것을 정죄하신다(14-15절). 그분은 그러한 예배를 거부하신다.

이 시편의 저자인 '아삽' 은 다윗의 세 성가대 인도자 중 한 사람으로 레위 성가대의 지도자였고 이스라엘의 전체 예배를 위한 음악 지휘자였다(대상 6:31-40, 15:17-19, 16:5, 7, 37). 이것은 아삽이 쓴 12개의 시편(시 73-83편) 중 첫 시편이다. 이 시편의 어조는 예언적이고 신랄하다. 그 내용은 하나님의 백성들에게 열정적이고 하나님께 집중된 예배를 강조한다.

본문 이해

무가치한 예배

Main Idea	시편 기자는 진심 어린 찬양과 순종 없이 예배를 흉내만 내는 자들은 하나님의 심판을 받을 것이라고 말한다.

A. 하나님의 소환(50:1-6)

50:1-2. 이 시편은 시편 기자인 아삽이 재판장이신 하나님께서 직접 재판을 주재하고 평결을 내리려고 나타나신 천상의 법정 장면을 묘사하는 것으로 시작한다. 여기서 하나님을 가리키는 세 가지 이름이 사용된다. 전능하신 자, 하나님, 여호와. 그분은 세상을 불러 그 앞에 심판받도록 출두하도록 명하시는 하나님이시다.

50:3-6. 하나님께서는 세상을 심판하려고 강림하시며 잠잠치 아니하실 것이다. 여호와께서 말씀하시면 그분의 명령을 기다리며 그 앞에 서 있는 자들을 불이 삼킨다. 그분은 하늘과 땅에 반포하여 그들을 판단하려고 법정으로 부르시고 심지어 그분과 언약한 당신의 백성들도 소환하신다. 그분이 말씀하시면 하늘이 한 목소리로 말하며 그분의 의로운 재판을 선포한다. 이는 하나님이 심판장이시기 때문이다.

B. 하나님의 심문(50:7-15)

50:7-13. 하나님께서 재판 중에 당신의 백성들에게 말씀하시며 책망하시고 꾸짖으시는 실제 내용이 기록되어 있다. 내 백성아 들을지어다 내가 말하리라 이스라엘아 내가 네게 증거하리라. 하나님께서 기소하신 내용은 무엇인가? 그분은 제물 때문에 그들을 책망한 것이 아니다. 하나님께서 수소나 수염소를 취하신다고 그들이 잘못 생각하기 때문에 책망하신 것이다. 모든 희생 짐승들은 이미 하나님의 소유이고 심지어 천산의 생축도 다 하나님의 것이었다. 산의 새들과 들의 모든 짐승도 하나님의 것이다. 하나님께서 설령 주리신다 해도 마치 자신이 그들에게 의존하는 것처럼 그들에게 이르지 않으실 것이다. 그런 법은 있을 수 없다. 하나님은 생존하기 위해 짐승의 고기가 필요한 존재처럼

그것들을 먹는 분이 아니시다.

50:14-15. 하나님께서는 당신의 백성들이 당신에게 의존하는 존재임을 인정하길 원하신다. 그 반대가 아니다. 그들은 그들에게 베푸신 하나님의 풍성한 자비로 인해 감사로 제사를 드려야 하고 그분에게 한 서원을 지켜야 하며 환난을 만날 때 하나님을 불러야 한다. 감사의 제사와 서원은 의무적인 것이 아니라 감사함으로 드리는 자발적 제사이다(레 7:12, 22:29). 이 제물들은 제물을 드린 자들이 나누어 먹었다. 이는 그 제물들이 하나님과의 교제와 사귐을 상징했기 때문이다. 오직 이러한 선행 조건이 충족될 때에만 하나님께서는 당신의 백성들을 건지실 것이다. 이는 그들이 그분을 영화롭게 해드렸기 때문이다.

C. 하나님의 판결(50:16-23)

50:16-17. 하나님께서는 점점 강도를 더 높여서 그분의 율례를 암송하고 순수한 죄의 자각 없이 그분의 언약에 동의한 악인들을 책망하신다. 이 종교적 위선자들은 공적 예배에 참석함에도 불구하고 실제로는 하나님의 교훈을 미워하고 그분의 말을 거부한다.

50:18-21. 하나님께서는 이 종교적 위선자들이 지은 죄를 몇 가지 드러내신다. 그들은 도적과 간음하는 자의 죄악 된 행위와 형제들에 대해 참소하는 자들의 악행에 동참했다. 그들의 죄 중에서도 가장 악한 죄는 하나님이 죄악 된 인간과 같다는 비극적인 착각이었다. 그것은 거룩하신 하나님을 하찮게 만든 신성모독죄였다. 하나님의 무흠하신 속성에 대한 그러한 모독을 하나님께서는 책망하신다.

50:22-23. 하나님께서는 하나님을 잊어버린 자들을 향해 말씀하신다. 이 가짜 예배자들에 대해 신랄하게 고발한 내용을 보면, 하나님께서 그들을 찢으시며 건질 자를 한 명도 남기지 않겠다는 것이었다. 그러나 감사로 제사를 드리는 참된 예배자들은 주님의 영화롭게 하심을 입을 것이다.

결론

성경은 하나님께서 순전하고 통회하는 마음으로 진정한 찬양을 드리는 예배자들을 찾고 계심을 명확히 밝힌다. 단순히 예배하는 것만으로는 충분하지 않다. 구체적으로 하나님께서는 영과 진리로 예배하는 자들을 찾으신다(요 4:24). 이것은 성경의 진리에 겸손히 복종하며 올바른 마음의 태도로 드리는 예배를 의미한다. 그러한 예배는 생활방식이 되어야 하며 하나님께 절대적으로 복종하는 항구적인 양식이 되어야 한다(롬 12:1). 하나님께서는 육적인 예배를 미워하시는 반면에 거룩하고 겸손한 마음으로 드리는 참된 예배를 기뻐하신다(빌 3:3). 참된 예배자들이 하나님을 영화롭게 하는 찬양을 드릴 수 있기를 바란다. 하나님만이 그 찬양을 받기에 합당하신 분이다.

teaching guide

티칭 가이드

고안

A. 하나님의 소환(50:1-6)

1. 모든 인간을 소환하시다(1-2절)
2. 모든 사람들과 대면하시다(3-6절)

B. 하나님의 심문(50:7-15)

1. 예배자들에게 도전하시다(7절)
    a. 내가 말하리라(7a)
    b. 나는 주권자이다(7b)
2. 예배자들의 죄를 지적하시다(8-13절)
    a. 그들의 제물 때문이 아니라(8절)
    b. 그들의 태도에 대해(9-13절)
3. 예배자들을 책망하시다(14-15절)
    a. 감사하는 마음을 원하신다(14a)
    b. 순종하는 의지를 원하신다(14b)
    c. 의지하는 생활을 원하신다(15절)

C. 하나님의 판결(50:16-23)

1. 제시된 증거: 불순종(16-20절)
    a. 그들이 하나님의 말씀을 암송한다(16절)
    b. 그들이 하나님의 말씀을 거부한다(17-20절)
2. 선언된 형: 파멸(21-22절)

a. 하나님께서 침묵해오셨다(21a)

b. 하나님께서 이제 말씀하신다(21b)

c. 하나님께서 이제 형을 선언하신다(22절)

3. 요구되는 기대: 기쁨(23절)

시편 51편

참된 고백

"그리스도인은 회개하기를 결코 멈추어서는 안 된다. 죄 짓기를 결코 멈추지 않을까 두렵기 때문이다."

- 찰스 스펄전(Charles H. Spurgeon)

들어가는 글

빨아도 더러운 옷

한 대학 신입생이 지저분해진 옷을 낡은 스웨터로 말아서 기숙사의 세탁실로 가져갔다. 자신의 옷이 너무나 더러운 것을 보고 당황한 그는 스웨터로 말은 옷더미를 펼치지 않고 그대로 세탁기에 밀어 넣었다. 세탁기가 다 돌아가자 그는 그 빨래 덩어리를 건조기에 밀어 넣었다. 결국 그는 여전히 덩어리로 말려 있는 빨랫감을 가지고 방으로 돌아왔다. 방에 와서 빨래 덩어리를 펼쳐보니 옷은 전혀 세탁이 되어 있지 않았다.

이 이야기에서 신앙생활에 대한 교훈을 얻을 수 있다. 하나님께서는 이렇게 말씀하신다. "너의 죄를 작은 묶음으로 단단하게 말아 두지 말라. 그것들을 하나씩 하나씩 구분해서 꺼낸 후 깨끗하게 씻기도록 고백하라." 우리는 반드시 하나님께 죄를 고백해야 한다. 고백이란 무엇인가? 고백이란 단어에는 '동일하게 말하다' 라는 뜻이 담겨 있다. 고백은 우리의 죄에 대해 하나님께 동의하는 것이다. 그것은 또한 회개 혹은 고백한 죄에서 되돌아서며 더 이상 그것을 품지 않는 것이다.

시편 51편은 성경을 통틀어 죄 고백에 관한 가장 생생한 그림 중 하나이다. 다윗은 엄청난 도덕적 타락을 한 후 하나님의 정결케 하심을 구하면서 겸손한 용서의 기도를 드린다. 표제가 암시하듯이 이 시편은 다윗이 밧세바와 간음죄를 지은 후에 쓴 것인데 그 일은 밧세바의 남편 우리아를 살해하는 죄로 이어졌다(삼하 11장). 이런 죄들을 지은 지 거의 일 년 후 하나님께서는 나단 선지자에게 명하셔서 다윗의 죄를 책망하도록 하셨다. 그때서야 다윗은 즉시 회개했다.

이 시편은 다윗의 죄 고백을 담고 있고 참된 회개의 중요성을 강조한다. 이것을 통해 성도의 삶에서 죄와 진실하게 직면하는 자세의 본질에 대한 통찰을 얻을 수 있다. 그리스도인은 죄를 지으면 깊이 통회하며 즉시 죄를 고백해야 한다. 그래야 비로소 하나님과의 교제를 회복하게 하는 하나님의 용서를 누릴 수 있다. 이 시편 연구를 통해 참된 회개의 특징을 알 수 있다.

본문 이해

참된 고백

Main Idea	다윗은 하나님에 대한 자신의 죄를 고백하고 회개하며 하나님의 용서와 자비를 호소한다.

A. 용서를 구하는 부르짖음(51:1-2)

Supporting Idea	다윗은 하나님께 자기 죄를 용서해달라고 간구하며 자비를 호소하는 것으로 시편을 시작한다.

51:1a-b. 다윗은 하나님의 용서하심이 인간의 공로가 아니라 오직 하나님의 긍휼, 인자, 자비(compassion. 히. 레헴, rehem, '창자', 즉 동정심)에 근거한다는 것을 알고 있다. 하나님이여 나를 긍휼히 여기소서라는 서두의 호소는 그가 받아 마땅한 것(고통스러운 징계)에 대한 요청이 아니라 그에게 절박하게 필요한 것(하나님의 은혜)에 대한 요청이다. 다윗은 하나님의 인자와 많은 자비를 좇아 하나님의 긍휼하심을 받아야 할 자신의 필요를 알고 있다. 그는 사랑의 본성에 따라 행동해달라고 하나님께 호소한다.

51:1b-2. 용서에 대한 이 호소는 세 가지 방식으로 묘사되어 있다. 첫째, 내 죄과를 도말하소서라는 구절은 다윗의 반역과 의도적인 일탈의 죄악 된 행위를 없애달라는 의미다. 하나님께서 실제로 다윗의 죄를 장부에 기록하시기라도 한 것처럼 그는 자신의 죄악 된 반역 행위들을 기록에서 삭제해달라고 호소한다(비교. 출 32:32, 민 5:23). 둘째, 자신을 얼룩진 더러운 의복에 비유하면서 사람이 더러운 옷을 세탁하듯이 나의 죄악을 말갛게 씻겨달라고 기도한다. 셋째, 나의 죄를 깨끗이 제하소서라고 호소한다. 이것은 의식법에 따라 성전 예배에서 빠지지 않는 성결을 묘사한다. 이 삼중적 요청은 주님께 완전한 용서를 받고자 하는 다윗의 소원을 드러내고 있다.

B. 죄의 고백(51:3-6)

Supporting Idea	다윗은 자신의 잘못이 얼마나 심각한지 안다고 인정함으로써 자신의 가증스러운 죄악을 고백한다.

51:3. 자기 죄를 고통스럽게 자각한 다윗은 대저 나는 내 죄과를 아오니라고 인정한다. 그의 양심은 죄책감에 짓눌려 그의 죄가 항상 그 앞에 있으며 그의 생각을 떠나지 않는 지경이 되었다.

51:4. 다윗은 자신의 죄가 밧세바와 우리야와 이스라엘 민족을 포함한 타인들에 대한 죄가 아니라 하나님에 대한 범죄라고 인정한다. 그는 내가 주께만 범죄하여라고 고백한다. 다윗의 죄는 하나님에 대한 반역이었다. 이는 다윗이 하나님 목전에서 악한 것을 행했기 때문이다. 다윗은 자신의 죄를 철저히 인정하며 그것을 사실 그대로 드러내고 있다. 연약함이 아니라 악함으로, 사고가 아니라 악행으로 판단하고 있는 것이다. 그는 하나님의 판결을 받아들이며 하나님께서 다윗의 죄를 정죄하실 때 의로우시며 그를 판단하실 때 순전하시다고 인정한다. 여기서는 어떤 변명도 혹은 책임 전가도 없다. 다윗은 하나님께 불완전한 변명을 전혀 늘어놓지 않고 오직 하나님의 심판을 받아 마땅한 자신의 죄를 온전하게 고백했을 뿐이다.

51:5. 이 문제의 뿌리까지 파고들어간 다윗은 내가 죄악 중에 출생함이여라고 말하며 그의 문제가 부패한 마음에서 비롯되었음을 진술한다. 그는 행동하는 죄인이 되기 오래 전에 본성적으로 죄인의 상태로 이 세상에 들어왔다. 실제로 이 내적 부패는 그의 출생보다 더 빨랐고 출생 9개월 전 그가 자궁에 잉태되었을 때 시작되었다. 잉태되었을 때 아담의 죄악 된 본성이 그에게 전이된 것이다. 그가 저지른 짓(범죄)의 문제는 그의 존재(죄인)에 뿌리가 있었다.

51:6. 다윗은 그의 삶에 대한 하나님의 요구에 자신이 미치지 못한다는 것을 알고 있다. 중심에 진실함을 주께서 원하시오니라는 다윗의 말은 그가 자신의 죄를 은폐하려고 시도함으로써 하나님 앞에서 거짓된 삶을 살아왔음을 암시한다. 그러나 그는 계속해서 내 속에 지혜를 알게 하시리이다라고 말한다. 그 지혜를 따라 우리는 하나님께 지은 죄에 대해 정직하고 공개적인 행동을 하게 될 것이다. 어리석은 바보만이 주님 앞에서 죄를 숨기려고 할 것이다. 그것은 여태껏 다윗이 해왔던 비극적인 역할이었다.

C. 정결함에 대한 요청(51:7-9)

Supporting Idea	다윗은 하나님께 자신이 지은 죄의 흔적을 제거하고 영적인 회복을 달라고 간구한다.

51:7. 이 절은 또 다시 용서에 대한 간구를 기록하고 있다. 우슬초로 나를 씻기소서라는 구절은 문둥병자가 정결례를 구하는 이미지를 암시한다. 문둥병자가 그러한 의식을 요구할 때 제사장은 우슬초를 피에 적셔 제단 앞에서 문둥병자에게 일곱 번을 뿌렸다(비교. 레 14:6). 따라서 다윗은 자신을 신적 정결례가 필요한 영적 문둥병자로 보고 있다. 그의 죄는 오실 메시아이신 예수 그리스도가 흘리신 피를 통해 해결될 것이다(비교. 히 9:22). 그때가 되어야만 그는 눈보다 희게 될 것이다(비교. 사 1:18).

51:8. 나로 즐겁고 기쁜 소리를 듣게 하사라는 다윗의 말은 그가 추구하는 용서의 결과일 것이다(비교. 시 32:1-2). 주께서 꺾으신 뼈로 즐거워하게 하소서는 그가 나단의 책망에 얼마나 짓눌렸는지 암시한다(비교. 삼하 12:1-14). 죄의 막대한 무게에 눌려 그는 온몸이 쑤시고 아팠다.

51:9. 다윗은 하나님께 항상 그의 앞에 있던 그의 죄에서 얼굴을 돌이켜달라고 구한다. 다시 말해서, "나를 용서하셔서 당신이 더 이상 내 죄를 보지 않게 해달라"는 것이다. 회계학적 심상을 다시 사용해 내 모든 죄악을 도말하소서라고 그는 기도한다. 그럴 때만 다윗은 하나님과 올바른 관계를 회복할 것이다.

D. 성결에 대한 헌신(51:10-12)

Supporting Idea	다윗은 하나님께 그의 죄악에 따라 그를 벌하지 마시고 정직한 영을 새롭게 하시며 구원의 기쁨을 회복시켜달라고 구한다.

51:10. 죄를 고백하고 하나님의 용서를 받은 다윗은 자신에게 순결한 마음을 주셔서 다시 죄에 빠져들지 않게 해달라고 기도한다. 내 안에 정한 마음을 창조하시는 일은 오직 하나님만이 하실 수 있는 일이다. 오직 하나님만이 순결의 정직한 영으로 그의 마음을 새롭게 하실 수 있다.

51:11. 나를 주 앞에서 쫓아내지 마시며라는 말은 그가 구원을 잃을까 두려워했다는

암시는 아니다. 오히려 그것은 그의 삶에서 그의 거룩한 능력을 거두어가지 마시라는 간구였다. 그래서 그는 그에게서 주의 성신을 거두어가지 말라고 기도한다. 그는 하나님을 섬기는 일에서 제외될까봐 두려워했다. 그것은 그가 당해 마땅한 가혹한 징계이며 하나님께서 그의 고백을 받아주시지 않으면 당하게 될 벌이다.

51:12. 다윗은 하나님께 구원의 즐거움을 회복시켜달라고 간구한다. 죄와 즐거움은 동일한 심령에 공존할 수 없다. 죄와 즐거움은 상호 배타적이다. 다윗이 구원의 회복을 구한 것이 아니라 구원의 기쁨을 회복시켜달라고 한 것에 유의하라. 그는 하나님의 말씀에 순종하고 성결함을 지속할 수 있도록 자원하는 심령을 원한다.

E. 삶의 헌신(51:13-17)

Supporting Idea	다윗은 하나님에 대한 헌신을 새롭게 하며 죄인들에게 하나님의 길을 가르치겠다고 맹세한다.

51:13. 일단 죄 사함을 받자 다윗은 범죄자에게 주의 도를 가르치겠다고 하나님께 약속한다. 그는 하나님께서 죄로 인해 그들을 고통스럽게 하신다는 진리를 전할 것이다. 여기에는 또한 그들이 죄를 고백할 때 받을 용서가 포함될 것이다. 그렇게 가르쳤을 때 죄인들이 그들의 죄를 인정하고 버리며 하나님께 돌아올 것이다.

51:14-15. 다윗은 하나님이여 피 흘린 죄에서 나를 건지소서라고 기도한다. 다윗은 엄청난 자신의 죄로 인해 계속 마음이 짓눌린다. 그는 그 죄로 인해 자신이 죽음의 형벌을 받아 마땅함을 알고 있다. 이 냉혹한 진실 앞에서 그는 용서를 구하지 않을 수 없다. 일단 용서하심을 받자 다윗은 동일한 용서가 필요한 다른 이들에게 내 혀가 주의 의를 높이 노래할 것이라고 선언한다.

51:16-17. 다윗은 그의 죄에 대해 하나님께서 그에게 단순히 짐승의 제사나 번제를 원하지 않으심을 알고 있다. 하나님께서 요구하시는 제사는 상한 심령과 통회하는 마음이다. 하나님 앞에서 겸손과 죄에 대한 상한 마음을 갖는다는 것은 순수한 고백을 한다는 표현이다. 다윗은 그것을 알고 있었다.

F. 하나님의 영광에 대한 관심(51:18-19)

Supporting Idea	다윗은 하나님의 축복이 예루살렘에 임하고 성 안에서 제사를 드릴 수 있게 해달라고 요청한다.

51:18. 다윗은 이스라엘 왕으로서 자신의 개인적인 성결과 백성들이 누리는 하나님의 국가적 축복 간의 긴밀한 상관성이 있음을 깨닫는다. 인격은 정말로 중요하다. 지도자들의 죄악은 자기 자신뿐 아니라 다른 사람들에게도 영향을 미친다. 그래서 그는 이방의 공격에서 예루살렘 성을 강하게 하고 보호해주심으로 시온에 선을 행하시라고 기도한다. 다윗은 자신이 새로운 힘을 얻었기 때문에 이스라엘 민족이 새롭게 갱신되게 해달라고 기도한다. 개인적인 갱신이 선행되고 공동체적 갱신이 뒤따른다.

51:19. 그때에만, 용서하심을 받은 후에야 비로소 다윗은 올바른 마음으로 하나님께 의로운 제사를 드릴 수 있다. 그래야 비로소 하나님을 기쁘시게 해드리는 온전한 번제와 수소를 드릴 수 있다. 올바른 제사가 되기 위해서는 마음이 온전해야 한다.

Main Idea 복 습	다윗은 하나님에 대한 자신의 죄를 고백하고 회개하며 하나님의 용서와 자비를 호소한다.

결론

수년 전에 〈런던타임〉 지에 '오늘날 세상에 대체 무엇이 잘못되었는가?' 라는 제목 아래에 유명한 편지가 실린 적이 있다. 이 사설에서 편집자는 세상을 병들게 하는 다양한 도덕적이고 사회적인 질병들을 연구하고 보고했다. 그 사설은 수사학적인 질문으로 독자들의 대답을 구했다. 편집장에게 배달된 최고의 편지는 유명한 G. K. 체스터튼(G. K. Chesterton)이 보내온 답장이었다.

친애하는 편집장님께,
세상의 문제가 무엇이냐고요?
바로 내가 문제입니다.
G. K. 체스터튼 드림

두말할 필요도 없이 세상에서 벌어지고 있는 문제들의 핵심은 인간의 죄성이다. 그러나 그 외에 각 개인이 가진 문제의 원인은 죄, 구체적으로 자기 자신의 죄이다. 모든 그리스도인들은 자신의 삶을 파수꾼처럼 감시해야 한다. 일단 자신의 마음이 죄를 알게 되면 곧바로 죄 고백이 이어져야 한다. 예수 그리스도의 복음은 자기 죄를 고백하고 그분께 나아가는 모든 이들이 온전히 죄 사함을 받는다는 것이다. 사도 요한은 "우리 죄를 고백하면 저는 미쁘시고 의로우사 우리 죄를 사하시며 모든 불의에서 우리를 깨끗케 하실 것" 이라고 선언했다(요일 1:9).

그러한 고백은 회개와 관련이 있다. 이 둘은 불가분의 관계이다. 자신의 죄를 자각한 모든 이들이 임마누엘의 혈관에서 흘러내린 피로 가득한 유일한 샘에 나아가 그 샘에 자기 몸을 던져 모든 죄의 얼룩을 씻기 바란다.

삶의 적용

상하고 통회하는 심령

성도들이 죄를 고백하기 위해 하나님 앞에 나아갈 때 가져야 할 내적인 태도는 상한 마음과 겸손함이다. 모든 죄는 교만이라는 뿌리에서 자라난다. 교만은 하나님의 뜻보다 우리의 뜻을 높이는 것이다. 마찬가지로, 교만은 항상 우리 마음의 완악함과 관련이 있다. 우리 마음이 하나님의 것에 덜 순응하고 민감하지 않게 되는 것이다. 그러나 의인들이 하나님께 죄를 고백할 때 이런 죄의 측면들이 반대가 되어야 한다. 완악한 마음 대신 상한 마음, 혹은 자아의 깨어짐과 교만의 무너짐이 반드시 있어야 한다. 하나님의 명령을 받아들이고 그분께 반응하기 위해서는 영혼의 딱딱한 토양이 부서져야 한다.

자기를 높이는 대신 하나님의 임재 앞에서 부서지고 낮아지는 통회하는 마음이 있어야 한다. 하나님께서 원하시는 제사는 이것, 즉 상하고 통회하는 마음이다. 그러한 삶에서 하나님께서 받으시고 기뻐하시는 향기로운 제사가 시작된다. 성도들은 하나님께 자기 죄를 고백하며 겸손함으로 옷 입어야 한다. 주님은 교만한 자를 대적하시지만 겸손한 자에게는 은혜를 베푸신다.

기도

오, 하나님, 우리는 어머니의 태중에서 당신으로부터 격리되고 죄의 노예가 된 이 세상에 들어왔습니다. 그러나 당신은 은혜로 우리를 구해주셨습니다. 우리를 당신의 이름으로 불리는 백성이요 왕 같은 제사장과 거룩한 나라로 만드셨습니다. 주님, 우리의 죄를 도말하시고 죄악을 씻어주시며 죄악에서 우리를 정결하게 해주심으로 우리에게 당신의 자비를 소나기처럼 내려주시기를 구합니다. 우리는 오직 당신께만 반역하고 부르심에 합당하지 않은 모습으로 행동했습니다. 우리 구원의 기쁨을 회복시켜주시고 자원하는 심령을 주셔서 당신의 길로 계속 걸어갈 수 있게 해주십시오. 상한 심령과 통회하는 마음으로 드리는 올바른 예배를 당신께 드리기 원합니다. 우리 주 예수 그리스도의 이름으로 기도합니다. 아멘.

심층 연구

A. 진실함(51:6)

이 단어(히. 에메트, emet)는 아만(aman)의 파생어로 확실성, 믿을 만함, 단호함의 개념을 내포하며 '진리' 나 '신실함' 으로 종종 번역된다. 구약에서 127번 사용되고 있는 이 단어는 종종 신실하신 하나님의 속성을 가리킨다(비교. 창 24:27, 출 34:6, 시 25:5, 31:5, 71:22, 렘 4:2, 42:5). 또한 진리를 소유하신 하나님의 말씀과 그분의 명령에 적용된다(비교. 왕상 17:24, 대하 18:15, 시 26:3, 30:9, 43:3, 69:13, 86:11, 91:4, 108:4, 117:2, 119:142, 151, 138:2). 또한 이것은 하나님을 아는 자들의 특징이다(출 1:21, 느 7:2, 시 15:2, 슥 8:16). 여기 시편 51편 6절에서 진실함이란 단어는 '도덕적 성실성과 신뢰받을 만한 생활' 혹은 하나님의 진리 기준에 일치하는 것이라는 뜻이다.

B. 씻기다(51:2, 7)

이 단어(히. 카바스, kabas)는 구약에서 51번 사용된다. 히브리인들은 보통 옷을 세탁하거나 씻는 것을 가리킬 때 이 단어를 사용했다. 그러므로 이 단어는 죄 용서를 더럽고 불결한 것을 제거하는 세탁에 비교된다. 카바스는 또한 의식적 정결을 가리킨다(출 19:10, 14, 민 8:7, 19:7, 레 11:25). 이 단어는 예배자의 의식적 정결 행위나 우상 숭배에서의 정결함이 언급된 레위기에서 31번 나타난다(비교. 렘 2:22, 4:14). 다윗은 이 단어를 영적 의미로 사용하며 우슬초로 자신을 정결케 해달라고 요구한다(7절). 문둥병자들이 무서운 질병을 깨끗하게 하기 위해 우슬초를 사용하는 규례를 의도적으로 언급한 것이다(레 14:6-7). 다윗은 자신의 죄가 내면으로부터 깨끗함을 입어야만 할 정도로 그를 더럽게 했다고 생각했다. 이렇게 깨끗하게 하는 것은 오직 하나님만이 하실 수 있는 일이다.

C. 정한(51:10)

'정한' 혹은 '깨끗한' 이란 단어(히. 타홀, tahor)는 구약에서 94번 사용된 형용사이며 타헤르(taher)라는 동사의 파생어다. 이 단어는 물질적이거나 의식적 혹은 윤리적인 의미로 사용된다. 다윗은 이 단어를 도덕적 의미로 사용해 불순함과 더러움과 불결함을 없애달라는 의미에서 그의 마음을 순결하게 해달라고 하나님께 요청한다. 인간의 마음에 들어온 오염이나 영적 더러움은 인간의 힘으로는 깨끗하게 할 수 없다. 욥은 "누가 깨끗한 것을 더러운 것 가운데서 낼 수 있으리이까"(욥 14:4)라고 묻는다. 인간 내면의 더러운 죄악과는 반대로 하나님의 말씀은 절대적으로 순결하며(시 12:6) 그의 눈은 "정결하시므로 악을 참아 보지 못하신다"(합 1:13). 하나님만이 죄악 된 인간을 깨끗하게 하실 수 있다(비교. 렘 13:27, 33:8, 겔 36:25, 33, 37:23).

D. 상한(51:17)

이 단어(히. 샤바르, shabar)는 구약에서 147번 사용되고 있다. 이 단어는 '파괴시키다', '깨뜨리다, 부수다, 혹은 망가뜨리다' 라는 뜻이다. 하나님께서 진노로 나라들과 민족들을 파괴하시고(렘 28:2,11, 겔 30:21, 암 1:5) 어떤 물건들이나 우상을 멸하거나 산산이 깨버리는 것(출 32:19, 34:1, 왕하 11:18, 렘 43:13)을 가리켜 사용되었다. 여기서 이 단어는 은유적으로 사용되었고, 죄나 타인의 조롱으로 인해 한 개인의 마음이 박살난 상태를 가리킨다(시 69:20).

고안

A. 용서를 구하는 부르짖음(51:1-2)

1. 내 죄를 도말하소서(1절)
2. 내 죄를 씻기소서(2절)

B. 죄의 고백(51:3-6)

1. 내 죄가 내 앞에 있나이다(3절)
2. 내 죄는 하나님께 지은 죄이니이다(4절)
3. 내 죄는 내면적인 것입니다(5-6절)

C. 정결함에 대한 요청(51:7-9)

1. 죄에서 나를 정결케 하소서(7절)
2. 즐거움으로 내게 용기를 주소서(8절)
3. 내 죄과를 깨끗하게 하소서(9절)

D. 성결에 대한 헌신(51:10-12)

1. 순결한 마음(10a)
2. 정직한 영(10b)
3. 능력의 삶(11절)
4. 즐거운 마음(12절)
5. 복종의 의지(12b)

E. 삶의 헌신(51:13-17)

1. 내가 다른 이들을 가르치리다(13절)
2. 하나님을 찬양하리다(14-15절)
3. 나 자신을 겸손하게 하리다(16-17절)

F. 하나님의 영광에 대한 관심(51:18-19)

1. 하나님의 역사가 왕성하게 해주소서(18절)
2. 하나님의 기쁨이 충만하게 해주소서(19절)

토의 질문

1. 자신과 자신의 죄악 된 본성에 대한 올바른 이해를 갖고 있는가?

2. 날마다 주님께 죄를 고백하는 일에 적절한 시간을 할애하고 있는가?

3. 죄를 고백할 때 내가 저지른 구체적인 죄를 밝히고 있는가?

4. 죄를 고백한 후 하나님을 찬양하고 있는가?

시편 52편

하나님의 개입

"우리의 모든 하중을 실어 하나님께 기대자. 침대에 온몸을 맡기듯이 우리 자신을 그분의 신실하심에 내던지며 우리의 모든 지침과 피곤함을 그분의 안식에 가져가자."

- 찰스 스펄전(Charles H. Spurgeon)

들어가는 글

권면의 시편인 시편 52편은 다윗이 '영장을 위해' 쓴 연속적인 네 편의 시편(52-55편) 중 첫 번째이다. 다윗은 이 시편들에서 악한 원수의 공격을 받으면서도 하나님에 대한 신뢰를 표현하고 있다. 제목에서 보듯이 다윗은 사울로부터 도망쳐 양식을 얻고 인도를 받기 위해 놉의 제사장 아히멜렉과 제사장들에게로 피신했다(삼상 21:7). 이 시편은 '에돔인 도엑이 사울에게 이르러 다윗이 아히멜렉의 집에 왔더라 말하던 때에' 쓰였다. 사울은 그 보고를 듣고 격분해서 도엑을 시켜 놉 지역 사람을 모두 학살하도록 했다.

다윗은 이 시편을 통해 수많은 사람들이 살육당한 사건에서 암시된 도엑의 인간됨을 선언한다. 시편 기자는 안전한 높은 망루에 있는 것처럼 하나님 안에 피하며 여호와께서 그의 원수를 철저히 파멸시키기를 기다린다. 이 시편은 도엑의 위협에도 불구하고 하나님에 대한 담대하고 확신에 찬 신뢰를 표현한 노래이다.

본문 이해

하나님의 개입

Main Idea	다윗은 원수의 사악함을 고발하고 하나님께 새로이 맹세한다.

A. 다윗의 대적(52:1-4)

52:1. 다윗은 네가 어찌하여 악한 계획을 스스로 자랑하는고?라는 비난의 질문으로 시작한다. 그의 원수이며 사울이 거느린 수하들의 리더인 도엑을 꾸짖으며 그는 어찌하여 네가 하루 종일 자랑하는고?(NIV)라고 탄식하고 있다. 강포하게 악행을 저지르는 그의

대적은 진리와 정의에 대한 자신의 끊임없는 배반을 자랑스럽게 떠벌린다. 그러나 그는 하나님 보시기에 수치스러운 인물(NIV, "하나님의 인자하심은 항상 있도다" – 개역성경)이라고 다윗은 선언한다. 그는 하나님께서 원하시는 모든 것에 위배되는 존재이며 하늘의 골칫거리다.

52:2. 대적의 타락을 책망하며 다윗은 네 혀가 심한 악을 꾀한다고 꾸짖는다. 그는 타인들을 파멸시키기 위해 해악을 꾸미고 계획했다. 사악함이 가득한 도엑의 입은 날카로운 삭도 같아서 자르고 찌르며 죽인다. 그의 고변으로 사람들이 피비린내 나는 살육을 당했다(약 3:6, 8). 그의 말은 그의 간사한 행위와 일치한다.

52:3-4. 다윗은 문제의 실체는 그의 사악한 마음이라고 말한다. 네가 선보다 악을 사랑하며 의를 말함보다 거짓을 사랑하는도다. 그의 도덕의식이 잘못되어 있는 것이다. 그의 감정은 타락으로 인해 부패하고 왜곡되어 있다. 그는 미워해야 마땅한 것을 사랑하고 사랑해야 마땅한 것을 미워한다. 그러므로 그의 말은 간사하다.

B. 다윗의 분노(52:5-7)

52:5-7. 다윗은 교만한 원수를 하나님께서 궁극적으로 파멸하실 것을 선언한다. 그는 하나님께서 영영히 너를 멸하심이여라고 선언한다. 이것은 그의 무자비한 악행에 대한 정당한 심판이다. 죽음으로 그는 영원히 제거될 것이다. 그의 파멸이 너무나 철저하여 의인들이 그것을 보고 하나님을 두려워하게 될 것이다. 경건한 자들은 하나님의 뜻을 대적하는 자들의 어리석음을 조롱하며 비웃을 것이다.

C. 다윗의 믿음(52:8-9)

52:8-9. 도엑과 반대로 다윗은 하나님을 믿었다. 그는 하나님의 집에 있는 푸른 감람나무 같다. 이것은 생산적이고 비옥하며 형통하다는 뜻이다(비교. 호 14:6). 다윗은 하나님의 은혜에 대한 신뢰를 표현하면서 하나님의 수많은 위업을 영영히 찬양하고(의지하고-개역성경) 그분의 이름을 소망할 것(의지할 것-개역성경)이라고 맹세한다. 하나님의 이름은 하나님의 거룩한 모든 속성의 총체를 상징한다. 다윗은 자신의 맹세를 반복하며 주의 성도 앞에서 주의 이름을 의지하리이다(찬양하리이다-NIV)라고 결심한다.

결론

이 시편에서 다윗은 도엑의 공격을 받을 때 하나님의 이름을 신뢰한다. 그는 마음에 찬양이 가득한 채 하나님을 의지했다. 오늘날 모든 신자들도 이렇게 해야 한다. 환란에 에워싸이고 공격을 당할 때 하나님을 우리의 산성과 요새와 피난처로 삼아야 한다. 하나님께서는 당신의 이름을 부르며 당신 안에 숨는 자들을 보호하신다. 모든 시련과 위험이 하나님의 자녀들에게 그분의 임재를 더 깊이 체험하는 기회가 되기를 바란다. 그분은 당신 백성들에게 승리를 주시며 불의한 자들을 멸하실 것이다.

교안

A. 다윗의 대적(52:1-4)

1. 그의 교만은 수치스럽다(1절)
2. 그의 음모는 파괴적이다(2절)
3. 그의 사악함은 기만적이다(3-4절)

B. 다윗의 분노(52:5-7)

1. 경건치 않은 자들의 파멸(5절)
    - a. 하나님께서 멸하실 것이다(5a)
    - b. 하나님께서 뽑아내실 것이다(5b)
2. 경건한 자들의 비웃음(6-7절)
    - a. 의인들이 두려워할 것이다(6a)
    - b. 의인들이 조롱할 것이다(6b-7절)

C. 다윗의 믿음(52:8-9)

1. 하나님에 대한 신뢰(8절)
    - a. 그는 하나님 안에 뿌리 내리고 있다(8a)
    - b. 그는 하나님을 위해 결실을 맺는다(8b)
2. 하나님에 대한 감사(9절)
    - a. 하나님께서 하신 일에 대해(9a)
    - b. 하나님의 속성에 대해(9b)

시편 53편

어리석은 자들을 통치하시는 하나님

"무신론자가 되고자 한다면 무신론이 부정하는 모든 위대한 진리를 받을 때보다 훨씬 더 큰 믿음의 잣대가 필요하다."

- 요셉 애디슨(Joseph Addison)

들어가는 글

불신앙의 어리석음

19세기의 위대한 복음주의자 D. L. 무디(D. L. Moody)가 수많은 회중들 앞에서 그리스도의 복음을 선포하며 설교를 하고 있었다. 그날 무리 중에는 그 모임을 방해하기로 결심한 완고한 무신론자가 있었다. 이 불신자는 종이 위에 무언가 한 단어를 쓴 다음 그것을 접어 안내원에게 건네며 무디에게 전달할 긴급한 메시지가 있다고 말했다. 안내원은 설교 도중에 그것을 설교단으로 가지고 가서 강대상에 올려놓았다. 무디는 긴급한 일이라고 생각하고 설교를 멈춘 후 그 쪽지를 펴보았다. 거기엔 '바보' 라는 단어가 적혀 있었다. 그는 눈을 들어 그에게 손을 흔드는 그 무신론자를 바라보았다. 무디는 틈을 놓치지 않고 이렇게 말했다. "방금 아주 인상적인 일이 있었습니다. 저는 자기 이름 쓰는 것을 깜빡 잊고 보낸 편지를 여러 번 받아보았지만, 이번처럼 자기 이름만 쓰고 내용을 빠뜨린 편지는 처음입니다."

'바보' 라는 이 단어는 또한 하나님 없이 살고자 하는 모든 사람들에 대한 하나님의 평가이다. 하나님 없이 살고자 하는 것은 영적인 정신이상이나 다름없다. 그러나 세상의 너무나 많은 사람들이 하나님 없이 살며 모든 필요들을 채우는 데 자신을 의지한다. 하나님께서는 그분의 말씀의 진리를 차버린 자를 어리석은 바보라고 말씀하신다. 이것은 하나님의 은혜를 떠난 모든 인류에 대한 다윗의 판단이기도 했다. 불신앙은 인간을 어리석은 자(정신적으로 결함이 있는 사람이 아니라 도덕적으로 타락하고 영적으로 결핍된 사람)로 만든다.

시편 14편과 53편 사이에는 놀라운 유사성이 존재한다. 아마 시편 14편이 먼저 쓰이고 후에 하나님께서 당신의 백성들에게 주신 극적인 승리의 결과로서 시편 53편에 차용되었을 것이다. '다윗의 마스길' 인 이 시편에서 기자는 인류의 전적 타락성과 도덕적 어리석음을 탄식한다. 표제는 이것이 '마할랏에 맞춰' 부른 노래였음을 밝혀준다. 마할랏은 이 시편이 맞추어 부르던 유명한 가락의 첫 단어였을 것이다.

본문 이해

어리석은 자들을 통치하시는 하나님

Main Idea	다윗은 인류의 총체적인 타락성과 궁극적인 파멸을 바라본다. 이로 인해 하나님의 백성에 대한 구원을 갈망하게 된다.

A. 어리석은 자에 대한 묘사(53:1)

Supporting Idea	인류의 부패와 하나님에 대한 부인은 본성적으로 악하며 선이 결여된 부패한 본성에 기인한다.

53:1a. 여기에 인류에 대한 다윗의 정확한 평가가 있다. 어리석은 자는 정신적인 무능력자를 의미하는 것이 아니라 도덕적으로 무감각하고 영적으로 무지한 사람을 가리킨다. 그는 하나님을 거부하고 무시하며 하나님이 없다고 말한다. 문제는 그 마음(히. 레브, leb, '인간의 내적 본성의 총체'), 즉 인간의 지정의가 자리한 내면 깊은 곳에 자리하고 있다. 인간 존재의 중심, 그의 영혼의 깊은 곳에서 하나님에 대한 지식을 거부한다. 그는 반드시 지적으로는 아니라 하더라도 실제적인 무신론자이다. 그는 관계를 맺어야만 할 하나님이 전혀 계시지 않는 것처럼 살아간다. 천국이나 지옥 혹은 최후의 심판과 영원한 형벌이 전혀 없는 것처럼 자신의 삶을 지배한다.

53:1b. 하나님을 이렇게 노골적으로 거부한 결과는 타락한 삶이다. 하나님에 대한 거부는 항상 한 개인의 삶의 부패로 이어진다. 양자는 불가분의 관계로 연결되어 있다. 다윗은 모든 불신자들을 한 묶음으로 처리하며 저희는 내적 사람 혹은 본질적 존재가 부패하다고 선언한다. 다시 말해서 그들이 본성이 전적으로 부패했다는 것이다(비교. 렘 17:9). 그러므로 가증한 악(불의나 죄악을 의미함)을 행한다. 다시 말해서 그들의 모든 관계가 철저히 불의하며 정의감이 결여되어 거룩한 하나님께 가증스러운 것이다. 개인적 인격이 부패한 상태이기 때문에 그들의 실제 행위도 필연적으로 부패할 수밖에 없다.

53:1c. 따라서 다윗은 이렇게 요약한다. 선을 행하는 자는 없도다. 하나님의 은혜를 떠나서는 그 누구도 주님을 기쁘시게 하는 일을 하지 않는다. 그들의 모든 행위, 심지어 선한 일을 행하고자 하는 최선의 노력조차 하나님의 기뻐하심을 얻지 못한다. 그들의 모든 의로운 행위는 하나님 보시기에 "더러운 걸레"에 지나지 않는다(사 64:6).

B. 어리석은 자에 대한 발견(53:2-4)

Supporting Idea	전 인류는 영적 통찰이 결여되어 있기 때문에 하나님을 떠나 악행을 행한다.

53:2. 다윗의 통찰에 이어 이제 하나님의 시각이 제시된다. 하나님이 하늘에서 인생을 굽어 살피사. 이것은 하나님께서 인류를 심사하시고 생활을 판단하시고 마음을 꼼꼼히 살피시고 행동을 판단하시며 동기를 평가하신다는 의미다. 하나님의 눈을 피할 피조물은 없다(히 4:13). 하나님께서는 하나님에 대한 그들의 거부가 어리석음을 이해하는 지각 있는 자가 있는지 보시려고 살피신다. 하나님에 대한 그들의 반역이 지닌 심각성을 이해한 자가 있는가? 그들은 자신들의 불신앙이 어떤 결과를 가져올지 심각하게 생각해본 적이 있는가?

이 질문에는 아니라는 대답이 내포되어 있다. 타락한 죄인들은 악한 길로 계속 가는 그들을 기다리는 것이 무엇인지 깨닫지 못한다. 나아가 하나님께서는 당신을 찾는 자가 있는가 보시려고 땅을 살피신다. 여기에는 그분을 찾는 자는 한 사람도 없다는 의미가 내포되어 있다(시 14:1-3, 롬 3:10-12). 성령이 없는 모든 인간은 하나님을 외면하고 도망가고 있다.

53:3. 하나님을 찾기는 고사하고 정반대의 일이 일어난다. 하나님으로부터 각기 물러가 자신의 길로 가는 것이다. 타락한 인간들은 그대로 방치하면 항상 하나님을 피해 달아나며 결코 그분께 나아가지 않는다(비교 사 53:6). 상한 우유처럼 그들은 함께 더러운 자가 된다. 다윗은 1절을 반복하며 선을 행하는 자 없으니 하나도 없도다라고 말한다. 하나님의 철저한 감찰을 통해 인류를 오염시킨 사악함에 그 누구도 예외가 없음이 드러난다.

53:4. 다윗은 이제 죄악을 행하는 자는 그들의 길이 하나님께 불법이라는 사실에 대

해 무지하뇨라고 추론한다. 그들의 종국이 영원한 파멸임을 그들은 알지 못한단 말인가? 이것은 부정적인 대답, 즉 "무지하다. 그들을 그대로 방치하면 결코 깨닫지 못할 것이다"라는 대답이 암시된 또 다른 수사적 질문이다. 이 죄악을 행하는 자들은 참된 신자들을 무섭게 박해하고 반대하며 내 백성을 먹는 자들이다. 악에 대한 탐욕스러운 식욕을 가지고 그들은 떡 먹듯이 하나님의 백성들을 먹어치운다. 그러므로 그들이 이 영적 죽음 상태에서 하나님을 부르지 않는다고 해서 놀랄 일이 아니다.

C. 어리석은 자의 멸망(53:5)

Supporting Idea	궁극적으로 하나님께서는 당신의 백성들을 공격하는 불경건한 자들을 패배케 하고 멸망시키실 것이다.

53:5. 다윗은 악인들에 대한 심판을 기대한다. 그들의 파멸이 너무나 확실하기 때문에 그 일이 이미 일어난 것처럼 동사들이 과거 시제로 기록되어 있다. 저희(하나님을 반대하는 불경건한 자들)가 … 크게 두려워하였으니(히. 파하드, pahad, '공포, 테러'). 하나님께서 그들에게 무서운 심판과 진노를 내리실 것이기 때문에 그들은 큰 공포로 떨 것이다. 하나님을 두려워하지 않는 자들은 무서운 두려움에 휩싸일 것이다. 하나님께서 그의 원수들을 멸하기 위해 파괴적인 권능으로 임하실 것이기 때문이다.

이렇게 신적 진노를 쏟아 부음과 관련해 다윗은 참된 예배자들에게 너를 대하여 진 친 저희의 뼈를 하나님이 흩으심이라고 말한다. 이 장면은 하나님께서 진격해 온 그의 원수들을 무너뜨리신 전쟁터를 묘사한다. 패배한 군사들의 뼈가 묻히지 못하고 전쟁터 사방에 흩어지게 하는 것을 이방 군대는 가장 큰 수치로 여겼다. 이것은 악인들에게 내리는 하나님의 파괴적 심판이 얼마나 무서울지 보여준다.

D. 신실한 자의 구원(53:6)

Supporting Idea	고대해온 시온의 메시아가 이스라엘을 구원하시며 과거의 번영을 회복시켜주실 것이다.

53:6. 다윗은 하나님께 당신의 백성들을 원수들에게서 구해달라고 간구하는 긍정적

인 어조로 결론을 내리고 있다. 시온에서 이스라엘을 구원(히. 예슈아, yeshua, '도움, 구원, 승리')하여 줄 자 누구인고!(오 이스라엘을 위한 그 구원이 시온에서 나올 것이다!-NIV) 여기서 요청된 구원은 앞에서 언급된 어리석은 자들의 살육(1-4절)으로부터 하나님께서 건져주신 일시적인 구원이다. 다윗은 하나님이 그 백성의 포로된 것을 돌이키실 때에(메시아가 땅 위에 천년왕국을 세우실 먼 미래를 내다보며, 참고 계 20장) 야곱이 즐거워하며 이스라엘이 기뻐하리로다라고 선언한다. 이 즐거움은 이스라엘의 번영에 대한 하나님의 승리의 통치가 가져온 결과가 될 것이다.

Main Idea 복습	다윗은 인류의 총체적인 타락성과 궁극적인 파멸을 바라본다. 이로 인해 하나님의 백성에 대한 구원을 갈망하게 된다.

결론

더 낮아지다

C. S. 루이스는 "상한 계란을 아무리 교묘하게 꾸며놓아도 그것으로 훌륭한 오믈렛을 만들 수는 없다"라고 꼬집은 적이 있다. 인간의 총체적 타락에 대해서도 이와 동일한 말을 적용할 수 있다. 인간이 자기 삶을 아무리 교묘하게 꾸며놓는다 하더라도 그의 내면은 여전히 악하며 자신의 힘으로는 선할 수가 없다. 성경은 인간이 천사들보다 조금 더 낮게 창조되었다고 말한다. 한 가지는 분명하다. 인간은 그 이후로 계속 더 낮아져 왔다는 것이다. 죄라는 치명적인 질병을 치료하는 유일한 치료책은 주 예수 그리스도시다. 그분만이 돌같이 굳은 마음을 없애고 육적인 마음을 대체하실 수 있다. 그 마음이 하나님의 성령으로 준비된 모든 사람들이 주의 이름을 부르게 되기를 바란다.

삶의 적용

문제의 핵심은 마음에 있다

세상을 올바로 이해하기 위해서는 인간의 타락성을 정확히 이해해야 한다. 인간에 대한 낙관적인 견해로는 충분하지 않다. 진실은 인간의 본성이 타락하고 사악하며 죄악에 물들었다는 것이다. "만물보다 거짓되고 심히 부패한 것은 마음이라 누가 능히 이를 알리요마는"(렘 17:9). 이 선천적 부패성은 인간의 모든 분야로 확대된다. 아담의 타락과 전 인류로 죄가 확산됨으로 인해 인간의 지정의는 죄로 오염되었다. 따라서 "선을 행하는 자가 없다"(시 53:1, 3). 모든 사람들이 하나님을 떠났다. 이것이 모든 인류의 근본적인 문제이다.

"인간이 지닌 문제의 핵심은 그 마음의 문제"라는 말이 있다. 정말로 그러하다. 인간의 문제들은 환경을 바꾼다고 해서 해결될 외부적인 것이 아니다. 문제의 핵심은 내부에 있다. 인간의 마음에 문제가 있는 것이다. 모든 사람들이 다시 태어나야 하는 이유가 여기에 있다. 그들은 하나님을 사랑하고 거룩함을 추구하고자 하는 새로운 마음과 새로운 본성이 필요하다. 사람들과 사회가 변화되기 위해서 우리는 복음을 선포하고 그리스도의 증인이 되어 섬겨야 한다. 영원하고 진실된 변화를 일으킬 수 있는 유일한 방법은 예수 그리스도의 복음의 능력에 있다(비교. 고전 15:1-5).

기도

하나님, 당신을 위해 우리를 구속해주시니 찬양을 드립니다. 우리는 부패하고 비천하고 악하여 당신을 떠났지만 당신은 우리를 구원하시고 당신께로 우리를 부르셨습니다. 우리가 백성이 아닐 때 우리를 백성으로 삼으시고 예수 그리스도의 피로써 당신의 가족으로 입양하셨습니다. 우리의 구원은 오직 예수 그리스도 안에만 있습니다. 그분은 시온에서 나오는 우리의 구원이시기 때문입니다. 그러므로 우리는 예수 그리스도 안에서 기뻐합니다. 모든 이름 위에 뛰어난 주 예수 그리스도의 이름으로 기도합니다. 아멘.

심층 연구

A. 부패한(53:1)

이 단어(히. 샤하트, shahat)는 구약에서 151번 사용되며 부패, 파멸, 멸망, 폐허, 죽음을 가리켜 사용된다. 이 단어는 소돔과 고모라(창 13:10, 19:29), 성들(삿 20:42, 삼하 24:16)의 철저한 파멸, 아마샤의 파멸(대하 25:16), 이방 나라인 바벨론의 철저한 패배요 그로 인한 붕괴와 종말(렘 51:11), 농작물(삿 6:4), 적군의 학살(삿 20:21, 25, 35), 시리아인들의 파멸(대하 24:23), 이스라엘의 파멸(호 13:9)을 묘사한다. 여기서는 죄와 죄악 된 마음의 영적 부패가 초래한 자기 파멸에 사용되고 있다.

B. 지각이 있다(53:2)

이 단어(히. 사칼, sakal)는 '이해하다' 혹은 '파악하다' 는 뜻이다. 종종 하나님과 하나님의 진리에 대한 개인의 영적 이해를 가리킬 때 사용된다. 선지자 이사야는 "그들이 알지도 못하고 깨닫지도 못함은 그 눈이 가리워져서 보지 못하며 그 마음이 어두워져서 깨닫지 못함이라" (사 44:18, 비교. 시 14:2, 사 41:20, 52:15, 렘 9:23-24)고 기록했다. 여기서 이 단어는 마음이 부패한 자들의 눈먼 영적 상태를 암시한다.

C. 죄악을 행하는 자(53:4)

'죄악을 행하는 자' 라는 구절이나 '악행자' 라는 단어(히. 아웬, awen)는 죄와 관련해 사용된 수많은 히브리어 중 하나이다. 이 단어는 거짓, 우상숭배, 죄악, 불의를 비롯한 죄악 된 다양한 행동들을 포함한다. 그러므로 이 단어는 죄의 계획, 표현, 결과를 포함해 죄의 모든 측면을 강조한다.

D. 수치(53:5)

이 단어(히. 보쉬, bosh)는 '혼란한, 낙심한, 부끄러운, 당혹스러운, 불명예스러운' 이라는 뜻이다. 이 단어의 어근은 구약에서 155번 사용되고 있고 대체로 시편과 이사야서에 나타난다. 이 단어는 죄를 범하려는 계획이 실패하고 수치스럽게 끝난 후 느끼는 공개적인 당혹감이 어떠한지 전달한다. 죄가 적발되어 하나님의 심판을 받을 때 얼굴이 창백해지거나 붉어진다는 의미가 있다. 악행자의 철저한 패배와 굴욕의 의미를 전달한다. 수치에 처한 자들에게는 현실에 대한 깨달음과 절망이 따른다(스 9:6, 사 1:29, 30:5, 단 9:7).

교안

A. 어리석은 자에 대한 묘사(53:1)

1. 그의 마음이 하나님을 거부한다(1a)
2. 그의 삶이 선을 거부한다(1b, c)
    a. 도덕적으로 부패하다(1b)
    b. 윤리적으로 악하다(1c)

B. 어리석은 자에 대한 발견(53:2-4)

1. 하나님의 감찰하심을 받는다(2절)
2. 하나님께 역겨운 존재이다(3-4절)
    a. 모든 이가 하나님을 떠났다(3a, 4c)
    b. 모든 이가 부패했다(3b)
    c. 모든 이가 악하게 되었다(3c, 4a, b)

C. 어리석은 자의 멸망(53:5)

1. 하나님께서 흩어버리신다(5a)
    a. 하나님께서 그들을 심히 두렵게 하신다(5a)
    b. 하나님께서 그들의 뼈를 흩어버리신다(5a)
2. 하나님께서 그들을 수치스럽게 하신다(5b)

D. 신실한 자의 구원(53:6)

1. 그의 구원이 하나님으로부터 온다(6a)
2. 그의 회복이 하나님으로부터 온다(6b)
3. 그가 하나님 안에서 기뻐한다(6c)

토의 질문

1. 왜 모든 인류가 하나님을 찾지 않는가?

2. 하나님께서는 어떤 사람에게 영적인 명철을 주시는가?

3. 인류의 부패가 보편적인 것이라면 왜 어떤 이들은 주님을 믿는가 하면 어떤 이들은 주님을 믿기를 거부하는가?

시편 54편

위로부터 오는 도움으로

"나는 때로 모든 그리스도인의 지위의 본질과 성공적인 영적 생활의 비결은 단순히 두 가지를 깨닫는 데 있다고 생각한다. … 하나님에 대한 완전하고 절대적인 확신과 나 자신에 대한 불신을 가져야만 한다."

- 마틴 로이드 존스(D. Martyn Lloyd-Jones)

들어가는 글

인생의 시련은 자기 확신에 대한 모든 흔적들을 벗겨내며 영혼이 하나님에 대한 더 깊은 확신 속으로 닻을 내리게 한다. 성도는 그러한 겸손한 의존 속에서 하나님의 이름을 부르며 연약함 중에서 힘을 얻는다. 이것은 바로 자신의 힘으로 해결하기에는 너무나 힘든 위기 속에서 주님을 부르던 다윗이 자신에게서 본 모습이다. 시편 54편은 그가 하나님께 의도적으로 의존하는 것에 대한 기록이다. 다윗이 쓴 네 편의 시 모음(52-55편) 중 세 번째로서 사울에게 추격을 당할 때 하나님의 구원하심을 기도하고 있다.

이러한 상황에서 다윗은 블레셋 족속으로부터 이스라엘의 국경 도시를 구했지만 사울은 여전히 그를 반역자로 취급했다(삼상 23, 26장). 이 '다윗의 마스길' 은 '영장(음악 지휘자)' 을 위한 것이므로 현악기 반주가 동반되었다. 이 시편은 "십인이 사울에게 이르러 말하기를 '다윗이 우리 곳에 숨지 아니하였나이까?' 하던 때에"(비교. 삼상 23:19-23, 26:1-5) 쓰였다. 십인은 다윗 자신이 속한 지파인 유다 지파의 사람들이었다. 다윗은 그의 목숨을 앗아가려는 불의한 자들에게 맹추격을 당하고 있었지만 하나님께서 자기를 구원해주실 것을 믿었다.

이 시편은 하나님께서 원수들로부터 다윗을 보호하시리라는 하나님에 대한 신뢰의 고백이다. 다윗은 큰 환멸 가운데 그의 도움이신 여호와를 의지한다(4절). 이것은 부당하게 정죄 받은 모든 성도들을 위한 격려이다.

본문 이해

위로부터 오는 도움으로

Main Idea	다윗은 그를 죽이려고 하는 원수들로부터 구원해달라고 하나님께 간구한다.

A. 다윗의 시련(54:1-3)

54:1-2. 수많은 원수들에게 에워싸인 다윗은 하나님이여 주의 이름으로 나를 구원하시고라고 부르짖는다. 그것은 생명이 위협받는 위험에서 구원을 바라는 긴급한 기도이다. 하나님의 이름은 하나님 되심의 모든 것, 그분의 완벽한 속성의 총체를 상징한다. 주의 힘으로 나를 판단하소서는 자신을 구원하심으로 자신의 결백을 입증해달라는 다윗의 요청이다. 내 기도를 들으시며는 하나님께서 다윗의 기도 말에 귀를 기울이실 뿐 아니라 실제로 그의 기도에 응답해달라는 절박한 호소이다.

54:3. 외인이란 단어는 외국인이나 배교한 이스라엘인들을 의미한다. 여기서는 후자인 사울과 십인들을 가리킨다(비교. 삼상 23:19, 26:1). 다윗은 강포한 자가 내 생명을 수색한다고 말한다. 그들은 하나님을 자기 앞에 두지 않고(비교. 요 15:18-20) 따라서 하나님의 사람에 대해서도 무관심하기 때문에 다윗을 공격하고 있다.

B. 다윗의 신뢰(54:4-5)

54:4. 다윗은 요동하지 않는 확신을 갖고 하나님은 나의 돕는 자시라, 즉 그의 원수들의 위협에서 구원하실 분이라고 말한다(시 30:10, 72:12, 118:7). 이러한 공격을 받는 중에도 주님은 구원이 임할 때까지 그를 붙드실 것이다.

54:5. 다윗은 내 원수에게 악으로 갚으시고 혹은 물러나게 하시라고 구한다. 그들이 자신들의 악한 계략에 해를 입게 해달라고 그는 기도한다. 다윗은 하나님께 그분의 성실하심으로 그들을 멸하시라고 호소한다. 하나님께서는 악에 반격을 가하셔야 한다. 다윗은 자기 손으로 복수하지 않고 하나님께 그것을 맡긴다.

C. 다윗의 승리(54:6-7)

54:6. 다윗은 하나님께서 확실히 도우실 것을 바라보면서 자발적인 찬송을 드리고 있다. 내가 낙헌제로 주께 제사하리이다(비교. 레 3장, 7:16, 민 29:39). 이 제사는 하나님께서 이미 베푸셨고 앞으로 베푸실 것에 대한 제사이다. 다윗은 기뻐하며 여호와여 주의 이름에 감사하오리니 주의 이름이 선하심이니이다라고 지적한다. 그는 자신이 처한 모진 환경 때문에 하나님에 대한 지식에 영향을 입지 않았다. 오히려 환난 속에서도 하나님은 선하시다는 확신을 버리지 않았다. 그것이 강한 믿음의 핵심이다.

54:7. 다윗은 하나님께서 그를 구해주시기 전이지만 그의 기도를 들으셨다는 확신을 갖고 있다. 그는 과거의 모든 환난에서 자신이 건짐을 받았음을 인정한다. 분명히 하나님께서는 현재에도 동일하게 행하실 것이다. 다윗은 승리를 확신하며 내 원수가 보응 받는 것을 나로 목도케 하셨나이다라고 말한다. 다시 한번 또 다른 무서운 시련에 처한 자신을 보면서 그는 하나님을 의지하며 그분이 승리를 허락하실 것을 확신한다.

결론

모든 고통스러운 시련 속에서 하나님께서는 당신 백성들의 도움이 되신다. 그는 깊은 물속에서도 그들을 붙드시며 모든 것을 채우는 분이시다. 하나님은 당신의 완전한 때에 따라 의인들을 해악에서 건져내시는, 당신 백성들의 구원자시다. 하나님은 항상 선하시며 모든 시련의 폭풍 속에서도 신뢰할 수 있는 분이시다. 신자들은 다른 사람들의 공격을 당할 때도 당신의 백성들을 환난에서 구해주시는 하나님을 찬양해야 한다. 하나님을 신뢰할 수 있는 비결 중 하나는 과거에 그분이 신실하셨음을 기억하는 것이다. 이 시편의 다윗처럼 우리는 하나님께서 과거에 적들에 대해 우리에게 주신 수많은 승리가 현재 그를 신뢰할 수 있는 증거임을 기억해야 한다.

티칭 가이드

교안

A. 다윗의 시련(54:1-3)

1. 하나님을 향한 나의 호소(1-2절)
    - a. 나를 구원하소서(1a)
    - b. 나를 신원하소서(1b)
    - c. 내 기도를 들으소서(2a)
    - d. 내 말에 귀를 기울이소서(2b)
2. 경건치 않은 자들이 나를 치나이다(3절)
    - a. 외인들의 공격(3a)
    - b. 죄인들의 공격(3b)

B. 다윗의 신뢰(54:4-5)

1. 하나님은 나의 도움이십니다(4절)
2. 하나님은 나를 붙드는 분이십니다(5절)

C. 다윗의 승리(54:6-7)

1. 내가 하나님의 이름을 찬양하리이다(6절)
2. 내게 하나님을 찬양할 이유가 있다(7절)
    - a. 그분이 나를 구원하셨다(7a)
    - b. 그분이 내 원수들을 무너뜨리셨다(7b)

시편 55편

친구에게 배신당하다

"하나님을 친구로 삼아 세상을 원수 되게 하는 것이 세상을 친구로 삼아 하나님과 원수 되는 것보다 절대적으로 좋다."

- 존 브라운(John Brown)

들어가는 글

가까운 친구나 흉허물 없이 지내던 친구에게 배신당하는 것만큼 우리의 마음을 괴롭히는 심각한 고통은 없다. 그러한 경우에 정서적으로 상처를 입을 가능성은 공공연히 원수라 자처하는 사람에게 공격을 받았을 때보다 훨씬 더 심각하다. 개인적 탄식시인 시편 55편의 다윗이 바로 이 경우에 해당했다. 그는 이전의 친한 친구, 친밀한 관계를 유지했던 이에게 배신을 당했다. 이 반역자의 배반 때문에 그는 하나님께 기도로 반응하며 심각한 개인적 고뇌(1-8절)와 의로운 분노(9-15절) 또한 하나님께서 이 문제를 해결하실 것이라는 확신(16-23절)을 표현한다.

이 시편은 '다윗의 마스길' 로 서술되어 있다. 그는 이 배신에 온통 생각이 빼앗겼다가 결국 하나님께서 그를 보호하시고 그가 당한 불의를 바로잡아주실 것이라는 확신에 이른다.

본문 이해

친구에게 배신당하다

Main Idea	다윗은 친한 친구의 배신을 탄식하며 하나님께서 자신을 해악에서 건져주실 것이라고 확신한다.

A. 다윗의 고뇌(55:1-8)

55:1-3. 다윗은 매우 절박하게 하나님이여 내 기도에 귀를 기울이시고라고 호소한다. 그는 원수의 소리에 근심으로 편치 못하다. 이 언급은 바로 압살롬처럼 이전에 다윗과 가까웠던 자의 은밀한 지휘 아래 예루살렘에서 강력한 음모가 벌어진 것을 가리킨다(비

교. 삼하 15-18장). 이 반역자들은 다윗에게 죄악으로 더했고 노하여 그를 핍박했다고 다윗은 탄식한다. 그는 스스로 복수하려고 하지 않고 그를 겨냥한 박해와 비방을 감당하면서 하나님을 의지한다.

55:4-8. 다윗의 마음, 혹은 그의 전 내면이 아파한다(히. 훌, hul, '원을 그리며 돌리다' '회전시키다, 비틀다'). 비유적으로 말해 그는 내적으로 갈기갈기 찢겨 있거나 마디마디 묶여 있다. 확실히 그는 자신의 사망이 가까웠음을 두려워한다. 그는 생생한 언어로 두려움(히. 야레, yare, '폭력을 행사하다'), 떨림(욥 21:6, 사 21:4, 겔 7:18), 황공함(히. 팔라수트, pallasut, '공포감')이 그를 덮었다(히. 카사, kasa, '덮다, 입히다')고 말한다.

그는 이 곤궁에서 멀리 날아가서 설령 광야라 하더라도 편히 쉴 수 있는 먼 곳으로 피할 수 있도록 비둘기의 날개가 있었으면 하고 바란다. 고립된 광야지만 평화롭게 산다면 고통 속에서 왕의 궁궐에 사는 것보다 낫겠다는 것이다. 고요한 안식을 갈망하는 다윗은 내가 피난처에 속히 가서 폭풍과 광풍을 피하리라고 고백한다. 이곳은 음모를 획책하는 타락한 사람들이 없는 장소를 말한다.

B. 다윗의 분노(55:9-15)

55:9-11. 의로운 분노가 생긴 다윗은 하나님께 대적들의 음모를 전복시켜달라고 기도한다. 그는 주여 저희를 멸하소서라고 간구한다. 다시 말해서 그들의 계획이 엉망이 되게 해달라는 것이다. 이 요청은 공동의 선을 갈구하는 소원에서 비롯되었다. 이는 그가 이 원수들로 인해 야기된 성내의 강포와 분쟁을 보았기 때문이다. 그들은 들짐승들처럼 먹이로 삼으려고 무고하고 무기력한 자들을 찾아다니고 있었다. 그들이 지나간 자리에는 죄악과 잔해함 악독 압박과 괴사가 있다.

55:12-15. 원수나 다윗을 미워하는 자가 그를 대적했다면 그는 자신을 방어할 수 있었을 것이다. 하지만 그는 가까운 동류, 가까운 친우였던 자, 하나님의 집안에서 재미있게 의논하던 자에게 배신을 당했다. 이로 인해 이 위협이 너무나 힘들고 고통스럽다. 그러므로 다윗은 거룩한 분노로 말하며 사망이 홀연히 저희에게 임하게 해달라고 기도한다. 그는 자신을 통해 하나님께서 통치하시는 것에 대적하는 모든 원수들에 대한 하나님의 신속한 파멸을 갈망한다.

C. 다윗의 확신(55:16-23)

55:16-19. 생명에 대한 위협이 가중되고 있음에도 불구하고 다윗은 주님이 그의 기도를 들으셨다는 확신을 표현한다. 그는 여호와께서 그를 구원하실 것을 알고 하나님께 부르짖기로 맹세한다. 주님은 한때 절친한 친구였던 이 자와 속임에 넘어간 그의 추종자들이 벌인 전쟁에서 다윗을 구속하실 것이다(히. 파다, pada, '구출' 을 의미한다). 다윗은 그 어느 때보다 모든 환경에 대한 주권적 통치자로서 태고부터 계신 하나님 안에서 안식을 누린다(시 103:19, 115:3). 주님은 하나님을 경외치 아니하는 이 악의적인 사람들의 악한 위협을 들으실 것이다.

55:20-21. 다윗은 친구였지만 이제는 배신자가 된 자의 반역 행위를 더 깊이 생각한다. 그는 이 배신자를 그 언약을 저버린 자로 묘사한다. 이것은 그가 다윗에 대한 모든 충성의 맹세를 파기했다는 뜻이다. 그 입은 우유 기름보다 미끄럽고 매끈거리며 마음을 누그러뜨리게 하지만 그 마음에는 전쟁이 있다(시 52:2). 소위 친구라 하는 이 자의 위선이 얼마나 가증스러운지 마치 풀 속의 뱀과 같다.

55:22-23. 다윗은 성실함을 버리지 않고 그에게 충성을 지킨 자들에게 말하며 그들의 짐을 여호와께 맡겨버리라고 격려한다. 여호와께서 그들을 붙드실 것이다. 신자들은 주님께 자신과 자신의 짐을 내어맡길 때 하나님의 능하신 손에 붙들림을 받을 것이다(벧전 5:6-7).

다윗은 하나님께서 그의 원수들을 파멸의 웅덩이에 빠지게 하실 것이라고 확신한다. 이것은 압살롬의 끔찍한 죽음(삼하 18:9-15)과 아히도벨의 죽음(삼하 17:23)을 암시한다. 그는 이들이 저희 날의 반도 살지 못할 것이라고 확신한다. 그들이 때 이른 죽음을 맞게 된다는 것이다. 다윗은 나는 주를 의지하리이다(히. 바타흐, batah, '애착을 갖다')라고 맹세한다.

결론

사람이 무엇을 뿌리든 뿌린 대로 거둘 것이다. 육신을 심는다면 육신을 거둘 것이다. 기만, 반역, 배신의 씨를 뿌린다면 파멸과 죽음이라는 쓰라린 열매를 거둘 것이다. 하나님은 조롱을 당하실 분이 아니다. 이 시편은 하나님께서 모든 것을 들으신다는 것, 의인들의 기도뿐 아니라 불의한 자들의 패역도 들으신다는 것을 냉정하게 일깨워준다. 하나님은 거룩하시고 의로우시기 때문에 배신을 당하고 고통당하는 그분의 성도들은 주 안에서 확실한 보호를 얻게 될 것이다. 신자들은 자신들의 힘으로 보복하기보다 오직 하나님만을 의지해야 한다.

teaching guide

티칭 가이드

교안

A. 다윗의 고뇌(55:1-8)

1. 포위 공격을 당하고 있다(1-3절)
    a. 마음을 괴롭히는 생각들로부터(1-2절)
    b. 위협하는 원수들로부터(3절)
2. 슬픔을 당하고 있다(4-8절)
    a. 마음에 고통이 가득하다(4-5절)
    b. 도망가고 싶은 생각이 가득하다(6-8절)

B. 다윗의 분노(55:9-15)

1. 하나님이여 악인들을 멸하소서(9-11절)
    a. 그들이 강포를 행하나이다(9절)
    b. 그들이 학대를 가하나이다(10절)
    c. 그들이 거짓을 말하나이다(11절)
2. 하나님, 반역자들을 혼란에 빠뜨리소서(12-14절)
    a. 원수라면 견딜 수 있었나이다(12절)
    b. 친구의 배신은 견디기 어렵습니다(13-14절)
3. 하나님, 악인들을 정죄하소서(15절)

C. 다윗의 확신(55:16-23)

1. 하나님께서 구원하신다(16절)
2. 하나님께서 들으신다(17절)

3. 하나님께서 구속하신다(18절)
4. 하나님께서 치신다(19-21절)
5. 하나님께서 붙드신다(22절)
6. 하나님께서 멸하신다(23절)

시편 56편

위험에서 구원받음

"믿음은 살아있고 흔들림 없는 확신이며, 하나님의 은혜에 대한 믿음으로 그것을 위해 천 번이라도 죽을 수 있을 정도로 강력한 확신이다."

- 마틴 루터(Martin Luther)

들어가는 글

오직 하나님만이 그분의 백성들을 죄뿐 아니라 고난에서 구원하실 수 있다. 신자들은 어려움을 당할 때 하나님께서 그들을 환난에서 구해주실 것을 믿고 구원하심을 위해 하나님을 불러야 한다. 시편 56편은 그러한 신뢰의 노래로서 다윗은 원수들의 공격을 당하자 자신을 구해달라고 하나님께 기도한다.

역사적 배경은 다윗이 사울을 피해 골리앗의 고향인 가드로 갔을 때 일어난 사건이다. 가드에서 그는 블레셋인들 속에서 잠시 거주했다가(삼상 21:10-15) 대적들의 추적을 당해 아둘람 동굴로 피했다(삼상 22장). 이 시편의 원수들은 블레셋인들이 아니라 다윗의 목숨을 노리고 그 뒤를 추격하는 사울과 그의 부하들이다. 이에 대한 다윗의 첫 반응은 두려움이었다(3-4, 11장). 하지만 그 모든 것에도 불구하고 그는 자신을 대신해 승리하실 주님을 신뢰했다.

제목에 따르면 이 시편은 흔히 '요낫 엘렘 르호김' (먼 상수리나무에 있는 비둘기)으로 알려진 가락에 맞추어 불러야 했다.

본문 이해

위험에서 구원받음

Main Idea	다윗은 하나님에 대한 신뢰에서 위로를 얻으며 원수들로부터 자신을 구해달라고 하나님께 간구한다.

A. 다윗의 환난(56:1-2)

56:1-2. 다윗은 원수들에게 공격을 당하면서 하나님의 도우심을 긴급하게 호소한다.

그는 하나님이여 나를 긍휼히 여기소서 사람이 나를 삼키려고 하나이다라고 부르짖는다. 이들은 그를 압제하는 사나운 대적이다. 그래서 원수들이 그를 뒤쫓으며 교만히 치고 있음으로 인해 그의 생명이 큰 위험에 처해 있다.

B. 다윗의 신뢰(56:3-4)

56:3-4. 다윗은 공격을 당하면서 내가 두려워하는 날에는 주를 의지하리이다라고 고백함으로써 자신의 인간적인 연약함을 인정한다. 그는 이러한 시련 속에서 하나님을 굳게 의지한다. **혈육 있는 사람**(히. 바사르, basar, '육신', 연약한 인간)**이 내게 어찌하리이까?** 이것은 부정적 대답이 내포된 수사학적 질문이다. 하나님께서 주권적으로 허용하신 것 외에는 아무것도 그를 어찌할 수 없다는 것이다. 다윗은 인간이 연약해서 그의 인생에 대한 하나님의 영원한 목적들을 좌절시킬 수 없다고 생각한다.

C. 다윗의 시련(56:5-6)

56:5-6. 문제는 종일 악한 자들이 그의 말을 왜곡하면서 그를 해하고자 음모를 꾸미는 것이라고 다윗은 말한다. 다윗은 그들의 조직적인 중상모략의 대상이 되었고 그들은 그의 말을 허위로 유포했다. 그들은 어둠 속에 숨어서 엿보며 순식간에 그를 칠 태세가 되어 있다. 그들은 그를 쳐서 **생명**을 빼앗기를 열렬히 바라면서 그의 **종적**을 살핀다. 이 시련은 실제적이고 고통스럽고 잠재적 파괴력을 지닌다.

D. 다윗의 승리(56:7-9)

56:7-9. 다윗은 하나님의 보응을 **저희로 피하지 못하게** 해달라고 간구한다. 그는 하나님께서 의로운 복수의 진노하심으로 그들의 죄에 따라 그들을 심판하시기를 원한다. 그는 그들의 악한 행위를 인해 심판으로 **뭇 백성을 낮추소서**라고 구한다. 그러므로 이 위협은 이스라엘 외부의 이방 나라들에 속한 사람들에게서 온 것이 분명하다. 다윗은 자신의 **유리함**(lament-NIV)을 **기록해달라고** 구한다. 그의 슬픔에 유의해달라는 의미다. 하나님께서는 분명히 그를 대신해 행동하실 것이다. **나의 눈물을 주의 병에 담으소서**는 천국의 기록부에 그것들을 기록해달라는 요구이다. 그러한 **불의**는 다윗을 지키고 구원하도록 하나님의 행동을 필사적으로 촉구할 것이다. 하나님께서 그의 도움이 되시

므로 원수들이 물러갈 것이다.

E. 다윗의 감사(56:10-13)

56:10-11. 다윗은 환난의 압박 속에서도 하나님에 대한 강렬한 찬양을 선포하며 마무리하기 시작한다. 다윗은 아무 두려움 없이 하나님과 그분의 말씀을 의지할 것이다. 사람이 내게 어찌하리이까?라고 그는 반문한다. 하나님께서 주권적으로 허용하신 것 외에는 인간이 아무것도 할 수 없다는 의미가 내포되어 있다.

56:12-13. 다윗은 하나님께 감사제를 드리겠다고 서원한다. 무슨 일이 일어더라도 하나님께 감사를 드리겠다고 결심한다. 하나님께서 과거에 죽음에서 그를 구해주셨기 때문에 현재에 그분을 찬양할 충분한 이유가 있다. 미래에도 하나님께서는 반드시 그를 구해주실 것이다. 이 구원은 다윗이 생명의 빛 속에 거하며 하나님 앞에서 행하겠다는 위대한 목적에 기여할 것이다. 이것은 풍성한 삶 혹은 하나님 안에서 누리는 생명의 풍성한 축복을 말하는 또 다른 방식이다.

결론

신자는 자신을 해치고자 하는 사람들에게 둘러싸일 때마다 주님을 의지해야 한다. 그럴 때 비로소 염려는 확신으로, 공포는 평강으로 바뀔 것이다. 모든 신자의 인생에 두려운 상황이 찾아온다. 그러한 절망의 시간에 다윗은 확신에 찬 신뢰의 한 모범이 된다. 압도적인 고통에 직면해 우리는 주님 안에서 만족과 평온과 평강을 얻을 수 있다.

교안

A. 다윗의 환난(56:1-2)

1. 사람들이 나를 뒤쫓나이다(1-2a)
2. 사람들이 나를 박해하나이다(2b)

B. 다윗의 신뢰(56:3-4)

1. 용기를 갖고 하나님을 의지하나이다(3절)
2. 확신 가운데 하나님을 의지하나이다(4절)

C. 다윗의 시련(56:5-6)

1. 사람들이 내 말을 왜곡하나이다(5절)
2. 사람들이 나를 해할 음모를 꾸미나이다(5b)
3. 사람들이 내 행적을 감시하나이다(6a)
4. 사람들이 내 생명을 원하나이다(6b)

D. 다윗의 승리(56:7-9)

1. 하나님, 내 원수들을 심판하소서(7, 9절)
2. 하나님, 내 눈물을 기억하소서(8절)

E. 다윗의 감사(56:10-13)

1. 하나님의 말씀을 찬양하라(10-11절)
2. 하나님의 역사하심을 찬양하라(12-13절)

시편 57편

영혼의 피난처

"하나님께서는 당신의 자녀들을 풀무에 던지시는 것만큼이나 확실하게 그 풀무에서 그들과 함께하신다."

- 찰스 스펄전(Charles H. Spurgeon)

들어가는 글

신자들이 불같은 시련을 당하도록 허락하시는 하나님은 이러한 환난에서 그들을 구원하실 수 있는 분이시다. 환난에 에워싸일 때 하나님의 백성들은 환난에서 그들을 구해달라고 하나님을 불러야 한다. 다윗은 사울에게 위협을 당할 때 구원을 구하는 진정어린 기도로 시편 57편을 썼다. 이 탄식의 시편은 '사울을 피하여 굴에 있던 때에' 다윗이 쓴 믹담이었다. 이 시편은 '영장' 을 위한 것으로 '알다스헷(멸하지 마소서) 가락에 맞춰서' 부르는 노래였다. 다윗은 사울에게 위협을 당하고 있지만 하나님께서 이 절망적인 상황에서 자신을 구해주실 것이라는 흔들림 없는 확신을 표현한다.

시편 57편은 역사적 배경과 시적 언어에 있어서 앞의 시편 56편과 관련이 있다. 시편 42편과 43편을 연결하는 합창과 마찬가지로 "하나님이여 주는 하늘 위에 높이 들리시며 주의 영광은 온 세계 위에 높아지기를 원하나이다"라는 영혼을 움직이는 후렴이 이 시편에 반복되고 있다(5, 11절). 이 후렴은 하나님께서 스스로를 높이시고 다윗의 고통스러운 환경을 바꿈으로써 주권을 행사하시며 자신이 만물의 주임을 보이시길 구한다. 여기에 하나님의 자비를 구하는 겸손한 호소가 있다.

본문 이해

영혼의 피난처

Main Idea	주님이 응답하실 것을 확신한 다윗은 원수들의 위험에서 구해달라고 하나님께 간구한다.

A. 다윗의 간구(57:1-3)

57:1. 다윗은 하나님께 긍휼히 여겨달라고 간절하게 간구하는 것으로 시작한다. 긴급

함을 표현하기 위해 간구를 두 번 반복하는데 이는 시편 56편의 시작과 내용이 동일하다. 궁극적으로 그의 영혼이 보호를 받기 위해 피하는 곳은 하나님 안이다. 다윗은 하나님을 의지하면서 자신이 하나님의 날개 그늘 아래 있음을 깨닫는다. 이것은 그가 구하는 하나님의 보호를 묘사한 것으로 어미 새가 새끼를 돌보는 것에 비유되어 있다(비교. 시 17:8).

57:2-3. 지극히 높으신 하나님은 하나님께서 모든 피조세계나 환경보다 더 높이 계시며 만물을 다스리심을 강조하는 신적 이름이다. 높이 계시고 초월적이며 주권적인 하나님께서는 자신의 영원한 뜻에 따라 흔들림 없이 모든 것을 이루신다. 하나님은 신뢰할 수 있는 분이라고 다윗은 말한다. 그분은 하늘에서 보내셔서 그를 추적하는 자들을 꾸짖으시며 그를 구원하신다. 그가 염두에 둔 이는 사울과 그의 훈련된 전사들이다. 하나님의 통치의 목적은 언제나 우리가 기도하는 강력한 동기가 된다.

B. 다윗의 핍박자들(57:4-6)

57:4-5. 자신을 박해하는 자들을 상술한 다윗은 내 혼이 사자 중에 처하며 내가 불사르는 자 중에 있다고 탄식한다. 그는 이 사람들을 창과 살을 가진 것으로 묘사한다. 이것은 그들이 날카로운 칼 같은 혀를 가졌다는 의미다. 그들은 치명적인 해를 가할 수 있다. 혀에 그러한 힘이 있는 것이다! 이러한 공격자들을 묘사하던 중 다윗의 생각이 갑자기 하나님께로 향한다. 하나님이여 주는 하늘 위에 높이 들리시며 주의 영광은 온 세계 위에 높아지기를 원하나이다. 하나님의 주권성에 초점을 맞추는 것은 모든 환난 속에서 그에게 살아가는 힘이 되었고 고통 속에서 그의 영혼에 확실한 닻이 되었다. 다윗은 자신을 구해주심으로 하나님의 주권적인 영광을 보여달라고 구한다.

57:6. 원수들에 대한 상세한 묘사로 되돌아간 다윗은 그들을 하나님 앞에서 고발하는 일을 계속한다. 먹이를 찾는 사냥꾼처럼 그들은 그의 걸음이 걸려 넘어지도록 그물을 예비하였다(시 7:15, 9:15). 그들은 다윗을 옭아매기는커녕 스스로 파놓은 웅덩이에 빠졌다.

C. 다윗의 찬양(57:7-11)

57:7-8. 다윗은 계속 하늘을 바라보면서 하나님 안에서 마음이 흔들리지 않도록 한

다. 그는 하나님을 신뢰하겠다는 영혼의 굳은 결의를 강조하며 내 마음이 확정되었다고 두 번 반복한다. 자신이 처한 곤경에 대해 불평하기보다는 만군의 하나님을 예배하며 내가 노래하고 내가 찬송하리이다라고 외친다. 그는 "내 영혼이 하나님을 향해 게을러지거나 둔해지지 않게 하라" 고 말하는 것처럼 내 영광아(영혼아) 깰지어다라고 자신의 마음을 일깨운다. 다윗은 하나님께 열정적인 찬양을 돌려드림으로 하루를 시작하기 위해 새벽이 오기 전에 일어나겠다고 맹세한다.

57:9-10. 다윗은 동굴에 갇힌 거나 마찬가지인 자신의 처지 너머를 바라보며 주여 내가 만민 중에서 그리고 열방 중에서 주를 찬송하리이다라고 맹세한다. 그가 환난에서 구원을 받는다면 하나님에 대한 그의 예배는 믿지 않는 이방의 만민들에게 공개적인 증언이 될 것이다. 하나님의 사랑이 커서 하늘에 미치기 때문에 다윗은 하나님을 찬양해야 한다. 하나님의 이름이 높기 때문에 다윗의 찬양도 그러해야 한다.

57:11. 앞에서 구술된 후렴을 반복하며 다윗은 하나님이여 주는 하늘 위에 높이 들리시며라고 마무리한다. 이것은 하나님께서 다윗의 삶에 개입하셔서 그의 고난을 없애시고 원수들을 물리치심으로 그분의 주권성을 증명해달라는 호소이다. 그러한 구원은 온 세계 위에 하나님의 영광을 보여줄 것이다.

결론

신자들은 아무리 큰 어려움이 닥치더라도 하나님 안에 피하며 그분께 긍휼을 구해야 한다. 하나님께서는 당신의 백성들을 그들의 죄뿐 아니라 고난과 슬픔에서 구원하기를 기뻐하신다. 시련을 당할 때에 의인들은 하나님께서 하늘 위에 당신 스스로를 높이시도록 간구를 올려드려야 한다. 하나님께서는 모든 것이 합력해서 그분의 영광과 그들의 선을 이루게 하심으로 그들의 인생에 대한 당신의 주권성을 보여주실 것이다. 심령으로 깨어서 그분을 찬양하기 바란다.

교안

A. 다윗의 간구(57:1-3)

1. 하나님, 긍휼을 베푸소서(1절)
2. 하나님, 나의 기도를 들으소서(2-3절)
    a. 하나님은 자신의 계획을 이루신다(2절)
    b. 하나님은 사랑을 보내신다(3a)
    c. 하나님은 자신의 백성을 구하신다(3a)
    d. 하나님은 자신의 원수들을 흩으신다(3b)

B. 다윗의 핍박자들(57:4-6)

1. 원수들이 그의 이름을 비방한다(4절)
    후렴: 하나님이여, 높이 들리소서(5절)
2. 원수들이 그물을 편다(6절)

C. 다윗의 찬양(57:7-11)

1. 내가 하나님께 노래하리이다(7-8절)
    a. 목적 의식을 갖고(7절)
    b. 열정적으로(8a)
    c. 눈에 현저히 드러나게(8b)
2. 내가 하나님에 대해 노래하리이다(9-10절)
    a. 열방 중에서(9절)
    b. 하늘을 향해(10절)
    후렴: 하나님이여, 높이 들리소서(11절)

시편 58편

인격의 중요함

"인격이란 어둠 속에 있을 때 당신의 진정한 모습이다."

- D. L. 무디(D. L. Moody)

들어가는 글

한 개인의 인격과 행동 간에는 불가분의 관계가 있다. 전자는 후자의 근원이다. 어떤 사람들은 한 지도자의 사적 생활은 중요하지 않으므로 그의 공적 활동에만 관심을 가져야 한다고 말한다. 하지만 지도자의 진정한 내면은 항상 외부로 드러나게 마련이다. 이것이 백성들을 다스리는 부패한 지도자들에 대한 의로운 분노로 가득한 탄식시인 시편 58편의 초점이다. 다윗은 하나님께 부패한 재판장들을 심판하고 그들의 손에 고통당하는 모든 잘못된 일들을 바로잡아달라고 열정적으로 기도한다. 이 시편은 '영장'을 위하여 '알다스헷(멸하지 마소서)에 맞춘' 믹담이다. 하늘과 땅의 대재판장이신 하나님께서는 그들을 신속히 심판하셔야 한다.

이 시편에는 땅 위 인간의 불의에 대한 다윗의 외침과 의인들에게 해를 가한 불의한 통치자들과 재판관들을 멸해달라는 하나님에 대한 간절한 호소가 담겨 있다. 다윗은 하나님께서 궁극적으로 모든 악행자들을 심판하시고 선에 보상해주실 것을 확신한다. 이것은 박해받는 신자들이 의를 위하여 박해를 당하며 타락한 세상에 살고 있을 때 갖는 유일한 희망이다. 신자들은 그러한 암흑의 시간에 하나님께서 자신을 높이시고 불의한 지도자들에 대한 그분의 주권성을 증명해주실 것을 구해야 한다.

본문 이해

인격의 중요함

Main Idea	다윗은 불의한 통치자들을 비판하고 그들을 심판하시고 경건한 자들을 보호해달라고 하나님께 간구한다.

A. 다윗의 고발(58:1-5)

58:1. 첫 절에서 다윗은 이 시편의 주제와 어조를 설정한다. 이것은 불의한 통치자들에 대한 통렬한 고발이다. 인자들(히. 엘로힘, elohim, '신들', 이 구절에서 이 단어는 인간사를 통치하는 세상의 통치자들을 가리킨다)아 너희가 당연히 공의를 말하겠거늘 (말하고 있는가?) 이것은 부정적 대답이 내포된 수사적 질문이다. 너희가 정직히 판단하느뇨? 역시 내포된 대답은 부정적이며 다음 절에서 분명하게 언급되어 있다.

58:2-3. 다윗은 자신의 질문에 대답한다. 오히려 너희가 중심에 악을 행하며. 이 진단은 문제가 타락한 인간 본성에 있음을 암시한다(비교. 렘 17:9, 시 14:1-3, 53:1-3). 그 결과 땅에서 그들의 손의 강포를 달아줄 때 그들이 삶에서 맺은 악한 열매가 드러난다. 다시 말해서 그들의 마음이 악하기 때문에 그들의 손이 강포를 행하는 것이다. 이 마음의 문제는 죄악 가운데 이루어진 출생으로 그 기원이 거슬러 올라간다. 그들은 나면서부터 곁길로 나아가 거짓을 말한 것이다. 이 악한 지도자들은 유전된 죄성과 일치된 행동을 하고 있다(비교. 시 51:5).

58:4-5. 저희의 독-그들의 입에서 나오는 말을 가리킴-이라는 구절은 뱀의 독처럼 치명적인 독이 있다. 그들은 귀를 막은 귀머거리 독사 같다. 합당한 이성에 귀가 먹었다는 의미다. 그들은 완악하고 완강해서 정의에 대한 모든 요구들을 무시한다.

B. 다윗의 저주(58:6-11)

58:6-7. 다윗은 그러한 인간의 불의에 맞서 하나님께서 개입해주시기를 구하는 것 외에 아무 선택권이 없다. 다윗은 하나님의 진노를 호소하며 하나님이여 저희 입에서 이를 꺾으소서라고 기도한다. 다시 말해서, 젊은 사자의 어금니를 꺾어내시듯이 그들이 사용하는 바로 그 무기(저희 입)를 파괴해달라는 것이다. 나아가, 저희로 급히 흐르는 물 같이 사라지게 하시며라고 구한다. 다시 말해서 그들이 땅 속으로 스며들어 완전히 자취를 감추게 해달라는 기도이다. 그들이 자신들의 결정을 선언하기 위해 활을 겨눌 때 그들의 살이 무디어져 더 이상 해를 입히지 않게 해주시기를 구한다.

58:8-9. 다윗은 두 개의 강력한 메타포를 더 사용해서 이 불의한 통치자들이 소멸하여 가는 달팽이 같게 해달라고 혹은 완전히 말라 사라져버리게 해달라고 구한다. 마찬가지로, 그들이 만기되지 못하여 출생한 자처럼 더 해를 행하기 전에 죽게 해달라고 한다.

다윗의 요구는 그들이 일광을 보지 못하게 해달라는 혹은 계속 생존해서 하나님의 백성들에게 해가 되는 것을 더 이상 허락하지 마시라는 것이다. 다윗은 하나님의 심판이 신속함을 이야기하면서 하나님께서 이 악한 지도자들을 갑자기 제거하실 것이라고 선언한다.

58:10-11. 이 불의한 지도자들 아래서 고통당하는 의인은 하나님께서 정의를 행하시므로 그들의 파멸을 보고 기뻐할 것이다. 이어서 하나님께서 일단 개입하시면 경건한 자들은 그 발을 악인의 피에 씻을 것이다. 이것은 승리한 군대가 패배한 대적의 시체를 확인하며 전쟁터를 걸어 다니는 장면을 묘사한다. 마지막으로, 사람들은 진실로 의인에게 갚음이 있고라고 말할 것이다. 하나님의 백성들은 진실로 땅에서 판단하시는 하나님이 계시다고 외칠 것이다. 하나님께서 불의한 지도자들을 판단하실 때 사람들은 죄악이 이길 수 없고 의가 승리한다는 사실을 알게 될 것이다.

결론

정부 지도자들은 국민의 선을 위해 하나님께 선택받은 사람들이다. 그들은 하나님의 대리자로서 국민을 섬겨야 하며 하나님께서는 그들을 통해 사회의 법과 질서를 제공하신다(롬 13:1-6). 그러나 지도자들은 종종 부패하며 선한 사람들에게 불의를 행한다. 하나님의 백성들은 그러한 상황에서 어떻게 해야 하는가? 성경은 악한 지도자들에 대해서도 복수를 하나님께 맡기라고 요구한다. 그들은 가능한 그들의 지도자들에게 복종하며 모든 사람과의 화평을 추구해야 한다. 스스로의 힘으로 문제를 해결하려고 해서는 안 된다. 불의한 지도자들은 하나님께서 다루셔야 할 문제이다. 그러나 우리는 주님이 그러한 사람들을 책망하고 제거하시도록 기도할 수 있다.

티칭 가이드

고안

A. 다윗의 고발(58:1-5)

1. 악한 지도자들이 득세하고 있다(1-2절)
   a. 그들이 불의를 말한다(1a)
   b. 그들이 부정직하게 판단한다(1b)
   c. 그들이 불의를 꾸민다(2a)
   d. 그들이 강포를 퍼뜨린다(2b)
2. 악한 지도자들이 그릇된 일을 하고 있다(3-5절)
   a. 거짓을 말한다(3절)
   b. 독을 퍼뜨린다(4절)
   c. 기만을 퍼뜨린다(5절)

B. 다윗의 저주(58:6-11)

1. 그들의 이를 꺾으소서(6절)
2. 그들의 존재를 소멸시키소서(7-8절)
3. 그들의 생명이 꺼지게 하소서(9절)
4. 그들이 피를 흘리게 하소서(10절)
5. 의인들을 만족시키소서(11절)

시편 59편

특별한 구원

"적국에서 어떻게 편안하기를 기대할 수 있으며 포로 생활을 하면서 즐겁게 살기를 기대하거나 사막에서 안락함을 기대할 수 있겠는가? 이곳은 나의 안식처가 아니다. 이곳은 풀무와 용광로와 망치의 장소이다."

- 찰스 스펄전(Charles H. Spurgeon)

들어가는 글

하나님은 당신의 백성들을 고통스러운 상황에서 구해주시는 특수 구조의 전문가시다. 하나님께서는 언제나 당신의 완전한 때에 당신의 완전한 계획에 따라 당신을 부르는 백성들을 구원하신다. 이 시편에서 다윗은 하나님께 이러한 기도를 드리면서 그를 해치고자 하는 악인들로부터 자신을 구원해달라고 간구한다. 역사적인 배경은 '사울이 사람을 보내어 다윗을 죽이려고 그 집을 지킨 때'의 사건이다(삼상 19:11). 하지만 다윗은 악한 위협에도 불구하고 하나님을 향해 강한 믿음을 유지했고 흔들림 없는 신뢰를 가졌다.

감정적으로 격앙되어 있고 탄식이 가득한 이 저주의 시편에서 다윗은 하나님께서 생명을 위협하는 악인들의 공격에서 그를 안전하게 해주시고 그의 목숨을 앗아가려고 하는 그들의 시도가 좌절되게 해달라고 기도한다. 하나님께서는 다윗의 아내 미갈을 통해 이 기도에 응답하셨다. 그녀는 그가 창문으로 도망가게 도와주었다(삼상 19:11-14). 이스라엘 왕으로서 다윗은 이 믹담을 쓰면서 과거에 경험한 구원의 때를 회상하고 그 회상을 통해 하나님께 찬양과 감사로 반응한다.

본문 이해

특별한 구원

Main Idea	다윗은 과거에 경험했던 하나님의 구원에 대해 찬양하면서 원수들로부터 자신을 지켜달라고 구한다.

A. 다윗의 간구(59:1-5)

59:1-2. 이 시편은 하나님을 향한 긴급 호출인 나의 하나님이여 내 원수에게서 나를 건지소서라는 다윗의 기도로 시작한다. 이것은 일어나 그를 치는 자들에게서 주님의 건져주심을 구하는 간절한 간구이다. 또 다시 그는 그의 생명을 노리는 사악을 행하는 자와 피 흘리기를 즐기는 자에게서 자신을 건져달라고 구한다. 그는 생명의 위협을 받는 상황에 처해 있음이 틀림없다.

59:3-4. 하나님의 관심과 개입을 간구한 그는 이 사람들을 가리키며 하나님께 저희가 나의 생명을 해하려고 엎드려 있는 것을 보시라고 말한다. 그들은 그에 대해 음모를 꾸미는 강한 자들이다. 그들이 그를 치려는 것은 그의 범과 때문이 아니었다. 죄가 없다는 다윗의 주장은 자신이 완전히 무죄함을 주장하는 게 아니라 개인적인 성결함과 결백과 성실함을 주장하는 것이다. 자신의 삶을 점검해본 다윗은 자신에게 허물이 없다는 결론을 내린다. 이런 악독한 공격을 받을 만한 허물이 없다는 것이다. 점점 심해지는 박해 속에서 그는 주여 나를 도우시기 위하여 깨사 감찰하소서라고 불쑥 말한다. 박해자들의 이런 공격은 겉으로 볼 때 하나님께서 무관심하시며 잠에서 깨셔야 할 필요가 있는 듯한 인상을 준다.

59:5. 다윗은 만군의 하나님, 여호와 이스라엘의 하나님이라는 일련의 이름으로 하나님을 부르며 하나님 중심적인 그의 믿음을 암시한다. 각 이름은 하나님의 은혜가 지닌 독특한 특징을 드러낸다. 다윗은 하나님께서 이스라엘을 대적했던 열방을 벌하시기 위해 일어나시기를 원한다. 그는 간사한 악인을 긍휼히 여기지 말라고 하나님께 호소한다. 이것은 그들이 이스라엘을 배신하고 공격한 동족 유대인이거나 한때 이스라엘에 충성을 맹세했지만 그 맹세를 저버린 나라의 사람들임을 암시한다.

B. 다윗의 확신(59:6-13)

59:6-8. 이 악한 원수들은 저물게 돌아와서 개처럼 혹은 쓰레기를 먹는 들짐승처럼 울기 때문에 부정하다. 그들은 먹이를 찾아서 두루 다닌다. 그 입으로 수많은 악을 토하며 그들의 혀는 칼과 같다. 그들은 하나님이라 해도 그들의 악한 계획을 알 수 없다고 비웃으며 "누가 들으리요?" 라고 말한다. 그러나 하나님께서는 그러한 신성모독을 조롱하신다. 여호와여 주께서 저희를 웃으시며 조롱하고(비교. 시 2:4) 그들의 무력한 노력을 비웃

으신다. 하나님을 대적하다니 얼마나 어리석은가! 시편 기자는 그의 원수들이 승리하지 못할 것이라고 확신한다.

59:9-10. 다윗은 과거에 하나님께서 그를 붙들어주시고 힘을 주셨기 때문에 그분을 나의 힘이라고 부른다. 그는 하나님께서 그의 곤경을 보시고 항상 그를 지켜주시며 개입하실 것을 안다. 주님은 공격당할 때 그를 보호하시는 산성이시며 따스하게 돌보는 인자하신 하나님이시다. 이 동일한 사랑과 능력의 하나님께서 다윗에 앞서 가시며(영접하시며 비교. 삼하 5:24) 그를 비웃는 자들에 대한 승리를 보장하실 것이다.

59:11-13. 다윗은 적어도 초기에는 원수들의 생명을 살려달라고 하나님께 기도한다. 그래야 그들이 굴욕과 패배당한 상태로 흩어지는 모습을 모든 사람이 볼 수 있기 때문이다. 다윗은 그들이 그렇게 굴욕적으로 살아남아야 할 이유를 제시한다. 이 패배가 그를 비방하고 모략한 저희 입술의 죄로 인한 것이기 때문이다. 이를 위해 그는 하나님께 그들을 진노하심으로 소멸하시라고 간구한다. 이 원수들이 일단 패배하면 다윗의 승리는 주시하고 있는 세상에게 참되고 유일하신 하나님이 야곱 중에 다스리신다는 강력한 증거로 사용될 것이다.

C. 다윗의 찬양(59:14-17)

59:14-17. 원수들의 진격에도 불구하고 다윗은 그들이 패배할 것이라는 확신을 버리지 않는다. 그들은 우는 개처럼 두루 다니며 식물을 위하여 유리한다. 그는 하나님의 정복하시는 힘이 분명히 원수들을 무너뜨릴 것이기 때문에 하나님의 힘을 노래할 것이라고 선언한다. 그는 하나님은 해악에서 그를 보호하시는 산성과 피난처라고 고백한다. 또 다시 그는 하나님은 나의 힘, 찬양을 올려드릴 분임을 확인한다. 다윗의 마음은 처음에는 불안했지만 하나님의 주권성에 대한 믿음 때문에 이내 승리의 확신으로 바뀐다.

결론

신자는 위험에 에워싸일 때마다 하나님께 달려가야 한다. 하나님은 그분을 믿는 자들의 산성이시기 때문이다. "여호와의 이름은 견고한 망대라 의인은 그리로 달려가서 안전함을 얻느니라"(잠 18:10). 하나님께서는 당신 백성들의 확실한 보호자로서 다윗의 증언을 빌리면 "나의 반석이시요 나의 요새시요 나를 건지시는 자시요 … 나의 방패시요 나의 구원의 뿔이시요 나의 산성"이시다(시 18:2). 하나님에 대한 이 모든 이미지들은 하나님께서 모든 위협적인 것들로부터 당신의 백성들을 지키시는 강한 보호자이며 확실한 방어자임을 전달하기 위한 것이다. 하나님의 백성들은 항상 그분을 불러야 한다. 그분만이 그들을 환난에서 보호하실 산성이시다.

교안

A. 다윗의 간구(59:1-5)

1. 하나님의 구원을 요청하다(1-2절)
   - a. 원수들로부터(1절)
   - b. 악행자들로부터(2절)
2. 하나님의 지켜주심을 요청하다(3-5절)
   - a. 음모를 꾸미는 자들을 보소서(3-4a)
   - b. 그들에게서 나를 구원하소서(5a)
   - c. 그들을 긍휼히 여기지 마소서(5b)

B. 다윗의 확신(59:6-13)

1. 하나님께서 그들을 무시하실 것이다(6-8절)
   - a. 그들이 개처럼 울부짖는다(6절)
   - b. 그들이 입으로 악을 토한다(7a)
   - c. 그들이 하나님을 비웃는다(7b)
   - d. 하나님께서 그들을 비웃으신다(8절)
2. 하나님께서 나를 지키실 것이다(9-10절)
   - a. 그분은 나의 산성이시다(9a)
   - b. 그분은 나를 위하여 싸우신다(9b-10절)
3. 하나님께서 그들을 황폐하게 하실 것이다(11-13절)
   - a. 저들을 죽이지 마옵소서(11a)
   - b. 그들을 흩으소서(11b)

c. 저들을 소멸시키소서(12-13절)

C. 다윗의 찬양(59:14-17)

1. 그의 위험은 대적들 가운데 있다(14-15절)
    a. 그들이 개처럼 돌아온다(14절)
    b. 그들이 먹이를 찾아 헤맨다(15절)
2. 그의 즐거움이 하나님께 있다(16-17절)
    a. 하나님의 능력을 노래한다(16a)
    b. 하나님의 자비를 노래한다(16b)
    c. 하나님의 지키심을 노래한다(17절)

시편 60편

시련이 승리로 바뀌다

"시련은 우리에게 필요하기에 은혜롭고 지혜로운 우리의 의사가 처방하신 약이다. 그분은 경우에 따라 그 빈도와 강도를 조정하신다."

- 존 뉴턴(John Newton)

들어가는 글

하나님의 백성들이 패배를 당하고 하나님께서 그들을 버리셨다는 인상을 주는 때가 있다. 하지만 그러한 고난의 시간에 신자들은 절망에 빠져들어서는 안 된다. 오히려 이것을 계기로 주님을 더욱 깊이 의존하는 경험을 해야 한다. 시편 60편에 기록된 대로 다윗은 이러한 경험을 했다. 그는 무서운 패배를 당한 후 승리를 구하는 긴급한 기도를 드렸다.

역사적인 배경은 다윗이 북쪽에서 '아람 나하라임(메소포타미아)과 아람소바(다메섹과 유프라테스 상류 사이에 위치)와 싸울 때, 또 다른 나라인 에돔이 유다 남부를 침입해 이스라엘에 패배를 안겨준 때' 라고 표제에 나와 있다. 이 전쟁은 다윗이 주변 민족들과 싸운 전쟁 기록에 포함되어 있을 것이다. 이 침공에 맞서 다윗은 에돔의 공격을 진압하기 위해 사령관 중 한 사람인 요압을 파견한다(삼하 8:13-14, 대상 18:3-4, 12-13). 요압은 '에돔을 염곡에서 쳐서 일만 이천 인을 죽이고' 이스라엘이 승리했다는 희소식을 갖고 다윗에게 돌아왔다.

시편 60편은 '다윗의 믹담' (비교. 시 16, 56, 57, 58, 59편)이었고 '수산에돗(언약의 백합화)에 맞춰' 불러야 하는 노래였다. 이 시편에는 하나님께서 다윗과 이스라엘에 승리를 주실 것이라는 확신의 소망뿐만 아니라 이스라엘의 파멸적인 패배에 대한 그의 충격이 담겨 있다. 다윗은 승리와 패배가 모두 하나님으로부터 온다는 것을 깨달았다.

본문 이해

시련이 승리로 바뀌다

Main Idea	다윗은 하나님의 백성이 파멸적인 패배를 당한다는 데 충격을 받지만 승리를 달라고 하나님께 간구한다.

A. 다윗의 황폐함(60:1-4)

60:1. 이 시편은 다윗의 고통스러운 외침으로 시작한다. 하나님이여 주께서 우리를 버려 흩으셨고. 이것은 이스라엘이 원수들인 에돔인들에게 엄청나게 패배했음을 알았을 때 그가 한 탄식이다. 패배는 저항할 수 없는 홍수처럼 그들을 덮치며 하나님께서 그들에게 분노하여 그들을 내던지시고 이 사건으로 그들을 심판하셨다는 인상을 주었다. 절망적인 마음에서 다윗은 하나님께 승리와 번영을 회복시켜달라고 부르짖는다.

60:2-3. 무시무시한 지진이 일어난 것처럼 다윗은 주께서 땅을 진동시키셨다고 탄식한다. 이것은 이방 군대에게 충격적으로 패배했음을 가리킨다(비교. 9절). 나아가 하나님의 진노로 인해 이스라엘은 얇은 옷이 갈갈이 찢기듯이 갈라지게 되었다. 다윗은 이스라엘이 아직 요동으로 인해 비틀거리고 있기 때문에 하나님께서 그 틈을 메워주실 것을 호소한다. 하나님께서는 이 적들을 이용해 어려움을 보내시고 하나님의 진노의 잔을 상징하는 많은 양의 포도주를 마신 사람처럼 이스라엘을 비척거리게 하셨다.

60:4. 이 패배가 궁극적으로 하나님의 손에서 나온 것임을 깨달은 다윗은 오직 하나님만이 그들에게 승리를 회복시켜주실 수 있음을 알고 있다. 그래서 그는 민족을 대신해 중보하며 하나님께 주를 경외하는 자에게 기를 주시고 진리를 위하여 달게 하셨다는 사실을 일깨워드린다. 고대의 전쟁에서 기는 공격을 당하는 군대가 회복할 수 있도록 시각적인 효과를 주는 물품이었다. 그것은 기습 공격으로 충격과 혼란에 빠진 병사들에게 준거점의 역할을 했다. 에돔 족속들에게 패배를 당한 후 이스라엘 전사들은 혼란에 빠져 어찌할 바를 몰랐다. 그런 상황에서 그들을 결집시켜 전쟁에 임할 수 있게 해줄 진리의 기인 하나님의 말씀이 필요했다.

B. 다윗의 중보(60:5-8)

60:5. 그래서 다윗은 원수들로부터 우리를 구원하시고 오른손으로 도우소서(구원하소서)라고 기도한다. 이것은 모든 반대를 극복할 수 있는 가장 놀라운 힘을 지닌 손이다. 주의 사랑하시는 자란 구절은 따뜻한 사랑의 표현이다. 하나님께서 행동하신다면 하나님의 백성들은 건짐을 받을 수 있다. 오직 하나님만이 그들을 구원하실 수 있고, 다윗은 그것을 알고 있다.

60:6-8. 하나님께서 이미 말씀하셨음을 기억하고(아마 '전쟁의 책' 에 기록된 것을 가리킬 것이다-민 21:14) 다윗은 내가 세겜을 나누며 숙곳 골짜기를 척량하리라라고 선언한다. 그 말의 의미는 하나님께서 아브라함 언약과 팔레스타인 언약에서 약속된 땅, 세겜과 숙곳(이스라엘이 차지한 요단 강 동쪽과 서쪽의 두 지역)을 당신의 백성들에게 나누어주신다는 것이다. 나아가 하나님께서는 므낫세와 에브라임과 유다뿐 아니라 길르앗도 내 것이라고 선언하신다. 이 땅들은 궁극적으로 하나님의 것으로서 그분은 그것들을 승리한 당신의 백성들에게 주실 것이다. 이 승리는 하나님의 머리의 보호자와 홀로 묘사되어 있다.

이 승리는 모압과 에돔과 블레셋을 포함해 약속의 땅에 거하는 적들, 그들의 종이 될 원수들에 대한 것이다. 그러므로 비유적으로 말해, 모압은 목욕통을 써서 그들의 발을 씻겨줄 것이다. 하나님께서는 에돔에게 당신의 신발을 던지셔서 그들이 몸을 굽혀 이스라엘의 필요를 섬기도록 하실 것이다. 이것은 그들의 적에 대한 하나님의 압도적 승리를 묘사한다.

C. 다윗의 기대(60:9-12)

60:9-10. 마지막 호소로 이동한 다윗은 세 가지 수사학적 질문을 던진다. 첫 번째 질문은 누가 나를 이끌어 견고한 성에 들일 것인가?이다. 이것은 다윗 왕을 이끌어 이스라엘의 원수들과 싸우게 할 자가 누구이지 묻는 것이다. 예상되는 대답은 '하나님' 이다. 원수들을 무너뜨리신 분은 바로 그들을 보호해주실 바로 그 하나님이시다. 둘째, 다윗은 누가 나를 에돔에 인도할꼬?라고 질문한다. 다시 말해서 왕 앞에 가서 전쟁하여 이스라엘의 원수들에 대한 승리를 보장할 이가 누구냐는 것이다. 셋째, 다윗은 오 하나님 당신이 아니니이까?(NIV)라고 묻는다. 그들을 승리로 인도하실 분은 분명히 하나님이시

다. 그들을 버리시고 더 이상 그들의 군대와 함께 전쟁터로 가시지 않은 하나님께서는 원수들에 대해 승리하도록 그들을 인도하실 것이다.

60:11-12. 다윗은 하나님의 개입하심을 간구하며 우리를 도와(문자적으로, 구조, deliverance) 대적을 치게 하소서라고 호소한다. 다윗은 사람의 구원은 쓸모없고 또 다른 패배로 이끌 뿐임을 깨닫는다. 그러나 흔들림 없는 확신으로 힘을 얻은 그는 우리가 하나님을 의지하고 용감히 행하리니라고 말한다. 오직 하나님만이 지난 패배의 결과를 바꾸실 수 있고 또한 분명히 그렇게 하실 것이다. 그는 승리의 용사처럼 그들의 원수들을 밟으실 것이다.

결론

시간을 초월한 이 시편의 교훈은 명백하다. 오직 하나님만이 패배에 맞서 승리를 주실 수 있다는 것이다. 신자들이 해를 당할 때 하나님께서는 그들의 원수들을 패배시키고 압도적인 승리를 거두실 수 있다. 좌절이 아무리 심하다 해도 하나님의 은혜가 머무는 한 실패는 결코 최종적인 결과가 아니다. 그러나 확실한 것은 의인들이 감당해야 할 일이 있다는 것이다. 이 시편의 다윗처럼 그들은 하나님을 부르며 승리를 구해야 한다. 다윗처럼 굳게 결심하며 기도, 믿음, 하나님의 말씀과 같은 영적 수단을 사용해야 한다. 하나님께서는 도움을 구하는 그러한 긴박한 간구에 귀를 막지 않으신다. 당신의 완전한 뜻에 따라 완전한 시간에 응답하신다.

티칭 가이드

교안

A. 다윗의 황폐함(60:1-4)

1. 하나님께서 그들을 버리셨다(1a, 2a, 3절)
2. 하나님께서 그들을 회복시키셔야 한다(1b, 2b)
3. 하나님께서 그들을 모으실 것이다(4절)

B. 다윗의 중보(60:5-8)

1. 하나님, 우리를 패배에서 건져주소서(5절)
   - a. 당신의 의로운 오른손으로(5a)
   - b. 당신의 사랑하는 자들을 위하여(5b)
2. 하나님, 우리에게 원수들을 넘겨주소서(6-8절)
   - a. 세겜과 숙곳(6절)
   - b. 길르앗과 므낫세(7a)
   - c. 에브라임과 유다(7b)
   - d. 모압, 에돔, 블레셋(8절)

C. 다윗의 기대(60:9-12)

1. 하나님께서 승리하셔야 한다(9-11절)
   - a. 중요한 질문(9절)
   - b. 피할 수 없는 대답(10절)
   - c. 중보 요청(11절)
2. 하나님께서 승리하실 것이다(12절)

a. 그분이 승리를 얻으실 것이다(12a)

b. 그분이 나의 대적들을 무너뜨리실 것이다(12b)

시편 61편

바위처럼

"믿음은 근육처럼 스트레칭을 통해 자란다."

- A. W. 토저(A. W. Tozer)

들어가는 글

믿음은 하나님에 대한 살아있는 적극적 확신이며 모든 환경과 위기 속에서 그분을 굳게 의지하는 것이다. 다윗은 그에게 닥친 시련과 어려움에 이런 식으로 대처했다. 그는 하나님에 대한 굳건한 신뢰로 시련에 맞섰고, 시편 61편은 그의 인생에서 겪은 그러한 사건에 대한 영감 있는 기록이다. 다윗은 예루살렘에서 도망쳐 나와 환난에 에워싸였던 때에 이 기도문을 썼다. 그는 반역을 저지른 아들 압살롬을 피해(삼하 15-18장) 바위 틈의 유대 광야에 숨었을 것이다. 험한 바위산 틈의 고지대에서 그는 안전하게 숨어 있었다. 하지만 다윗은 물리적인 바위들 너머의 주님을 그의 궁극적 보호자로 바라보았다. 하나님은 안전하게 숨을 수 있는 그의 반석이셨다.

반석이신 하나님에 대한 개념은 시편에서 20번 사용된 일반적인 이미지다. 이 신뢰의 노래는 '현악' 에 맞추어 부른 노래였고 '영장' 을 위해 쓰였다. 시편 61-64편은 환난의 때에 하나님을 신뢰한다는 공통의 주제를 가진 시편 묶음이다.

본문 이해

바위처럼

Main Idea	다윗은 힘과 안전을 구하는 기도를 드리며 그의 기도를 들으신 하나님을 찬양한다.

A. 다윗의 간구(61:1-2)

61:1-2. 하나님의 도우심을 간구하며 다윗은 하나님이여 나의 부르짖음을 들으시며 내 기도에 유의하소서라고 부르짖는다. 뜨거운 열정과 열심을 갖고 그는 주님께 목소리

를 높인다. 그가 부르짖고 있는 장소인 **땅 끝에서부터**라는 말은 다윗이 이 경험을 할 당시 고국 이스라엘에 계신 하나님의 현존으로부터 멀리 떨어진 이방 땅에 있음을 암시한다. **내 마음이 눌릴 때에 … 주께 부르짖으오리니**라는 그의 말은 그가 점점 낙심하고 연약해지며 하나님의 임재에서 소외감을 느낀다는 것을 암시한다.

다윗은 **나보다 높은 바위에 나를 인도하소서**라고 집중적으로 간구한다. 이 바위는 압제자들을 피할 수 있는 안전한 장소이며 보호를 받을 수 있는 자리다. 사실 이 도피처는 장소가 아닌 한 인격체, 즉 하나님 바로 그분이시다. 다윗은 하나님과 인격적 관계를 맺으며 밀접한 친밀함을 통해 새로워지고 회복되기를 원한다.

B. 다윗의 확신(61:3-5)

61:3. 다윗은 각기 하나님을 상징하는 네 개의 비유적 표현을 사용해 자신을 보호하시는 충만한 하나님의 능력을 인용한다. **피난처**(3절), **견고한 망대**(3절), **장막**(4절), **날개 안에 있는 피난처**(4절-NIV). 첫째, 그는 하나님에 대한 강력한 확신을 갖고 '위험으로부터의 피난처'라는 의미로 **주는 나의 피난처시라**고 말한다. 사람들에게 공격을 당하고 위협적인 환경에 둘러싸일 때 하나님께서 직접 다윗의 피난처가 되신다. 둘째, 다윗은 하나님을 **원수를 피하는 견고한 망대**라고 묘사한다. 이것은 성벽 도시의 높은 지점을 묘사한 비유로 사람들이 공격당할 때 숨는 광야의 피난처와 반대된다. 여기서 강조된 것은 대적들의 공격을 당한 사람이 한 장소에서 다른 장소로 피한다는 개념이 아니라 성벽 도시 안에서 자신을 방어한다는 개념을 전달하고 있다. 하나님께서 모든 해에서 다윗을 지켜주시며 해주실 일이 바로 이것이다.

61:4. 셋째, 다윗은 하나님을 자신이 **영원히 거하기를** 소원하는 **장막**으로 묘사한다. '장막'이라는 단어(히. 오헬, ohel, '덮개, 거할 처소')는 또한 '성막'으로도 번역되며 하나님의 언약궤를 모셨던 광야의 장막을 가리킨다. 그러므로 다윗은 친밀한 교제의 장소로서 하나님께서 거하시는 곳에 거하게 해달라고 요청하는 것이다(비교. 27:4). 넷째, 다윗은 하나님을 피난할 수 있는 장소로, 문자적으로 해를 당하지 않도록 새끼를 지켜주는 어미 새의 **날개**로 묘사한다(비교. 시 17:8, 36:7, 57:1, 63:7, 91:4).

61:5. 이어서 다윗은 자신이 하나님을 간절히 사모하는 이유를 제시한다. **하나님**에 대한 그의 **서원**은 이 위기의 와중에 고통스러운 마음에서 우러나온 것이었다. 이 서원

은 그를 압도하는 환난 속에서도 하나님께 드리는 흔들림 없는 헌신을 말한다. 다윗은 주님이 굳은 헌신에 대한 그의 맹세를 들으셨다고 확신하고 하나님의 백성들에게 약속된 기업을 내게 주셨나이다라고 말한다. 다윗은 약속의 땅에서 누릴 회복된 지위를 말하고 있다. 이 기업은 시편에서 반복되는 주제이다(시 16:6, 37:18, 135:12, 136:21-22).

C. 다윗의 충성(61:6-7)

61:6-7. 다윗은 이어서 하나님께 여섯 가지의 구체적인 요청을 하고 있다. 첫째, 왕으로 장수케 해달라고 하나님께 구한다. 그는 약속의 땅 안전한 곳으로 돌아갈 수 있을 때까지 이국에 있는 자신을 지키시고 생명을 보호해달라고 하나님께 기도한다. 둘째, 그 나이가 여러 대까지 계속되게 해달라고 구한다. 다시 말해서 사후에도 하나님께서 그의 왕조를 오랜 기간 지속되게 해달라는 것이다. 이런 요청을 통해 다윗은 궁극적으로 그의 족보에서 나오실 더 위대한 다윗의 아들 메시아의 도래를 내다보고 있는 것이다(삼하 7장). 셋째, 영원히 하나님 앞에 거하게 해달라고 구한다. 이것은 하나님의 특별한 은혜가 영원토록 함께하게 해달라는 요청이다. 넷째, 인자와 진리를 예비해달라고 구한다. 다윗은 그의 원수들로부터, 아마 압살롬으로부터 그를 보호해주시는 하나님의 변함없는 사랑을 구하고 있다.

D. 다윗의 찬양(61:8)

61:8. 다윗은 고통스러운 환경에도 불구하고 하나님을 예배하고 찬양하기로 결정한다. 전망은 위협적이지만 소망은 영광스럽다. 그는 하나님의 구원을 기대하며 그리하시면 내가 주의 이름을 영원히 찬양하며 매일 나의 서원을 이행하리이다라고 선언한다. 이것은 모든 참된 예배자들이 바라는 생활방식으로서 주님께 매일 순종하겠다는 약속이다(비교. 롬 12:1).

결론

다윗은 바위틈에 숨어 있던 때에 하나님을 신뢰했다. 주님은 모든 신자들이 그 삶을 쌓아 올리는 견고한 반석이시다. 그 밖에 다른 모든 기초들은 모래에 지나지 않는다. 이 반석은 만세의 반석이신 예수님이시다. 신자들은 믿음으로 그 안에 숨어야 한다. 그리스도만이 인생의 폭풍 속에서 피할 피난처가 되신다. 그는 인간 대적들과 원수들로부터 당신의 백성들을 보호하신다. 또한 그리스도는 마지막 날 죄인들에게 쏟아 부으실 하나님의 진노를 피할 유일한 피난처시다. 모든 이들이 반석이신 주 예수 그리스도께로 와서 그 안에 숨기를 기도한다.

teaching guide

티칭 가이드

교안

A. 다윗의 간구(61:1-2)

1. 하나님, 내게 귀 기울이소서(1절)
2. 하나님, 나를 인도하소서(2절)

B. 다윗의 확신(61:3-5)

1. 하나님은 나의 확실한 피난처시다(3a)
2. 하나님은 나의 강하고 견고한 망대시다(3b)
3. 하나님은 나의 장막이시다(4a)
4. 하나님은 내가 피할 날개시다(4b-5절)

C. 다윗의 충성(61:6-7)

1. 내 날이 길게 하소서(6a)
2. 내 왕조가 수세대까지 이르게 하소서(6b-7a)
3. 저를 늘 보호하소서(7b)

D. 다윗의 찬양(61:8)

1. 내가 찬송을 부르리이다(8a)
2. 내가 서원을 지키리이다(8b)

시편 62편

오직 하나님만

"하나님의 성품은 완전하고 영광스러운 전체이다."

- 윌리엄 플러머(William S. Plumer)

들어가는 글

어떤 사람도 어떤 야망이나 재물도 하나님보다 중시되어서는 안 된다. 오직 하나님만이 신자의 의지가 되어야 한다. 다윗은 이 노래를 쓰면서 환난 속에서 그를 구원하실 하나님 외에 어떤 사람이나 사물도 의지하지 않음을 선언한다. 서두에서 핵심어는 '오직(~만)' 으로서 이 단어는 하나님과의 관계와 관련해 네 번 사용되고 있다(1-2, 5-6절). 다윗은 자신이 유일하게 신뢰할 수 있는 하나님만 믿는다고 말한다. 주님에 대한 이 유일한 의지는 다윗의 삶을 받쳐주는 굳건한 기초였다.

이 시편의 배경을 보면, 다윗은 그를 폐위시키기를 원하는 악한 음모자들에게 에워싸여 있었다. 아마 압살롬의 반역 때(삼하 15-18장) 겪은 모반 혹은 사울의 시기심과 분노가 배경일 수 있다. 다윗은 하나님께 자신을 헌신하며 구원이신 하나님을 의지한다. 이 시편의 메시지는 분명하다. 시련이 아무리 어렵더라도 오직 하나님만을 의지하라.

이 '다윗의 시' 는 '영장' 이었을 '여두둔' 을 위해 쓰였다.

본문 이해

오직 하나님만

Main Idea	다윗은 자신을 원수들로부터 보호하실 하나님만 의지한다. 그들은 그를 폐위시키려고 음모를 꾸미고 있었다.

A. 다윗의 의지(62:1-2)

62:1. 다윗은 하나님이 어떤 분이신지 자신의 영혼에게 재확인시키며 시편을 시작한다. '영혼' 이란 단어(히. 네페쉬, nephesh)는 지정의를 포함한 자신의 전 존재, 전 내적

자아를 가리킨다. 그러므로 다윗의 모든 속사람, 혹은 그의 온 마음은 **오직 하나님 안에**서만 안식을 얻는다. 하나님에 대한 이 특별한 단어(히. 엘로힘, elohiym, 25편 2절의 '심층 연구' 참조)는 복수 형태로 넘치는 권세와 위엄과 지배력을 암시한다(비교. 창 1:1, 3, 6). 다윗은 그의 **구원**이시며 모든 해에서 그를 건져주실 하나님을 의지하기로 맹세한다. '**오직**' 이라는 이 단어(히. 아크, ak)는 네 번에 걸쳐 의도적으로 반복 사용되어(1-2, 5-6절) 다윗이 하나님만 의지하는 것을 강조한다. 위험이 닥칠 때 하나님을 의지하기가 쉽지 않지만 다윗은 그렇게 하기로 선택한다. 자신의 힘으로 문제를 처리하기를 거부한 그는 하나님께서 행동하시기를 기다린다.

62:2. 시편 기자는 의지할 대상을 올바로 선택했다. 그는 **오직 하나님만이** 자신의 반석이라고 자랑한다. 다윗의 세계가 흔들리고 있고 현재의 상황은 암울하며 주변 환경은 어렵지만 굳건하고 요동치 않는 반석이시며 다윗의 **구원**과 **산성**(히. 미스갑, misgab, '높은 장소', '높이 자리 잡은 피난처', 비교. 18:2, 144:2)이신 하나님께서 그를 붙들고 계신다. 그는 두려워할 이유가 충분하지만 확고한 결심으로 **내가 크게 요동치 아니하리로다**라고 쓴다. 이 심각한 어려운 시간에 시편 기자의 믿음은 더 강해지고 있다. 그는 하나님의 돌보심 속에서 안전하다(비교. 10:6, 37:24).

B. 다윗의 환난(62:3-4)

62:3. 다윗은 자기를 공격하는 자들에게 말하며 … **한 사람을 죽이려고 박격하기를 언제까지 하려느냐?**라고 수사학적 질문을 던진다. 그가 언급한 사람은 자기 자신이다. 그는 **넘어지는 담과 흔들리는 울타리 같은** 그를 **박격하려고** 하는 그들을 정죄한다. 이 두 메타포는 그가 스스로를 어떻게 인식하고 있는지 드러낸다(언제라도 쓰러질 정도로 연약해진 모습).

62:4. 이 음모자들은 다윗을 **그 높은 위**에서 **떨어뜨리려고** 한다. 다윗은 아마 왕위에서 그를 축출하고자 한 쿠데타 시도를 가리키고 있을 것이다. 그러한 음모를 꾸민 사람들은 그의 친구처럼 행세하던 주변 사람들이다. 그들은 **입으로는** 다윗을 축복하고 칭송하지만 **속으로는** 저주하고 그에 대한 악한 계획을 꾸민다. 그들의 모략과 거짓은 그에 대한 공적 평가의 흐름을 뒤집어 그의 지도력을 무너뜨리려고 위협했다.

C. 다윗의 증언(62:5-8)

62:5-7. 하나님에 대한 확고한 신뢰(1-2절)를 재확인하며 다윗은 자신의 영혼을 향해 오직 하나님만을 바라라고 가르친다. 서두의 후렴을 반복함으로써 그는 하나님에 대한 믿음을 가지라고 자신에게 요청한다. 이 믿음은 소망(하나님의 개입을 구하는 간절한 기다림을 의미하는 헬라어)으로 가득한 신뢰이다. 자연적인 성향대로 한다면 그는 자기 힘으로 문제를 해결하며 즉각적으로 행동할 것이다. 하지만 다윗은 하나님만이 그의 반석과 구원과 산성이시며 그를 보호하고 지키실 수 있는 분임을 이해한다. 하나님은 그의 유일한 구원이시다. 오직 하나님만이 그의 영광을 보존해주실 것이다.

62:8. 다윗은 다른 사람들에게 하나님에 대한 그의 확고한 믿음을 공유하자고 초청한다. 어려운 시간에도 백성들아 시시로 저를 의지하라(히. 바타흐, batah, '다른 대상에 애착을 갖다'). '의지하라'에 평행하는 동의어로서 다윗은 백성들에게 그 앞에 마음을 토하라고 부른다. 이것은 홀로 우리의 피난처가 되신 하나님께 자신의 짐을 맡기거나 간절한 기도를 드리는 것을 가리킨다. 참된 믿음은 하나님을 향한 간절한 기도를 통해 표현된다.

D. 다윗의 진실(62:9-12)

62:9-10. 다윗은 인간의 연약함(9-10절)을 하나님의 능력(11-12절)과 대조하며 결론을 내리기 시작한다. 다윗의 흔들림 없는 증언은 사람이 아니라 하나님을 의지한다는 것이다. 높은 자(특권 계층으로 태어난 자들)뿐 아니라 천한 자(낮은 신분과 사회적 지위의 사람들을 의미함)들도 헛되다(한줌 호흡에 지나지 않는다). 허망하고 공허하며 거짓되다는 뜻이다. 이들은 하나님의 거룩한 진리에 닻을 내리지 않은 자들을 가리킨다. 그들은 저울에 달면 어려움에서 스스로를 건져낼 수 없는 무력한 자들이다. 유한한 인간은 포학, 탈취한 것, 재물과 같은 자기 자신의 힘을 의지해서는 안 된다. 이 모든 것은 반드시 무너지고 말 것이다.

62:11-12. 유한한 인간과 반대로 하나님만이 우리가 의지할 분이 되신다. 오직 그분만이 권능이 있고 인자하시다. 다시 말해서 하나님께서는 당신을 의지하는 백성들을 구원하실 수 있고 그들의 최선의 유익과 선을 기꺼이 고려하신다. 의심할 여지없이 그분은 그를 의지하는 각 사람에게 행한 대로 갚으실 것이다. 하나님을 의지하는 신자는 하나

님의 상급을 받을 것이다. 스스로를 구원하고자 하는 것은 헛되다. 우리는 하나님께서 역사하기를 인내하며 기다려야 한다.

결론

신자의 마음에 두려움과 염려와 불안과 공포가 찾아올 때 하나님이 권능 있고 인자한 분이심을 기억하라. 하나님의 이 두 가지 속성은 하나님에 대한 모든 신자의 믿음을 이루는 쌍둥이 탑이다. 하나님은 강하시므로 역사의 모든 사건, 심지어 우리의 인생도 다스리신다. 그러므로 그분은 자기 백성들을 모든 환난에서 건지실 수 있다. 모든 것을 다스리시는 하나님께 불가능한 것이 없음을 우리는 확신할 수 있다. 마찬가지로 하나님은 사랑과 자비가 많은 분이시며 전능하심을 무한한 자비로 사용하시어 캄캄한 어둠의 시간을 지내는 자기 백성들의 도움이 되신다. 신자들은 하나님께서 그들을 완전하게 사랑하시며 그들이 공격당하고 위험에 처할 때 지혜롭게 그 권능을 사용하실 분임을 알고 확신 가운데 그분께 도움을 구해야 한다.

teaching guide

티칭 가이드

교안

A. 다윗의 의지(62:1-2)

1. 하나님만이 나의 안식이시다(1a)
2. 하나님만이 나의 구원이시다(1b)
3. 하나님만이 나의 반석이시다(2a)
4. 하나님만이 나의 피난처이시다(2b)

B. 다윗의 환난(62:3-4)

1. 사람들에게 공격을 당한다(3-4a)
2. 사람들의 거짓말로 중상모략을 당한다(4b)
3. 사람들에게 저주를 받는다(4c)

C. 다윗의 증언(62:5-8)

1. 그가 자신에게 말한다(5-7절)
    - a. 하나님을 바라라(5절)
    - b. 하나님을 의지하라(6-7절)
2. 그가 타인들에게 말한다(8절)
    - a. 하나님을 의지하라(8a)
    - b. 하나님께 기도하라(8b)

D. 다윗의 진실(62:9-12)

1. 인간은 믿을 대상이 아니다(9-10절)

a. 덧없는 존재이다(9절)

b. 진실성이 없다(10절)

2. 하나님은 흔들리지 않으신다(11-12절)

a. 권능이 그의 것이다(11절)

b. 사랑이 그의 것이다(12절)

시편 63편

한 가지 거룩한 열정

"빛이 태양에게 필수적이듯이 거룩함은 하나님께 필수적이다. 영광은 신성의 번쩍임이다."

- 토마스 왓슨(Thomas Watson)

들어가는 글

단 한 가지 일

망망대해에서 좌초된 한 남자가 작은 뗏목에 몸을 실은 채 한 방울의 물도 없이 죽어가고 있었다. 쇠약하고 경련에 시달리는 그의 몸은 금방이라도 무너질 것 같았고 입술은 바짝 말라붙었다. 눈에는 헛것이 오락가락하고 위는 꼬여 있었다. 그가 원하는 것은 단 하나, 물이었다. 텔레비전을 보거나 오락을 즐기는 것에 대한 어떤 욕망이나 흥미도 없었다. 집에 두고 온 수많은 재산이 생각나지 않았고 주식 시장이나 좋아하는 스포츠 팀에 대한 환상도 없었다. 그의 머릿속에는 단 한 가지 생각, 물밖에 없었다. 그는 물이 필요했고 그 물을 마시기 전까지 아무것도 중요하지 않았다.

이것이 바로 시편 63편을 쓸 때 육체적, 영적으로 다윗이 처했던 상황이다. 그는 물도 없이 유다의 메마르고 황무한 광야에 있었다. 그의 육신은 물을 애타게 원하고 있었다. 하지만 그의 삶의 가장 깊은 갈증은 생명의 물에 대한 것이었다. 다윗의 영혼은 하나님을 갈망했다! 그는 돈이나 어떤 물질적인 것도 원치 않았다. 그는 하나님 그분 자체를 원했다. 그는 영혼의 모든 열정을 다해 하나님의 위대하심을 알고 경험하기를 갈망했다.

이 '다윗' 시가 쓰인 역사적인 배경은 '유다 광야에 있을 때' 라는 표제에 드러나 있다. 아마 사울 왕(삼상 19-31장)이나 압살롬(삼하 15-19장)을 피해 그곳으로 도망했을 것이다. 다윗은 유다 광야에 있었다. 11절에서 다윗이 자신을 '왕' 이라고 지칭하는 것으로 보아 그는 압살롬을 피해 도망했음이 분명하다. 사울의 추격을 받을 때는 아직 왕이 아니기 때문이다.

다윗에 대한 압살롬의 반역 기사는 사무엘하 15-19장에 기록되어 있다. 부친에게 홀대를 당한다고 느껴 그와 소원해진 압살롬은 백성들의 불만을 쉽게 접할 수 있도록 길가에 앉으며 그들의 마음을 사는 데 4년의 세월을 보냈다. 많은 백성의 지지를 얻었다고 생각하자 압살롬은 헤브론 근방 성에서 왕을 대적할 태세를 갖추었다.

다윗은 전혀 뜻밖의 상황을 당했고 예루살렘이 공격당할까 두려웠다. 그는 많은 충성스러운 군인들과 함께 그 성에서 도망쳐 동쪽의 트랜스요단 지역으로 향했다. 압살롬이 예루살렘으로 쳐들어오자 그는 한밤에 눈물을 흘리며 성을 떠났다. 그렇게 해서 다윗은 요단강을 건넜고 압살롬이 맹렬하게 추격해 오는 가운데 유대 광야의 사막 지대에 은신했다.

본문 이해

한 가지 거룩한 열정

Main Idea	다윗은 하나님을 찾는 자로서 자기 영혼의 참되고 가장 깊은 갈망을 선언한다.

A. 하나님을 향한 다윗의 열망(63:1-2)

Supporting Idea	다윗은 하나님을 뵙고자 하는 영혼의 절실한 열망을 확인한다.

63:1a. 다윗은 하나님이여 주는 나의 하나님이시라고 선언하는 것으로 시작한다. 그는 주님과 맺은 친밀한 관계를 돌이켜보고 하나님을 "나의 하나님" 으로 밝힌다. 다윗은 단순히 하나님의 존재를 믿고 하나님에 대해 아는 것 이상으로 "나의 하나님" 으로서 그 분을 인격적으로 알았다. 그러므로 그는 주도적으로 하나님에 대한 지식을 추구하려는 자신의 간절한 소망을 드러내며 내가 간절히 주를 찾되라고 말한다.

63:1b. 물이 없어 마르고 곤핍한 땅인 황폐한 광야에 있는 다윗은 단순히 육신적인 것 이상의 목마름을 느낀다. 그는 하나님을 향한 강렬한 내적 갈망을 경험하고 있다. 내 영혼이 주를 갈망하며 내 육체가 주를 앙모하나이다. 그는 삶을 지탱하며 힘을 얻고 만족감을 얻기 위해서 하나님과 친밀하고 생명력 있는 교제를 누려야 한다는 것을 알고 있다.

그의 몸이 물 없이 살 수 없듯이 그의 영혼은 하나님 없이 살 수 없다(비교. 시 42:1-2, 84:2, 143:6, 마 5:6, 요 7:37).

63:2. 하나님을 향한 다윗의 열정적인 갈망은 과거에 그분을 예루살렘의 성소에서 만난 일로 인해 더욱 강렬해진다. 이 경험에서 그는 권능과 영광 가운데 계신 하나님을 보았다. 아마 이것은 하나님의 거룩함에 대한 이사야의 환상(사 6:1-8)과 유사할 것이다. 원수들로 인해 광야로 내몰리기 전에 다윗의 영혼은 하나님에 대한 더 심오한 지식으로 이끄는 그분에 대한 이 장엄한 생각에 사로잡혔다. 그가 그토록 간절히 하나님을 좇게 된 것은 하나님의 영광을 경험했기 때문이다. 그는 우주의 위대한 왕을 바라보았다. 절대적인 권능으로 높임을 받으시고 놀라운 영광으로 빛나신 두렵고 초월적인 왕을 보았다.

B. 하나님을 향한 다윗의 찬양(63:3-5)

Supporting Idea	다윗은 그의 영혼이 기뻐하는 하나님을 찬양하겠다고 헌신을 다짐한다.

63:3. 그토록 극적으로 하나님을 만난 다윗은 그분을 찬양하고 싶은 마음이 벅차오른다. 주의 인자(히. 헤세드, hesed, 23편 6절 '심층 연구' 참조)가 생명보다 나으므로 내 입술이 주를 찬양할 것이라고 맹세한다. 하나님께서 다윗에게 자신을 내어주는 이 변함없는 사랑은 그에게 생명 그 자체보다 더 소중했다. 그는 하나님께서 그와 함께하실 뿐 아니라 어려울 때나 좋을 때나 보좌에 있을 때나 그렇지 않을 때나 왕궁에 있을 때나 불편한 광야에 있을 때에도 그를 위하시는 분임을 알고 있다.

63:4. 하나님의 무조건적인 사랑 때문에 다윗은 내 평생에 주를 송축할 것이라고 맹세한다. 다윗을 향한 하나님의 불변하는 사랑은 다윗에게 자신도 동일하게 하나님을 사랑하겠다는 마음을 불러일으켰다. 이 광야 생활 속에서 그의 입술은 적극적으로 하나님을 찬양한다. 그는 겸손한 기도의 자세를 취하며 주의 이름으로 인하여 내 손을 들리이다라고 선언한다. 그는 개인적으로 하나님만을 의지함으로 모든 좋은 선물을 받을 준비가 되어 있다.

63:5. 다윗은 하나님 안에서 골수와 기름진 것을 먹음과 같이 내 영혼이 만족할 것이라

라고 선언한다. 그는 산해진미가 나오는 왕궁의 잔치 메타포를 사용한다. 그는 아마 이스라엘 왕으로서 자신이 누렸던 국가적 축제를 떠올렸을 것이다. 왕궁 생활이라는 배경을 통해 그는 오직 하나님만이 그의 영혼의 참된 갈망을 채우실 수 있다고 스스로의 마음에 상기시킨다(요 4:13-14, 6:35). 그 결과 다윗은 **내 입이 기쁜 입술로 주를 찬송할 것이라고** 기쁨에 넘쳐 말한다.

C. 하나님에 대한 다윗의 추구(63:6-8)

Supporting Idea	다윗은 자신이 하나님에 대한 생각에 얼마나 사로잡혀 있었는지 기억한다.

63:6. 다윗은 자신이 "성소"에서 보았던 것(2절)을 회상하면서 **내가 나의 침상에서 주를 기억하며**라고 말한다. 그는 **밤중**에 하나님을 생각한다. 한밤중에 깰 때 그에게 가장 먼저 떠오른 가장 좋은 생각은 하나님에 대한 것이다. 그는 주를 추구하는 사람이었다. 그가 하나님으로 만족함을 얻는 영혼을 가졌음은 놀라운 일이 아니다.

63:7. 다윗은 자신이 하나님께 그토록 몰두하는 이유를 설명한다. **주는 나의 도움이 되셨음이라.** 이 때문에 그는 하나님의 **날개 그늘**에서 노래하고 있다. 다윗은 광야의 뜨거운 태양 아래 노출되어 있었음이 분명하다. 그는 위로와 평안을 주는 그늘에서 때로 휴식을 취했다. 이 서늘한 그늘은 하나님께서 고통스러운 그의 영혼에 주시는 바로 그것이었다. 시련의 뜨거운 뙤약볕 아래서 그는 하나님의 임재의 그늘에서 위로를 얻었다. 모든 두려움과 염려로부터 그를 지켜줄 수 있는 하나님의 그늘은 어미 새가 날개로 새끼들을 보호하는 것에 비유된다. 하나님께서는 이 뜨거운 시련 속에서 다윗의 힘과 위로가 되셨다.

63:8. 다윗은 그의 **영혼**이 견고한 믿음으로 하나님을 붙잡고 있다고 말한다. 동시에 하나님의 **오른손**이 그를 붙들어주신다. 누가 누구를 붙들고 있다는 말인가? 다윗이 하나님께 매달려 있다면 하나님께서 그를 붙들고 계신 것이다.

D. 하나님으로부터 보호를 받는 다윗(63:9-11)

Supporting Idea	다윗은 원수들이 그를 죽이려고 할 때 하나님께서 그를 지켜보심을 확인한다.

63:9-10. 이 시편의 마지막 내용은 하나님이 원수들로부터 자신을 보호해주실 분이라는 다윗의 인정이다. 다윗은 나의 영혼을 찾아 멸하려 하는 저희는 망할 것이다라고 증언한다. 저희는 땅 깊은 곳에 들어갈 것이다. 여기서 그는 망자의 영역 혹은 무덤을 말하고 있다. 그들은 아마 하나님에 의해 칼의 세력에 붙인 바 되어 시랑의 밥이 될 것이다. 그들의 시체는 전쟁터에 버려져서 시체를 먹고 사는 이 사막 짐승들의 밥이 될 것이다. 다윗의 생명을 노리는 자들은 스스로 목숨을 뺏기는 결과를 당할 것이다.

63:11. 그러한 보호에 대해 왕(다윗 자신)은 하나님을 즐거워할 것이다. 하나님에 대한 그러한 찬양은 다윗을 대신해 그가 승리하셨기 때문에 당연한 것이다. 사실, 주로 맹세한 자, 하나님을 신뢰하고 두려워하는 모든 자들은 하나님께서 다윗을 위해 하신 일을 알게 될 때 그를 자랑할 것이다. 그러나 거짓말하는 자의 입, 즉 다윗을 반대하고 압살롬의 거짓말을 믿는 자들은 철저한 수치를 당하며 막히게 될 것이다.

Main Idea 복습	다윗은 하나님을 찾는 자로서 자기 영혼의 참되고 가장 깊은 갈망을 선언한다.

결론

구세주를 찾음

존 파이퍼(John Piper)는 그의 저서 「예수, 내 영혼의 기쁨(Seeing and Savoring Jesus Christ, 좋은씨앗)」에서 주를 추구함에 관해 썼다.

인간 마음의 가장 깊은 갈망은 하나님의 영광을 알고 즐거워하는 것이다. 우리는 이것을 위해 창조되었다. "내 아들들을 원방에서 이끌며 내 딸들을 땅 끝에서 오게 하라 … 내가 내 영광을 위하여 창조한 자를 오게 하라"(사 43:6-7). 그것을 보고 맛보며 드러내는 것, 이것이 우리가 존재하는 이유이다. 우리는 만물 위에 계신 하나님의 영광을 알고 보물로 품도록 창조되었다. 우리가 그 보물을 형상들과 맞바꾸면 모든 것이 왜곡된다. 하나님의 영광이라는 해는 우리의 영혼이라는 태양계 중앙에서 빛나도록 창조되었다. 그 영광이 우리의 영혼 중앙에서 빛날 때 인생의 모든 행성들은 제 궤도를 유지한다. 그러나 태양이 그 자리를 벗어나면 모든 것이 제자리를 이탈한다. 영혼의 치유는 하나님의 영광을 중앙에서 빛나는 원래 장소로 회복시킬 때 시작된다.

우리는 모두 자신이 아니라 하나님의 영광에 굶주려 있다. 자만심을 얻고자 그랜드 캐니언을 찾는 사람은 없다. 자아를 볼 때보다 그 계곡의 엄청난 장엄함을 바라볼 때 영혼이 더 깊은 치유를 맛보기 때문이다. 이처럼 광대하고 찬란한 우주에서 실제로 지구라고 하는 작은 점에 사는 인간이 자신의 자아상에서 의미를 발견하려고 거울 앞에 서는 것보다 어리석은 일이 어디 있겠는가? 이런 것을 현대 세계의 복음으로 전하고 있는 현실이 너무나 슬프다.

그러나 그것은 그리스도의 복음이 아니다… 기독교적인 복음은 나에 관한 것이 아니라 '하나님의 영광에 관한 것'이다. 어느 정도 나에 관한 것이기도 하지만 그것은 내가 하나님으로 인해 소중해지는 것이 아니라 하나님께서 자비를 베푸셔서 영원히 그분을 영화롭게 하기를 즐거워할 수 있도록 하는 면에서 그렇다.

우리가 이 땅에 사는 동안 하나님의 영광을 향한 이 거룩한 열망이 우리 영혼을 흥분시키며 우리 삶을 지배하기를 바란다. 하나님을 영원히 즐거워함으로 그분을 영화롭게 해드리기를 원한다.

삶의 적용

하나님께 더 가까이

영원한 생명은 하나님을 알고 주 예수 그리스도를 통해 그분과 친밀하고 인격적인 관계를 경험하는 것에 있다(비교. 요 17:3). 성경은 하나님께 더 가까이 나아오라고 신자들을 부르는 권면으로 가득하다(비교. 시 73:28, 대하 15:2, 슥 1:3, 말 3:7, 히 7:19). 다니엘은 하나님과 친밀한 관계를 갖는 것이 얼마나 중요한지 알고 있었다. "오직 자기의 하나님을 아는 백성은 강하여 용맹을 발하리라"(단 11:32). 선지자 예레미야를 통해 하신 주의 말씀은 옳다. "지혜로운 자는 그 지혜를 자랑치 말라 용사는 그 용맹을 자랑치 말라 부자는 그 부함을 자랑치 말라 자랑하는 자는 이것으로 자랑할지니 곧 명철하여 나를 아는 것과…"(렘 9:23-24).

마찬가지로 사도 바울은 "내가 그리스도와 그 부활의 권능과 그 고난에 참예함을 알려 하여"(빌 3:10)라고 썼을 때 이것이 대단히 중요함을 알고 있었다. 신앙생활은 신자들이 "우리 주 곧 구주 예수 그리스도의 은혜와 저를 아는 지식에서 자라"(벧후 3:18)가는 지속적인 과정이어야 한다. 이것이 위대하고 영광스러운 하나님을 더욱 친밀하게 알기를 간절히 요청하는 시편 63편의 핵심이다.

기도

하나님, 오직 당신만이 우리 영혼의 목마름을 해결하십니다. 이 메마르고 피곤한 땅에서 살아가면서 쉬지 않고 당신의 얼굴을 구하겠습니다. 당신의 인자가 생명보다 낫기 때문에 우리 삶 속에서 당신의 권능과 영광을 보기를 갈망합니다. 당신을 생각하며 우리 입술로 당신을 찬양하겠습니다. 주님, 우리를 계속 붙들어주십시오. 우리의 생명을 앗아가려고 하는 자들로부터 우리의 도움이 되어주십시오. 예수 그리스도의 이름으로 기도합니다. 아멘.

심층 연구

A. 찾다(63:1)

이 단어(히. 샤하르, shahar)는 태양이 떠오르기 전 시간, 새벽 시간이라는 의미를 내포한다. 영어성경 KJV는 이것을 "일찍 내가 당신을 찾겠나이다(early will I seek thee)"라고 번역한다. 여기서 전달된 의미는 시편 기자가 무엇보다도 앞서 하나님을 찾겠다는 것이다. 그는 인생에서 가장 우선적으로 하나님을 찾을 것이다. 이것은 그가 하나님을 찾는 것을 우선순위로 삼았음을 말한다. 그래서 그리스도는 "먼저 그의 나라와 그의 의를 구하라 그리하면 이 모든 것을 너희에게 더하시리라"(마 6:33)고 말씀하셨다.

B. 보다(63:2)

이 단어(히. 하자, haza)는 '보다, 관찰하다'는 뜻이며 어떤 문맥에서는 '예언하다'라는 의미로 사용된다. 이 단어는 구약의 시문학에서 가장 많이 발견된다. 때로는 실제로 하나님의 신적 현현을 보는 것을 가리키기도 한다(출 24:11, 욥 19:26). 이 단어는 종종 하나님께서 주신 계시의 환상에 대해 사용된다(민 24:4, 6, 사 1:1, 2:1, 13:1, 30:10, 애 2:14, 겔 13:6-8, 암 1:1, 합 1:1, 미 1:1, 슥 10:2). 이 단어는 또한 영적 이해를 가리켜 사용되는데 욥이 엘리후와 말한 경우가 이에 해당한다. "그 일을 모든 사람이 우러러보나니(하자, haza) 먼 데서 보느니라 하나님은 크시니 우리가 그를 알 수 없고 그 년수를 계산할 수 없느니라"(욥 36:25-26). 이 동사가 여기서 어떻게 사용되었는지 이해하기란 어렵다. 이사야가 하나님과 가졌던 만남처럼(사 6장) 욥이 환상을 포함해 하나님과 극적으로 만났다는 의미이거나 하나님의 위대하심에 대한 영적 통찰을 새롭게 얻었다는 의미일 수도 있다.

C. 묵상하다(63:6)

이 단어(히. 하가, haga)는 웅얼거림, 중얼거림, 혹은 끙끙댐과 같은 낮은 소리라는 의미를 내포한다. 주로 구약의 시문학, 특히 시편과 이사야서에서 발견된다. 이 단어는 의에 대한 생각(시 35:28, 37:30, 71:24, 잠 15:28)과 반성적 묵상(수 1:8, 시 1:2, 63:6, 77:12, 143:5)을 가리켜 사용되었다. 일부 주석가들은 성경을 '생각하고' 혹은 '묵상하는 것'은 사람들이 성경의 메시지를 처리하고 묵상할 수 있도록 돕기 위해 낭송되었다는 의미라고 믿는다.

D. 붙들다(63:8)

이 단어(히. 타마크, tamak)는 구약에서 20번 사용되고 있다. '움켜쥐다, 잡다, 지지하다, 지탱하다, 유지하다' 라는 의미로서 도덕적 문제들과 영적 진리들과 관련해 자주 사용되었다. 여기서는 다윗이 원수들의 대적을 받고 있을 때 하나님께서 주시는 내적 지지를 가리킨다. 하나님께서는 이러한 시련 속에서 그를 지원하실 것이다. 이 단어는 다윗이 하나님에 대해 "주께서 나를 나의 완전한 중에 붙드시고"(시 41:12)라고 말할 때 사용되었다. 이것은 거룩함 가운데 행하도록 하나님의 힘주심을 받을 것이라는 의미로 사용되었다. 다윗은 시편 17편 5절에서 타마크를 사용했다. "나의 걸음이 주의 길을 굳게 지키고." 또한 이 단어는 오실 메시아를 붙드시고(사 42:1) "의로운 오른손"으로 이스라엘을 붙드시는(사 41:10) 하나님을 그릴 때 사용된다. 이 언급들은 하나님의 통치하시는 능력을 묘사한다.

E. 멸하다(63:9)

이 단어(히. 쇼아, shoa)에는 몰락과 급속한 파멸에서처럼 '급히 몰락하다' 라는 의미가 있다. 그것은 파괴된 것 같은 사막의 황무지를 언급할 때 쓰인다(욥 30:3, 38:27). 큰 파괴를 일으키는 격정적인 폭풍으로 묘사된다(잠 1:27, 겔 38:9). 그러므로 이 단어는 하나님의 심판을 가리킬 때 사용되었다. 이사야는 이스라엘 거민들에게 "너희에게 벌하시는 날에와 멀리서 오는 환난 때에 너희가 어떻게 하려느냐"(사 10:3)라고 질문했다. 바벨론이 대기하고 있는 임박한 신적 심판과 파멸은 "파멸이 홀연히 네게 임하리라 그러나 네가 헤아리지 못할 것이니라"(사 47:11)로 묘사된다. 이 단어는 "여호와의 큰 날"

(습 1:14)과 연관된 공포스러운 심판을 묘사한다. 이 시편에서 다윗을 해치려고 하는 자들은 완전히 파멸할 것이다.

교안

A. 하나님을 향한 다윗의 열망(63:1-2)

1. 그의 갈망은 개인적이다(1a)
2. 그의 갈망이 눈에 두드러진다(1b)
3. 그의 갈망은 강렬하다(1c)
4. 그의 갈망이 불붙는다(2절)
    a. 하나님의 집에서(2a)
    b. 하나님의 능력에 의해(2b)
    c. 하나님의 영광으로 인해(2b)

B. 하나님을 향한 다윗의 찬양(63:3-5)

1. 내가 하나님께 찬송을 부르리이다(3-4, 5b)
    a. 하나님을 영화롭게 하기 위해(3절)
    b. 하나님을 찬양하기 위해(4, 5b)
2. 하나님 안에서 만족하리로다(5a)

C. 하나님에 대한 다윗의 추구(63:6-8)

1. 내가 하나님을 기억하도다(6절)
2. 내가 하나님을 기뻐하도다(7절)
3. 내가 하나님과 함께하리로다(8절)

D. 하나님으로부터 보호를 받는 다윗(63:9-11)

1. 내 원수들이 멸망할 것이다(9절)
2. 내 원수들이 삼킴을 당할 것이다(10절)
3. 내 원수들이 황폐하게 될 것이다(11절)

토의 질문

1. 나는 세상적인 어떤 것보다 하나님을 추구하고 있는가?

2. 인생의 모든 것보다 하나님의 사랑이 내게 더 귀한가?

3. 하나님의 속성을 묵상하며 충분한 시간을 보내는가?

4. 하나님을 가까이 따르며 나를 붙드시는 그분의 능력을 의지하는가?

시편 64편

역경의 기습 공격

"어려움에 반응하는 태도가 우리 삶의 질에 가장 큰 영향을 미친다."

- 어윈 타이먼(Erwin G. Tieman)

들어가는 글

의인들이 하나님을 미워하는 세상 속에서 그분의 뜻을 행하고자 할 때 하나님의 원수들은 항상 그분의 백성들을 대적해 일어난다. 다윗은 하나님의 마음에 합한 자였기 때문에 적이 많았다. 그들이 그와 가까운 사람이든(사울이나 압살롬과 그의 무리들과 같은 자들) 혹은 이스라엘 국경을 위협하는 이방 나라이든 다윗은 많은 적들에게 자주 에워싸였다. 그러나 스트레스가 극심한 이러한 상황에서 다윗은 하나님을 부르며 그에게 필요한 보호와 구원을 얻었다.

시편 64편은 원수들로부터 하나님의 보호를 구한(1-2절) 또 다른 '다윗의 시'다. 그들은 그에게 해를 가할 준비가 되어 있었다(3-6절). 그러나 그는 하나님께서 그를 위해 싸우실 것을 알았다(7-9절). 이 때문에 그는 다른 사람들이 하나님 안에서 기뻐하도록 인도할 수 있었다(10절). 이것은 다윗의 또 다른 개인적 애가로 그는 그를 기습 공격하기 위해 기다리는 자들의 음모에서 하나님의 보호하심을 기도한다. 그는 하나님의 지키심으로 원수들로부터 보호받을 것이라는 더 깊은 확신을 갖는다.

본문 이해

역경의 기습 공격

Main Idea	다윗은 하나님께서 자기를 대신해 싸우심으로 원수들로부터 자신을 보호해달라고 요청한다.

A. 다윗의 요청(64:1-2)

64:1. 다윗은 원수의 위험에 대해 하나님께 근심하는 소리를 드림으로 시편을 시작한

다(비교. 3-6절). 그는 하나님이여 … 들으시고(히. 샤마, shama, '전념하다') 원수의 두려움에서 나의 생명을 보존하소서라고 호소한다. 이 위협은 모든 것을 마비시킬 정도의 영향력을 가질 수 있는 두려움을 낳았다. 아마 이 위협은 공격 그 자체만큼 파괴적이었을 것이다.

64:2. 다윗은 하나님께 그를 해치려고 음모를 꾸미는 행악자의 비밀한 꾀(히. 소드, sod, '은밀한 계략')에서 숨겨달라고 구한다. 이것은 하나님께서 거룩한 보호하심으로 그를 숨기셔서 그가 그들의 위협을 피할 수 있게 해달라는 요청이다. 그를 해치려고 하는 자들은 그에 대한 반역을 꾸민 시끄러운 악행자 무리들(죄악을 짓는 자의 요란)이었다.

B. 다윗의 책망(64:3-6)

64:3. 다윗은 원수들의 파멸적 공격을 묘사하면서 저희가 칼같이 자기 혀를 연마한다고 말한다. 그들은 엄청난 해가 되는 날카롭고 비방하는 말들로 빈정거리고 있었다(비교. 시 55:21, 57:4). 더욱이 그들은 화살같이 독한 말로 그를 겨냥하고 있었다(비교. 시 59:7). 그들의 말은 그를 꿰뚫고 파괴했다. 이 원수의 주된 무기는 확실히 그들의 혀였다.

64:4. 나아가, 이 원수들은 어둠 속에 숨어 그를 칠 수 있는 절호의 기회를 기다리며 숨은 곳에서(히. 미스타림, mistarim, '숨겨진 장소') 쏘아대고 있었다. 다윗이 완전한 자이며 인격적으로 무흠하다는 사실은 그러한 개인적인 공격이 까닭 없고 정당화될 수 없다는 뜻이다. 그럼에도 불구하고 그들은 아무 경고도 없이 갑자기 그를 쏜다. 이 사람들은 자신들이 들키지 않으리라고 생각하고 아무 두려움이 없다.

64:5. 게다가 그들은 악한 목적으로 다윗을 해치라고 서로 격려하며 비밀히 올무 놓기를 의논하면서 서로를 지지한다. 그들은 모든 것을 보시는 하나님의 눈길을 뻔뻔할 정도로 조롱하며 자신들이 결코 들키지 않을 것이라고 생각한다.

64:6. 나아가 그들은 우리가 묘책을 찾았다고 선언하며 죄악을 도모한다. 그들은 결코 실패하지 않을 음모를 꾸몄다고 생각한다. 다윗은 이 모든 것을 통해 각 사람의 속뜻과 마음이 깊도다라고 결론 내린다. 사실 인간의 중생하지 않은 마음은 악하고 철저히 썩어 있다(비교. 렘 17:9, 시 39:11, 62:9).

C. 다윗의 보복(64:7-9)

64:7-8. 그러나 다윗은 하나님께서 상황을 역전시키실 것이며, 원수들이 그를 해치려고 꾸민 그대로 그들에게 갚아주실 것이라고 확신한다. 이 원수들은 활로 그를 쏘려 하지만(3절) 하나님께서 저희를 거꾸로 쏘실 것이다(비교. 7:13). 하나님께서는 불의한 자들을 심판하실 것이다. 그는 저희로 엎드려지게 하시며 저희의 혀가 저희를 해하게 될 것이다. 이 원수들이 다윗에 대해 꾸민 음모들은 그들에게 거꾸로 되돌아갈 것이 확실하다.

64:9. 하나님께서 당신의 종들을 신원하기 위해 보복하실 때 모든 사람이 두려워할 것이다. 그날에 하나님의 심판이 승리하는 것을 목격한 모든 사람들은 하나님의 전능하신 역사를 선포하며 그 행하심을 깊이 생각할 것이다.

D. 다윗의 기쁨(64:10)

64:10. 결론적으로 다윗은 모든 의인들에게 여호와를 인하여 즐거워하라고 격려한다. 신자들은 하나님께서 악인들을 심판하시는 행위에 대해 그분께 영광을 돌려야 한다(비교. 계 19:1-10). 그렇게 함으로써 그들은 또한 홀로 당신의 백성들을 보호하실 수 있는 그에게 피해야 할 것이다. 오직 하나님만이 악인들의 공격에서 의인들을 구하실 수 있다. 다윗은 마음이 정직한 자는 다 자랑하리로다라고 선언한다. 하나님만이 찬양을 받기에 합당하시다.

결론

위대한 감리교 설교자인 찰스 스펄전은 이렇게 썼다. "지금도 굶주린 화살은 박해자의 피로 자신을 적시기를 갈망한다. 활은 당겨져 목표물을 겨냥하며 화살은 활에 시위를 매기고 있다 … 기억하라. 하나님의 활은 절대 과녁을 놓치지 않는다는 것과 그 각각이 죽음의 도구라는 것을…." 스펄전의 말은 사실이다. 하나님은 철저히 보응하고 당신의 종들을 보호하는 분이시기 때문이다. 하나님께서는 "죽일 기계를 또한 예비하심이여 그 만든 살은 화전이로다"(시 7:13)라고 다윗은 기록했다.

악인들은 때가 되면 그 정체가 드러나고 파멸한다는 사실을 믿으라. 그러한 놀라운 승리로 인해 하나님의 백성들은 여호와를 두려워하며 그분의 은혜를 기뻐할 것이다.

teaching guide
티칭 가이드

교안

A. 다윗의 요청(64:1-2)

1. 내 기도를 들으소서(1a)
2. 나를 도우소서(1b)
3. 나를 숨겨주소서(2절)

B. 다윗의 책망(64:3-6)

1. 내 원수들의 무기는 예리하다(3절)
2. 내 원수들이 숨어 매복한다(4절)
3. 내 원수들의 계획이 교활하다(5-6절)

C. 다윗의 보복(64:7-9)

1. 하나님의 무기는 치명적이다(7절)
2. 하나님의 전쟁은 파괴적이다(7b-8절)
3. 하나님의 역사는 두렵다(9절)

D. 다윗의 기쁨(64:10)

1. 주 안에서 기뻐하라(10a, c)
2. 주 안에 거하라(10b)

시편 65편

역동적인 헌신

“그리스도인은 살아있는 찬양이 되어야 한다.”

- 마틴 루터(Martin Luther)

들어가는 글

하나님의 우위성에 대한 숭고한 관점을 가질 때 신자들은 자신들이 받는 축복의 기원을 하늘 보좌로 거슬러 올라가 찾을 수 있다. 모든 좋은 것들은 위의 하나님으로부터 온 것이다. 시편 기자는 이 진리를 자주 설명한다. 여기 이 노래는 하나님께서 그분의 붙드시는 은혜가 필요한 백성들에게 쏟아 부으실 수많은 축복들을 가리키며 그 사실을 찬양한다. 무한히 선하신 하나님께서는 좋은 것들로 사랑하는 자들에게 베풀기를 기뻐하신다. 이 찬양의 시편은 이러한 축복들의 일부를 강조하고 있다.

다윗이 쓴 시편 65편의 역사적인 배경은 가장 길고 즐거운 유대인들의 축제인 장막절에 성막에서 벌어진 일들이다. 곡식들이 들어오고 백성들은 첫 열매를 하나님께 바치면서(비교. 레 23:33-43, 민 29:12-39) 모든 축복이 하나님으로부터 온 것을 인정하고 추수를 즐겼다. 아마 추수 축제와 연관해 이 시편을 불렀을 것이다. 물론 이 노래는 이스라엘에서 언제라도 불렀을 수 있다. 마찬가지로 오늘날에도 이 시편을 통해 사람들의 마음은 하나님의 풍성하신 축복들에 대해 겸손히 감사하며 주님을 향하게 될 것이다.

본문 이해

역동적인 헌신

Main Idea	다윗은 영적인 축복과 육적인 축복에 대해 하나님을 찬양한다.

A. 하나님의 은혜를 찬양하라(65:1-4)

65:1. 다윗은 이 노래 전반에 걸쳐 흐르는 중심 주제인, 하나님에 대한 찬양의 선언으

로 시편을 시작한다. 하나님의 성 혹은 예루살렘, 하나님의 백성들이 예배하기 위해 모이는 곳 시온에서 찬송이 하나님을 기다리고 있다. 다윗은 이 찬송을 통해 이전에 어려울 때 그들이 했던 서원 혹은 약속이 이행될 것이라고 인정한다. 아마 그것은 농부들의 서원으로, 곡식을 추수하게 될 때 하나님을 찬양하겠다는 약속이었을 것이다.

65:2. 다윗은 기도를 들으시는 주여라고 하나님을 부른다. 이것은 듣지 못하는 이방 민족들의 우상과 하나님의 차이점이다. 그는 모든 사람들이 그분에게 나아올 것이라고 인정한다. 예언적으로, 이 진술은 모든 육체가 주를 예배하기 위해 나아올 미래의 천년왕국을 내다보고 있다(비교. 슥 14:16-19).

65:3. 다윗이 찬양하는 가장 중요한 축복은 하나님의 사유하시는 은혜이다. 그는 과거의 불순종을 되돌아보며 죄악이 나를 이기었사오니 우리의 죄과를 주께서 사하시리이다라고 말한다. 그는 하나님의 율법에 대한 도덕적 혼란 상태라는 그들의 죄악 된 행동을 말하고 있다. 하나님께서는 은혜와 자비로 그들의 죄를 제하시고 그들의 죄로 초래된 결과들을 멈추게 해주셨다.

65:4. 주께서 택하시고 가까이 오게 하사 주의 뜰에 거하게 하신 사람은 복이 있나이다라는 구절은 하나님의 선택된 백성인 이스라엘에 대한 부드러운 언급이다. 이 사람들, 하나님의 선택을 받은 자들은 주권적인 은혜로 하나님의 임재를 누리는 왕 같은 제사장으로 선택되었다(출 19:6). 다윗은 전 민족을 대신해 이야기하면서 우리가 주의 집 곧 주의 성전의 아름다움으로 만족하리이다라고 고백한다. 하나님의 임재 안에 있을 때 놀라운 영적 축복이 임한다. 이 축복들에는 하나님과 신적 평강, 풍성한 은혜에 대한 더 심오한 지식과 향유가 포함된다.

B. 하나님의 위대하심을 찬양하라(65:5-8)

65:5. 다윗은 하나님께서 주시는 또 다른 차원의 축복을 찬양한다. 그것은 세상에 질서를 부여하는 그분의 섭리적 주권성이다. 하나님께서는 땅의 모든 끝과 심지어 먼 바다에서까지 의를 좇아 엄위하신 일을 행하신다. 이것은 오직 한 지역에서만 일하는 지역적인 이방 우상들과 우리 구원의 하나님 간의 차이점이다. 하나님께서는 온 땅에서 일하시며 그분만이 모든 사람들의 소망이 되신다.

65:6-7. 하나님께서는 무에서 산을 세우셨지만 또한 바다의 흉용과 파도를 진정시키

시며 그분이 창조하신 모든 것을 다스리신다. 또한 무질서한 만민의 훤화를 잠잠케 하신다. 그분의 주권성은 만물을 통치하며 무생물과 생물, 신자와 불신자를 구분 없이 다스린다.

65:8. 다윗은 이방의 땅 끝에 거하는 자들이 하나님의 징조를 두려워하게 될 것이라고 지적한다. 이것은 당신의 백성을 대신한 하나님의 구원의 역사를 가리킨다. 이로 인해 그를 알지 못하는 자들까지 그분에 대해 두려움과 경이로움을 갖게 될 것이다. 아침 되는 것과 저녁 되는 것은 '온종일' 이나 '해가 떠오르는 동쪽의 나라들과 해가 지는 서쪽의 민족들' 을 의미할 수 있다. 어떤 경우이든 하나님께서는 모든 사람들에게서 항상 즐거워하기를 요구하신다. 모든 백성들에 대한 이 현현은 다윗 시대에 일어나지 않았다. 시편은 땅 끝까지 복음이 전파될 것을 내다보며(행 1:8) 궁극적으로 그리스도의 천년왕국 통치를 예상한다(계 20장).

C. 하나님의 선하심을 찬양하라(65:9-13)

65:9-10. 이 마지막 찬양의 단락은 하나님의 선하심, 구체적으로 약속의 땅에서 그분이 풍성히 채워주심에 초점을 맞춘다. 다윗은 하나님께서 땅(팔레스타인을 의미함)을 권고하셨다고 고백한다. 그분은 강으로 그곳에 물을 공급하시고 곡식으로 그곳을 풍성하게 하셨다. 이 모든 일은 하나님께서 이같이 예비하셨기 때문에 일어났다. 그분은 심지어 풍성한 추수로 곡식에 복 주시기 위해 소나기 혹은 단비를 보내셨다.

65:11-13. 농장의 마차가 풍성한 곡식을 다 담을 수 없어서 곡식이 흘러넘친다. 하나님의 축복은 들의 초장(사막의 초지)과 작은 산들에도 임하여 양떼가 있는 초장에 기쁨이 넘치고, 골짜기에도 곡식으로 그 축복이 임한다. 하나님의 선하심을 드러내는 그러한 수많은 것들로 인해 그분의 백성들은 즐거움으로 외치며 노래한다. 하나님은 자기 백성들에게 넘쳐흐르는 축복의 원천이시다.

결론

하나님에 대한 올바른 연구인 신학은 항상 하나님에 대한 올바른 예배인 송영으로 이어져야 한다. 하나님에 대한 진리, 즉 그가 모든 좋은 것들을 주시는 분이라는 진리는 신자의 삶에서 그분에 대한 찬양을 낳아야 한다. 신자들은 이러한 진리를 인정하는 즐거운 찬양을 드려야 한다. 하나님의 축복이 천국 보좌에서 땅으로 흐를 때 우리의 마음에서 하나님에 대한 감사의 예배가 흘러나와야 한다. 모든 사람들이 그분의 이름에 합당한 찬양을 돌려 드리며 기쁨으로 외치고 찬송하게 하라.

티칭 가이드

교안

A. 하나님의 은혜를 찬양하라(65:1-4)

1. 그분이 기도에 응답하신다(1-2절)
2. 그분이 죄를 사하신다(3절)
3. 그분이 예배하는 자들을 영접하신다(4a)
4. 그분이 축복을 베푸신다(4b)

B. 하나님의 위대하심을 찬양하라(65:5-8)

1. 그분이 놀라운 일들을 일으키신다(5절)
2. 그분이 세상을 창조하셨다(6절)
3. 그분이 열방들을 잠잠케 하신다(7절)
4. 그분이 찬양을 요구하신다(8절)

C. 하나님의 선하심을 찬양하라(65:9-13)

1. 그분이 땅에 물을 주신다(9a-10c)
2. 그분이 곡식에 축복을 하신다(9b, 10d-11절)
3. 그분이 작은 산들을 입히신다(12절)
4. 그분이 목초지를 풀로 덮으신다(13a)
5. 그분이 계곡을 곡식으로 채우신다(13b)

시편 66편

여호와께 외치라

"용기를 가지고 열심히 찬양을 부르라. 반쯤 송장인 것처럼, 혹은 조는 사람처럼 찬양하지 않도록 주의하라. 힘을 다해 목소리를 높이라."

- 존 웨슬리(John Wesley)

들어가는 글

하나님께 드리는 찬양은 마음을 다해 표현해야 한다. 결코 감동 없이 예배를 드려서는 안 된다. 하나님을 찬양할 때는 힘과 열정을 다해야 한다. 시편 66편은 그러한 역동적인 찬양을 보여주고 있다. 이스라엘 왕으로 보이는 시편 기자가 모든 사람들에게 기쁨으로 하나님께 외치라고 초청하는 감사의 시편이다. 그는 모든 사람들에게 하나님께서 그들과 함께하셨음을 선언하도록 격려한다. 그분은 위협적인 시련 속에서 그들을 징계하고 구원하시기 위해 놀라운 일들을 행하셨다. 그 모든 일을 통해 원수의 위협에 맞서 하나님께 부르짖을 때 하나님께서는 신실하셔서 그들의 기도를 들으시고 응답하신다. 시편 기자가 하나님의 백성들에게 하나님을 열정적으로 찬양하라고 요청하는 것은 당연하다.

시편 기자가 말하는 구원은 이스라엘의 두려운 적인 앗수르 인들에게서의 구원일 가능성이 있다(왕하 19장). 이것은 하나님의 백성들에게 이방의 압제에서 그들을 구원하신 분을 찬양하라고 요청한 네 편(시 65-68편)의 시 중 두 번째 시다.

본문 이해

여호와께 외치라

Main Idea	시편 기자는 위기의 시간에 하나님의 강력한 구원에 대한 감사를 드리고, 이 찬양에 동참하도록 다른 사람들을 초청한다.

A. 찬양하라는 요청(66:1-4)

66:1-3. 시편 기자는 온 땅에게 찬양의 소리로 하나님께 즐거운 소리를 발하도록 요청

하며 시편을 시작한다(삼상 10:24). 그는 모든 사람에게 그 이름의 영광(히. 카보드, kabod, '위대함')을 찬양하라고 권한다. 성경에서 한 개인의 이름은 그의 인격을 대표한다. 하나님의 이름은 그분의 경이로운 성품과 거룩한 속성을 상징한다. 사람들은 전능하신 역사를 인정하고 기뻐해야 한다. 하나님께서는 그 역사를 통해 그의 원수들이 그 앞에서 복종하게 하셨다.

66:4. 시편 기자는 자신의 초청에 호의적인 반응을 기대하며 온 땅이 겸손함과 경이로움으로 하나님께 경배해야 한다고 선언한다. 그들은 세계 각지에서 온 수많은 무리들이 하나님을 예배할 미래의 때를 갈망한다.

B. 행하신 것을 보라는 요청(66:5-7)

66:5-7. 시편 기자는 자신의 권유를 모든 사람들에게로 확대한다. 와서 하나님의 행하신 것을 보라. 이것은 하나님께서 당신의 백성들을 위해 행하신 구원의 역사를 보고 생각하라는 권면이다. 구체적으로 하나님께서 홍해에서 애굽 군대로부터 이스라엘을 구원하신 때를 상기시키며(출 14장) 하나님께서 바다를 변하여 육지 되게 하셨던 사건을 온 땅이 볼 것을 촉구한다. 이 놀라운 구원하심을 통해 하나님의 백성들은 도보로 강을 통과하였고 하나님의 능력이 놀랍도록 증명되었다. 이 기이한 행위에 반응해 시편 기자는 독자에게 와서 주로 인하여 기뻐하자고 권면한다. 이는 그가 거역하는 열방에게 그 능을 보이시며 영원히 치리하시기 때문이다. 모든 민족들은 성전에 나아와 이 위대한 구원을 볼 수 있다(비교. 13-14절). 그곳에서 그분은 능력이 알려지고 예배를 통해 찬양을 받으신다.

C. 송축하라는 요청(66:8-12)

66:8. 시편 기자는 점점 강도를 높여 하나님의 백성들에게 주께 소리쳐 부르자고 요청한다. 하나님께서는 현재 행하고 계신 일뿐 아니라(8-12절) 과거에 행하셨던 일에 대해서도(5-7절) 만민들의 찬양을 받으셔야 한다. 그 송축 소리는 성전의 예배자들 가운데서 들려야 한다(13절).

66:9-12. 시편 기자는 하나님께서 우리 영혼을 살려두시고 우리가 무덤으로 실족함을 허락하지 않으셨다고 선언한다. 그러므로 하나님의 백성들은 그분을 찬양할 이유가 충

분하다. 하나님께서는 환난 속에서도 그들의 선을 위해 일하셨다. 이는 그분이 그들을 단련하시고 은을 단련함같이 정결케 하셨기 때문이다. 모든 불순물을 제거하기 위해 풀무에서 귀중한 금속을 열로 달구는 대장장이처럼 하나님께서는 당신의 백성들을 정제하기 위해 시련을 통해 역사하신다. 그러므로 하나님께서는 그들의 고난 속에서도 그들의 유익을 위해 일하셨다. 이스라엘의 원수들은 악한 의도로 그들을 괴롭게 했지만 하나님께서는 그것을 이용해 선을 이루신다(비교. 창 50:20). 우리를 끌어 그물에 들게 하시며라는 구절은 전쟁 포로로 붙잡힌 것을 가리킨다. 어려운 짐을 우리 허리에 두셨으며는 이스라엘의 쓰러진 병사들의 머리 위에 올라탄 이방 군대로 인해 강제로 노예가 된 것을 묘사한 것이다. 불과 물을 통행했다는 것은 혹독한 시련에 대한 메타포이다. 그러나 하나님께서는 당신의 백성들을 끌어내사 풍성한(문자적으로 흘러넘치는, 비교. 시 23:5) 곳 혹은 풍요로운 환경으로 들이셨다.

D. 희생 제사에 대한 요청(66:13-15)

66:13-14. 시편 기자는 번제를 드리기 위해 성전으로 와서는, 사람들이 그와 동일하게 행동하도록 모범이 되었다. 나아가 그는 환난 때에 하나님께 약속한 서원을 갚을 것이다.

66:15. 이 예배의 행위를 통해 그는 하나님께 내가 살진 것으로 주께 번제를 드리겠다고 맹세한다. 이 번제 제물에는 숫양, 수소, 염소가 포함된다. 하나님께 드리는 이 풍성한 예물들로는 하나님의 은혜를 갚기에 충분하지 않았을 것이다. 하나님께서는 당신의 백성들을 대신해 은혜로 역사하셨고, 오직 가장 최고의 예물만을 하나님께 드려야 했다.

E. 그 은혜를 맛보라는 요청(66:16-20)

66:16-20. 시편 기자는 모인 예배자들에게 와서 들으라고 호소하며 하나님이 내 영혼을 위하여 행하신 일을 내가 선포하리라고 말한다. 그는 그의 혀로 높이 찬양하며 하나님께 부르짖었다고 지적한다. 그러나 그는 마음에 고백하지 않은 죄악이 있다면 주께서 듣지 아니하실 것을 알고 있다. 그는 하나님께 부르짖는 사람에게 죄가 있다면 하나님의 응답을 받을 자격이 없음을 알고 있다(비교. 시 66:18). 그러나 흠 없는 마음은 하나님이

실로 시편 기자의 기도를 듣고 주의하셨다는 확신을 가진다(비교. 요일 3:21). 이것은 고백하지 않은 죄 때문에 하나님께서 기도를 듣고 그것을 존중하실 수 없음을 알므로 모든 예배자들에게 자신의 마음을 살피라는 요청이다. 시편 기자의 찬양은 순수한 마음으로 드려진 것이므로 하나님께서는 그 인자하심을 거두지 않으신다.

결론

참된 예배자는 하나님의 위엄을 깨닫고 겸손함으로 하나님께 나아와 그 이름을 찬양한다. 이 시편은 진정한 예배의 많은 요소들을 기록하고 있다. 신자들은 진정한 예배를 드릴 때 하나님의 영광을 바라보고 자신은 보지 않게 될 것이다. 이로 인해 예배자는 하나님의 영광을 위해 자기 삶을 제사로 드리게 될 것이다. 신자는 하나님께 자신의 전 존재를 산제사로 드려야 한다(롬 12:1).

나아가, 진정한 예배자는 하나님께 흠도 없고 점도 없는 제물을 드린다. 예배자는 하나님의 거룩하심과 일치하는지 살피기 위해 자신의 모든 삶의 영역을 꼼꼼하게 살펴야 한다. 이것은 신자가 하나님의 말씀으로 자신의 생각을 새롭게 하여 죄로 물든 세상 체계에 순응하지 않게 할 때 비로소 이루어질 수 있다(롬 12:2).

teaching guide

티칭 가이드

고안

A. 찬양하라는 요청(66:1-4)

1. 하나님께 즐거이 외치라(1절)
2. 큰소리로 하나님을 찬양하라(2절)
3. 하나님께 은혜롭게 아뢰라(3절)
4. 하나님께 즐겁게 복종하라(4절)

B. 행하신 것을 보라는 요청(66:5-7)

1. 하나님의 행위를 보라(5절)
2. 하나님의 구원을 보라(6절)
3. 하나님의 통치를 보라(7절)

C. 송축하라는 요청(66:8-12)

1. 하나님께서 우리를 살려두신다(8-9절)
2. 하나님께서 우리를 정결하게 하신다(10절)
3. 하나님께서 우리에게 벌을 내리신다(11-12a)
4. 하나님께서 우리를 보호하신다(12b)

D. 희생 제사에 대한 요청(66:13-15)

1. 내가 내 서약을 이행할 것이다(13-14절)
2. 내가 최고의 것을 드릴 것이다(15절)

E. 그 은혜를 맛보라는 요청(66:16-20)

1. 하나님께서 우리를 도우셨도다(16절)
2. 하나님께서 우리의 기도를 들으셨도다(17-20절)

시편 67편

열방으로 기뻐하게 하라

"그러므로 예배는 선교의 연료이자 목표이다… 선교의 목표는 하나님의 위대하심을 열방이 기뻐하는 데 있다."

- 존 파이퍼(John Piper)

들어가는 글

하나님에 대한 고양된 시각을 갖게 된 신자는 하나님을 위해 위대한 일을 하지 않을 수 없게 된다. 이것의 핵심에는 하나님의 진리에 대한 구원의 메시지로 세상에 다가가겠다는 소망이 자리한다. 하나님에 대한 시각이 고양될수록 신자는 영광스러운 하나님을 사람들에게 알려야겠다는 열정이 더욱 뜨겁게 불타올라야 한다. 시편 67편은 이런 열정을 불러일으킨다. 그것은 열방의 회심하지 않은 사람들이 점점 더 많이 참되신 한 분 하나님의 예배자가 되어야 한다는 거룩한 열정이다. 그러한 세계적 선교가 확대되기 위해서 시편 기자는 하나님의 축복이 그분의 백성들에게 물 붓듯이 임하게 해달라고 구한다. 다시 말해서, 하나님의 축복이 회심하지 않은 세계로 확대될 수 있도록 하나님의 백성들을 축복해달라는 기도이다. 그들이 세계 복음화라는 고귀한 사명을 실행할 수 있도록 하나님의 축복을 구하는 것이다.

이것은 선교의 가장 고차원적 동기다. 하나님께서는 주님 안에서 기뻐하며 지구적 차원에서 그의 위대하심을 선언하는 예배자들의 수가 많아질 때 더 큰 영광을 받으실 것이다.

본문 이해

열방으로 기뻐하게 하라

Main Idea	시편 기자는 하나님의 백성들에게 축복을 베푸심으로 모든 열방이 하나님을 찬양하게 해달라고 구한다.

A. 시편 기자의 간구(67:1)

67:1. 시편 기자는 하나님은 우리를 긍휼히 여기사 복을 주시고라고 구한다. 이것은 하

나님의 은혜가 더 풍성하게 그들 위에 쏟아져 내리게 해달라는 요청이다. 유사한 의미의 구절을 이용해 그는 그 얼굴빛으로 우리에게 비취게 해달라고 덧붙인다. 이 심상은 왕이 신하에게 만족의 웃음을 보내듯이 하나님께서 그 백성들에게 축복을 베푸실 것을 이스라엘의 대제사장이 구하는 아론의 축복을 가리킨다(민 6:24-26). 주권자의 우호적인 표정은 그들의 요청을 승낙했음을 묘사한다(비교. 시 4:6, 31:16, 80:3, 7, 19, 119:135). 마찬가지로 시편 기자는 하나님의 은혜가 그분의 종들에게 임하게 해달라는 요청을 드리고 있다.

B. 시편 기자의 의도(67:2)

67:2. 그러한 간구의 목적은 하나님의 도가 땅 위에 알려지는 것이다. 그는 하나님의 축복으로 그분의 백성들이 영적인 삶에 능력을 얻게 되기를 바란다. 시편 기자는 또한 하나님의 축복이 그 백성들에게 임하여 그들이 주의 구원을 만방 중에 전하게 해달라고 기도한다. 하나님께서는 의도적으로 이스라엘을 선택하셔서, 그분의 이름으로 얻은 구원의 메시지를 가지고 타락한 세상에 나아갈 그분의 도구로 섬기게 하셨다(비교. 창 12:1-3, 22:18).

C. 시편 기자의 열정(67:3-5)

67:3. 시편 기자는 앞 절의 세계 선교를 보강한다. 하나님이여 민족들로 주를 찬송케 하시고라는 말은 시편 기자 자신의 열정으로 그들이 예배할 것을 권하는 것이다. 그의 열렬한 소망은 현재 회심하지 않은 사람들이 점점 더 하나님의 이름을 높이는 자들의 무리에 합류하게 되는 것이다. 이것은 하나님의 백성들이 모든 민족에게 신적 구속과 용서의 진리를 전하여 회심으로 인도할 것을 암시한다.

67:4. 시편 기자는 기뻐하며 하나님께 노래하며 그 이름을 찬양하라고 말한다. 하나님에 대한 이 세계적 경배는 하나님의 백성들이 하나님의 왕국 메시지를 민족들에게 선포할 때 비로소 실현될 것이다. 그들의 구원은 기쁨과 즐거움을 안겨줄 것이다. 더 많은 무리의 예배자들이 하나님을 찬양하게 되는 것이 복음 전도와 선교의 궁극적 목표이다. 주님이 백성들을 공평히 통치하시며 땅 위의 열방을 인도하실 것을 깨달을 때 찬양이 터져나올 것이다.

67:5. 시편 기자는 한 절에 담긴 진리를 강조하는 인클루지오(봉투기법, inclusio)라는 문학적 기법을 이용해 3절을 반복한다. 이것은 한 진술에 포함된 진리를 강조하는 기법이다. 그는 하나님께서 더 많은 예배자들의 찬양을 받으시기를 소원하며 하나님이여 민족들로 주를 찬송케 하소서라고 반복한다.

D. 시편 기자의 전망(67:6-7)

67:6-7. 시편 기자는 하나님의 축복을 구했을 때(1절) 그러한 축복이 반드시 확대될 것임을 확신했다. 그래서 땅이 그 소산을 내었도다라는 결론을 내린다. 그는 하나님의 선하심의 표현으로서 그들의 몸을 건강하게 하고 그를 섬길 수 있는 힘을 줄 풍성한 곡식의 추수가 가나안 땅에 있을 것을 기대한다. 이 추수를 고대하며 그는 하나님 곧 우리 하나님이 우리에게 복을 주시리로다라고 말한다. 그분은 하나님의 나라를 확장케 할 목적으로 그 일을 하실 것이다. 땅의 모든 끝이 그를 경외하도록 그분의 백성들에게 축복이 임할 것이다. 하나님께서는 당신의 백성들을 축복하셔서 그들이 아직 회개하지 않은 민족들에게 축복이 될 수 있게 하실 것이다.

결론

존 파이퍼는 「열방을 향해 가라(Let the Nations Be Glad, 좋은씨앗)」에서 올바른 지적을 하고 있다. "선교는 교회의 궁극적인 목표가 아니다. 예배가 교회의 궁극적 목표이다. 선교가 존재하는 것은 예배가 존재하지 않기 때문이다. 인간이 아니라 하나님이 궁극적이시기 때문에 선교가 아닌 예배가 궁극적인 것이 된다." 그는 계속해서 이렇게 말한다. "그러므로 예배는 선교의 연료이자 목표이다. 우리는 단순히 열방들이 하나님의 영광을 열정적으로 향유하도록 하는 것을 목표로 하기 때문에 예배가 선교의 목표가 된다. 선교의 목표는 열방이 하나님의 위대하심을 기뻐하도록 하는 데 있다."

하나님의 백성이 수많은 사람들을 예수 그리스도에 대한 믿음에 이르게 하는 선교 사역에 쓰임 받아서 그들이 다시 참된 하나님의 예배자가 되기를 기도한다. 하나님의 백성들을 위해서가 아니라 이러한 예배자가 많이 나타나게 하기 위해 하나님께서 그분의 백성들을 축복하시기를 기도한다.

teaching guide
티칭 가이드

고안

A. 시편 기자의 간구(67:1)

1. 당신의 은혜를 우리에게 베푸소서(1a)
2. 당신의 선하심을 우리에게 비추소서(1b)

B. 시편 기자의 의도(67:2)

1. 하나님의 계시가 알려지게 하소서(2a)
2. 하나님의 구원을 받아들이게 하소서(2b)

C. 시편 기자의 열정(67:3-5)

1. 모든 민족이 하나님을 찬양하게 하소서(3, 5절)
2. 열방이 하나님 안에서 기뻐하게 하소서(4절)

D. 시편 기자의 전망(67:6-7)

1. 그리하면 하나님께서 자기 백성을 축복하실 것이다(6-7a)
2. 그리하면 하나님께서 자기 왕국을 세우실 것이다(7b)

시편 68편

끊임없는 찬양

"기도할 때 우리는 인간처럼 행동하지만 찬양할 때는 천사처럼 행동한다."

- 토마스 왓슨(Thomas Watson)

들어가는 글

모든 사람들은 하나님께 영광을 돌리는 궁극적 목적을 위해 하나님께 지으심을 받았다. 이 시편은 이스라엘과 땅을 다스리기 위해 하나님께서 시온 산에 오르시는 것을 찬양하기 위한 승리가이다. 다윗은 거룩한 성 예루살렘을 정복하고 나서(삼하 5:6-9)나 오벧에돔의 집에서 예루살렘으로 언약궤를 옮길 때(삼하 6장) 이 시편을 쓴 것 같다. 이 시편은 이후에 이스라엘이 승리를 거둘 때 사용되어 하나님께서 당신의 백성들에게 주신 승리를 인해 하나님을 기뻐하도록 백성들을 인도했을 것이다.

이 영감 어린 찬송은 이스라엘이 시내 산을 떠나 광야의 방황기를 거쳐 약속의 땅으로 입성해 정복하기까지의 역사를 회고한다. 다윗은 하나님께서 새 땅에 선택하신 거처로 시온 산에 초점을 맞춘다. 그곳은 이스라엘이 많은 포로들을 붙잡고 수많은 승리의 전리품을 받을 장소이다. 다윗은 주의 백성들이 의로운 일들을 행하시는 하나님을 찬양하는 일에 자신과 함께할 것을 권면한다.

본문 이해

끊임없는 찬양

Main Idea	다윗은 하나님이 강하신 전사이며 원수들에 대한 승리자임을 기뻐하며 모든 백성들의 찬양을 요청한다.

A. 하나님의 뜻을 기뻐하는 다윗(68:1-6)

68:1-3. 뜨거운 열정의 팡파르를 시작 연주로 다윗은 하나님께서 권능 가운데 일어나시고 그의 원수들이 철저히 패하여 흩어지게 해달라고 기도한다(비교. 민 10:35). 그러면

하나님을 미워하는 자들이 연기처럼 몰려가며 뜨거운 불 앞의 밀처럼 녹을 것이다. 하나님의 이런 능력을 목도한 의인은 기뻐하고 즐거워할 것이다.

68:4-6. 다윗은 사람들에게 하나님의 사랑의 돌보심을 찬양하라고 권면한다. 그는 구름을 타고[타시던] … 하나님께 노래하라고 말한다. 이것은 당신의 백성들에게 도움이 되신 주님을 묘사하고 있다. 이 내용은 이방 신인 바알에 대한 유사한 주장을 반박한다. 참되고 유일하신 하나님의 이름은 여호와(히. 야, Yah, Yahweh의 축약형), 스스로 충분하며 영원하신 하나님이시다. 그는 고아들을 돌보아주시는 고아의 아버지시며 스스로를 보호할 수 없는 자들을 보호하시는 과부의 재판장이시다. 그는 의를 위하여 고난당하는 자들인 수금된 자를 이끌어 내사 형통케 하시지만 거역하는 자들은 하나님의 사랑의 돌보심을 받지 못하고 산다.

B. 하나님의 섭리에 대한 다윗의 회상(68:7-18)

68:7-10. 다윗은 과거를 돌이켜보며 현재 자신의 마음을 강하게 하기 위해 백성들에 대한 하나님의 신실하심을 묵상한다. 그는 시내 산에서 광야로 이스라엘이 행진하던 것을 회상하는 것으로 이 작업을 시작한다. 그곳에서 하나님의 위엄이 현현할 때 땅이 진동하며(출 19:18) 하나님의 백성들을 강하게 하기 위해 구름이 비를 내렸다. 40년 후 하나님의 백성들은 약속의 땅에 거하게 되었다. 그곳은 주님이 그분의 백성들, 심지어 가난한 자를 위하여 주기로 약속하신 곳이었다(수 5:11-12).

68:11-14. 전투를 하기 전에 주께서 가나안 여러 군대의 왕들에게 승리를 거두실 것을 말씀하셨고(비교. 출 23:22-31, 신 7:10-24, 수 1:2-6) 그 일이 이루어졌다. 너희가 … 누울 때에는라는 구절은 그들이 가장 취약하고 무방비 상태인 순간을 가리킨다. 하나님께서는 여전히 이스라엘을 위해 싸우실 것이며 그들의 원수들은 갓 내리는 눈처럼 흩어질 것이다. 하나님께서는 그의 비둘기(이스라엘에 대한 애칭)를 보호하겠다고 약속하셨다.

68:15-18. 이스라엘이 약속의 땅을 차지하자 하나님께서는 시온 산을 지상의 거처로 선택하시고 바산의 산들(헬몬 산)이 시기하게 하셨다. 이스라엘의 나머지 산들은 시기심으로 가득 찼다. 하나님께서 시온에서 영영히 거하시기로 선택하셨기 때문이다. 다윗이 예루살렘으로 언약궤를 옮김으로써 하나님의 시온 입성은 천천이요 만만인 천군

천사들과 함께 하나님의 병거가 호위한 것으로 묘사되고 있다.

이 승리의 입성으로 하나님께서는 시온에 자리를 정하시고 높은 곳으로 오르셨다. 하나님께서는 당신의 통치에 한때 반역했지만(패역자) 이제 진압당한 자들을 사로잡은 자, 즉 포로로 삼으시고 그분의 원수들에게 승리하셨다. 사도 바울은 그리스도가 부활하신 후 성부의 우편으로 승리의 승천을 하신 것을 말할 때 이 절을 사용했다(엡 4:8-10).

C. 하나님의 능력에 대한 다윗의 깨달음(68:19-27)

68:19-20. 이 시점에서 중대한 변화가 일어난다. 지금까지 다윗은 하나님께서 과거에 이스라엘을 위해 행하신 일을 열거했다. 이제 그는 현재 일어나는 역사에 대해 하나님을 찬양한다. 날마다 우리 짐을 지시는 주 곧 우리의 구원이신 하나님을 찬송할지로다. 그들의 주 여호와이신 하나님의 매일 돌보아주심에는 원수의 손에 의한 사망에서 피함이 포함된다.

68:21-23. 하나님께서 과거에 하신 것처럼 그 원수의 머리를 쳐 깨치셔서 그들을 철저히 패하게 하실 것이라고 다윗은 선언한다. 하나님께서는 내가 저희를 바산에서 돌아오게 할 것이라고 말씀하신다. 바산은 하나님께서 언약궤와 함께 예루살렘으로 승리의 행진을 하시자 그들이 숨기 위해 도망간 곳이다. 하나님께서는 이스라엘이 승리하게 하실 것이며 그 피로 그 발을 잠그게 하실 것이다.

68:24-27. 다윗은 이스라엘이 예루살렘에 있는 성소로 승리의 행차를 하는 것에 다시 초점을 맞춘다. 그것은 가객, 악사, 소고를 치는 동녀들이 백성들로 하나님을 찬양하도록 인도하며 시중드는 행진이었다. 남쪽의 작은 베냐민과 유다의 그 무리에서부터 북쪽의 스불론과 납달리에 이르는 모든 하나님의 백성들이 하나님을 찬양하는 일에 동참할 것이다.

D. 하나님의 보호하심에 대한 다윗의 요청(68:28-31)

68:28-31. 다윗은 하나님께서 원수들에 대해 계속 승리하시도록 기도한다. 그는 네 하나님께서 네 힘을 명하셨도다 우리를 위하여 행하신 것을 견고히 하소서라고 기도한다. 그들이 예루살렘으로 올 때 이방 왕들이 공물로 예물을 가져올 것이다. 그는 하나님께

서 갈밭의 들짐승으로 묘사된 애굽의 강력한 바로 왕을 꾸짖어주실 것을 구한다. 마찬가지로 하나님께서 다른 강력한 왕들도 꾸짖어주셔야 할 것이다. 그들은 수소의 무리와 송아지(송아지 중의 수소 무리, 약자 중의 강자)로 묘사되어 있다. 굴욕을 당한 지도자들은 공물로 은 조각을 가져와야 한다. 하나님께서 전쟁으로 위협한 백성(열국)을 흩으시며 그들로 그에게 복종하게 하실 것이기 때문이다.

E. 하나님을 찬양할 것에 대한 다윗의 재확인(68:32-25)

68:32-35. 다윗은 모든 이방 나라들에게 주께 찬송하라고 요청한다. 그는 위엄에 찬 영광 가운데 옛적 하늘들의 하늘을 타신 두려우신 하나님이시다. 그는 절대적인 권위로 천둥처럼 웅장한 소리를 발하셨다. 참되고 유일하신 하나님께 찬양을 드리자! 하나님이여 위엄을 성소에서 나타내시나이다. 이 성소는 예루살렘의 언약궤가 있는 장소를 가리킨다.

결론

이 시편의 가장 흥미로운 특징 가운데 하나는 바울이 시온 산에 언약궤가 도착한 것을 언급한 18절을, 부활하신 주 예수 그리스도의 승리의 승천에 적용한다는 것이다. 궁극적으로 이 시편은 그리스도 예수가 성부 하나님의 오른쪽에 앉으심을 예언적으로 가리키고 있다(엡 4:8-10). 이 시편에서 하나님은 사람들에게, 심지어 반역을 저지른 인간들에게까지 예물을 받는 분으로 나타나지만 신약에서 그분은 당신의 백성들인 교회에 선물을 주시는 분으로 계시되어 있다.

핵심은 분명하다. 승리하신 왕이 선물, 특별히 승리의 전리품들을 받으실 뿐 아니라 나누어주기도 하실 것이라는 점이다. 이 주권자는 만왕의 왕이시며 만주의 주인 예수 그리스도시다. 그분은 십자가에서의 사역을 통해 죄의 노예 된 상태에서 죄인들을 구원하시고 하나님의 존전으로 인도해주셨다.

고안

A. 하나님의 뜻을 기뻐하는 다윗(68:1-6)

1. 하나님, 원수들이 패배하게 해주소서(1-2절)
   a. 하나님, 일어나소서(1a)
   b. 하나님, 원수들을 치소서(1b-2절)
2. 신자들이 하나님 안에서 기뻐하게 하라(3-6절)
   a. 그들로 하나님 안에서 기뻐하게 하라(3절)
   b. 그들로 하나님께 찬송하게 하라(4-6절)
      (1) 그분이 구름을 타신다(4절)
      (2) 그분이 궁핍한 자들을 돌보신다(5-6절)

B. 하나님의 섭리에 대한 다윗의 회상(68:7-18)

1. 광야를 통과하는 하나님의 행진(7-10절)
   a. 그분이 그들을 앞서 가셨다(7절)
   b. 그분이 그들을 축복하셨다(8-9절)
   c. 그분이 그들을 인도하셨다(10절)
2. 가나안에 대한 하나님의 승리(11-14절)
   a. 그분이 말씀을 주셨다(11절)
   b. 그분이 왕들을 패망에 이르게 하셨다(12-14절)
3. 하나님께서 시온 산에 오르심(15-18절)
   a. 그분이 시온 산을 선택하신다(15-16절)
   b. 그분이 시온 산을 정복하신다(17-18절)

C. 하나님의 능력에 대한 다윗의 깨달음(68:19-27)

1. 하나님의 통치는 계속된다(19-23절)
    a. 그분이 매일 자기 백성들을 축복하실 것이다(19-20절)
    b. 그분이 자기 원수들을 열심히 쳐부수실 것이다(21-23절)
2. 하나님의 통치가 찬양을 받는다(24-27절)
    a. 그분의 행렬이 도착한다(24-25절)
    b. 그분의 행렬이 환호로 응대 받는다(26-27절)

D. 하나님의 보호하심에 대한 다윗의 요청(68:28-31)

1. 하나님, 당신의 능력을 보여주소서(28절)
2. 하나님, 당신의 원수들을 심판하소서(29-31절)
    a. 그분이 예물을 받으신다(29절)
    b. 그분이 왕들을 꾸짖으신다(30-31절)

E. 하나님을 찬양할 것에 대한 다윗의 재확인(68:32-25)

1. 하나님께 찬송을 부르라(32-33절)
    a. 모든 땅에서(32절)
    b. 위에서 통치하시는 그분께(33절)
2. 하나님의 능력을 선포하라(34-35b)
    a. 그분은 위엄이 있으시다(34절)
    b. 그분은 두려운 분이시다(35a)
    c. 그분은 능력이 있으시다(35b)
3. 하나님을 찬양하라!(35c)

시편 69편

이유 없는 미움

"의로 인한 박해는 하나님의 자녀라면 누구나 기대해야 하는 것이다."

- 찰스 시므온(Charles Simeon)

들어가는 글

타락한 세상에서 부당하게 당하는 고난은 신자들이 고통스럽지만 기대해야 하는 경험이다. 악한 세상의 체계는 은혜에 전혀 우호적이지 않으며 오히려 의를 따라 사는 사람들을 파멸시키려고 한다. 시편 69편에서 다윗은 옳은 일을 함으로써 반대와 박해를 당하는 모든 성도들의 모델이 되고 있다. 하나님에 대한 열심 때문에 박해를 당하는 다윗은 그를 죽이려고 하는 악한 사람들에게서 자신을 구해달라고 하나님께 호소한다. 설상가상으로 그에 대한 악한 음모를 계획한 사람들은 다름 아니라 그의 형제들이었다. 이 절망적 상황에서 다윗은 자신을 구원하시고 주의 진노를 그의 원수들에게 쏟아부어달라고 구한다. 새로운 믿음으로 그는 자신을 고난에서 건져주실 하나님께 찬양을 드리는 것으로 시편을 마무리한다.

이 '다윗의' 시는 신약에서 가장 자주 인용되는 시편 중 하나이다. 사도들은 그리스도(마 27:34, 48, 막 15:23, 36, 눅 23:36, 요 19:29, 롬 11:9-10)와 불신자들(고후 6:2)에게 이 시편을 종종 적용했다. 다윗이 의로 인해 고난을 당한 것은 자기 동족에게 증오와 배척을 당하실 예수 그리스도의 오심을 예고한 것이다. 이 시편은 믿음 때문에 적대적인 세상으로부터 고난을 당하는 모든 신자들에게 격려가 된다.

본문 이해

이유 없는 미움

Main Idea	다윗은 원수들에게서 자신을 구원하시고, 자신을 조롱하고 정죄하는 자들을 심판해달라고 하나님께 간구한다.

A. 다윗의 위기(69:1-4)

69:1. 다윗은 환난에서 하나님의 구원을 간구하며 하나님이여 나를 구원하소서라고 갑작스럽게 시편을 시작한다. 그는 자신이 처한 곤경을 영혼(목)까지 차 오른 물로 묘사한다. 깊은 물은 위협적인 어려움에 대한 일반적인 메타포이다. 다윗은 환난 속에 목까지 빠져서 익사하기 직전이다.

69:2-4. 다윗은 시련을 묘사하는 물의 동의어를 더 많이 연결시키면서 내가 깊은 수렁에 빠진다고 외친다. 그는 절망의 심연으로 빠져들고 있었다. 깊은 물에 들어가니라는 구절은 그가 환난에 완전히 압도된 모습을 그리고 있다. 그는 적들의 수많은 공격을 가리키며 큰 물이 내게 넘치나이다라고 고백한다. 부르짖다가 완전히 기진한 그는 부르짖음으로 피곤하였고 목이 마르고 쉴 지경이 되었다.

아무런 잘못을 한 것이 없음에도 수많은 원수들에게 둘러싸인 그는 무고히 나를 미워하는 자가 내 머리털보다 많다고 인정한다. 그들은 너무 많아서 셀 수조차 없어 보인다. 그들은 무리히(이유 없이) 그에 대한 거짓된 비난을 퍼뜨려 사람들이 그에게 등을 돌리게 했다.

B. 다윗의 고백(69:5-12)

69:5-6. 환난을 초래한 자신의 죄가 있다면 언제라도 고백할 준비가 된 다윗은 하나님이여 나의 우매함을 아시오니 내 죄가 주의 앞에서 숨김이 없나이다라고 말한다. '우매함' 이란 단어는 진리에 반하는 죄, 도덕적 오만함을 가리키며 '죄' 는 그로 인한 더러운 양심을 가리킨다. 다윗은 적들의 거짓된 비난이 사실이라고 인정하는 것이 아니다. 하지만 그는 자신의 환난을 보고 자신의 마음을 살펴 정결하게 하고자 노력한다. 그는 자신의 박해로 인해 다른 사람들의 믿음이 약해지지 않을까 두려워한다. 그래서 주를 바라는 자(진정으로 하나님을 믿는 자들을 가리킴)로 나를 인하여 수치를 당케 마옵소서라고 기도한다.

69:7-12. 다윗은 이 상황에서 영적 전쟁이라는 더 큰 주제를 인식한다. 그는 현재 받는 훼방이 주를 위한 것이라고 고백한다. 의를 위하여 고난을 당하고 있다는 의미다(비교. 마 5:10-12). 하나님의 집을 위한 열성이 다른 사람들과 그를 갈라놓았고 오해를 받도록 해서 그는 그 형제에게 객이 되었다. 다윗은 하나님을 향하려는 자신의 뜻이 훼방

당하고 있음을 알고 있다. 이 박해 때문에 그는 곡하고 금식하며 욕을 당하고 굵은 베옷(회개와 자기 비하의 상징)을 입었다. 사람들은 그를 저들의 말거리로 삼았다. 취한 무리가 그를 조롱하며 노래의 안주거리로 삼았다.

C. 다윗의 부르짖음(69:13-18)

69:13. 이 부당한 박해에 직면해 다윗은 여호와여 열납하시는 때에 나는 주께 기도하오니라고 말한다. 이것은 하나님께서 구원하시는 자비를 베푸실 때를 가리킨다(비교. 시 32:6). 이 호소는 다윗 자신의 공로가 아닌 하나님의 자비, 구체적으로 하나님의 많은 인자에 근거한다.

69:14-18. 그러므로 다윗은 나를 수렁에서 건지소서 혹은 "나를 미워하는 자에게서 나를 구원하소서"라고 부르짖는다. 또 다시 그는 하나님께서 그의 부르짖음에 응답하실 근거로 그분의 인자하심의 선하심과 많은 긍휼에 호소한다. 그는 하나님께서 자신을 적들에게서 구원하실 것이 유일한 희망임을 알고 나를 구속하소서라고 간구한다.

D. 다윗을 음해하는 자들(69:19-21)

69:19-21. 다윗은 하나님께 호소하며 주께서 나의 훼방과 수치와 능욕을 아시나이다라고 말한다. 이러한 용어들은 그가 원수들에게 박해를 당하고 있음을 표현한다. 이 배척은 그의 마음을 상하게 했고 근심으로 충만하게 했다. 안위할 자에게서 어떤 긍휼도 기대할 수 없다. 그들은 독성이 있는 식물인 쓸개를 다윗의 음식에 넣었고 초를 주어 마시게 했다. 이것은 그가 당한 쓰라린 배신을 의미하는 메타포들이다. 이 적들은 다윗에게 심각한 해를 가했다.

E. 다윗의 고발(69:22-28)

69:22-26. 의로운 분노로 마음의 자극을 받은 다윗은 그의 원수들에게 하나님의 보응이 임하게 해달라고 기도한다. 저희 앞에 밥상이란 대적들이 악한 계획을 모의하기 위해 만날 때 나누던 식사를 가리킨다. 다윗은 그들의 눈이 어두워져서 그에 대한 악한 음모를 실행하지 못하게 되기를 원한다. 나아가, 맹렬하신 노를 부으시고 그들의 허리가 떨리게 되어 영원히 불구가 되게 해달라고 하나님께 구한다. 그는 이 사람들이 지면에

서 쓸려가 그 장막에 거하는 자가 하나도 없게 되기를, 심지어 그들의 가족도 없게 되기를 원한다. 다시 말해서 다윗은 그의 목숨을 노리는 자들을 하나님께서 제거하시기를 원한다. 그들이 이런 형벌을 받아야 할 이유는 그들이 하나님의 백성들을 박해했기 때문이다.

69:27-28. 다윗은 하나님께 저희 죄악에 죄악을 더 정하사 주의 의에 들어오지 못하게 하소서라고 간구한다. 그들의 이름은 의인과 함께 기록되지 말아야 한다. 이것은 그가 그들의 영원한 파멸을 바랐다는 의미가 아니라 회개하지 않을 경우 그들이 죄에 대한 온전한 심판을 받게 되기를 바랐다는 것이다. 이를테면 다윗은 그들이 생명책에서 도말되게 해달라고 구한다. 그러나 그는 그들의 이름이 의인과 함께 기록되지 않은 것을 알고 있다.

F. 다윗의 찬양(69:29-36)

69:29-33. 수많은 가난과 슬픔 속에서 다윗은 하나님께서 자신을 높여주시도록(보호해주시도록) 구한다. 이것은 그를 높임과 보호를 모두 받는 자리로 올려달라는 의미다. 이어서 하나님을 의지하는 사람으로서 다윗은 갑자기 자신의 고난(29절)에서 찬송(30절)으로 이동한다. 그는 자신의 환경을 뛰어넘어 노래로 하나님의 이름을 찬송하기 위해 하늘을 바라본다. 확고한 믿음 속에서 하나님을 찬양함으로써 그의 구원받음을 기록할 수 있을 때를 고대한다. 특별히 환난 속에서 이 즐거운 경배는 여호와를 기쁘시게 함이 될 것이다. 다윗은 규정상 황소를 드리는 제사 이상의 것을 하나님께 드린다. 그는 전심을 다한 찬양을 드리고 있다.

69:34-36. 점점 강도를 높이며 다윗은 하나님께서 시온을 구원하실 것이므로 천지로 그를 찬양하라고 부른다. 그날에 하나님께서 유다의 황폐한 성들을 재건하셔서 그 종들의 후손이 그것을 상속하게 될 것이다.

결론

이 시편은 확실한 메시아적 시편이다. 그 내용이 주 예수 그리스도의 오심으로 궁극적으로 성취되기 때문이다. 사도들은 신약에서 가장 많이 인용되는 시편 중 하나인 이 시편을 그리스도가 당하신 배척에 적용했다. 이 시편에서 주님이 세상에서 박해를 당하심(4절, 비교. 요 15:25)과 하나님에 대한 열심(9절, 비교. 요 2:17), 십자가의 환경(21절, 비교. 마 27:48)에 대한 예고를 볼 수 있다. 이 시편의 예언적 시점을 통해 그리스도가 하나님의 뜻과 하나님의 사역을 행함으로써 악인들에게 박해를 당한 의를 완벽하게 구현했음을 알게 된다. 마찬가지로 그리스도 예수 안에서 경건한 삶을 사는 오늘날의 모든 신자들은 박해를 당할 것이다(딤후 3:12).

티칭 가이드

교안

A. 다윗의 위기(69:1-4)

1. 그가 빠져 죽어가고 있다(1-2절)
2. 그가 지치고 고갈되어 있다(3절)
3. 그가 멸시를 당한다(4절)

B. 다윗의 고백(69:5-12)

1. 내가 범죄했다(5-6절)
2. 내가 고통을 당했다(7-12절)
    - a. 훼방받음(7절)
    - b. 교제가 단절됨(8절)
    - c. 멸시당함(9절)
    - d. 낙심함(10-11절)
    - e. 조롱당함(12절)

C. 다윗의 부르짖음(69:13-18)

1. 하나님, 내게 응답하소서(13절)
2. 하나님, 나를 구원하소서(14-15절)
3. 하나님, 나를 보소서(16-17절)
4. 하나님, 나를 구속하소서(18절)

D. 다윗을 음해하는 자들(69:19-21)

1. 그들이 나를 수치스럽게 하나이다(19절)
2. 그들이 나를 병들게 하나이다(20절)
3. 그들이 나를 조롱하나이다(21절)

E. 다윗의 고발(69:22-28)

1. 내 원수들을 포박하소서(22절)
2. 내 원수들의 눈이 어두워지게 하소서(23절)
3. 내 원수들을 파멸하소서(24-26절)
4. 내 원수들이 죽음을 당케 하소서(27절)
5. 내 원수들을 도말하소서(28절)

F. 다윗의 찬양(69:29-36)

1. 내가 하나님을 찬양하리이다(29-33절)
    a. 이로 인해 하나님을 영화롭게 할 것이니이다(29-30절)
    b. 이로 인해 하나님께서 기뻐하실 것이니이다(31절)
    c. 이로 인해 다른 이들이 기뻐할 것이니이다(32-33절)
2. 하나님께 모든 찬양을 돌려드리라(34-36절)
    a. 오늘 모든 열방이 그분을 찬양하게 하라(34-35a)
    b. 내일 사람들이 그분을 찬양하게 하라(35b-36절)

시편 70편

주여 속히 오소서!

"하나님의 모든 창고는 믿음으로 드리는 기도 소리에 열려 있다."

- D. M. 맥킨타이어(D. M. McIntyre)

들어가는 글

가장 좋은 기도는 종종 가장 짧은 기도이며 위기의 한가운데서 하나님께 드리는 긴박한 재난 구호 요청이다. 형식이나 짜임새를 따질 시간도 없는 이 부르짖음은 하나님께서 신속하게 개입해주실 것을 구하는 절박한 외침이다. 그러한 짧고 간절한 호소가 이 짧은 '다윗의' 시로서 분량이 다섯 절밖에 되지 않는다. 그것은 다윗이 악한 사람들에게 에워싸여 있던 고통스러운 시기에 드린 짧지만 긴박한 기도였다. 그는 이 위기가 너무나 위험하고 급박하니 긴급히 건져주시기를 하나님께 호소한다. 시간을 낭비할 틈이 없다. 그러면 그의 멸망은 확실하다. 이 기도는 시편 40편 13-17절과 거의 동일하다. 단 한 가지 예외가 있다면 여기서는 하나님(히. 엘로힘, elohim)을 여호와(히. 야훼, yahweh)로 대체한 것이다(1, 4-5절).

이 시편의 제목은 문자적으로 '생각나게 하다' 라는 의미의 '간구' (petition)로 밝혀져 있다(NIV)(비교. 시 38편). 이 시편은 하나님의 백성들에게 주님이 긴급히 필요함을 일깨워준다.

본문 이해

주여 속히 오소서!

Main Idea	원수들에게 위협을 당한 다윗은 하나님의 즉각적인 도우심을 구하는 긴급한 기도를 드린다.

A. 다윗의 부르짖음(70:1)

70:1. 다윗은 절박한 마음으로 하나님이여 속히 나를 건지소서라고 외친다. 자신을

위협하는 원수들에게 에워싸인 그는 하나님께 자신을 건져달라고 요청한다. '속히'(서두르소서)라는 단어는 히브리어 원문의 일부가 아니라 번역자들이 명확히 하기 위해 추가한 것이다. 원문에는 문자 그대로 "하나님, 나를 구원하소서"라고 되어 있다. 이것은 큰 위기 가운데 있는 사람의 말이다. 다윗은 계속해서 하나님께 여호와여 속히 나를 도우소서라고 구한다. 지금은 웅변적으로 말을 다듬을 시간이 전혀 없는 상황이다. 성경에서 가장 위대한 몇몇 기도들을 보면 짧고 요점만 전달해서 위기 상황을 반영하고 있다.

B. 다윗의 관심사(70:2-4)

70:2. 시편 기자는 그의 생명을 노리는 자들이 있음을 인정함으로써 자신이 피에 굶주린 사람들에게 생명의 위협을 받고 있음을 드러낸다. 그는 그들이 수치와 무안을 당하거나 정체가 탄로나서 실패하게 해달라고 구한다. 나아가 나의 상함을 기뻐하는 자(이 동일한 악인들의 시도를 가리키는 말)로 물러가 욕을 받게 하소서라고 구한다.

70:3-4. 아하라는 단어는 경멸의 표현이다. 다윗은 그의 원수들이 자기 수치로 인하여 물러가고 그들의 악한 행위로 인해 파멸하게 해달라고 구한다. 그러나 그는 하나님을 구하는 모든 자들이 기뻐하고 즐거워하게 되기를 원한다. 그들이 찬양하는 이유는 위기 상황이라 해도 하나님께서 보좌에 앉아 통치하신다는 믿음 때문이다. 하나님께서 그의 종 다윗을 건져주실 때 그의 구원을 사모하는 모든 신자들은 크게 기뻐할 이유를 갖게 될 것이다. 다윗은 하나님께서 자기를 건져주시면 백성들의 믿음이 강해지고 마음이 감동되어 "하나님은 광대하시다"라고 고백할 것임을 안다.

C. 다윗의 확신(70:5)

70:5a. 자신을 전혀 의지하지 않는 다윗은 나는 가난하고 궁핍하오니라고 고백한다. 이것은 그가 원수들로부터 보호받는 것이 자신이 가지고 있는 인간적인 자원 때문이 아니라 하나님 덕분임을 이해하고 있음을 보여주는 진술이다. 그러므로 그는 더욱 간절하게 하나님이여 속히 내게 임하소서라고 부르짖는다. 1절과 달리 이 경우에 속히 임하소서라는 표현은 원문에 실제로 기록되어 있다. 이 표현이 포함됨으로써 상황의 긴급성이 강조된다.

70:5b. 다윗은 하나님에 대한 견고한 신뢰를 선언하면서 주는 나의 도움이시요 나를 건지시는 자시라고 말한다. 하나님 외에는 그를 건져줄 자가 아무도 없다. 한 순간도 지체치 않고 다윗은 하나님의 개입하심을 간구했다. 여호와여 지체치 마소서. 한 순간도 지체할 수 없이 다윗은 하나님의 즉각적 개입을 간구한다.

결론

하나님의 백성들이 절망적인 상황에 처할 때 하나님은 그들이 마지막으로 의지할 분이 아니라 가장 먼저 의지하는 분이 되어야 한다. 이 시편의 다윗처럼 그들은 주를 의지하며 긴급하게 그분께 간구해야 한다. 신자들은 어려울 때에 대충 되는 대로가 아니라 절박한 마음으로 하나님께 기도해야 한다. 주님께서 이 시편을 통해 그분을 찾는 모든 자들의 마음을 격려해주시기를 기도한다.

티칭 가이드

교안

A. 다윗의 부르짖음(70:1)

1. 나를 온전히 구원하소서(1a)
2. 속히 나를 도우소서(1b)

B. 다윗의 관심사(70:2-4)

1. 경건치 않은 자들의 정체가 드러나게 하소서(2-3절)
    a. 그들이 수치를 당하게 하소서(2-3절)
    b. 그들이 혼란에 빠지게 하소서(2a)
    c. 그들이 패배하게 하소서(2b, 3b)
2. 경건한 자들이 감격하게 하소서(4절)

C. 다윗의 확신(70:5)

1. 나 자신을 전혀 의지하지 않습니다(5a)
2. 오직 하나님만을 의지합니다(5b)

시편 71편

강건하게 생을 마감하기

"젊은 사람들은 지혜롭고 노인들은 강건하면 좋겠지만, 하나님께서는 더 멋지게 상황을 정리하신다."

- 마틴 루터(Martin Luther)

들어가는 글

마지막까지 가장 좋은 것을 아껴두다

성경 곳곳에서 하나님께서는 인생의 후반에 가장 위대한 일을 할 수 있도록 당신이 가장 아끼는 많은 종들을 부르셨다. 이삭이 태어났을 때 아브라함은 100세였고 사라가 이삭을 낳은 나이는 90세였다. 하나님께서 이스라엘을 애굽의 노예 상태에서 이끌어내라고 모세를 부르셨을 때 그의 나이는 80세였다. 갈렙이 무서운 거인들이 거주하는 가장 높은 산을 정복하겠다고 나섰을 때 그의 나이는 85세였다. 하나님께서 아들 세례 요한을 주겠다고 하셨을 때 사가랴와 엘리사벳은 둘 다 나이가 많아 늙은 상태였다. 하나님께서 계시록을 쓰라는 일을 맡기셨을 때 사도 요한의 나이는 90세 혹은 그 이상이었다. 이들 각 성인들에 대해 하나님께서는 마지막까지 가장 좋은 것을 아껴두신 것이다.

한 개인의 말년에도 변함없는 인내라는 이 자질은 시편 71편의 중심 주제이다. 이 노래는 나이가 많고 늙었지만 평생 하나님을 신뢰했던 한 이름 없는 성도의 기도이다. 이제 노령이 된 그는 원수들의 공격을 당할 때 여전히 하나님의 도우심을 구한다. 적들은 그의 기력이 약해졌음을 보았고 하나님께서 그를 버리셨다고 생각했다. 하지만 시편 기자는 주님께 다시 자신을 구해달라고 구한다. 이 시편을 통해 아무리 나이가 들었다 하더라도 하나님께서 성도들을 분명히 구해주실 것이라는 자각을 할 수 있다.

이 시편은 아무런 표제가 없지만 시편 70편과 연결된다는 주장이 제기되어 왔다. 이 주장이 사실이라면 70편은 이 시편의 서론 역할을 한다.

본문 이해

강건하게 생을 마감하기

Main Idea 노인인 시편 기자는 원수들의 공격으로 고통당하는 가운데 하나님께 구원해달라고 간구한다.

A. 확신의 기도(71:1-8)

Supporting Idea 시편 기자는 오직 하나님만 신뢰한다는 것을 재확인하고 있다. 젊은 시절부터 노년에 이르기까지 그는 변함없이 그분을 신뢰했다.

71:1-2. 하나님에 대한 담대한 믿음의 고백으로 시편 기자는 여호와여 내가 주께 피하오니라고 확인한다. 그는 자신의 인간적인 능력을 의지하지 않고 하나님의 주권성을 의지하는 길을 선택했다. 시편 기자는 하나님을 신뢰하면서 나로 영영히 수치를 당케 마소서라고 구한다. 그가 하나님을 의지함에도 불구하고 적들에게 굴욕을 당하고 상실의 고통을 맛보아야 한다면 이런 일이 일어날 것이다. 그는 자신의 선함을 위해서가 아니라 하나님의 의를 위해 간구하고 있다. 인간의 흠 없는 인격이 아니라 하나님의 완전한 성품에 근거해 하나님께 호소하는 것이 훨씬 낫다.

71:3. 시편 기자는 주는 피하여(히. 마온, maon, '거주할 장소', 비교. 시 90:1, 91:9) 숨을 바위가 되소서라고 부르짖는다. 그는 하나님이 힘과 보호하심을 얻기 위해 무시로 찾을 수 있는 영원한 집이라는 것을 재확인한다. '무시로'라는 단어는 여기서 강조를 위해 사용된 단어로, 이 절들이 차용되어 왔다고 생각되는 시편 31편 1-3절에서는 발견되지 않는다. 이제 늙은 시편 기자는 오랜 세월을 살아오면서 하나님께서 언제나 자신에게 신실하셨음을 알게 되었다. 이제 어느 때보다 그는 모든 시련 속에서 신뢰할 수 있었고 모든 필요를 채워주신 하나님을 신뢰할 이유가 있다. 이렇게 오랜 세월이 흘렀지만 그의 반석과 산성이시며 그의 인생의 안정과 힘이신 하나님에 대한 믿음은 식지 않았다.

71:4. 시편 기자는 하나님께 악인의 손에서 자신을 구해달라고 구한다. 이 원수들은 선하고 거룩한 모든 것을 반대하는 불의하고 흉악한 자들이었다. 직접적으로 거론되지는 않지만 시편 기자는 아마 타락한 세상에서 옳은 일을 하다가 이런 상처를 겪었을 것이다(비교. 마 5:10-12, 요 15:18-20, 딤후 3:12).

71:5-6. 어릴 때부터 시편 기자는 하나님을 소망했고 주 여호와로 인해 낙심한 적이 한 번도 없었다. 그는 저물어가는 인생의 황혼기에도 하나님을 찬양할 충분한 이유가 있다. 이 수많은 세월 동안(모태에서부터 이 시점까지) 하나님에 대한 그의 소망은 흔들리지 않았다.

71:7-8. 이제 노후를 맞이한 시편 기자는 여전히 하나님을 의지할 필요를 갖고 있다. 그는 주님에 대한 필요를 저버리지 않았다. 그는 나는 무리에게 이상함('wonder' -KJV, 'marvel' -NASB)이 되었사오니라고 말한다. 이는 노인이 된 자신이 아직도 환난을 당하는 것을 보고 놀란다는 의미다. 그럼에도 불구하고 하나님에 대한 그의 확신은 흔들림이 없다. 그는 주는 나의 견고한 피난처(히. 마흐세, mahseh, '위험에서의 피난처' , 시 14:6, 61:3, 62:7-8, 73:28, 91:2, 9)시오니라고 증언한다. 새롭게 열심을 회복한 시편 기자는 모든 사람들이 들을 수 있도록 종일토록 그의 위엄을 선언하며 하나님에 대한 그의 찬양을 알리겠다고 맹세한다.

B. 통회의 기도(71:9-13)

Supporting Idea	시편 기자는 대적들의 악한 음모를 하나님께 아뢰며 그의 원수들을 심판하심으로 그를 대신해 중재해달라고 하나님께 구한다.

71:9-11. 나이 많아 늙은 지금 그는 그 어느 때보다 하나님께서 그를 버리시거나 떠나시지 않아야 할 필요가 있다. 그가 나이 많고 약하기 때문이다. 그는 자신이 한 해가 다르게 약해지고 있음을 진술한다. 그는 특별히 하나님의 힘이 필요하다. 나이가 많아 공격에 훨씬 더 취약해졌기 때문이다. 나이가 들면서 원수들도 늘었다. 그는 그들이 하나님이 저를 버리셨은즉이라고 말하며 그에 대해 중상모략을 한다고 탄식한다. 원수들은 자신들이 그를 따라잡을 수 있으며 그를 구해줄 자가 아무도 없다고 생각한다. 하지만 사악한 음모를 계획하면서 그들은 하나님을 망각하고 있었다.

71:12-13. 이러한 위협에 반응해 시편 기자는 하나님이여 나를 멀리하지 마옵소서라고 기도한다. 하나님께서 지체하시거나 속히 오시지 않으면 너무 늦어서 그를 도우실 수 없게 될 것이라고 생각한다. 그래서 그는 내 영혼을 대적하는 자로 굴욕적인 패배와 공개적인 수치로 인해 욕과 수욕이 덮이게 해달라고 구한다.

C. 헌신의 기도(71:14-21)

Supporting Idea	시편 기자는 찬양에 대한 자신의 헌신을 재확인하고 하나님의 강력한 역사와 힘과 의를 선언한다.

71:14-15. 개인적 위협에도 불구하고 시편 기자는 계속해 하나님 안에 닻을 내린다. 그는 시련으로 믿음이 무너지기는커녕 하나님을 더욱 깊이 의지하게 되었다. 그는 비통해하는 대신에 하나님에 대한 적극적인 확신이 넘쳤고 기쁨을 잃지 않았다. 더 깊은 결의로 그는 입으로 종일 하나님의 의를 말할 것이라고 단언한다. 그는 하나님의 구원이 너무나 위대하여 측량할 수 없다고 말한다. 결코 소진되지 않는 하나님의 자비는 셀 수 없는 것이었다.

71:16. 생명의 위협이 가중됨에도 불구하고 시편 기자는 내가 주 여호와의 능하신 행적, 특히 하나님의 의를 가지고 오겠사오며라고 맹세한다. 그는 무슨 일이 있더라도 하나님의 위대하심을 찬양할 것이다. 그가 그렇게 하는 이유는 하나님께서 항상 잘못을 바로잡으셨기 때문이다. 하나님은 당신의 백성들을 대신해 역사하실 것을 신뢰할 수 있는 분이다.

71:17-18. 시편 기자는 어려서부터 지금까지(비교. 9절) 하나님께서 생명의 길을 그에게 가르치셨다고 증언한다. 하나님의 변함없는 신실하심 때문에 그는 주의 기사를 전할 것이다. 이제 늙은 그는 이전보다 하나님의 도우심이 더욱 필요함을 깨닫는다. 하나님께서 이 시련을 감당하도록 해주신다면 그의 힘을 후대에 전할 것이라고 약속한다.

71:19-21. 의로운 하나님은 초월적이시고 엄위하시고 높이 들리시며 항상 대사를 행하시며 인간의 불의 위로 높이 솟아계신 분이다. 시편 기자는 하나님께서 그의 환난을 통치하신다는 확신을 잃지 않는다. 하나님께서 그로 그의 환난을 보게 하셨을 뿐 아니라 이러한 환난에서, 구체적으로 땅 깊은 곳에서 그의 생명을 회복시키실 것이다. 이 심

상은 무덤, 구체적으로 목숨이 위협당하는 죽음 직전의 상황을 상징한다. 하나님께서는 그곳에서 그를 건져주실 것이다. 사람들 앞에서 그의 명성을 회복시켜주실 것이며 그들은 하나님께서 그와 함께하심을 다시 알게 될 것이다.

D. 찬양의 기도(71:22-24)

Supporting Idea	늙은 시편 기자는 비파와 수금과 입술로 하나님을 찬양함으로써 시편을 마무리한다.

71:22-24. 강력한 찬양의 맹세로 결론을 맺는 시편 기자는 비파와 수금 연주가 곁들인 큰 찬양으로 하나님을 찬양하겠다고 맹세한다. 하나님께서 원수들과 그들의 위협에서 그를 구속해주셨기 때문에 그의 입술은 기뻐 외칠 것이다. 그의 혀는 그를 구속해주신 하나님의 의를 말할 것이다. 하나님께서 그의 원수들로 수치를 당하게 하셨으므로 하나님에 대한 찬양은 종일토록 계속될 것이다.

Main Idea 복습	노인인 시편 기자는 원수들의 공격으로 고통당하는 가운데 하나님께 구원해달라고 간구한다.

결론

죽도록 충성하다

2세기 서머나 교회의 목회자인 폴리갑은 86세의 나이에 로마 총독 앞으로 소환되었다. 그곳에서 그는 그리스도를 부인하고 로마 황제에 대한 충성을 주장하며 맹세를 하라는 명령을 받았다. 폴리갑은 "나는 86년 동안 주 예수님을 섬겼습니다. 그분은 내게 신실하셨습니다. 어찌 내가 그분에 대한 믿음을 저버리고 내 구세주의 이름을 모독하겠습니까?" 라고 대답했다.

격노한 총독은 사자(使者)를 도시 안으로 보내어 폴리갑 주교가 기독교인이라고 주장함으로써 로마에 대한 대반역을 저질렀다고 선포하도록 했다. 피에 굶주린 폭도들이 그 성으로 모여들었다. 그들은 폴리갑을 자신들에게 넘기라고 소리치면서 장작과 판자들로 단을 쌓았다. 그들은 폴리갑의 손과 발을 기둥에 고정시키려고 못을 가져왔다.

그러자 폴리갑은 다음과 같은 유명한 말을 했다.

"그 못들은 치우시오. 내게 화염을 견딜 힘을 주시는 분이 장작더미에서 내빼지 않고 견딜 힘도 주실 것이오. 그대들은 잠시 동안 타오르다가 금방 꺼져버릴 불꽃으로 나를 위협하고 있소. 악인들을 기다리는 불길과 장차 올 심판과 영원한 형벌을 그대들이 알지 못하기 때문이오. 뭘 기다리고 있소? 그대들이 내게 하고자 하는 대로 하시오."

그 말과 함께 불꽃이 타오르고 폴리갑은 그리스도에 대한 믿음 때문에 순교했다. 연로했음에도 불구하고 그는 죽도록 하나님께 충성했다. 우리도 그렇게 살기를 기도한다. 나이가 들수록 더욱 담대해지고 하나님께 헌신하게 되기를 기도한다.

삶의 적용

노년에도 하나님을 찾다

나이가 들수록 인생의 문제들이 사라지지 않고 실제로 더 많아질 때가 종종 있다. 인생의 노년에 우리는 새로운 어려움들과 직면해야 한다. 육체적 질병과 그로 인한 고통과 한계를 맞아야 한다. 기력이 쇠하고 소득이 없는 것도 심각한 문제일 수 있다. 은퇴하여 여유 시간이 늘어나면 아직 일어나지 않은 잠재적인 어려움들을 분석하는 데 골몰할 수도 있다. 외로움과 낙심이 쉽게 찾아들 수 있다. 배우자와의 사별로 절망에 빠질 수 있다. 평생의 반려자를 잃을 때 이러한 낙담이 더 심각해진다. 붕괴하고 더욱 악해지는 세상의 변화를 지켜보다 보면 이런 좌절감이 더해진다.

마찬가지로 자신의 죽음이 다가오고 있다는 끊임없는 자각으로 공포감이 더해질 수 있다. 이러한 모든 문제들이 노년에 악화되어 이전과는 전혀 다른 강도로 우리의 믿음을 시험할 수 있다. 인생의 노년기에 우리에게는 그 어느 때보다 주님이 필요하다.

기도

오, 주 여호와여, 당신은 우리의 반석과 산성이시므로 당신 안에 피합니다. 태어날 때부터 우리는 모든 것에 당신을 의지해왔습니다. 당신은 한 번도 우리를 실망시킨 적이 없습니다. 구원하신 때로부터 노년에 이르기까지 우리는 당신이 무한히 필요함을 고백합니다. 주님, 당신의 의와 구원을 전함으로 당신을 더욱 더 찬양하도록 우리를 가르쳐주십시오. 다음 세대에 당신의 전능한 행적을 전하도록 우리를 가르쳐주십시오. 찬양받기 합당하신 예수님의 이름으로 기도합니다. 아멘.

심층 연구

A. 늙은(71:9)

이 단어(히. 지크나, ziqna)는 단어는 '늙은 나이' '나이 든' 이란 뜻이다. 이 단어는 사라(창 24:36), 솔로몬(왕상 11:4), 아사(왕상 15:23)에게 사용되었다. 하나님께서는 "너희가 노년에 이르기까지 내가 그리하겠고 백발이 되기까지 내가 너희를 품을 것이라 내가 지었은즉 안을 것이요 품을 것이요 구하여 내리라"(사 46:4)고 말씀하신다. 이 단어는 지크나의 파생어로 '나이 많아 기운이 다한' 사람들에게 사용되었다(창 25:8, 35:29, 욥 42:17). 구약은 늙은이들의 증언에 큰 가치를 둔다(왕상 12:6, 겔 7:26, 렘 26:17). 나아가 "손자는 노인의 면류관이요"(잠 17:6) "늙은 자의 아름다움은 백발이다"(잠 20:29)라고 기록한다.

B. 멸망을 당하다(71:13)

이 단어(히. 칼라, kala)는 구약에서 여러 가지 형태로 237번 사용되었다. '완성되다, 마치다, 파괴되다' 라는 뜻을 갖고 있다. 어근에서 파생된 의미는 어떤 과정을 완성한다는 뜻이다. 그러므로 이 단어에 해당하는 가장 적절한 영어는 '마치다' (finished)이다. 여기서 말하는 완성 혹은 끝남은 부정적인 의미를 함축할 수도 있고 긍정적인 의미를 함축할 수도 있다. 분명한 것은 이 시편에 함축된 의미는 부정적이며 시편 기자의 악한 대적들의 완전한 파멸을 가리킨다는 것이다. 이런 의미에서 이 단어는 악인들에게 임할 하나님의 심판을 묘사할 때 사용되었다(시 18:37, 37:20, 78:33, 90:7, 사 1:28, 29:20, 렘 5:3, 14:12, 겔 5:13, 7:8, 13:14, 22:31, 43:8). 때로 하나님께서는 반역한 이스라엘 백성들을 소멸하겠다고 경고하셨다(출 32:10, 민 16:21, 애 3:22). 이 단어는 또한 전쟁의 황폐함을 가리키는 데 사용되기도 했다(신 7:22, 삼상 15:18, 렘 16:4).

C. 보다(71:20)

이 단어(히. 라아, raa)는 이전에 이해하지 못했던 일을 지적으로 보는 것처럼 '이해하다' 라는 의미가 있다. 다른 의미는 '올바른 이해로 보다, 인지하다, 관찰하다' 라는 것이다. 여기서는 오직 하나님만이 주실 수 있는 거룩한 깨달음을 보고 이해하게 된다는 의미다(민 8:4, 신 4:36, 5:24, 34:4, 왕하 8:10, 13, 20:13, 15, 시 60:3, 78:11, 렘 24:1, 38:21, 겔 11:25, 암 7:1, 4, 7, 8:1).

D. 찬양하다(71:22)

이 단어(히. 자마르, zamar)는 구약의 히브리 시 단원에서만 사용되며 '음악하다'(make music) 혹은 '축하하다' 라는 의미가 있다. 이 표현은 하나님을 향한 큰 기쁨을 표현하며 시편에서 두드러지게 나타난다(시 7:17, 9:2, 11, 18:49, 21:13, 27:6, 30:4, 12, 33:2, 47:6-7, 57:7, 9, 59:17, 66:2, 4, 68:4, 32, 71:22-23, 75:9, 92:1, 98:4-5, 101:1, 104:33, 105:2, 108:1, 3, 135:3, 138:1, 144:9, 146:2, 147:1, 7, 149:3). 이것은 주로 하나님을 찬양한다는 긍정적인 의미를 함축하며 이에 오직 두 구절만 예외로 쓰였다(사 25:5, 암 5:23).

고안

A. 확신의 기도(71:1-8)

1. 하나님은 나의 거처이시다(1-3절)
    - a. 나의 피난처(1절)
    - b. 나를 건져주시는 자(2절)
    - c. 나의 반석(3절)
2. 하나님은 나의 소망이시다(4-7절)
    - a. 나를 구원하시는 구원자(4절)
    - b. 나의 확실한 의지가 되시는 분(5절)

c. 내가 변함없이 의존할 분(6절)

d. 나의 견고한 피난처(7절)

3. 하나님은 나의 행복이시다(8절)

B. 통회의 기도(71:9-13)

1. 하나님이여 나를 버리지 마소서(9-11절)

a. 제가 늙었나이다(9절)

b. 제가 공격을 당하나이다(10-11절)

2. 하나님이여 나를 멀리 하지 마소서(12-13절)

a. 속히 오소서(12절)

b. 완전히 소멸하게 하소서(13절)

C. 헌신의 기도(71:14-21)

1. 당신을 찬양하나이다(14-15절)

a. 더욱 더(14절)

b. 끊임없이(15절)

2. 당신을 선포하리이다(16-18절)

a. 당신의 능하신 행적(16a)

b. 당신의 엄위하신 성품(16b)

c. 당신의 경이로운 기사(17절)

d. 당신의 강력한 권세(18절)

3. 당신을 좇으리이다(19-21절)

a. 당신의 성품을 인해(19절)

b. 당신의 행하신 일을 인해(20-21절)

D. 찬양의 기도(71:22-24)

1. 악기를 가지고(22절)

a. 비파로(22a)

b. 수금으로(22b)

2. 내 입술로(23-24절)

a. 기뻐 외침으로(23a)

b. 찬양의 노래로(23b-24절)

토의 질문

1. 나이가 들수록 나는 경건한 지혜로 더 성숙해지고 있는가?

2. 하나님만 전적으로 의지한다는 고백을 규칙적으로 드리는가?

3. 다음 세대에 하나님의 진리를 신실하게 가르치고 있는가?

시편 72편

솔로몬보다 더 위대하신 분

"우리는 시간의 해안에서 수많은 시저들의 잔해들과 무굴인들의 유물과 오토만, 샤를르망, 막시밀리안, 나폴레옹의 마지막 유품들을 본다. 그들은 참으로 우리 앞에 그림자처럼 스치고 지나갔다! 그들은 과거에 있었지만 지금은 존재하지 않는다. 하지만 예수님은 영원히 계신다."

- 찰스 스펄전(Charles H. Spurgeon)

들어가는 글

우뚝 솟은 두 산의 봉우리

우뚝 솟은 두 산의 봉우리가 주변의 평지 위로 높이 드러나 있다. 한 산은 바로 눈앞 가까운 곳에 자리하고 있고 다른 한 산은 저 멀리 지평선에 아련하게 보인다. 두 산의 거리는 상당히 멀리 떨어져 있어서 두 번째 산이 더 작아 보인다. 하지만 가까이 다가갈수록 두 번째 봉우리가 작은 산이 아니라 오히려 더 큰 산임을 알게 된다. 실제로 산들 가까이 다가갈수록 두 번째 산이 첫 번째 산보다 더 높다. 두 번째 산봉우리는 구름에 닿을 정도로 솟아 구름 속으로 사라진다. 첫 번째 산은 전면이 쉽게 한 눈에 들어온다. 두 번째 산은 봉우리가 눈으로 덮여 있지만 첫 번째 산은 그렇지 않다. 두 산에 가까이 다가갈수록 그 점은 더욱 명확해진다. 두 번째 산은 첫 번째 산과 비교가 되지 않을 정도로 장엄하다.

이것이 시편 72편에 제시된 이중 효과이다. 이 시편에는 진리의 높은 두 산봉우리가 독자들 앞에 서 있다. 각 정상은 강대한 왕의 통치를 상징한다. 하나는 가깝고 위대하다. 다른 하나는 멀리 떨어져 있지만 훨씬 더 장엄하다. 전자는 이스라엘을 다스린 솔로몬의 통치를 가리킨다. 후자는 온 세상을 다스릴 그리스도의 통치를 가리킨다. 전자의 왕국은 일시적이다. 후자의 왕국은 영원하다. 전자는 지역적이다. 후자는 우주적이다. 전자는 다윗의 아들 솔로몬의 왕국이지만 후자는 솔로몬보다 더 위대한 다윗의 아들 예수 그리스도의 왕국이다.

시편 72편에서 눈에 즉시 들어오는 것은 이스라엘의 왕 솔로몬의 통치다. 하지만 시편 72편을 조심스럽게 읽어보면 또 다른 왕의 통치가 지평선에 아련한 두 번째 산봉우리처럼 보인다. 그것은 솔로몬의 약속된 자손이며 다윗의 더 위대한 아들인 주 예수 그리스도의 통치다. 시편 72편을 연구할 때 이런 이중적인 초점을 유지해야 한다. 한 왕의 통치는 독자의 눈앞에 바로 보이는 반면, 이 글을 쓸 당시 다른 한 왕의 통치는 여전히 먼 미래에 일어날 일이다.

이 시편의 표제는 이것을 '솔로몬의 시'라고 칭하고 있다. 이것은 솔로몬에 의해 쓰였을 뿐 아니라 솔로몬을 위해, 구체적으로 솔로몬이 부친 다윗의 뒤를 이어 왕위를 계승했을 때 쓰였을 수 있다. 그러므로 이것은 솔로몬이 이스라엘의 왕으로서 통치를 시작하던 때에 쓴 대관식 시편이다(왕상 2장). 마찬가지로, 이 시편은 다른 이스라엘 왕들의 즉위 때에 사용되었다. 시편 72편은 새롭게 즉위한 왕을 대신한 백성들의 중보 기도로서 그의 통치가 하나님의 은혜와 거룩한 덕으로 두드러지게 해달라는 간구이다.

그러나 솔로몬보다 더 위대한 이가 이 시편의 어둠 속에서 드러난다. 이것은 또한 온 땅을 다스리실 주 예수 그리스도의 영광스러운 통치를 가리킨다(8, 11절). 이 지배는 40년 동안 이루어진 솔로몬의 통치보다 훨씬 더 영원하다. 이 왕족 시편에는 솔로몬보다 더 위대한 이가 계시되어 있다.

본문 이해

솔로몬보다 더 위대하신 분

Main Idea	솔로몬은 하나님의 일시적이고 세속적인 축복이 자신의 통치를 빛나게 해주기를 기도하지만 영원히 다스리실 주 예수 그리스도를 미리 내다본다.

A. 공정한 통치(72:1-4절)

Supporting Idea	솔로몬은 왕의 통치가 모든 백성들을 위한 의와 공의로 특징지어지도록 기도한다.

72:1-2. 솔로몬은 하나님이여 주의 판단력을 왕에게 주시고 주의 의를 왕의 아들에게 주소서라고 중보하는 것으로 시작한다. '판단력' (justice)과 '의' 라는 단어는 이 왕에게 하나님께서 능력들을 주셔서 공평과 공정함과 정확성으로 이끌어달라는 요청으로서

동의어로 사용되고 있다. 솔로몬의 의무는 악인들에게 부당한 공격을 당하는 의로운 백성을 방어하며 판단자로서 신적 정의를 베푸는 것이었다. 예언적으로 볼 때, 예수 그리스도는 이 세상과 올 세상에서 그분 백성들의 신적 보호자이시다.

72:3. 왕국의 가장 우세한 측면들을 상징하는 산들뿐 아니라 비교적 우세하지 않은 부분들을 의미하는 작은 산들도 평강 혹은 형통함을 지킬 것이다. 왕이 의로 통치하면 그의 통치를 받는 모든 사람이 축복을 받을 것이다.

72:4. 신의 임명을 받은 하나님 백성들의 보호자인 왕은 부당하게 고통당하는 가난한 자를 신원하며 경건치 않은 사람들에게 공격당하는 궁핍한 자의 자손을 구원할 것이다. 그는 하나님의 백성들을 해치려고 하는 모든 악한 지도자들과 그들의 무자비한 추종자들을 꺾을 것이다. 결국 그리스도는 가장 위협적으로 압박하는 자인 사탄을 꺾으실 것이다.

B. 영원한 통치(72:5-7)

Supporting Idea	솔로몬은 왕의 영원한 통치를 위해 기도한다. 이것은 그리스도의 영원한 통치를 가리킨다.

72:5-6. 시간을 넘어 영원한 미래를 바라보며 사람들은 이 왕이 대대에 통치할 것이라고 자랑한다. 유한한 인간인 솔로몬의 통치를 훨씬 넘어서서 결코 끝나지 않을 영원한 통치, 즉 그리스도 예수의 통치를 바라보는 대목이다(비교. 단 4:34-35, 눅 1:30-33). 그분은 벤 풀에 내리는 비 같을 것이며 당신의 백성들에게 축복을 쏟아부어주시며 땅을 적시는 소낙비같이 그들을 새롭게 하고 회복시키며 채우실 것이다.

72:7. 솔로몬 시대에 의인들은 형통할 것이며 하나님의 축복을 누릴 것이다. 번영이 그들의 것이 될 것이다. 하나님의 이러한 은총은 달이 다할 때까지 풍성하게 넘칠 것이다. 이것은 또 다시 솔로몬 시대 혹은 모든 인간 통치자의 통치를 넘어서는 시대를 가리킨다. 그것은 하나님의 아들 예수 그리스도의 영원한 통치를 미리 내다보는 것이다(계 11:15).

C. 광대한 통치(72:8-11)

Supporting Idea	솔로몬은 왕의 통치가 모든 민족들에게 확대되게 해달라고 기도한다.

72:8-9. 사람들은 그들의 왕이 바다에서부터 바다까지 다스릴 것이라고 기뻐한다. 이것은 홍해와 지중해 그리고 그 너머를 가리킨다. 마찬가지로 이 왕은 유프라테스 강에서부터 땅 끝까지 다스릴 것이다. 궁극적으로, 이것은 천년왕국 통치기(계 20:1-10)와 영원한 나라(계 21:1-22:5)에서 온 땅을 다스릴 그리스도의 우주적 왕국을 가리킨다. 아라비아 사막에 거하는 자들도 저의 앞에 굽히며 티끌을 핥을 것이다.

72:10-11. 다시스(현재의 스페인), 스바(남부 아라비아), 시바(북 아프리카)의 왕들이 그에게 공세와 예물을 바칠 것이다. 이 조공은 솔로몬 시대에 이루어졌지만(왕상 4:21, 10:1, 23-24, 사 60:4-7) 또한 궁극적으로 영원한 나라의 왕들이 드리는 경배(계 21:24)를 내다본다. 그날에 모든 민족들뿐 아니라 모든 왕들이 영화롭게 되신 그리스도 앞에 나아와 부복하며 그를 섬길 것이다(비교. 빌 2:10-11).

D. 탁월한 통치(72:12-14)

Supporting Idea	솔로몬은 하나님의 사랑의 표현이 왕을 통해 백성들에게 드러나게 해달라고 중보한다.

72:12-14. 하나님의 사랑이 인도하면 이 왕은 궁핍한 자를 건질 것이다. 그들을 대변할 자가 아무도 없기 때문에 그분은 그들의 송사를 변호해주셔야 한다. 이 왕은 가난한 자와 궁핍한 자를 긍휼히 여길 것이다. 사실상 그분은 불의한 인간들에게서 궁핍한 자의 생명을 구할 것이다. 압박으로 고통당하고 강포에 희생당해온 무고하고 경건한 자들을 구속할 것이다. 하늘의 의로운 왕이 그들의 도움이 되실 것이다. 그분의 왕국을 위해 순교함으로 흘린 그들의 피가 귀하기 때문이다.

E. 존귀히 여김을 받는 통치(72:15-20)

Supporting Idea	솔로몬은 왕의 통치에 신적 축복이 임하게 해달라고 하나님께 간구한다.

72:15. 솔로몬은 이스라엘의 미래 왕들뿐 아니라 자신의 통치를 기대하면서 하나님께 그가 장수를 누리게 하소서!라고 외친다. 이것은 백성들의 소망을 말로 표현한 것이다. 나아가 그는 스바의 공물과 백성들의 기도와 축복을 구한다.

72:16-17. 그 이름이 영구함이여라는 구절은 그리스도의 이름이 해와 같이 영광을 받으시게 해달라는 요청이다. 사람들이 그로 인하여 복을 받을 것이다. 이는 오직 그리스도 안에서만 성취될 약속이다.

72:18-19. 시편 기자는 홀로 기사를 행하시는 … 이스라엘의 하나님을 찬송하라고 외친다. 이 놀라운 기사들은 왕을 위해 하나님께서 행하신 것이었다. 솔로몬은 하나님의 위대하심에 대한 세계적 비전을 갖고 온 땅에 그 영광이 충만할지어다라고 결론적으로 말한다. 이 왕의 우위성과 그 왕국의 위대성은 가장 놀라운 찬양을 받을 자격이 있다. 아멘 아멘은 솔로몬과 백성들의 진심 어린 긍정이다.

72:20. 이새의 아들 다윗의 기도가 필하다라는 구절은 시편 72편의 끝을 알릴 뿐 아니라 시편 제2권(시 42-72편)의 결론을 표시하는 편집자 표기다. 이 결론은 나머지 네 권의 짧은 마무리(시 41:13, 89:52, 106:48, 150:6)와 부응한다.

Main Idea 복습	솔로몬은 하나님의 일시적이고 세속적인 축복이 자신의 통치를 빛나게 해주기를 기도하지만 영원히 다스리실 주 예수 그리스도를 미리 내다본다.

결론

예수님께서 다스리실 것이다

이 시편에 묘사된 영광스러운 통치는 솔로몬의 통치보다 훨씬 더 위대한 그리스도의 미래 왕국의 통치를 가리킨다. 마지막 날 그리스도는 온 세상을 다스리실 것이다. 아이작 왓츠는 그의 한 찬송가에서 이 진리를 표현했다.

햇빛을 받는 곳마다 주 예수 왕이 되시고
이 세상 끝날 때까지 그 나라 왕성하리라

주 앞에 찬송드리고 간절히 기도드리니
그 기도 향기 되어서 주 앞에 상달되도다

온 천하만국 백성들 그 사랑 찬송하도다
어린이 노래까지도 구주를 찬송하도다

주 예수 계신 곳마다 그 은혜 충만하도다
곤하고 병든 사람들 다 주의 사랑받도다

이 세상 모든 만물아 주 앞에 경배하여라
저 천군 천사 다함께 주 앞에 찬송하여라

모든 심령이 미래의 온 세상에 대한 그리스도의 통치를 기쁨으로 받아들이기를 기도한다.

삶의 적용

최종 결정권

이 타락한 세상에서 신자들은 수많은 불의에 시달린다. 불공정한 상사로 인해 고통을 당할 수도 있다. 혹은 구원받지 못한 배우자의 박해를 감당해야 할 수도 있다. 성경적인 확신 때문에 다른 이들의 오해를 받을 수도 있다. 어떤 불의를 당하든 절대적인 공평과 공의로 다스릴 왕이자 재판장이 오실 것이다. 이 왕이 최종적인 결정권을 행사할 것이다.

기도

하나님, 다윗과 솔로몬보다 더 크신 메시아를 주셔서 감사드립니다. 그는 모든 왕들이 엎드려 절하고 모든 세대가 섬길 분이십니다. 주 예수님, 예수님께서 메시아로서 우리의 인생을 다스리심을 인정합니다. 당신의 영화로운 이름이 영원히 찬양받기를 원합니다. 온 세상이 당신의 영광으로 충만하게 되기를 원합니다. 예수 그리스도의 이름으로 기도합니다. 아멘.

심층 연구

A. 다스리다(72:8)

이 단어(히. 라다, rada)는 '통치하다, 다스리다, 복종케 하다' 라는 의미를 가지며 구약에서 23번 사용되었다. 한 번은 '짓밟다' 라는 의미로 사용되었으며(욜 3:13) 22번은 '통치하다' 라는 의미로 사용되었다(레 25:43, 46, 53, 26:17, 왕상 8:16, 9:23, 대하 8:10, 시 68:27, 110:2, 사 14:2, 6, 41:2, 렘 5:31, 겔 29:15, 34:4). 이 단어는 일반적으로 신적 통치가 아닌 인간의 통치를 가리킨다.

B. 부복하다(72:11)

이 단어(히. 샤하, shaha)는 특별히 상급자 앞에서 '꿇어 엎드리다' 는 의미가 있다(창 18:2, 19:1, 43:26, 28, 삼상 24:8, 삼하 9:8, 15:5). 아주 드물지만 동급자 앞에서 사용되는 경우가 있기는 하다(창 23:7, 왕상 2:19). 이 단어는 히브리 성경에서 170번 넘게 사용되었고 기도와 관련해 가장 빈번히 사용되었다(창 22:5, 삼상 1:3). 하나님을 예배하는 것과 관련해 가장 자주 사용되었지만(출 11:8, 24:1, 33:10, 신 26:10, 삼상 15:30, 사 27:13) 때로 우상 숭배를 묘사할 때 사용되기도 했다(신 8:19, 11:16, 30:17, 수 23:7, 삿 2:19, 대하 7:19, 25:14). 이 단어는 하나님께 돌려드리는 찬양과 복종을 가리킨다.

교안

A. 공정한 통치(72:1-4)

1. 이 왕은 공정하게 다스릴 것이다(1-2절)
2. 이 왕은 크게 형통할 것이다(3절)
3. 이 왕은 자비로 보호할 것이다(4절)

B. 영원한 통치(72:5-7)

1. 해가 비취는 한(5절)
2. 비가 내리는 한(6절)
3. 달이 존재하는 한(7절)

C. 광대한 통치(72:8-11)

이 왕은 경배를 받을 것이다:

1. 근방 나라들에게(8a, 9절)
2. 먼 나라들에게(10절)
3. 모든 나라들에게(8b, 11절)

D. 탁월한 통치(72:12-14)

이 왕은 자비를 베풀 것이다:

1. 불쌍한자들에게(12절)
2. 가난한 자들에게(13절)
3. 박해당하는 자들에게(14절)

E. 존귀히 여김을 받는 통치(72:15-20)

이 왕은 받을 것이다:

1. 풍성한 공물을(15a)

2. 감사의 기도를(15b)

3. 즐거운 찬양을(15c)

4. 계속되는 형통함을(16절)

5. 놀라운 명성을(17a)

6. 온 땅의 경배를(17b-19절)

    a. 모든 나라들에게(17b)

    b. 그의 놀라운 기사로 인해(18절)

    c. 그의 영광스러운 이름으로 인해(19절)

결론(20절)

토의 질문

1. 나는 예수 그리스도의 주권적 통치 속에서 살아가고 있는가?

2. 나는 곤궁한 자, 박해당하는 자, 연약한 자들을 돕고 있는가?

3. 나는 스스로를 방어할 수 없는 사람들을 방어하고 있는가?

4. 나는 예수 그리스도의 이름을 찬양하고 온 세상이 그분의 영광으로 충만하도록 하기 위해 살고 있는가?

시편 73편

근시안적인 믿음

"하나님을 두려워하는 자가 아무것도 두려워하지 않듯이, 하나님을 보는 자는 하나님 외에 아무것도 보지 않는다."

- 존 던(John Donne)

들어가는 글

시력의 문제

근시안은 먼 거리에 있는 물건들을 보지 못하는 시각적인 문제로서 바로 앞에 있는 것만 볼 수 있다. 안경이나 콘택트렌즈의 도움 없이는 자기가 어디로 가고 있는지 혹은 먼 지평선에 무엇이 있는지 알지 못한다. 그런데 이보다 훨씬 더 심각한 것은 영적 근시안이다. 이런 문제를 갖고 있는 사람은 자신의 '영적인 코앞' 에 있는 것, 일시적이고 육체적이며 세속적인 것만 볼 수 있다. 오직 여기 지금의 것만 볼 수 있다.

시편 73편의 저자 '아삽' 은 심각한 근시안적 믿음으로 고통당했다. 이 재능 있는 사람은 다윗 시대의 뛰어난 음악가였고(스 2:41) 다윗의 레위 성가대 지도자로서 성전에서 섬기는 임명된 음악 사역자였다(대상 15:19, 16:5). 영감받은 성경의 저자인 아삽과 그의 자손들인 음악가 집단(비교. 대하 35:15)은 시편 50편과 73-83편을 썼다. 이 시편은 그가 주님을 바라보지 않고 주변의 악인들의 형통함에 초점을 집중한 시기에 쓰였다. 이로 인해 그는 일시적인 것에만 전적으로 관심을 가졌기 때문에 영원한 것을 바라보지 못하고 갈등했다.

이 시편은 인생의 가장 어려운 문제들 중 하나를 거론한다. 경건한 사람들이 그토록 고통당하는데 반해 악인들이 그토록 형통한 이유가 무엇인가? 이것이 근시안적 믿음의 딜레마다.

본문 이해

근시안적인 믿음

Main Idea	사람이 일시적인 것에 초점을 맞추면 영원한 것을 보고 신뢰하는 일은 불가능하다.

A. 혼란스러운 문제(73:1-3)

Supporting Idea	아삽은 자신이 악인들의 형통함을 시기해서 의인들을 향한 하나님의 선하심에 대해 의심할 뻔했던 인생의 한 시기를 기억한다.

73:1. 아삽은 핵심적인 결론, 즉 하나님의 선하심에 대한 인정으로 시편을 시작한다. 그는 하나님께서 참으로 이스라엘에게 선을 행하시나라고 말한다. 그는 당신을 의지하는 당신의 백성들과 마음이 정결한 자들에게 늘 선하신 하나님의 자비하심을 확인한다(비교. 시 24:4). 이것(하나님이 선하시다는 것, 히. 토브, towb)은 하나님에 대한 가장 기본적인 진리 가운데 하나이다(비교. 시 25:8, 34:8, 86:5, 100:5, 106:1, 107:1, 118:1, 29, 119:68, 135:3, 136:1, 145:9).

73:2-3. 그러나 아삽은 하나님의 선하심에 대한 이러한 확신을 버릴 뻔했다고 고백한다. 그러나 나로 말하면(NIV)이란 구절은 이 시편에서 네 번 사용된다. 이것은 자신의 실수를 고백하기 위해 아삽이 사용한 장치다. 그는 계속해서 나는 거의 실족할 뻔하였다고 고백한다. 이는 자신이 올바른 길에서 거의 벗어날 뻔했다는 뜻이다. 그의 고백에 의하면 그는 걸음이 미끄러질 뻔했고 영적 삶이 극도로 타락할 수 있었다. 무엇 때문에 그런 일이 일어났는가? 아삽은 초점을 하나님의 선하심에서 악인의 형통함으로 이동하도록 한 결과 하나님을 의심하게 되었다. 하나님을 무시하는 사람들이 그분을 의지하는 사람들보다 그분의 선하심의 수혜자가 되는 이유는 무엇인가? 이것이 아삽의 마음에 생긴 의문이었다.

B. 왜곡된 시각(73:4-12)

Supporting Idea	아삽은 어설픈 시각으로 생긴 시기심을 회상한다.

73:4-5. 아삽은 자신의 주위에서 본 혼란스러운 모순을 묘사한다. 그것은 고통이 없는 악인들의 형통함이다(비교. 말 3:15). 물론 그들에게도 문제는 있었다. 하지만 아삽의 눈에는 그것들이 보이지 않는다. 그가 보기에 그들은 건강하며 타인과 같은 고난이 없다. 시편 기자의 시야로 볼 때 그들은 타인과 같은 재앙도 없고 외관상으로 볼 때 고통 없이 죽는 것 같다. 여기서 아삽의 마음에 생긴 질투심과 자기 연민을 볼 수 있다.

73:6-9. 악인들의 말은 타락했고 이로 인해 아삽의 혼란은 더 심해진다. 그들은 선한 것을 조롱하고 하나님과 그의 왕국에 대해 악의적으로 말한다. 거만이 가득한 그들은 하늘을 지배하고 땅을 소유한 것처럼 행동한다.

73:10-11. 이런 광기가 지배하는 가운데 백성이 악인들을 의지하며 그들의 입에서 토해내는 물을 마신다. 다시 말해서 사람들이 그들이 하는 말을 지혜로운 말인 양 마신다는 것이다. 악인들은 하나님이 어찌 알랴 지극히 높은 자에게 지식이 있으랴라고 말하고 있다. 그들은 교만하여 자신들의 죄가 심판을 당하지 않기 때문에 하나님께서 그것을 보실 수 없다고 생각한다.

73:12. 이전 절들을 요약하면서 아삽은 볼지어다 이들은 악인이라 항상 평안하고 재물은 더 하도다라고 탄식한다. 그래서 그는 경건치 않은 자들이 평화롭고 형통하며 건강하고 부자라고 생각한다. 이 시각은 철저히 왜곡되고 과장된 것이지만 낙담한 시편 기자는 이렇게 세상을 바라보고 있다.

C. 악화되는 고통(73:13-16)

Supporting Idea	아삽은 잘못된 시각으로 의를 추구하는 자신에게 의문을 갖기에 이른다.

73:13-14. 침체에 빠진 아삽은 자기 연민에 빠지고 만다. 그는 내가 내 마음을 정히 하며 … 한 것이 실로 헛되도다라고 탄식한다. 다시 말해서 하나님을 따르며 그분의 말

씀에 순종하는 것이 자신에게 아무 유익도 없는 것처럼 보인다는 것이다. 그렇다면 정결함을 유지하는 것이 무슨 유익이 있겠는가? 그는 옳은 일을 행함으로 종일 재앙을 당하며 징책을 당한다고 생각한다. 이것이 그가 받는 보상이라면 하나님께 충성해야 할 이유가 어디 있는가?

73:15-16. 아삽의 생각이 밖으로 표현되었다면 회중들에게 걸림돌이 되었을 것이다. 그는 이 모든 것을 절대 이해할 수 없었다. 하나님께서 악인들을 형통하게 하시고 의인들을 심판하시는 듯한 이유가 무엇인지 그에게는 풀리지 않는 수수께끼였다. 그것은 그를 깊이 낙심케 만드는 내적 갈등의 곤란한 원천이다.

D. 깨달음(73:17-20)

Supporting Idea	아삽은 하나님과 영원한 것을 떠올리게 되자 악인들을 기다리는 영원한 심판을 기억하게 된다.

73:17. 영적인 혼란 속에서 무엇인가가 시편 기자의 인생에 대한 시각을 바꾸어 놓는다. 부정적인 생각이 그를 삼켰다. 하지만 하나님의 성소에 들어갔을 때 그는 전환점에 이르렀고 눈이 뜨이는 경험을 했다. 하나님의 집에서 섬기는 그는 영원한 시야와 맞닥뜨렸다. 틀림없이 하나님의 말씀이 주어져 그의 인생을 압박하고 그의 잘못된 생각을 교정해주었을 것이다. 하나님의 진리라는 프리즘을 통해 그는 악인들의 결국을 보았고 그들의 마지막 심판을 이해했다.

73:18-20. 하나님의 시각에 완전히 붙잡힌 아삽은 주께서 참으로 저희를 미끄러운 곳에 두시며 파멸에 던지시나니라고 인정한다. 악인들이 결국 파멸하리라는 것은 확실하다. 그들은 거의 예상치 않은 상태에서 졸지에 황폐화될 것이다. 그들은 영원한 형벌로 이어질 무서운 죽음을 당하며 놀람으로 전멸할 것이다. 하나님께서는 잠에서 깨듯이 일어나셔서 불의한 자들을 제거하실 것이다.

E. 힘찬 찬양(73:21-28)

Supporting Idea	아삽은 자신이 한때 가졌던 훼손된 시각을 후회하며 하나님에 대한 믿음을 재확인한다.

73:21-22. 아삽의 내면적 고통은 낙담한 마음에서 생겼던 시기심의 결과이다. 그 결과 그는 아무런 영적 분별력이나 이해도 갖지 못했고 우매 무지하였다. 자신을 들짐승에 비유한 그는 자신이 하나님께 주의 앞에 짐승이라고 인정한다. 이것은 그에게 명확한 사고가 결여되어 있다는 의미다.

73:23-24. 아삽은 자신의 영적 시각이 회복된 것이 항상 그와 함께하시는 하나님의 신실하심 덕분이라고 말한다. 그가 영적 무감각 속에 휘말려 들었을 때조차 하나님께서는 그를 그대로 버려두지 않으셨다. 차이를 만들어 낸 것은 하나님께서 그의 오른손을 붙들어주셨기 때문이다. 그 반대가 아니다. 이제 그는 건전한 교훈으로 어리석음을 극복할 수 있게 해줄 인도하심을 하나님의 말씀에서 받고 있다. 불성실한 기간에도 그는 하늘의 영광을 받도록 그를 영접할 하나님의 인자하심에 대한 확신을 잃지 않았다.

73:25-26. 아삽은 올바른 영적 시각으로 말하며 새롭게 회복된 믿음을 갖고 하늘에서는 주 외에 누가 내게 있으리요?라고 자랑한다. 이 수사학적 질문은 부정적 대답을 내포하고 있다. 하나님 외에 그 누구도 그를 도울 수 없는 것이다. 아삽은 하나님 외에 아무것도 바랄 것이 없다. 그분만이 그의 가장 중요한 소망이시다. 내 육체와 마음은 쇠잔하지만 하나님께서는 그의 마음의 반석(힘)이며 영원히 분깃(그의 유업의 총체)이시다. 주님은 그를 붙드시는 분이시며 그의 생명 자체시다.

73:27-28. 아삽은 하나님을 멀리하며 주를 떠난 자는 영원히 멸망할 뿐 아니라 이생에서도 망할 것이라고 결론내린다. 그는 하나님께 가까이 함이 내게 복이라고 고백한다. 이것은 인생에 대한 올바른 시각을 제시하는 유일한 시점이다.

Main Idea 복습	사람이 일시적인 것에 초점을 맞추면 영원한 것을 보고 신뢰하는 일은 불가능하다.

결론

예수, 우리의 유일한 소망

아삽과 마찬가지로 찰스 웨슬리(Charles Wesley)는 영적인 노래들을 쓰는 하나님의 은사를 받은 사람이었다. 웨슬리는 7천 개가 넘는 찬송을 쓴 유명한 18세기 찬송가 작사가다. 그가 쓴 노래들 중 수많은 노래들이 아직도 예배 중에 불리고 있다. 그의 고전적 작품들은 영어로 기록된 가장 훌륭한 문학에 속한다. 그의 찬송가에는 '천사 찬송하기를 거룩하신 구주께' '예수 부활했으니' '만입이 내게 있으면' 이 있다. 영국에서 출생한 그는 1720년대에 옥스퍼드대학교의 그리스도교회대학에서 교육을 받았다. 그는 형 존이 감리교 운동을 주도하도록 도왔다.

1788년 3월 임종을 앞둔 찰스 웨슬리는 하나님의 위대하심에 마음이 집중되어 있었다. 그의 마지막 생각은 시편 73편, 특히 25-26절에 관한 것이었다. "하늘에서는 주 외에 누가 내게 있으리요 땅에서는 주밖에 나의 사모할 자 없나이다 내 육체와 마음은 쇠잔하나 하나님께서는 내 마음의 반석이시요 영원한 분깃이시라."

이 구절들을 묵상하던 그는 아내를 옆으로 부른 후 마지막 말을 구술하게 했다.

> 극도로 나이 들고 연약한
> 죄 많은 벌레 같은 인간을 구속할 자가 누구인가?
> 예수여, 당신은 나의 유일한 소망이시며,
> 내 쇠약한 육신과 마음의 힘이시니이다.
> 오, 내가 당신으로부터 웃음을 취하고 영생 안으로 들어가리이다.

이 글은 근시안적인 믿음을 극복하는 법을 보여주고 있다. 이 세상의 매력적인 것들을 바라보지 않고 그리스도의 영광에 초점을 맞추는 것이다. 오직 주님만을 바라보고 그분의 거룩함이 지닌 아름다움을 생각하게 되기를 바란다. 하나님을 신뢰하는 모든 사람들이 멀리 영원까지 바라보며 불의한 자들의 종국을 생각하게 되기를 바란다.

삶의 적용

올바른 시각

악인들이 의인들보다 더 형통해 보이는 세상에서 신자의 눈은 하나님과 그의 선하심에 고정되어야 한다. 하나님께서는 신자에게 인생과 영원에 대한 올바른 시각을 주실 수 있다. 신자가 오직 하나님만 의지하며 지속적으로 그분께 집중할 때 비로소 그 삶이 이 시각에 지배를 받을 것이다.

기도

하나님, 당신은 마음이 순결한 자들에게 아무 대가 없이 축복을 소나기처럼 내려주십니다. 우리도 주위 사람들의 재물을 질시하지 않게 도와주십시오. 당신이 우리에게 주신 것에 만족할 수 있게 해주십시오. 당신은 우리 마음의 힘이시고 영원한 분깃이 되시므로 당신의 성소에서 당신 곁에 있는 것이 좋습니다. 예수님의 이름으로 기도합니다. 아멘.

심층 연구

A. 형통함(73:3)

이 단어(히. 샬롬, shalom)는 237번 사용된 명사이며 거의 대부분 '평강' 으로 번역된다. 이 단어는 만족스럽고 완벽하며 조화로운 상태와 인생의 완벽한 성취라는 의미를 내포한다. 이 평화의 상태는 내적이고 외적인 평안함을 가져다준다(시 4:8, 29:11, 잠 3:2, 17).

B. 성소(73:17)

15편 1절의 '심층 연구' 참조.

C. 인도하다(73:24)

이 단어(히. 나하, naha)는 '누군가를 올바른 길로 이끌다 혹은 지도하다' 라는 뜻이다(출 13:21, 32:34, 민 23:7, 느 9:12, 욥 38:32, 사 58:11). 이 단어는 구약에서 39번 사용되었다. 하나님께서 낮에는 구름으로, 밤에는 불기둥으로 이스라엘을 인도하신 일을 기록한 출애굽기에서 이 동사는 가장 생생하게 표현되고 있다(출 13:21, 시 78:14). 시편에서 이 인도하심은 하나님께서 그분의 종을 인도하시는 것을 묘사한다(시 27:11, 31:3, 61:2, 77:20, 139:24, 143:10). 이 인도하심은 의의 길로 사람을 이끈다(시 5:8, 23:3, 67:4).

D. 망하다(73:27)

1편 6절의 '심층 연구' 참조.

교안

A. 혼란스러운 문제(73:1-3)

1. 하나님의 선하심을 확신한다(1절)
2. 하나님의 선하심에 대해 혼란스럽다(2-3절)
   a. 내 발이 거의 실족할 뻔했다(2절)
   b. 내 눈이 죄인들의 형통함을 질시한다(3절)

B. 왜곡된 시각(73:4-12)

1. 악인들은 항상 건강하다(4-5절)
   a. 건강한 육체를 갖고 있다(4절)
   b. 아무런 짐도 지고 있지 않다(5절)
2. 악인들은 항상 거만하다(6-11절)
   a. 교만한 마음을 갖고 있다(6a)
   b. 잔인한 손을 갖고 있다(6b)
   c. 냉담한 마음을 갖고 있다(7a)
   d. 태만하게 생각한다(7b)
   e. 타락한 입술을 갖고 있다(8-11절)
3. 악인들은 항상 행복하다(12절)
   a. 걱정이 없다(12a)
   b. 부유하다(12b)

C. 악화되는 고통(73:13-16)

1. 나는 순전함을 지켰다(13-14절)
2. 나는 재앙을 당했다(14절)
3. 나는 말을 아꼈다(15절)
4. 나는 많은 압제를 당했다(16절)

D. 깨달음(73:17-20)

1. 주의 성소에 들어갔다(17a)
2. 악인의 결국을 보았다(17b-20절)
    - a. 하나님께서 그들을 파멸시키실 것이다(17b-18절)
    - b. 하나님께서 그들을 전멸시키실 것이다(19절)
    - c. 하나님께서 그들을 멸시하실 것이다(20절)

E. 힘찬 찬양(73:21-28)

1. 내가 이전에는 내게만 집중했습니다(21-22절)
    - a. 나 자신에게 절망했다(21절)
    - b. 나 자신에게 기만당했다(22절)
2. 이제 하나님만 바라봅니다(23-28절)
    - a. 하나님께서 나를 붙드신다(23절)
    - b. 하나님께서 나를 인도하신다(24절)
    - c. 하나님만이 내가 사모할 분이시다(25절)
    - d. 하나님께서 내게 힘을 주신다(26절)
    - e. 하나님께서 나를 보호하신다(27-28절)

토의 질문

1. 나는 악인들의 형통함과 재물을 부러워하지 않는가?

2. 내 삶에 대한 하나님의 선하심을 의심한 적은 없는가?

3. 인생에서 의를 추구해야 할 필요를 의심한 적은 없는가?

4. 어떤 세상적인 재물보다 하나님을 더 사모하는가?

시편 74편

일어나소서 하나님이여

"하나님께서 주신 상처가 사탄이 주는 연고보다 낫다."

- 존 트랩(John Trapp)

들어가는 글

인생에서 하나님을 섬기면서 실패의 고통을 당하는 것보다 더 견디기 어려운 시련은 별로 없다. 하나님의 일이 좌절에 부딪힐 때 그분의 백성들은 이러한 실패로 인해 괴로워하며 하나님 나라의 사역이 다시 회복되기를 간절히 바란다. 하나님의 왕국이 다시 번성할 때까지 종들의 마음은 고통으로 가득하다. 이러한 황폐한 시기에 그들은 구원과 회복을 구하며 하나님께 부르짖어야 한다. 이것이 황폐하게 유린당한 하나님 백성들의 고통을 표현한 탄식의 노래, 시편 74편의 초점이다. 이스라엘의 원수들은 성전을 파괴했다(왕하 25장). 하지만 더욱 고통스러운 사실은 하나님께서 그들을 잊어버리신 것 같다는 데 있었다.

이 시편은 '아삽의 마스길' 로 아삽의 후손 중 하나가 기록한 묵상을 의미한다. 이 시편에서 유배된 하나님의 백성들은 주전 586년의 성전 파괴와 예루살렘의 파멸에 대해 통곡하고 있다. 시편 기자는 그들의 고통과 괴로움에 대해 그들을 기억하시고 이 고통스러운 시간에 구원을 베풀어달라고 하나님께 부르짖는다.

이 시편은 아마 주전 586년 바벨론이 유다와 예루살렘을 침공한 후에 기록되었을 것이다. 이 국가적 재앙으로 도시는 황폐하게 내버려졌다. 죽음을 피한 사람들의 대부분은 바벨론으로 유배되었다. 이 시편은 하나님의 백성들을 다시 그들의 땅으로 회복시켜달라는 강력한 호소이다.

본문 이해

일어나소서 하나님이여

Main Idea	아삽은 예루살렘과 성전의 파괴를 슬퍼하며 하나님의 지난 행적을 열거하고 당신의 백성들을 위해 하나님께서 일어나실 것을 호소한다.

A. 절망의 기도(74:1-3)

74:1. 하나님께 철저히 버림당했다고 생각한 아삽은 하나님이여 주께서 어찌하여 우리를 영원히 버리시나이까?라는 통렬한 질문으로 시작한다. 그러나 하나님께서는 그들을 버리지 않으셨다. 그들에게서 임재의 능력을 거둬들이셨을 뿐이다. 시편 기자는 유린당한 성과 폐허가 된 성전으로 입증된, 유기적인 버리심이 언제까지 지속될 것인지 질문한다(비교. 시 79:1). 또한 어찌하여 주의 치시는 양을 향하여 진노의 연기를 발하시나이까?라고 질문한다. 이방 압제자에게 유린당하고 연기로 자욱한 성의 이미지는 하나님의 목초지인 예루살렘에 살던 당신의 양 이스라엘에 대한 하나님의 거부와 유기의 상징이다(비교. 시 80:4).

74:2. 시편 기자는 이스라엘 역사에 개입하셨던 과거의 일들과 애굽에서 얻으셨던 주의 회중(출 20:2)을 기억해달라고 하나님께 부르짖는다. 나아가 그 민족은 하나님의 선택하신 기업(비교. 신 4:20, 9:26, 29, 시 28:9, 렘 10:16)이나 그가 구속하신 사람들(출 15:13, 16)이었다. 또한 하나님께서는 하나님의 거룩한 산(시 2:6)이며 거처(시 132:5, 7)인 시온 산(왕상 6:12-13)의 당신 백성들 가운데서 거하셨다.

74:3. 과거에 하나님께서 베푸신 은혜들로 인해 시편 기자는 하나님께서 하나님의 성소의 영구히 파멸된 곳으로 주의 발을 드시라고 간구한다. 아삽은 하나님께서 돌아오셔서 원수가 성전에 행한 악을 회복시켜달라고 간절히 원한다.

B. 탄식의 기도(74:4-9)

74:4. 시편 기자는 적대적인 침입자들에게 관심을 돌리며 그들이 예루살렘의 성전을 유린한 참상을 열거한다. 바벨로니아인들의 침입을 묘사하며 그는 그들의 원수가 하나님께서 당신의 백성들과 만나던 성소로 사자처럼 포효하며 들어왔다고(훤화했다고) 말한다. 이 포악한 야만인들은 거룩한 곳을 더럽히며 자기 기를 세워 표적을 삼았다. 기는 승리의 상징을 의미하는 군대의 기를 가리킨다.

74:5-8. 성전이 당한 신성모독에는 지성소의 조각품들을 쳐부수는 일이 포함되었다. 악한 침입자들은 삼림을 베는 사람들처럼 도끼를 휘둘렀다. 그러고 나서 주의 성소를 불살랐다. 그들은 이 땅에 있는 하나님의 모든 회당을 불살라버림으로 하나님의 백성들을 쳐부수기로 모의했다.

74:9. 혼란은 더해서 하나님께서는 아무런 표적도 보여주지 않음으로 당신 자신을 멀리하셨고 이 예기치 못한 재앙을 경고해줄 아무 선지자도 이스라엘에 남겨주시지 않았다. 표적과 의지할 수 있는 예언자의 음성이 없어 백성들은 이 비극이 얼마나 계속될지 도무지 알 수 없었다.

C. 보복을 구하는 기도(74:10-11)

74:10-11. 시편 기자는 하나님께서 이 절망적인 상황에 응답하시도록 도전하며 하나님이여 대적이 언제까지 훼방하겠으며 원수가 주의 이름을 영원히 능욕하리이까?라고 질문한다. 하나님과 그분의 성소에 당한 모욕으로 시편 기자는 의분에 불타오른다(시 69:9, 요 2:17). 하나님께서 아무것도 하시지 않는 것 같자 시편 기자는 흥분하여 이스라엘의 원수들을 쳐서 저희를 멸하시기 위해 그분의 오른손을 쓰시라고 요청한다.

D. 찬양의 기도(74:12-17)

74:12. 당신의 백성들을 위해 행하신 하나님의 과거 행적을 기억한 시편 기자는 갑자기 찬양의 노래를 부르며 주를 찬양하고 높인다. 이스라엘은 예로부터 계시며(비교. 시 55:19, 미 5:2, 합 1:12) 인간에 구원을 베푸신(창 49:18, 출 14:13, 삼상 14:45, 대하 20:17, 시 14:7, 20:5, 35:9, 68:19, 98:2-3, 사 12:2, 52:10, 욘 2:9) 왕(비교. 시 5:2, 10:16, 24:7-10, 29:10, 44:4, 47:2, 6-7, 68:24)에게 여전히 충성을 바치고 있었다.

74:13-15. 시편 기자는 또한 능력으로 바다를 나누신 분이 하나님이심을 기억한다. 이것은 이스라엘이 애굽을 떠났을 때 홍해가 갈라진 사건을 가리킨다(출 14:13-22). 마찬가지로 물 가운데 용들의 머리(애굽 왕 바로를 가리킴, 사 51:9, 겔 29:3)를 깨뜨리신 이도 하나님이셨다(출 14:23-31). 완전히 물에 씻긴 애굽 군의 시체들은 사막에 거하는 자에게 식물이 되었다. 시편 기자는 황무한 광야에서 바위를 쪼개사 큰 물을 내셔서 이스라엘에게 물을 마시도록 하신 이가 하나님이라고 고백한다(비교. 출 17:6). 나아가 하나님께서는 요단 강을 마르게 하여(비교. 수 4:23) 이스라엘이 약속의 땅에 들어가도록 하셨다.

74:16-17. 시편 기자는 또한 하나님이 해와 달이라는 천체들뿐 아니라(비교. 창 1:15, 사 45:7) 낮과 밤도 소유하신 분(비교. 창 1:5)이라는 것과 주권적으로 통치하시는 분임을 고백한다. 하나님께서는 땅의 경계를 정하셨다. 대륙의 경계를 표시하시고(비교. 창 1:9, 잠 8:29, 욥 38:8) 여름과 겨울이라는 계절을 만드셨다(비교. 창 8:22).

E. 회복을 구하는 기도(74:18-23)

74:18-20. 하나님의 주권적 통치를 묵상한 시편 기자는 이어서 하나님께 원수가 그를 비방하며 우매한 백성이 그의 거룩한 이름인 야훼(출 6:6-8)를 능욕했음을 기억하라고 구한다. 시편 기자는 하나님께서 당신의 언약의 백성들의 생명을 야만적인 자들에게 주지 마시라고 간구한다. 그는 그들을 야만적인 들짐승으로 묘사하고 있다. 그들을 위대한 민족으로 보호해주시겠다는 하나님의 언약(창 17:1-22)뿐 아니라 이스라엘 민족의 생존과 미래가 위태로웠다. 이 침입자들이 가한 강포로 인해 땅에 흑암한 곳(무덤을 가리키는 표현, 시 88:6, 143:3, 애 3:6)이 가득하다.

74:21-23. 시편 기자는 학대받은 자, 가난한 자, 궁핍한 자를 대신해 간구하며 하나님께서 일어나셔서 그들의 원통을 풀어주시라고 기도한다. 시편 기자는 하나님께서 그의 원수들의 훤화를 기억하시고 잊지 마실 것을 구하며 탄식의 기도를 마무리한다.

결론

하나님께서 통치하시는 한 그분의 왕국에 패배란 절대 없다. 하나님께서는 당신의 영광을 위해 통치하시기 때문에 하나님 백성들의 미래는 보장되어 있다. 특별히 하나님을 섬기는 일에서 절망스러운 인생의 실패를 경험할 때 신자들은 주를 의지해야 한다. 그 실패가 아무리 무서운 것이라 해도 하나님의 은혜가 있는 한 그 실패는 결코 최종적인 것이 아니다.

교안

A. 절망의 기도(74:1-3)

1. 하나님, 우리를 받으소서(1절)
2. 하나님, 우리를 기억하소서(2절)
3. 하나님, 우리에게 돌아오소서(3절)

B. 탄식의 기도(74:4-9)

1. 그들이 거만하게 외치나이다(4a)
2. 그들이 기를 세우나이다(4b)
3. 그들이 도끼를 휘두르나이다(5절)
4. 그들이 조각품을 쳐부수나이다(6절)
5. 그들이 성소를 불태우나이다(7a)
6. 그들이 당신의 이름을 더럽히나이다(7b)
7. 그들이 교만히 말하나이다(8절)
8. 그들이 우리의 선지자들을 침묵하게 했나이다(9절)

C. 보복을 구하는 기도(74:10-11)

1. 언제까지 능욕을 당하실 것입니까?(10절)
2. 언제까지 잠잠하실 것입니까?(11절)

D. 찬양의 기도(74:12-17)

1. 하나님, 당신은 인간에게 구원을 베푸셨나이다(12절)

2. 하나님, 당신은 바다를 나누셨나이다(13절)
3. 하나님, 당신은 바다 괴물들을 복종시키셨나이다(14절)
4. 하나님, 당신은 강을 흐르게 하셨나이다(15a)
5. 하나님, 당신은 강들을 마르게 하셨나이다(15b)
6. 하나님, 당신은 행성들을 정한 곳에 두셨나이다(16절)
7. 하나님, 당신은 땅의 경계를 정하셨나이다(17a)
8. 하나님, 당신은 계절을 주셨나이다(17b)

E. 회복을 구하는 기도(74:18-23)

1. 그들의 조롱을 기억하소서(18절)
2. 우리의 시련을 기억하소서(19절)
3. 당신의 언약을 생각하소서(20절)
4. 환난당하는 자들에게 보상해주소서(21절)
5. 그들의 위협을 저지하소서(22-23절)

시편 75편

거룩한 분배자

"빛보다 어둠을 사랑하는 자들은 그에 상응하는 운명을 맞게 될 것이다."

- 매튜 헨리(Matthew Henry)

들어가는 글

타락한 세상에 사는 신자들은 사방에서 불의와 직면한다. 이러한 불의들에 영혼은 낙심하고 혼란에 빠져든다. 악이 광범위하게 행해지는 이 시대에 신자들은 하나님께 시선을 고정해야 한다. 그분은 공정하게 판단하겠다고 약속하시기 때문이다. 교만한 자들이 수많은 일을 공정하지 않게 자행해도 경건한 자들은 하나님을 찬양하며 경배해야 한다. 그는 악을 벌하시고 선을 보상하시는 분이다. 이러한 신적 정의 의식은 고대 이스라엘이 이방 세력들의 위협을 받을 때 가진 소망이었다. 그들은 교만한 자를 낮추시고 겸손한 자를 높이시는 하나님에 대한 신뢰를 놓지 않았다.

이것이 이 '아삽의 시' 의 메시지다. 이 시편은 아마 앗시리아의 침입(왕하 18-19장)이 있기 전 아삽의 한 후손이 썼을 것이다. 표제는 '영장에게' 라고 표기되어 있으며 그가 이 시편을 '알다스헷(멸하지 마소서) 가락에 맞추어' 부르도록 지시한다. 이 가락의 제목은 익숙한 노래의 서두를 가리킬 가능성이 있다(비교. 시 57, 58, 59편). 이것은 세상에 나타난 하나님의 공의에 깊은 감사를 표현하는 감사 시편이다.

본문 이해

거룩한 분배자

Main Idea	아삽은 신적 정의를 확신하며 하나님께서 악인들을 멸하실 것을 안다.

A. 감사의 말(75:1)

75:1. 첫 행에서 하나님의 백성들은 갑자기 기쁨의 감사를 드리며 하나님이여 우리가

주께 … 감사함은 주의 이름이 가까움이라고 말한다. 이것은 한 사람의 목소리가 하늘로 올라가는 것처럼 전 회중이 한 목소리로 말한 것이다. '주의 이름' 이라는 구절은 하나님의 성품의 충만성, 그의 존재됨에 대한 계시, 하나님의 거룩한 속성과 무한하심에 대한 상징이다. 하나님의 경이로운 인격의 총체성이 가까이 있다고 한다. 이것은 당신의 백성과 가까이 계시며 언제라도 그들의 선을 위해 개입하실 준비가 되어 있다는 뜻이다. 그분은 항상 가까이 계시면서 백성들의 일을 주관하신다.

B. 승리의 말(75:2-3)

75:2-3. 두 번째 행과 더불어 하나님의 말씀이 시작된다(2-5절). 내가 정한 기약을 당하면 정의로 판단하리니. 하나님께서는 반드시 판단하실 것이지만 그 자신이 정한 기약이 되면 그렇게 하실 것이다. 그는 땅의 기둥을 세우시고 일반 은총을 통해 세상의 질서와 무너져 내리는 사회들을 견고하게 안정시키신다.

C. 경고의 말(75:4-5)

75:4-5. 이 행에서 하나님께서는 계속해서 말씀하시며 악인들에게 경고하신다. 내가 오만한 자더러 오만히 행치 말라 하며 행악자더러 뿔을 들지 말라 하였노니. 짐승의 뿔을 든다는 것은 짐승이 머리를 치켜들며 주인을 향해 완강히 저항하면서 멍에를 쓰지 않으려고 하는 모습을 묘사한 것이다. 하나님께서는 그분의 백성들이 교만히 반역하며 하늘을 향해 뿔을 높이 들어서는 안 된다고 말씀하신다.

D. 신뢰의 말(75:6-8)

75:6-7. 레위 성가대 지도자로 보이는 예배 인도자가 하나님께서 지금 하신 말씀에 자신이 개인적으로 관찰한 것을 덧붙인다. 사람을 높이는 일이 동에서나 서에서나 남에서도 말미암지 않는다. 오직 하나님만이 인간을 높일 수 있다. 다시 말해서 사람이 높아지든 낮아지든 그러한 일은 하나님께 속한 것이다. 하나님께서 어떤 사람은 심판의 차원에서 낮추시고 어떤 사람은 보상의 차원에서 높이신다.

75:8. 여호와가 잔을 들고 계신 모습으로 묘사되고 있다. 이것은 교만한 자들에 대한 하나님의 심판을 상징한다. 잔에는 강력하고 독한 향이 섞인 술거품이 일어나고 있다.

하나님께서는 진노를 악인들의 목에 강제로 들이부으시는 것처럼 그것을 쏟아 부으시며 그 찌끼까지도 마시게 하신다. 그들은 마지막 한 방울까지 하나님의 진노의 잔을 마시게 될 것이다.

E. 증언(75:9-10)

75:9. 마무리 단원에서는 한 예배자가 이 시편의 앞에서 말한 내용에 반응하고 있다. 아마 그는 모든 백성들을 대변하는 레위 성가대 지도자일 것이다. 아니면 아삽의 후손일 수도 있다. 그는 **나는 야곱의 하나님을 … 찬양한다**고 말한다. 이것은 겸손한 자를 높이시고 교만한 자를 낮추시는 하나님의 의로운 심판에 대한 찬양의 맹세이다.

75:10. 이 예배자는 하나님과 같은 태도를 취하며 결론을 내린다. 그는 하나님께서 행하기로 약속하신 것처럼 자신도 **악인의 뿔을** 다 베서 그들을 낮출 것이다. 그러나 **의인의 뿔은** 하나님의 손에 의해 **높이 들림을 받으며** 보상을 받을 것이다. 다시 말해서 하나님께서는 심판의 문제에 있어서 약속하신 대로 행하실 것이다.

결론

하나님께서는 의인들을 결코 버리지 않으신다. 그들을 돕기 위해 언제라도 나설 준비를 하신 채 항상 가까이 계신다. 세상에 수많은 불의가 넘쳐흐름에도 불구하고 그분은 당신의 주권적 통치와 판단을 포기하지 않으셨다. 악인에 대한 심판이 이 세상에서 이루어지든 혹은 심판의 마지막 날에 이루어지든 하나님의 정의가 실행될 것이다. 그러므로 신자들은 주님 안에서 안식하며 그분의 보호하심을 의지해야 한다. 심판이 가까워 오고 있다. 하나님께서는 악인들을 낮추시고 의인들을 높이실 것이다. 하나님께 끊임없이 감사를 드려야 한다. 오직 그분만이 우리의 찬양을 받기에 합당하시다.

teaching guide

티칭 가이드

교안

A. 감사의 말(75:1)

회중의 말:

1. 하나님, 당신의 이름을 인해 감사드립니다(1a-b)
2. 하나님, 당신의 행하심을 인해 감사드립니다(1c)

B. 승리의 말(75:2-3)

하나님의 말씀:

1. 내가 정직하게 판단할 것이다(2절)
2. 내가 땅을 안전하게 지탱할 것이다(3절)

C. 경고의 말(75:4-5)

하나님의 말씀:

1. 교만하게 말하지 말라(4a)
2. 너의 뿔을 들지 말라(4b-5a)
3. 교만하게 목을 늘이지 말라(5b)

D. 신뢰의 말(75:6-8)

예배 인도자의 말:

1. 아무도 사람을 높일 수 없다(6절)
2. 오직 하나님만이 사람을 높일 수 있다(7-8절)
    a. 하나님만이 판단하신다(7a)

b. 하나님만이 낮추신다(7b)

c. 하나님만이 높이신다(7b)

d. 하나님만이 형벌하신다(8절)

E. 증언(75:9-10)

한 예배자의 말:

1. 내가 하나님께 찬양의 노래를 부를 것이다(9절)
2. 내가 하나님의 뜻을 위해 섬길 것이다(10절)

a. 내가 악인의 뿔을 벨 것이다(10a)

b. 내가 의인의 뿔을 높일 것이다(10b)

■ **용어 해설**

1. **고백**(confession) - 개인적인 죄의 인정과 다른 사람들의 용서를 구하는 행위.
2. **회심**(conversion) - 한 개인이 회개와 믿음으로 다른 신앙이나 무신앙에서 그리스도께 돌아옴으로 인해 그의 삶을 변화시키시는 하나님의 역사.
3. **언약**(covenant) - 하나님의 백성에 대한 자비로운 은혜의 약속과 일련의 관계를 표현한 계약이나 협정.
4. **창조**(creation) - 하나님께서 무에서 세상과 만물을 만드신 것.
5. **십자가**(cross) - 로마시대에 죄인을 처형시키기 위하여 만든 x자 모양이나 t자 모양의 두 나무기둥. 예수님께서 죽으시고 믿음의 최고 상징이 됨.
6. **훈련**(discipline) - 자녀들의 올바른 삶을 훈련하시기 위해 하나님께서 행하시는 교훈이나 훈련.
7. **복음전도**(evangelism) - 사람들을 회개와 믿음으로 이끌 목적으로 예수 그리스도의 구원의 복음을 전하는 교회의 중심되는 사명.
8. **악**(evil) - 하나님의 계획에 반대하는 사람과 행동.
9. **포로생활**(exile) - 주전 722년 이후 앗수르 왕국에서의 이스라엘의 삶과 주전 587년 이후 바벨론에서의 유대인의 삶.
10. **출애굽**(exodus) - 하나님께서 이스라엘로 애굽을 벗어나도록 하신, 구약에서 가장 중요한 국가적 구원 사건.
11. **신앙**(faith) - 영원한 구원을 위하여 예수 그리스도를 믿고 인격적으로 헌신하는 것.
12. **타락**(fall) - 최초의 인간 범죄의 결과. 인간 속에 있는 하나님의 형상을 손상시키고 전 인간이 죄를 지을 수 있는 환경과 성향을 조성했다.
13. **장자**(firstborn) - 유대인의 가정에 태어난 맏아들이나 가축 중에 제일 먼저 태어난 것. 장자는 특별한 의미로 하나님께 드려졌다.
14. **용서**(forgiveness) - 죄악에 대한 벌을 용서받고 풀려남. 그리스도 안에서 회개하고 믿는 자에게 하나님께서 죄의 삯인 죽음에서 건져주시는 것. 죄로 자신을 고통스럽게 한 자들을 죄책감과 비난에서 벗어나게 해주는 그리스도인의 행위.
15. **영화**(glorification) - 신자들이 하늘의 영광과 상급을 공유할 수 있도록 하나님께서 신자

의 삶에서 이루시는 일.

16. **신성**(Godhead) - 삼위일체 하나님의 통일성: 성부, 성자, 성령.

17. **은혜**(grace) - 자격이 없지만 다른 사람에게서 받는 용납과 사랑. 특히 죄인들에게 구원을 주시는 하나님의 특징적인 태도 .

18. **지옥**(hell) - 잃어버린 바 된 자들을 위한 영원한 심판의 장소.

19. **거룩**(holy) - 모든 피조물과 구분되는 하나님의 특징적인 성품. 예수 그리스도를 통해 알려진 하나님의 성품을 닮고자 노력하는 그리스도인들의 도덕적 이상.

20. **지성소**(holy of holies) - 성막과 성전의 가장 내밀하고 거룩한 장소. 하나님은 이곳에 임재하셨고 대제사장은 대속죄일에 이곳에서 제사를 드렸다.

21. **우상숭배**(idolatry) - 하나님이 아닌 대상에 대한 경배.

22. **중보**(intercession) - 그리스도인이 다른 사람의 필요를 하나님께 아뢰거나 그리스도나 성령께서 하나님 앞에 신자를 대변하는 것처럼 한 개인의 필요를 다른 이에게 알리는 기도.

23. **예루살렘**(Jerusalem) - 구약 이스라엘의 수도. 신약 유대교의 종교 중심지. 또한 요한이 계시록에서 묘사한 천상 도시의 이름(새 예루살렘).

24. **기쁨**(joy) - 외적인 환경에 관계없이 자신의 구원을 즐거워하는 내적 태도.

25. **심판**(judgment) - 불신자들에 대한 정죄와 신자들을 위한 보상과 같이 종말 때 하나님께서 하시는 사역.

26. **율법**(law) - 하나님과 이웃들을 어떻게 사랑할 것인지에 관해 자기 백성들에게 주신 하나님의 교훈. 정관사와 함께 사용될 때 율법은 전체 율법을 가리키지만 보통 오경(창세기에서 신명기)을 가리킴.

27. **자비**(mercy) - 다른 이들의 필요를 돌보는 개인적인 특징. 성경적 자비의 개념은 항상 어려움이나 고통 가운데 있는 자들에게 베푸는 도움을 포함한다.

28. **메시아**(Messiah) - 선지자들이 약속한 오실 왕. 선지자적 약속들을 성취하신 예수 그리스도. 그리스도는 히브리어 메시아를 헬라어로 번역한 것이다.

29. **천년왕국**(millennium) - 의인들이 지상에서 다스릴 천년의 기간.

30. **유월절**(Passover) - 애굽에서 탈출한 사건을 축하하는 유대 절기(출 12장). 마지막 만찬 때 예수님과 제자들이 기념한 절기.

31. **견인**(perseverance) - 고통 중에서도 견디는 태도. 그리스도인들은 고난과 역경을 직면하고 극복함으로써 이 특질을 개발시킨다.

32. **회개**(repentance) - 죄에서 돌이켜 하나님께 돌아서는 결과로 이어지는 마음과 생각의 변화로 회심을 가능하게 하며 믿음을 통해 표현된다.

33. **의**(righteousness) - 하나님과 올바른 관계에 있는 조건이나 특성. 다른 사람들과 올바른 관계를 통해 하나님과의 관계를 삶으로 드러냄.

34. **제사**(sacrifice) - 모세의 율법에 따라 죄에 대한 회개나 감사의 표현으로 하나님께 드리는 제물. 죄를 위한 궁극적 희생 제물이신 그리스도.

35. **성도**(saints) - 하나님께 거룩한 혹은 구별된 자들. 그리스도 안에 있는 모든 사람.

36. **구원**(salvation) - 어려움이나 악에서 건짐 받음. 하나님께서 그의 피조물을 구속하시는 과정으로, 그 아들 예수 그리스도의 삶, 죽음, 부활을 통해 완성됨.

37. **죄**(sin) - 인간이 하나님께 반역하고 그들의 삶에 대한 하나님의 목적을 놓치며 하나님보다는 악의 세력에 굴복하는 행위.

38. **주권성**(sovereignty) - 외적인 속박을 받지 않는 하나님의 자유. 피조물에 대한 그의 무제한적 통치와 다스림.

39. **전적 부패**(total depravity) - 인류의 모든 인간이 죄에 빠짐을 비롯한 타락 후의 인간 조건.

40. **시련**(trials) - 하나님께서 우리 안에 힘과 인내를 길러주시기 위해 허락하신 고난과 역경(약 1:2-4).

41. **삼위일체**(Trinity) - 하나님으로 하나이시며 위격과 기능에 있어서 구분되신 성부, 성자, 성령으로 하나님께서 자신을 계시하신 것.

42. **진리**(truth) - 진실하고 믿을 수 있는 것. 거짓과 오류의 반대. 참되신 한 분 하나님으로서 온전한 계시인 성부, 성자, 성령을 가리켜 사용됨.

43. **예배**(worship) - 하나님께 드리는 경외, 존경, 찬양, 섬김.

44. **하나님의 진노**(wrath of God) - 죄를 대적하시고 심판하시는 하나님의 일관된 반응.

45. **야훼**(Yahweh) - 모세에게 계시된 하나님의 고유한 히브리 이름. 유대인들은 이 이름이 너무나 거룩해서 그것을 발음할 수 없다고 생각했다. 종종 주나 여호와로 번역됨.

46. **시온**(Zion) - 예루살렘의 또 다른 이름.

■ 참고 도서

Popular Expositions

Beisner, Calvin. *Psalms of Promise.*
Boice, James Montgomery. *Psalms.* 3 vols.
Maclaren, Alexander. *Expositions of Holy Scripture.* Vol. 4.
Phillips, John. *Exploring the Psalms.* 2 vols.
Stedman, Ray. *Psalms of Faith.*
Swindoll, Charles. *Daily Grind.* 2 vols.
Wiersbe, Warren. *Meet Yourself in the Psalms.*

Devotional Commentaries

Alexander, J. A. *The Psalms Translated and Explained.*
Henry, Matthew. *Matthew Henry Commentary.*
Lockyer, Herbert, Sr. *Psalms: A Devotional Commentary.*
Scroggie, W. Graham. *A Guide to the Psalms.*
Spurgeon, Charles H. *Treasury of David.* 7 vols.

Exegetical Commentaries

Davidson, Robert. *The Vitality of Worship.*
Dickson, David. *Psalms.* Geneva Series of Commentaries.
Harman, Allan. *Psalms.*
Kidner, Derek. *Psalms.* 2 vols.
Leupold, H. C. *Exposition on the Psalms.*
Perowne, J. J. Stewart. *The Book of Psalms.*
Ross, Allan P. *Psalms.* Bible Knowledge Commentary.
Unger, Merrill. *Psalms.* Unger's Commentary on the Old Testament.
Wilcock, Michael. *The Message of Psalms 1–72.*
Wilcock, Michael. *The Message of Psalms 73–150.*

Technical Commentaries

Calvin, John. *Calvin's Commentaries.* Vols. 4–6.
Craige, Peter C., Marvin E. Tate, and Leslie C. Allen. *Word Biblical Commentary.* Vols. 19–21.
Delitzsch, Franz. *Keil-Delitzsch Commentary on the Old Testament.* Vol. 5.
Gameren, Willem Van. *Psalms.* The Bible Expositor's Commentary. Vol. 5.

Hebrew Tools

Armstrong, Terry A., Douglas L. Busby, and Cyril F. Carr. *A Reader's Hebrew and English Lexicon of the Old Testament.*
Brown, Francis, Samuel R. Driver, and Charles A. Briggs. *A Hebrew and English Lexicon of the Old Testament.*
Even-Shoshan, Abraham. *A New Concordance of the Old Testament.*

Gameren, Willem Van, ed. *New International Dictionary of Old Testament Theology and Exegesis*. 5 vols.
Harris, R. Laird, Gleason L. Archer Jr., and Bruce K. Waltke. *Theological Wordbook of the Old Testament*. 2 vols.
Owens, John Joseph. *Analytical Key to the Old Testament*. 4 vols.
Ringgaren, Butterweck, ed. *Theological Dictionary of the Old Testament*. 10 vols.
The Englishmen's Hebrew and Chaldee Concordance of the Old Testament.
Torrey, R. A. *Treasury of Scripture Knowledge.*
Weingreen, Jacob. *Practical Grammar for Classical Hebrew.*

Main Idea로 푸는

시편 1~75

1쇄 인쇄 | 2008년 10월 17일

2쇄 발행 | 2015년 11월 11일

책임 편집 | 맥스 앤더스(Max Anders)

지은이 | 스티븐 J. 로슨(Steven J. Lawson)

옮긴이 | 김진선

펴낸이 | 고종율

펴낸곳 | 주)도서출판 디모데〈파이디온 선교회 출판 사역 기관〉

등록 | 2005년 6월 16일 제319-2005-24호

주소 | 서울특별시 서초구 서초대로 141-25(방배동, 세일빌딩)

전화 | 마케팅실 070) 4018-4141

팩스 | 마케팅실 031) 902-7795

홈페이지 | www.timothybook.com

값 29,000원

ISBN 978-89-388-1398-5 03230